Nietzsches Philosophie des Unbewussten

Nietzsche Heute

Band 3

Nietzsches Philosophie des Unbewussten

Herausgegeben von
Jutta Georg und Claus Zittel

Im Auftrag der Nietzsche-Gesellschaft e.V.

DE GRUYTER

ISBN 978-3-11-028183-5
e-ISBN 978-3-11-028206-1
ISSN 2191-5733

Library of Congress Cataloging-in-Publication Data
A CIP catalog record for this book has been applied for at the Library of Congress

Bibliografische Information der Deutschen Nationalbibliothek
Die Deutsche Nationalbibliothek verzeichnet diese Publikation in der Deutschen Nationalbibliografie; detaillierte bibliografische Daten sind im Internet über http://dnb.dnb.de abrufbar.

Satz: Meta Systems GmbH, Wustermark
Druck und Bindung: Hubert & Co. GmbH & Co. KG, Göttingen
♾ Printed on acid-free paper
Printed in Germany

www.degruyter.com

Auf dem Rücken eines Tigers in Träumen hängend

Inhalt

Siglenverzeichnis

A. Werkausgaben

KGW	Werke. Kritische Gesamtausgabe. Begründet von Giorgio Colli und Mazzino Montinari, weitergeführt von Wolfgang Müller-Lauter und Karl Pestalozzi, ab Abt. IX/4 von Volker Gerhardt, Norbert Miller, Wolfgang Müller-Lauter und Karl Pestalozzi. Berlin, New York: De Gruyter 1967 ff.
KGB	Briefwechsel. Kritische Gesamtausgabe. Begründet von Giorgio Colli und Mazzino Montinari, weitergeführt von Norbert Miller und Annemarie Pieper. Berlin, New York: De Gruyter 1975 ff.
KSA	Werke. Kritische Studienausgabe. 15 Bände. Hrsg. von Giorgio Colli und Mazzino Montinari. 2. durchges. Aufl. München, Berlin, New York: dtv/De Gruyter 1999.

B. Siglen einzelner Werke

AC	Der Antichrist
BA	Über die Zukunft unserer Bildungsanstalten
CV	Fünf Vorreden zu fünf ungeschriebenen Büchern
DD	Dionysos-Dithyramben
DS	David Strauss, der Bekenner und der Schriftsteller (Unzeitgemäße Betrachtungen 1)
DW	Die dionysische Weltanschauung
EH	Ecce homo
EKP	Encyclopädie der klassischen Philologie und Einleitung in das Studium derselben (In: KGW II/3, S. 339–438)
FW	Die fröhliche Wissenschaft
GD	Götzen-Dämmerung
GG	Die Geburt des tragischen Gedankens
GGL	Geschichte der griechischen Literatur (In: KGW II/5, S. 3–353)
GM	Zur Genealogie der Moral
GMD	Das griechische Musikdrama
GT	Die Geburt der Tragödie
HL	Vom Nutzen und Nachteil der Historie für das Leben (Unzeitgemäße Betrachtungen 2)

IM	Idyllen aus Messina
JGB	Jenseits von Gut und Böse
M	Morgenröthe
MA	Menschliches, Allzumenschliches (I und II)
MD	Mahnruf an die Deutschen
NL	Nachgelassene Fragmente
NH	Ein Neujahrswort an den Herausgeber der Wochenschrift Im neuen Reiche
NW	Nietzsche contra Wagner
PHG	Die Philosophie im tragischen Zeitalter der Griechen
SE	Schopenhauer als Erzieher (Unzeitgemäße Betrachtungen 3)
SGT	Sokrates und die griechische Tragödie
ST	Sokrates und die Tragödie
VM	Vermischte Meinungen und Sprüche
WA	Der Fall Wagner
WB	Richard Wagner in Bayreuth (Unzeitgemäße Betrachtungen 4)
WL	Über Wahrheit und Lüge im aussermoralischen Sinne
WS	Der Wanderer und sein Schatten
Za	Also sprach Zarathustra

Jutta Georg und Claus Zittel

Einleitung

In der kleinen Schrift *Eine Schwierigkeit der Psychoanalyse* aus dem Jahr 1917 spricht Freud von den drei großen Kränkungen, die die Menschheit habe hinnehmen müssen: die kosmologische Kränkung durch das Kopernikanische Weltbild, in dem die Erde nicht mehr der Mittelpunkt des Kosmos ist, die biologische, die der menschlichen Eigenliebe durch Darwin zugefügt wurde, mit der Einsicht, dass der Mensch aus dem Tierreich hervorgegangen ist und die psychologische, von Freud die „empfindliche" genannt, dass das Ich nicht Herr im eigenen Haus ist. Infolge der letzten Kränkung erscheint dem Individuum sein Inneres plötzlich als von ihm getrennt, er betrachtet es ‚wie von außen'. Freud unterscheidet hierbei zwischen einem unreflektierten Unbewussten und einem verdrängten Unbewussten. Mit der dichotomischen Konzeption des psychischen Apparates in Unbewusstes/Vorbewusstes und Bewusstes zertrümmert er rückhaltlos den tradierten Bewusstseinsbegriff. Freuds Tat war indes kein singulärer Akt, sondern von anderen weitgehend vorbereitet oder schon vollzogen, womöglich gar mit radikaleren Konsequenzen. Sofort werden wir an Nietzsches Frage erinnert, ob die Erkenntnis letztlich etwas anderes ist, als ein „Missverständniss des Leibes" (FW Vorrede 2, KSA 3, S. 348). Denn das Bewusstsein sei in der Entwicklung des Organischen „das Unfertigste und Unkräftigste" (FW 11, KSA 3, S. 25). Es sei eine Instanz „unzähliger Fehlgriffe", ohne den Regulator Instinkte müsste die Menschheit an ihrer Bewusstheit zugrunde gehen. Es gibt kein menschliches Erkenntnisorgan, das wahre Erkenntnisse kreieren kann, wir können auch leben, ohne dass wir uns ‚gleichsam im Spiegel' sehen und das Bewusstein sei lediglich unter dem Druck des Mitteilungsbedürfnisses entstanden: Der Mensch

> [...] brauchte, als das gefährdetste Thier, Hülfe, Schutz, er brauchte Seines-Gleichen, er musste seine Noth auszudrücken, sich verständlich zu machen wissen – und zudem Allem hatte er zuerst 'Bewusstsein' nöthig, also selbst zu „wissen", was ihm fehlt, zu „wissen", wie es ihm zu Muthe ist, zu „wissen", was er denkt [...] der Mensch wie jedes lebende Geschöpf denkt immerfort, aber weiss es nicht; das bewusst werdende Denken ist nur der kleinste Theil davon, sagen wir: der oberflächlichste, der schlechteste Theil; – denn allein dieses bewusste Denken geschieht in Worten, das heisst in Mittheilungszeichen [...]. (FW 345, KSA 3, S. 591 f.)

Solche Zitate machen deutlich, dass Nietzsches Philosophie des Unbewussten einen Meilenstein auf dem Weg in die Moderne markiert. Seine grundstürzende Kritik an der traditionellen Bewusstseinsphilosophie und deren beunruhigende Wirkung auf die Moralphilosophie, Erkenntnistheorie, Kultur und Kulturtheorie ist historisch wie systematisch jedoch längst noch nicht ausgelotet, ebenso wenig wie ihre Adaptionen in der Bildenden Kunst, der Literatur, der Oper und in der Musik, von der Psychoanalyse ganz zu schweigen. Angesichts der gegenwärtigen Konjunktur kognitionspsychologischer Erklärungsmodelle gewinnt Nietzsches Philosophie des Unbewussten zudem an Aktualität, da sie das Potenzial hat, als kritisches Korrektiv zu einem einseitig verkürzten Naturalismus zu fungieren. Aus diesem Grund widmete sich die Jahrestagung der Nietzsche Gesellschaft 2011 *Nietzsches Philosophie des Unbewussten*, deren Beiträge der vorliegende Band in Auswahl versammelt.

Zu Nietzsches folgenreichsten Einsichten zählt, dass „all unser sogenanntes Bewusstsein ein mehr oder weniger phantastischer Kommentar über einen ungewußten, vielleicht unwißbaren, aber gefühlten Text“ (M 119, KSA 3, S. 113) sei. Was es mit diesem „Text“ bei Nietzsche auf sich hat, welche Schwierigkeiten sich einstellen, wenn man ihn zu beschreiben und konzeptualisieren versucht und wie dieser sich heute in aktuelle Diskussionen einschreiben ließe, waren Leitfragen der Jahrestagung. Mit ihnen verknüpfen sich Diskussionen um zentrale Themen und Einsichten Nietzsches, darunter neben anderen seine Philosophie des Leibes, seine Betonung des Dionysischen, der Lust und des „Es“, seine Überlegungen zum Traum, zur Fiktivität des Bewusstseins und der Ambivalenz der Metaphern und Begriffe, zur Vielheit des Ichs, zum Problem der Willensfreiheit angesichts unbewusster Determinanten, mithin die Frage nach unausweichlichen Selbsttäuschungen und der positiven Funktion von Illusionen. Nietzsches Philosophie des Unbewussten wirft Fragen nach dem Verhältnis von Ich und Selbst und den Grenzlinien zwischen Irrationalität und Rationalität, Physiologie und Psychologie auf, nach der Rolle der Triebe, Instinkte und Affekte im Erkennen und der Kultur sowie nach den physischen und kulturellen Folgen ihrer Verdrängung, und nach den Ausdrucks- und Darstellungsformen psychischer und physischer Energien in den Künsten. In diese Problemkreise gehören zudem u. a. Fragen nach Nietzsches Verhältnis zur Psychoanalyse, Psychologie, Psychophysik und Genderforschung. Über die Topoi des kollektiven Unbewussten und des kollektiven Gedächtnisses führt eine andere Spur in die frühe Soziologie wie Nietzsches Philosophie der Macht und der genealogischen Methode auf die Diskursanalyse Foucaults vorausweist.

Es gibt indes in der Nietzscheforschung nach wie vor keinen Konsens darüber, welche Konsequenzen aus seiner Bewusstseinskritik gezogen werden können, z. B. ob die Destruktion auch ein positives Konzept ermögliche, etwa eine Philosophie des Leibes mit neuen Formen der Lebenssteigerung. Diese Unentschiedenheit in der Forschung hat ihre Gründe: Nietzsche diagnostiziert die Schwäche des Bewusstseins, zeigt in luziden Analysen dessen Nichttransparenz gegenüber den eigenen Willens- und Handlungsorientierungen auf. Selbsterkenntnis und Selbsttäuschung erweisen sich indes als untrennbar verschlungen und ein Zuviel an Einsicht kann tragische Folgen zeitigen. Bereits 1873 notierte Nietzsche in *Ueber Wahrheit und Lüge im aussermoralischen Sinne*, dass der Mensch nichts von sich selber wisse, weil ihm die Natur das allermeiste verschweige, und so ruhe der Mensch „auf dem Rücken eines Tigers in Träumen hängend. Woher, in aller Welt, bei dieser Constellation der Trieb zur Wahrheit!" (WL, KSA 1, S. 877) Der Konflikt zwischen Wille zur Wahrheit und lebensdienlicher Illusion bleibt auch im späteren Werk Nietzsches eine Grundkonstante seiner Philosophie des Unbewussten, wobei zunehmend auch die prinzipiellen Grenzen einer monoperspektivischen Selbsterkenntnis thematisch werden. Im ersten Teil von *Menschliches, Allzumenschliches* unter der Überschrift „Selbstbeobachtung" lesen wir: „Der Mensch ist gegen sich selbst, gegen Auskundschaftung und Belagerung durch sich selber sehr gut vertheidigt, er vermag gewöhnlich nicht mehr von sich als seine Aussenwerke wahrzunehmen." (MA I 491, KSA 2, S. 318 f.)

Nietzsche operiert daher zunehmend mit der Grundvorstellung, dass der Organismus ein Konglomerat unterschiedlichster, gegenstrebiger Kräfte ist, welches aus rein pragmatischen Gründen immer wieder durch intellektive Synthesen zu größeren Einheiten zusammengefasst wird. So komme es zwangsläufig zu Verzerrungen, Ausblendungen, Rationalisierungen und fiktiven Einheitsstiftungen, deren Verabsolutierung Nietzsche scharf kritisiert: „Von der ‚Einheit', von der ‚Seele', von der ‚Person' zu fabeln, haben wir uns heute untersagt" (NL 1885, KSA 11, 37[4], S. 577). Nietzsche begreift das ‚Ich' also nicht als isolierte einzelne Entität in seiner Gegenstellung zu den Trieben, sondern als „eine Mehrheit von personenartigen Kräften, von denen bald diese, bald jene im Vordergrund steht" (NL 1880, KSA 9, 6[70], S. 211). Unumwunden folgert er aus seiner Annahme, dass „der Mensch aus einer Vielheit von Kräften" besteht: „Der Begriff ‚Individuum' ist falsch." (NL 1885, KSA 11, 34[123], S. 462) Das *Bewusstsein* wird von Nietzsche daher öfter mit einem Herrscher verglichen, der nicht im Einzelnen von den Vorgängen in seinem Reich Kenntnis hat. Ereignisse in diesem Reich manifestieren sich als Effekte von Wechselwirkungen innerhalb eines Systems pluraler Kräfte, deren Zusammenspiel gänzlich opak bleibt: „Wie weit Einer seine Selbstkenntniss auch treiben mag, Nichts kann doch unvollständiger sein, als das Bild der gesammten T r i e b e, die sein Wesen konstituieren." (M 119, KSA 3, S. 111) Es ist leicht einzusehen – wird aber selten getan – dass auf dieser Basis sich nur unter großen Verrenkungen ethische Konzeptionen der Selbstbegründung, Selbstbestimmung oder Selbstregierung aufbauen lassen, ja auch Konzepte einer ästhetischen Selbstgestaltung und Lebenskunst sich eher als Formen des Selbstbetrugs erweisen,[1] und dies allein vermag die Brisanz von Nietzsches Philosophie des Unbewussten deutlich zu machen.

Mit der Kritik am traditionellen Bewusstseinsbegriff fallen aber auch die etablierten Trennlinien zwischen Unbewusstem und Bewussten, ja mehr noch, jeder Versuch einer Grenzziehung erweist sich selbst als zwangsläufig fabelhafte Einheiten konstruierende Tätigkeit. Nietzsches Philosophie des Unbewussten kennzeichnet daher stets die Selbstreflexion auf die eigenen Setzungen, deren hypothetischen Status und tentative und konstruktive Verfahren er durch den Einsatz vielfältiger literarischer Mittel transparent macht. So kann etwa wenn Nietzsche in *Jenseits von Gut und Böse* seinen auf Freud vorausweisenden Terminus „Es" mit dem Hinweis versieht, dass die Denkprozesse einem Rhythmus folgen, der nicht vom Ich gesteuert werden kann, da „Es denkt", dieser somatische Impulse aufnehmende Rhythmus nun auf der sprachlichen Ebene zum Ausdruck gebracht werden, durch eine entsprechende dynamische Sprechweise, durch affektive Polemik, als Tanz der Vokale, Wortspiel, als Singen in Liedern, fröhliche Wissenschaft und vieles mehr.

Und wenn, wie oben zitiert, „all unser sogenanntes Bewusstsein ein mehr oder weniger phantastischer Commentar über einen ungewussten, vielleicht unwissbaren, aber gefühlten Text" (M 119, KSA 3, S. 113) so macht Nietzsche an dieser Stelle ganz klar, dass unsere Selbstdurchleuchtung nicht auf ein ursprünglich wesenhaftes dionysisches Triebleben stößt, sondern letztlich immer wieder auf einen „Text", also ein Interpretament, das es wie die verschiedenen ‚Zeichensprachen der Affekte' (Moral, Gedanken, Kultur) oder Metaphern des Leibes wiederum zu dechiffrieren gilt. Ebenso in der Anthropologie: Hier trifft Nietzsche beim Durchleuchten der „schmeichlerischen Farbe und Übermalung" des Menschenbildes nicht auf eine irgendwie geartete Natur des Menschen, sondern auf den „schreckliche[n] Grundtext homo natura" (JGB 230, KSA 5, S. 169). Ein einfaches direktes Durchgreifen auf irgendwelche positiven Bestimmungen des Unbewussten verbietet sich daher in den Augen Nietzsches, dem zufolge die Brechungen, Masken und Inszenierungen in den Erscheinungsformen der Triebe und Affekte nie hintergangen werden können.

Wie viele der Beiträge zeigen, steht freilich auch Nietzsche mit seiner Philosophie des Unbewussten in verschiedenen Traditionen, deren einzelne Stränge man bis in die Antike zurückverfolgen kann (Müller), zu der später z. B. Spinoza und Leibniz zählen (von Seggern, Yhee) oder Eduard von Hartmann (Wolf, Jensen, Mattioli, Lossi) und Schopenhauer (Lopes) gehören, wobei letz-

1 Vgl. dazu: Claus Zittel (2003): „Ästhetisch fundierte Ethiken und die Philosophie Nietzsches". In: *Nietzsche-Studien* 32, S. 103–123.

tere das Unbewusste als dem Bewusstsein entgegengesetzt begriffen hatten. Für Schopenhauer ist Bewusstlustlosigkeit geradezu der ursprüngliche Zustand: Mensch und Welt werden von einem unbewussten blinden Willen beherrscht. Das 19. Jahrhundert bringt dann eine definitiv neue Begrifflichkeit des Unbewussten hervor.[2]

Andere Beiträge untersuchen Nietzsches Auseinandersetzungen mit zeitgenössischen Konzeptionen des Unbewussten (Reuter, Nielsen, Prange) oder erhellen seine Vorläuferschaft für spätere Auffassungen der Psyche (Ebeling, Gödde, Liebscher, Endres), wobei sie unter anderem an Nietzsches Überlegungen zum Traum, seine Leibphilosophie, seiner Metapher des Dionysischen (Georg) anschließen. Sichtbar werden dabei aber auch die Differenzen, da Nietzsches Konzeption des Unbewussten nicht psychoanalytisch fundiert ist, wie in der Freudschen Triebtheorie, dem Instanzenmodell und der Theorie der Funktionsweise des psychischen Apparates, sondern eine stark physiologische Ausrichtung hat (Kerger).

Auch die Sektion mit Beiträgen zu den „Sprachen des Unbewussten" widmet sich einem anderen Themenfeld, in dem Abgrenzungen zur Psychoanalyse vorgenommen bzw. neue Lektüremodelle erprobt werden. Wenn sich in Nietzsches Werk an verschiedenen Stellen gleichwohl Nähen zu Freuds Triebbegriff zeigen, wie z. B. in jener berühmten Stelle aus dem *Nachtwandlerlied* des Zarathustra, so wird im Lichte der sprachlichen Dimension des Unbewussten kontrovers zu diskutieren sein, inwiefern durch die literarischen Brechungen hier sich nicht eher wieder Gräben auftun:

> Alle Lust will aller Dinge Ewigkeit, will Honig, will Hefe, will trunkene Mitternacht, will Gräber, will Gräber-Thränen-Trost, will vergüldetes Abendrot – was will nicht Lust! sie ist durstiger, herzlicherer, hungriger, schrecklicher, heimlicher als alles Weh, sei will sich, sie beisst in sich, des Ringes Wille ringt in ihr, – sie will Liebe sie will Hass, sie ist überreich, schenkt, [...] Ihr höheren Menschen, nach euch sehnt sich, die Lust, die unbändige, selige, – nach eurem Weh, ihr Missrathenen! Nach Missrathenem sehnt sich alle ewige Lust. Denn alle Lust will sich selber, drum will sie auch Herzeleid! Oh Glück, o Schmerz! Oh brich, Herz! Ihr höheren Menschen, lernt es doch, Lust will Ewigkeit. Lust will aller Dinge Ewigkeit, will tiefe, tiefe Ewigkeit! (Za IV Nachtwandler-Lied, KSA 4, S. 403)

Die hier in Za IV Zarathustra in den Mund gelegte Lustkonzeption lässt sich bis zu einem gewissen Grad zwar mit Freud vergleichen: Es ist die Rede von einem Dualismus zwischen Liebe und Hass, die beide von der Lust gewollt

---

2 Vgl. Helmut Dahmer (1985): „Zur Genealogie des Es". In: *Psyche* 39, S. 97–100.

werden. Zarathustra spricht vom autonomen Wirken und Wollen, vom Agieren der Lust, und begreift sie als endloses Begehren. Freud versteht Lust nicht als einen vom Ich unabhängigen Erregungszustand, er deutet sie als Spannungsverminderung, eine Umwandlung von Unlust – Spannungssteigerung – in Lust. Vordergründig geht es Zarathustra aber geradezu um eine Erhöhung der Spannung, obwohl oder gerade weil er Lust auch als ‚eine Art des Schmerzes' begreift. Undenkbar ist für Freud eine Rangordnung im Lustgefühl, die einer physiologischen Rangordnung der Individuen entspricht. Nun ist aber auch der vierte Teil des *Zarathustra* als Parodie der vorigen Teile angelegt und das *Nachtwandler-Lied* konsequenterweise mit Zitaten aus frühen Stellen durchsetzt. So zitiert Zarathustra unter anderem die „Mitternachts-Leier" der röchelnden und keuchenden Mitternacht bzw. Mitternachtsglocke (vgl. Za IV Nachtwandler-Lied, KSA 4, S. 401). Der Erzähler hat zudem diese Passagen zuvor als Märchen charakterisiert, so dass die beschworene Lust nicht mehr als ein Symptom vom Gefühl der erreichten Macht erscheint, sondern gerade sich als krampfhafter Ausdruck von Schwäche eines im Finale des *Zarathustra* senil und dekadent gewordenen Greises erweist, der Lust nur noch in alten Leier-Zitaten beschwören, aber nichts mehr selbst empfinden kann.[3]

An solchen Stellen zeigt sich auch, dass wenn man Nietzsches Philosophie des Unbewussten ausdeuten will, man methodisch rasch an einem Scheideweg anlangt: Auslegungen, die sich auf den Nachlass stützen und Deutungen, die dem veröffentlichten Werk den Vorzug geben, streben hier auseinander. Im Nachlass formuliert Nietzsche meist viel ungeschützter, z. B.:

> Der siegreiche Begriff „Kraft", mit dem unsere Physiker Gott und die Welt geschaffen haben, bedarf noch einer Ergänzung; es muss ihm eine innere Welt zugesprochen werden, welche ich bezeichne als „Wille zur Macht", d. h. als unersättliches Verlangen nach Bezeigung der Macht; [...] Es hilft nichts: man muss alles Bewegungen, alle „Erscheinungen", alle „Gesetze" nur als Symptome eines innerlichen Geschehens fassen und sich der Analogie des Menschen zu Ende bedienen. (NL 1885, KSA 11, 36[31], S. 563)

> [...] Der Wille zur Macht ist das letzte Factum, zu dem wir hinunterkommen. (NL 1885, KSA 11, 40[61], S. 661)

Noch negativer notiert er im Nachlass „die Entartung des Lebens" gehe auf das Konto der „Irrthumsfähigkeit des Bewusstseins" (NL 1887–1888, KSA 13, 11[83], S. 40). In diesem Licht erscheint daher Nietzsches Programm nicht eine „Vermehrung" des Bewusstseins, sondern eine Steigerung der Willen zur

3 Vgl. dazu: Claus Zittel: (2011): *Das ästhetische Kalkül von Nietzsches „Also sprach Zarathustra"*, 2. Aufl. Würzburg: Königshausen und Neumann.

Macht[4] als Prozess einer Intensivierung der Leibvernunft zu sein. Damit wäre auch gesagt, dass er sich die Potenzen des Unbewussten nutzbar machen will, gleichermaßen für das Denken und für das Leben.

Welche Lesarten zur Semantik des Unbewussten sich letztlich durchsetzen, ist noch nicht entschieden, das wird durch die Verschiedenartigkeit der hier versammelten Beiträge nachdrücklich deutlich. Wir haben diese Beiträge in 4 Sektionen eingeteilt, doch da die behandelten Themenfelder vielfältig miteinander verflochten sind, ist diese Ordnung nur tentativ zu verstehen. Nicht auf diese Ordnung kommt es uns an, sondern darauf, durch das Konstellieren der in den Beiträgen methodisch wie inhaltlich sehr verschieden exekutierten Auslegungen ein prismatisch gebrochenes, farbenreiches und vielschichtiges Bild von Nietzsches Philosophie des Unbewussten entstehen zu lassen.

Jutta Georg und Claus Zittel, Frankfurt am Main, im März 2012

4 Im veröffentlichten Werk werden diese Aussagen sofort als Hypothese und subjektive Sätze relativiert, ironisiert und gebrochen: „Gesetzt endlich, daß es gelänge, unser gesamtes Triebleben als die Ausgestaltung und Verzweigung e i n e r Grundform des Willens zur erklären – nämlich des Willens zur Macht, wie es m e i n Satz ist –; gesetzt, daß man alle organischen Funktionen auf diesen Willen zur Macht zurückführen könnte und in ihm auch die Lösung des Problems der Zeugung und Ernährung – es ist ein Problem – fände, so hätte man damit sich das Recht verschafft, a l l e wirkende Kraft eindeutig zu bestimmen als: W i l l e z u r M a c h t. Die Welt von innen gesehen, die Welt auf ihren ‚intelligiblen Charakter' hin bestimmt und bezeichnet – sie wäre eben ‚Wille zur Macht' und nichts außerdem." (JGB 36, KSA 5, S. 55)

I. Genealogien und Perspektiven des Unbewussten

Enrico Müller

Alogia und die Formen des Unbewussten: Euripides – Sokrates – Nietzsche

Alogia ist dem bloßen Wortsinn nach das den Maßen des Logos Nicht-Zugängliche, das Unverhältnismäßige. Unsagbar, unbegreiflich, unlehrbar, unausrechenbar – semantisch negiert es zunächst die vier kardinalen Bedeutungen des Logos: diejenigen der Rede, der Vernunft, des lehrbaren Wissens und die der messbaren, mathematischen Ordnung.[1] Erst im Medium des gesprochenen Wortes erfährt sich der Mensch als ζῶον λόγον ἔχον, als vernunftgeleitetes Wesen. Und nur insofern es sich sprachlich artikulieren und also kommunizieren kann, ist dieses ζῶον λόγον ἔχον auch ein ζῶον πολιτικόν, ein Wesen das Politik treibt – so zumindest legen es die klassisch gewordenen Verhältnisbestimmungen des Aristoteles nahe (Aristoteles, Politik, I, 1253a). In den Erschließungsweisen des Sprechens, Denkens, Rechens und Berechnens, kurzum in der sokratischen Forderung nach dem λόγον διδόναι, dem Sich-und-Anderen-Rechenschaft-Ablegen, konstituiert sich das, was dem philosophischen Begriff des Bewusstseins entspricht. Alogia ist, so gesehen, zunächst die andere Seite des Bewusstseins, eben das Unbewusste.

Platon wiederum schreibt am Ende seines berühmten siebenten Briefes, er habe diesen für sich und seine Freunde verfasst, aufgrund der ἀτοπία καὶ ἀλογία, der „Unverortbarkeit und Unbegreiflichkeit" der Ereignisse in Sizilien. Ereignisse also, die er noch immer nicht gänzlich verstehen konnte, durch seine Darstellung aber „verständlicher (εὐλογώτερα) erscheinen" (Platon, Briefe, V, II, 351a) lassen will. In Worten wie diesen wird ein weiteres Moment der Alogia fassbar: Sie drängt zum Logos hin und geht ihm zugleich voraus – es verbleibt aber stets in ihr ein vom Logos nicht einholbarer Rest.

Damit ist eine Verhältnisbestimmung angedeutet, die notwendig jenseits der vom Logos gestifteten Verhältnisse angesiedelt ist. Die wechselseitige Angewiesenheit von Bewusstsein und Unbewusstem, oder griechisch: die Alogia als Supplement des Logos, bildet ein Thema, das Nietzsches Denken von Anfang bis Ende bestimmt hat und das er fortwährend zu variieren versuchte. Anfangs fungiert die Alogia noch als hermeneutischer Schlüssel nicht nur für sein Verständnis der attischen Tragödie, sondern für die Eigenart und Eigendynamik

1 Die metrologische, musikologische und letztlich anthropologische Dimension des Alogia-Begriffs, die Nietzsches philologische Auseinandersetzung mit der antiken Rhythmik, vorzugsweise bei Aristoxenos, bestimmen, sind kein Thema dieses Beitrags. Maßgeblich dafür sind v. a. Günther (2008), Corbier (2009) sowie zuletzt Perrakis (2011).

der griechischen Kultur als solcher. Ein Notat des frühen Nachlasses mag hinsichtlich dieses Problemkomplexes das Leitwort abgeben: Der „Sinn für Proportion, der in der griechischen Sprache und Musik und Plastik ausgebildet ist“ offenbare zwar ein „Gesetz des Maaßes“ – doch der „dionysische Kult bringt die ἀλογία hinzu“ (NL Ende 1870-April 1871, KSA 7, 7[2], S. 137). Um die wechselnden Perspektiven auf ein solches Fundierungsverhältnis soll es uns im Folgenden gehen. In einem ersten Schritt soll zunächst ausgehend von der *Geburt der Tragödie* das Unbewusste als das Problem des „Tragischen“ charakterisiert und in kritischer Auseinandersetzung mit Nietzsches Euripidesbild genauer erfahrbar gemacht werden. Daran anschließend wird im zweiten Teil Nietzsches Rekonstruktion der Logos-Philosophie als bewusste Verkennung des Unbewussten entfaltet. In einem dritten, eher thetisch gehaltenen und spekulativen Teil soll Nietzsches Denken schließlich unter Einbezug seiner späten Selbstkritik der *Geburt der Tragödie* als ein Philosophieren mit dem Unbewussten nahelegt werden.

Das Drama des Unbewussten – Euripides *Bakchen* und Nietzsches Euripides

Mit der *Geburt der Tragödie* unternahm Nietzsche den radikalen Versuch, die tragische Erfahrung auf der attischen Bühne als rituelle Vergegenwärtigung des Unbewussten zu deuten.[2] Sein ebenso gewagter wie esoterischer Ansatz bereitet bis heut erhebliche Verständnisschwierigkeiten, bewegt er sich doch weitgehend jenseits der uns erhaltenen Quellen, der überlieferten Dramentexte einerseits und der poetologischen und historischen Quellen andererseits. Mit seiner, um eine bestimmte quasimythologische Konstellation kreisenden, Grundanlage will das Werk einerseits explizit Beitrag zu einer „aesthetischen Wissenschaft“ (GT 1, KSA 1, S. 25) sein und ist andererseits doch ebenso ausdrücklich an jene „Eingeweihten und Mitschwärmer“ adressiert, die seine unbewussten Erfahrungen teilen. Der Text ist, philologisch betrachtet, vor allem darin wenig wissenschaftsfähig, dass er kaum zu falsifizieren ist. Er appelliert offensiv an vorprädikative Erfahrungen. Folgerichtig war der vielleicht hoffnungsvollste Jungphilologe seiner Zeit vom Punkt der Veröffentlichung an, wie Hermann Usener es in Bonn vor seinen Studenten kurz und bündig festhielt, „wissenschaftlich tot“ (Bf. an Erwin Rohde vom 25. Oktober

2 Ausführlich dazu Müller (2002). Für die historisch-philologische Rekonstruktion der Argumentationslinien von GT siehe von Reibnitz (1992), zur Tragödienschrift im Kontext der Gräzistik Latacz (1998).

1872, KGB II/3, Bf. 265). Für die Philosophie dagegen hat sich Nietzsches spekulativer Rekurs in die ungeprüfte Tiefe der Erfahrung als ausgesprochen vitalisierend erwiesen.

Um es an dieser Stelle nur anzudeuten: Im Mittelpunkt der Tragödiendeutung Nietzsches steht nicht der „tragische Held“ und seine „schicksalhafte Verstrickung“ oder aber seine „große Verfehlung“, nicht die Schürzung und Auflösung eines Handlungsknotens, ja nicht einmal die Handlungssequenzen als solche mit den ihnen zugehörigen Dialogen und Argumentationsfolgen. Im Zentrum der Deutung stehen vielmehr die Pathosszenen des Chors – Nietzsches Tragödiendeutung ist spekulative Exegese der choreutischen Bühnenpraxis. Maßgebliche Funktion des Chors ist nach Nietzsche das Leiden, die exzessive Wiederholung der dionysischen Schmerzen im stabilisierenden Korsett des dramatischen Agons. Der Chor wiederversinnlicht mimisch, gestisch, singend und tanzend die aussagbaren, rational eingeholten Erfahrungen und zwingt so zur affektiven Auseinandersetzung mit dem unsagbaren Unbewussten. Nicht seine klagenden, mitleidenden, erbauenden oder belehrenden Verlautbarungen sind relevant, sondern die von ihm ausgelöste „Gesamtentfesselung aller symbolischen Kräfte“ (GT 2, KSA 1, S. 34). In der „leiblichen Symbolik“ des mimischen und gestischen Ausdrucks, in der „erschütternden Gewalt des Tons“, im „Strom des Melos“ und der „vollen, alle Glieder rhythmisch bewegenden Tanzgebärde“ (GT 2, KSA 1, S. 33) entsteht jener Erregungs- und Entgrenzungszustand, um den es Nietzsche geht und den er paradox genug „dionysische Weisheit“, also: ein nonverbales Wissen nennt. Wort und Handlung der Tragödie, mithin das eigentliche Drama sind demgegenüber nachrangige „apollinische Objektivationen“: sie rhythmisieren und stabilisieren lediglich die Geworfenheit ins Unbewusste, auf die es allein ankommt. Die Konstruktion Nietzsches kreist immer wieder um die „ästhetische Leistung“ des Publikums, einer Gemeinschaft, der es durchaus nicht darum gegangen sei, aus gesicherter Beobachterperspektive ein Theaterstück zu rezipieren, zu genießen oder zu kritisieren. Mit hohem existenziellen Einsatz leisten sich die Athener nach Nietzsche in der Tragödie einen rituell eingebetteten Kontroll- und Selbstverlust, um sich die Fragilität der eigenen zivilisatorischen Errungenschaften immer wieder neu zu vergegenwärtigen.

Unter solchen Vorzeichen liegt es nahe, dass gerade Euripides, der letzte der drei großen Tragödiendichter der athenischen Klassik, für Nietzsche ein veritables Problem darstellen musste. In der *Geburt der Tragödie* kreisen alle produktionsästhetisch orientierten Urteile um ein Zentrum: „Euripides ist als Dichter vor allem der Widerhall seiner bewussten Erkenntnisse“ (GT 12, KSA 1, S. 86). Im Zurücktreten des Chors in dessen Stücken offenbare sich exemplarisch eine rationalistische Ästhetik, die dem Grundsatz folge: „alles muss bewusst sein, um schön zu sein". Nietzsches Kritikpunkte klingen hierbei durchaus vertraut:[3] Der Erklärungsprolog, der die künftigen Handlungsfolgen vorwegnimmt entdynamisiert das Bühnengeschehen. Die ausgefeilten Dialogsequenzen, die oftmals dem sophistischen Argumentationsmuster der Antilogike gehorchen, machen das Publikum, das doch eigentlich an einem Kultgeschehen teilhaben soll, zu Beiwohnern einer nahezu akademischen Disputation. Schließlich der geradezu inflationäre Gebrauch des *deus ex machina*, mit dem schlussendlich die poetische Gerechtigkeit garantiert werde. Nietzsche zeigt in seiner Darstellung ersichtlich wenig Interesse daran,[4] die genannten formalen Eigenheiten als Stilmittel eines neuartigen tragischen Gestaltungswillens zu reflektieren. Sie sind vielmehr kulturelle Krisensymptome, Anzeichen eines „Todeskampfs der Tragödie". Vor allem in der raffinierten „Psychologisierung der Affekte", kraft derer für Nietzsche „der Zuschauer auf die Bühne gebracht" wird, erweist sich Euripides als dekadenter Diskursdramatiker, in dessen Produktionen sich der „Selbstmord" der attischen Tragödie seinerseits effektvoll manifestiert. Argumentativ interpretiert Nietzsche hier nahezu konservativ, verbleibt er doch weitgehend in jenem kritischen Rahmen, den schon Aristophanes in den *Fröschen* eröffnete und Schlegel in seinen Vorlesungen *Ueber dramatische Kunst und Literatur* konkretisierte. Neu ist eher die Eindeutigkeit der Zuschreibungen. Die zersetzende Modernität des Euripides ist hier nur das Begleitphänomen zum Verlust seines ursprünglichen ästhetischen Impulses.[5] Euripides ist der „Schauspieler mit klopfendem Herzen", der Wirkungen berechnet, seine Erregungsmittel sind nur noch „kühle paradoxe Gedanken" und „feurige Affekte" (GT 12, KSA 1, S. 84). Gerade diese Worte lassen, retrospektiv betrachtet, aufhorchen: nicht nur, weil sie seltsam einseitig sind, sondern vor allem, weil sie später nahezu gleichlautend wiederkehren werden: Nietzsches ästhetisches Nonplusultra dieser Zeit, die Musikdramen des hier noch zum Anti-Euripides stilisierten Wagner, werden sich Jahre in den Schriften von 1888 eine nahezu identische Diagnose gefallen lassen müssen.

---

3 Zur Topik der Euripides-Kritik bei Aristophanes, Schlegel und Nietzsche siehe u. a. Snell (1946) und zur Euripides-Kritik Nietzsches insgesamt Henrichs (1986). Zum Kritik-Stil des jungen Nietzsche und seinen vorzugsweise frühromantischen Anleihen siehe Behler (1978).

4 Anzumerken bleibt hier lediglich der Umstand, dass Nietzsches Euripides geltende Urteile in den Vorlesungsskripten aus dem Zeitraum der Basler Lehrtätigkeit trotz ähnlicher Tendenz nahezu durchgehend reflektierter und ausgewogener ausfallen. Gerade darin zeigt sich Konversions- und Entscheidungscharakter der Tragödienschrift: Bestimmte ästhetische Urteile und neue philosophisch motivierte Unterscheidungen ebnen das philologische Diskursniveau, auf dem sich Wissenschaftler Nietzsche eigentlich bewegen kann, hier willentlich und wissentlich ein.

5 Zur neueren philologischen Diskussion einer solchen Kritik siehe Seidensticker (1982), zum zeitgenössischen philosophischen Kontext der Dichtungen Egli (2003).

All dies wäre weniger problematisch, hätte nicht der alte Euripides mit den *Bakchen* eine Tragödie hinterlassen, in der im Namen des Dionysos die psychotische Enthemmung eines wohlorganisierten Gemeinwesens als beispiellose Katastrophe zelebriert wird. Mehr noch: Mit den *Bakchen* liegt uns zugleich das einzige erhaltene Stück vor, das geeignet wäre, Nietzsches rituell-dionysische Tragödiendeutung textuell zu stärken oder wenigstens zu flankieren. Denn in ihnen scheint das Drama des Bewusstseins selbst verhandeln zu werden: sein Stolz in den Behauptungsversuchen gegen den hereinbrechenden fremden Gott und sein Untergang in dessen höherer Weisheit.

Die Figuration des tragischen Ensembles der *Bakchen* zeigt das Umschlagen von Bewusstem ins Unbewusste bzw. vom Unbewussten ins Bewusstsein in nahezu jeder Person. Jeder verwandelt sich auf der Bühne in sein Gegenteil – oder besser: in das Gegenteil dessen, was er zuvor noch zu sein glaubte. Dionysos, die mythologische Inkarnation der Alogia, erklärt sich im Prolog in Menschengestalt und legt in nachgerade sokratischer Manier sachlich Rechenschaft ab über den Sinn seines jetzigen und künftigen Tuns. Die großen alten Männer Thebens, der weise Stammvater Kadmos und der Seher Theresias, gerieren sich vor den Augen des Königs als jugendliche Tänzer, die der Ankunft des fremden Gottes huldigen wollen. Agaue, die herbe, distinguierte Königsmutter verwandelt sich zur Anführerin des dionysischen Schwarms, die ihren weiblichen Hofstaat verzückt in die Theben umgebenden Berge und Wälder treibt, um sich dort dem Orgiasmos zu ergeben. In Pentheus schließlich, dem Protagonisten und Gegenspieler des Dionysos, vollzieht sich das Drama des Umschlags quälend langsam, mehrstufig und mit höchster Brutalität. Der von Verantwortungsbewusstsein und politischer Vernunft geleitete König implodiert als Bewahrer der Ordnung sukzessive: Als Regent sieht er dem von Dionysos ausgelösten Einsturz des Palastes, seiner Monument gewordenen Herrschaft, zu, ohne sich zu hinterfragen. Als Mann – im Drama mit allen chauvinistischen Attributen ausgestattet – beginnt er Frauenkleider anzulegen, um den Mänaden heimlich bei ihrem Treiben zusehen zu können. Als Feldherr und Polizist, der gegen das Heer der Begeisterten zu Felde ziehen will, sieht man ihn die Ruinen seines Palastes durchtanzen. Als Familienoberhaupt und Sohn wird er von seiner ihn nicht mehr erkennenden Mutter getötet. Als diese, nur noch physische Einheit, auf die er zuletzt zurückgeworfen ist, wird er von den eigenen Verwandten, Vertrauten und Untergebenen geschlachtet und in Stücke gerissen. Von Anfang an will er das Ganze erhalten – am Ende sammelt der greise Kadmos klagend seine verstreuten Teile auf. Die Königsmutter Agaue, die ihm triumphierend ein vermeintliches Löwenhaupt entgegenhält, zwingt Kadmos, genauer hinzusehen: Ihren Sohn erkennend ruft sie aus: „Wahrheit, nun kommst du ungelegen“ (Bakchen, Bd. V, 1287). Und wenig später: „Dionysos hat uns vernichtet“ (Bakchen, Bd. V, 1295). Dionysos selbst erscheint am Ende der Tragödie in göttlicher Gestalt auf einer Wolke schwebend, bestätigt die Klagenden in der Unangemessenheit ihres Verhaltens und weist schlussendlich jedem der Beteiligten sein künftiges Los zu.

Ersichtlich drängt sich spätestens hier die Frage auf, ob Euripides damit nicht bereits in extenso das vollzogen hat, was Nietzsche später die „Geburt des tragischen Gedankens“ nennen und zum konstitutiven Moment seines neuen, dionysischen Griechenbildes machen wird. So wie Dionysos den Palast des Pentheus zum Einsturz bringt, so will Nietzsche programmatisch und darum weniger gewaltsam „jenes kunstvolle Gebäude der apollinischen Cultur abtragen, bis wir die Fundamente erblicken, auf die es begründet ist“ (GT 3, KSA 1, S. 34). Fast die gesamte genetisch-genalogische Konstruktion der hellenischen Kultur scheint am narrativen Schema der *Bakchen* orientiert. Die *Geburt der Tragödie* bezieht ihr fulminantes Pathos ja vor allem aus dieser Entdeckung: dass die Hellenen in einer brisanten historischen Konstellation den Gott „der Veränderung und Verwandlung“ (NL Winter 1870–1871-Herbst 1872, KSA 7, 8[46], S. 240) Dionysos als das schlechthinnige Symbol für Fremdheit und Indifferenz in das eigene Selbstverständnis aufzunehmen vermochten. Erst durch diese riskante schöpferische Einverleibung konnten sie ihrer Kultur das ihr eigentümliche, bis heute schwer zu fassende Gepräge, verleihen. Mit der Integration der dionysischen Doppelflöte, dem Aulos, in die bis dahin rhythmisch dominierte Musik und mit der Integration des Dithyrambos samt der ekstatischen Dionysosfeiern in das griechische Kultverhalten wird der bewusste Formenkanon nicht nur unterbewusst entgrenzt – vielmehr ist mit der dionysisch-apollinischen „Duplicität“ die Spannung von Begrenzung und Entgrenzung selbst konstitutiv geworden. Nur selten hat Nietzsche den Begriff der Revolution in einem politisch emphatischen Sinne gebraucht: die Anverwandlung an Dionysos aber nennt er in einer Vorstufe zur *Geburt der Tragödie* eine „grosse Revolution [...] in allen Lebensformen“ (GG, KSA 1, S. 591).

Über die Nähe seiner Konzeption des Griechentums zu einem Stück ausgerechnet des Euripides war sich Nietzsche durchaus im Klaren. Er nimmt die Legende vom Selbstmord des Dichters in Makedonien auf, um sie als Eingeständnis umzudeuten und den Dramenstoff des Alterswerks nachfolgend auf Euripides selbst anzuwenden.[6] Dieser habe „mit heroischer Kraft ein Leben lang dem Dionysos widerstanden“, „um am Ende desselben mit einer Glorification seines Gegners und einem Selbstmorde seine Laufbahn zu schliessen“ (GT 12, KSA 1, S. 83). Die *Bakchen* werden damit zur Palinodie auf ein falsch

6 Zum Alterswerk und der Stellung der *Bakchen* siehe Diller (1955) und v. a. Segal (1982) und Segal (1991).

gelebtes Künstlerleben, die letzte Tragödie des Dichters markiert den Aufstand des Unbewussten am Ende einer dem Bewusstsein unterworfenen Existenz. Einen vergeblichen Aufstand freilich, denn „das Wunderbare war geschehen: als der Dichter widerrief hatte seine Tendenz bereits gesiegt“.

Man mag darüber streiten, ob es eine elegante Lösung ist, mit der sich der junge Nietzsche an dieser Stelle seines Problems mit Euripides entledigt. Euripides Selbstmord ist nur Legende, und dass die *Bakchen* eine Palinodie und damit die Verleugnung des eigenen Lebenswerks darstellten, ist zwar auch in der Forschung vor und nach Nietzsche gelegentlich behauptet worden, aber wenig wahrscheinlich. Eher noch sind sie ein metatheatralischer Kommentar auf sein Schaffen,[7] eine Bilanzierung seiner tragischen Praxis, eine nachhaltige Betonung des Ausmaßes und der Eigendynamik der Affekte. Insbesondere der Vorwurf des ästhetischen Rationalismus dürfte Euripides, den „Dichter der Leidenschaften“,[8] dann am wenigsten erreichen. Denn gerade Euripides bietet Situationen und Szenen gewaltsam ausbrechender Affektivität, an denen das Publikum seine eigenen Widersprüche erfuhr und ausagieren musste, in unvergleichlicher Präzision. Jede Rhetorik der Leidenschaften müsste, wäre sie eine solche, auf einer Analyse und Typologie derselben beruhen. Man darf vermuten, dass sich aus den Psychologien der euripideischen Charaktere eine differenzierte Einsicht in das Wesen unbewusster Motivationen und Zwänge rekonstruieren lässt, als wir sie in den meisten psychologischen Konzeptionen der antiken Philosophie vorfinden. Als Dichter der Leidenschaften ist Euripides in der hier gegebenen Deutung ein Dichter der Formen des Unbewussten. Seine Leistung besteht ebendarin, dieses Unbewusste anders als Aischylos und Sophokles weniger von der Handlungsfolge, als vom psychologischen Profil seiner Protagonisten her zu entwickeln, die in bestimmten Situationen so und nicht anders handeln – eben weil sie, auf- und untergegangen in einer bestimmten Affektivität, nicht mehr anders handeln können. Nicht das Bewusstsein konstruiert hier Affekte, wie Nietzsche es wollte. Vielmehr und im Gegensatz dazu schafft sich das Unbewusste situativ seine angemessenen Sprachformen. Auf das Zeigen, Inszenieren und Ausformulieren von Situationen affektiver Eigendynamik kam es Euripides an. Sie zu deuten, heißt zwangsläufig – und an diesem Punkt ist die Rezeption des Euripides beinahe derjeni-

7 Das Konzept einer metatragischen „dionysischen Poetik“ des Euripides verdankt sich Segal (1982). Zum eher gesellschaftlich orientierten Rückbezug solcher Metatheatralik siehe Holzhausen (1993, S. 285–295), der anfangs auch einen Abriss über die Forschung zum Problem einer Sonderstellung der *Bakchen* im Werk des Euripides bietet.

8 Dies der bezeichnende Titel der unlängst erschienenen Euripides-Darstellung von Hose (2008).

gen Nietzsches vergleichbar –, sich an ihnen zu kompromittieren: „Every reader gets the Bacchae he deserves" (Versnel 1990, S. 96).[9]

Logos – Philosophie: Der „Sokratismus" als Monokultur des Bewusstseins

Das Problem des Euripides hat Nietzsche nach seiner Tragödienschrift ad acta gelegt – das „Problem des Sokrates" dagegen hat ihn lebenslang begleitet. Vor dem Hintergrund der uns hier beschäftigenden Thematik liegt die Erklärung dafür nahe: So, wie Nietzsche die Verfahrensweise des Dramatikers exponiert hat, gehen die euripideischen Fragen ohnehin in allen mit Sokrates verbundenen Fragestellungen auf. Euripides' Ästhetik ist mithin nur ein Seitenstück zum welthistorischen Drama der Verselbstständigung des Bewusstseins in jenem „Typus des theoretischen Menschen", dessen Stammvater Sokrates ist. In der „fragwürdigsten Erscheinung des Alterthums" und einem „Wirbel und Wendepunkt der sogenannten Weltgeschichte" (GT 15, KSA 1, S. 99 f.). vollzieht sich der Umschlag vom Weltverhältnis weitgehend unbewusster ästhetischer Praxis zur kritischen Reflexion. Die vom Unbewussten geleitete Teilnahme am Leben weicht der bewussten und also distanzierten Beobachtung des Lebens, dionysische Weisheit geht in Nietzsches pointierter Rekonstruktion an sokratischer Wissenschaft zugrunde: Die anfangs noch aggressiv einseitige Interpretation des Bewusstseins als einer Fehlfunktion wird in der *Geburt der Tragödie* kompromisslos auf Sokrates angewendet:

> Während doch bei allen productiven Menschen der Instinct gerade die schöpferisch-affirmative Kraft ist, und das Bewusstsein kritisch und abmahnend sich gebärdet: wird bei Socrates der Instinkt zum Kritiker, das Bewusstsein zum Schöpfer – eine Monstrosität per defectum! (GT 13, KSA 1, S. 90)

Der Fall Sokrates ist bei Nietzsche von Beginn an eine Krankenakte und bleibt dies bis zum Schluss, die Diagnosen freilich wandeln und differenzieren sich in dem Maße, in dem sich auch der Arzt Nietzsche verändert. Es sind dabei die exzentrischen und exzessiven Züge der sokratischen Persönlichkeit, an denen sich Nietzsche orientiert und die er folgerichtig oft in Form einer Pathologie entfaltet – allerdings hatte dies zum Teil auch Platon schon in seinen Dialogen getan. Was Platon als schillerndes Faszinosum der Atopia (Unverort-

9 Versnel (1990, S. 96) fährt fort: „Not two scholars agree on the meaning of the play let alone on the intention of the author."

barkeit) seines Protagonisten oft nur zeigt, ohne es zu kommentieren, wird bei Nietzsche psycho-genealogisch gedeutet. Halten wir darum zuvor fest, was uns bereits Platon innerhalb seiner dialogischen Kunstwerke an widersprüchlichen Aspekten der sokratischen Persönlichkeit sehen lässt: Sokrates ist hässlich und ringt um innere Schönheit. Er ist geradezu demonstrativ apolitisch und treibt doch begriffliche Metapolitik. Sokrates ist der Begehrende, der sich als Individuum ganz aus der oszillierenden Zwischenstellung, die dem Eros eigentümlich ist, versteht und dennoch Beherrschung praktiziert. Er ist ein Verbraucher dessen, was ihm geboten wird, und zugleich derjenige, der ebenso dürftig wie bedürfnislos dahinlebt. Ein ruheloser, oft auch aufdringlicher Disputant, der sich gleichwohl stundenlang in sich selbst versenken kann und dabei in paralytischer Starre verharrt. Der sich im Mythos vergessende Dichter und in der Dialektik hervorbringende Logiker. Der qua Maeutik Wissen Erzeugende und qua Elenktik, Eristik die Selbstverständlichkeiten des Wissbaren Zerstörende. Der durch den Logos Gemeinschaft stiftende und durch Ironie Schamschwellen übertretende und diese Gemeinschaft wieder Zersetzende. Sokrates ist subversiv – ein Außenseiter inmitten der Kalokagathoi, der „Schönen und Guten" Athens.[10] Einer aber, dem es gelang, „sich ernst nehmen zu machen". Getrieben von seiner eigenen Sinnlichkeit und im Bewusstsein seiner Exzentrizität, sieht Sokrates stärker als andere die Widersprüche seiner Umwelt, sieht seinen Fall nur als den „extremen Fall" für eine sich allmählich zeigende „allgemeine Noth": „dass Niemand mehr Herr über sich war" (GD Sokrates 9, KSA 6, S. 71). In einer solchen Situation etabliert der Sokrates Nietzsches mit den Mitteln der Dialektik die Tyrannis der Vernunft, etabliert sie als „Gegentyrannen" gegen die Tyrannei der Sinnlichkeit und der unbewussten Triebe. Die Vernunft als das eigene Reich des Sinns jenseits der Sinnlichkeit, stellt von nun die Möglichkeit kontextfreien Wissens am Leitfaden der Wahrheit in Aussicht. Mit dieser Erfindung wird Sokrates für Nietzsche zum nachhaltigsten „Umwerter" des europäischen Denkens. Sokrates lebte und überlebte dialogisch, weil er sich nur in der Begegnung mit anderen überhaupt als logisches Wesen, als Herr über seine Sinnlichkeit erhalten und gestalten konnte.

Auf die erstaunlichen Implikationen der ebenso perspektivenreichen wie raffinierten Sokrateskritik Nietzsches kann an dieser Stelle nicht näher eingegangen werden:[11] Stattdessen sei aus dem „Problem des Sokrates" nur jenes

10 Unvoreingenommene Darstellungen der subversiven Momente des Sokrates sind noch immer selten. Hervorzuheben sind hier Böhme (1988) sowie die Sokrates und Nietzsche geltenden Kapitel in Nehamas (1985).

11 Arbeiten zu Nietzsche und Sokrates sind mittlerweile Legion, eine Ausgestaltung des hier nur skizzierten Ansatzes in Müller (2005). Zum physiologisch motivierten Gegenangriff auf Nietzsche aus sokratischer Perspektive siehe Nehamas (1998, S. 153 f.).

Gebilde destilliert, das bereits seit der *Geburt der Tragödie* als die „Tendenz des Sokratismus" verhandelt wird. Mit der sokratischen Forderung nach permanenter Vergegenwärtigung sieht Nietzsche einen Herrschaftsdiskurs eröffnet, der im Verlauf der europäischen Philosophie zur Selbstermächtigung der Vernunft führt. In der sokratischen Umdeutung des delphischen „Erkenne dich selbst" wird das Unbewusste jetzt vorzugsweise als ein Noch- nicht- bewusst-Gemachtes ausgelegt. Innerhalb dieser zunächst therapeutisch praktizierten Veräußerlichung des Inneren verwandelt sich die ursprünglich angestrebte philosophische Lebensform sukzessive in Wissenschaft (episteme).

In der Logos-Philosophie verhärtet und vereinseitigt sich die Macht der Alogia zum bloßen Alogon, zum anderen der Vernunft, das es von sich abzugrenzen zu beherrschen gilt. Eben damit ist der Übergang von der persönlichen „Sorge um die Seele" zur Enkrateia, der Selbstbeherrschung als notwendiger Voraussetzung aller epistemischen, ethischen und ästhetischen Lebensvollzüge ins Werk gesetzt. Erst im Niederhalten des Begehrens erfährt sich das autonome Vernunftwesen jetzt gleichermaßen als moralisch und glückselig. Mit dieser Ausgrenzungsoperation setzt für Nietzsche die gefährliche Verkennung des Unbewussten ein. Die mit Sokrates einsetzende logische Hinwendung auf die individuelle Lebensführung am Leitfaden der Eudaimonia wird bekanntlich schulbildend. Jede nachsokratische Schule, sei sie stoisch, kynisch, skeptisch oder akademisch, wird sich in der Folge ihren Sokrates kultivieren. Das Panorama der hellenistischen Lebensphilosophien ist, so gesehen, selbst ein Panoptikum der in Sokrates versammelten Existenzmöglichkeiten. In diesem Zusammenhang zwischen lebensweltlicher Desintegration, betonter Apolitie und einer auf das Seelenheil des Individuums abzielenden ethischen Reflexion bildet sich für Nietzsche das „reaktive" Moment der Philosophie selbst heraus:

> Der Fanatismus, mit dem sich das ganze griechische Denken auf die Vernünftigkeit wirft, verräth eine Notlage [...] ... Der Moralismus der griechischen Philosophen von Plato ab ist pathologisch bedingt; ebenso ihre Schätzung der Dialektik. Vernunft = Tugend = Glück heisst bloss: man muss es dem Sokrates nachmachen und gegen die dunklen Begehrungen ein T a g e s l i c h t in Permanenz herstellen – das Tageslicht der Vernunft. Man muss klug, klar, hell um jeden Preis sein: jedes Nachgeben an die Instinkte, an's Unbewusste führt h i n a b ... (GD Sokrates 10, KSA 6, S. 72)

Mit dem spektakulären Tod des Sokrates schlägt nach Nietzsche endgültig „der griechische Geschmack zu Gunsten der Dialektik um". Durch sein Martyrium hat sich das vielleicht eigenwilligste Individuum der Antike gleichsam entindividualisiert – und damit sein Philosophieren zu der Philosophie beglaubigt. Die *Geburt der Tragödie lässt* ihn als den Ersten erscheinen, „der an der Hand jenes Instinctes zur Wissenschaft nicht nur leben, sondern – was bei weitem mehr ist – auch sterben konnte“ (GT 15, KSA 1, S. 99). Hier, also vorzugsweise in den Folgen, sieht Nietzsche das Grundproblem – den durch Sokrates ins Werk gesetzten „Sokratismus“. Die existentielle Wahrhaftigkeit des Logos-Denkers Sokrates verwandelt sich mit seinem bedeutsamen Sterben zur Wahrheit des Logos selbst.[12]

Der umfassende kulturelle Wandel, der sich im ausgehenden fünften Jahrhundert in Athen quellenmäßig wohldokumentiert vor unseren Augen vollzieht, wird heute überwiegend medientechnologisch oder kulturwissenschaftlich reflektiert: inszenierte Mündlichkeit wird sukzessive abgelöst von institutionalisierter Schriftlichkeit, sagen die Archäologen des Verhältnisses von oraler und literaler Kommunikation.[13] Oder, um mit Jan Assmann zu sprechen: eine Kultur hört auf, ihre Identität durch „rituelle Kohärenz“ zu reproduzieren und wandelt sich hinsichtlich ihrer Selbstwahrnehmung zunehmend in Richtung „textuelle Kohärenz“.[14] Die Aufrechterhaltung und Tradierung der kulturellen Identität nimmt, mit anderen Worten, immer mehr Bewusstsein an.

Es wird gern übersehen, dass beide modernen Unterscheidungshinsichten beim frühen Nietzsche zumindest in Teilen bereits vorweggenommen sind: hier die „symbolische Culturform“ die sich im „Gottesdienst der Griechen“ und in der Tragödie manifestiert, dort die „theoretische Culturform“, die im sokratischen Wesensdiskurs, der Institutionalisierung der Wissensformen und im

---

12 Was Nietzsche oft in der Weise eines persönlichen Vorwurfs gegenüber Sokrates geltend macht, dekonstruiert Derrida (1995, S. 69–190) mit dem Begriff des Pharmakons in systematischer Form. Nirgendwo sind Logos und das alogische Pharmakon so sehr aneinander gebunden und so direkt in ihrer wechselseitigen Abhängigkeit sichtbar wie in der Sterbeszene des *Phaidon*. Sokrates, den Derrida zuvor mit ständigem Bezug auf konstitutive Passagen platonischer Dialoge als Pharmakeus expliziert hat, nimmt das Schierlingsgift, um sich zuletzt selbst zu entgiften und in der reinen, eidetischen Ordnung des Logos aufzugehen: „Umgekehrt und obgleich nicht unmittelbar lesbar wird der Schierling, diese Mixtur, die im *Phaidon* niemals einen anderen Namen gehabt hat denn *Pharmakon*, Sokrates als ein Gift vorgestellt, doch durch die Wirkung des sokratischen *logos* und die philosophische Beweisführung des *Phaidon* wird er in ein Mittel zur Befreiung, eine Heilsmöglichkeit und eine kathartische Kraft verwandelt. Der Schierling hat hier *ontologische* Wirkung: einzuführen in das Schauen des *eidos* und in die Unsterblichkeit der Seele. *Als solche nimmt Sokrates ihn*“ (Derrida 1995, S. 141).

13 Zur Auslegung der Philosophie Platons als eines Denkens an der Schwelle von der Oralität zur Literarität vgl. Havelock (1963), zum Medienwechsel in der griechischen Antike und seinen kulturellen Konsequenzen im Ganzen Havelock (1982).

14 Auf dieser Basis wird nicht zuletzt Karl Jaspers’ Theorem der „Achsenzeit“ von Assmann (1999) kulturwissenschaftlich plausibel umgedeutet. Die von Jaspers diagnostizierte synchrone Formation einer geistigen Welt in den verschiedenen Kulturkreisen des ersten vorchristlichen Jahrhunderts wird jetzt als Transformationsleistung im Sinne einer „Transformation von ritueller zu textueller Kohärenz“ (Assmann 1999, S. 291) erklärlich.

kritisch historischen Geist der alexandrinischen Gelehrten ihren deutlichen Ausdruck findet. Nietzsches Hauptaugenmerk aber ruht nicht auf der Unterscheidung als solcher, sondern auf der Asymmetrie der Unterscheidung: auf der strukturellen Überlegenheit der Theoria gegenüber der rituellen Praxis: „unsere ganze moderne Welt ist in dem Netz der alexandrinischen Cultur befangen und kennt als Ideal den [...] im Dienste der Wissenschaft arbeitenden theoretischen Menschen" (GT 18, KSA 1, S. 116). Dass Wissenschaft als Beruf die Welt notwendig entzaubert, wie Max Weber unter anderem im Anschluss an diese Diagnose ausführt hat, ist dabei nahezu nachrangig. Das für Nietzsche Gefährliche scheint eher die Alternativlosigkeit zu sein, mit der sich die Wissenskultur innerhalb ihres Siegeszugs unbewusst selbst absolut gesetzt und globalisiert hat. Eine Kultur des textuellen, diskursiven Bewusstseins zwingt ihre wechselnde, immer kleiner werdende Umwelt notwendig zur Bewusstwerdung. Vor dem vernünftigen Bewusstsein hat sich jedweder Anspruch des Lebens, jeder Modus des In-der-Welt-Seins argumentativ auszuweisen – wenn er es denn kann. Seit Sokrates, so Nietzsches subversive Geschichte einer ursprünglich reaktiven Logos-Philosophie, den „Gegentyrannen der Vernunft" erfand, um die Tyrannei des Unbewussten zu züchtigen, hat sich die Kultur der Vernunft zur omnipräsenten Monokultur entfaltet. So ist etwa die Vielzahl der vorsokratischen Stimmen, jene frühgriechische Philosophie, die Nietzsche als „Polyphonie" entwickelte, in der seit Sokrates kultivierten Monotonie des Logos auf- und untergegangen. Das Gleiche gilt ihm für die gesamte tragische Kultur der Griechen und ihren „Verlust des Mythos". Gegen Argumente kann nicht mehr angesungen, angetanzt oder angeglaubt werden – wer sich ihnen versagt, kann eben auch keine Ansprüche anmelden.

Ein Anzeichen dafür, wie sich Ausgrenzung der Alogia durch den Logos vollzieht, ist jener vorplatonische Dialog, den Nietzsche die „entsetzliche Unterredung der Athener mit den Meliern bei Thucydides" (NL Sommer 1875, KSA 8, 6[32], S. 110) nennt: Das Gespräch, das der Historiker Thukydides für den Sommer des Jahres 416 zwischen den athenischen Gesandten und dem melischen Rat inszeniert,[15] ist ein verstörender Dialog zwischen Logos und Alogia. Vor allem verstörend ist der Umstand, dass die attischen Gesandten geradezu philosophisch zu agieren scheinen: Statt einer Kriegserklärung bieten sie ein dialogisches Gespräch an. Argument für Argument soll statt einer fortlaufenden Rede vorgebracht werden, sofortiger Einspruch bei nicht zustimmungsfähigen Positionen ist ausdrücklich erwünscht (Thukydides, Historiae V,

15 Textgrundlage ist: Thucydides (1987/88): Historiae. Recognovit brevique adnotatione critica instruxit Henricus Stewart Jones. Apparatum criticum correxit et auxit Johannes Enoch Powell. Oxoni 1900/1901, V, 84–116.

85) – ein nahezu sokratischer Gesprächsrahmen. Im Folgenden sind die besseren Argumente des methodisch reglementierten Diskurses durchweg auf athenischer Seite. Wo die verzweifelten Melier Götter, Spekulationen über möglichen spartanischen Beistand oder das kontingente Kriegsgeschehen anstellen, auf ihre Ehre und Freiheitswahrung insistieren, drängt die athenische Gegenseite immer wieder zur Versachlichung pragmatisch unhaltbarer Positionen: Wer in größter Gefahr – so die Rede der Gesandten – alles auf Hoffnung setzt, deren Wesen Verschwendung sei, wird erst im Sturz ihres Trugs bewusst und trauert zu spät den vergebenen Alternativen nach. Dem Pathos der Melier begegnen sie mit dem Insistieren auf besonnene Überlegung (εὐβουλία). Nach einer letzten Beratung lehnt der melische Rat das athenische Angebot ab und wiederholt die zuvor als argumentativ unangemessen ausgewiesenen Positionen: Vertrauen auf das Glück, Hoffnung auf die Götter, Liebe zur eigenen Freiheit, Spekulationen auf eine plötzliche Schicksalswendung. Die Athener haben für diese Realitätsverweigerung eine schlagende Bezeichnung: Alogia der Denkungsart (ἀλογία τῆς διανοίας, Thukydides, Historiae V, 111). Sie mahnen ein nur scheinbares Denken an, das sich vom Unbewussten leiten lässt, ohne die normative Kraft des Faktischen, ohne Argumente gelten zu lassen. Den Verhandlungsplatz verlassen sie daraufhin mit den Worten: „so sehr ihr jetzt auf Schicksal und Hoffnungen gläubig vertraut, so tief wird auch euer Sturz" (Thukydides, Historiae V, 113). Das Diktum wird sich schnell bewahrheiten. Die Melier werden ihr Pathos mit dem Leben bezahlen, die Athener mit guten Gründen töten. Thukydides, auch ein großer Dramaturg, platziert den Dialog, in seinem Geschichtswerk unmittelbar vor der Schilderung der maßlosen sizilischen Expedition, die zum Untergang des athenischen Heeres und zur endgültigen Niederlage führt – der Logos, mit dem die Athener sich durchzusetzen wissen, erweist sich spätestens hier als Teil ihrer eigenen Alogia.

Was Nietzsche hier sieht, hat seine Kommentierung der sokratisch platonischen Dialoge nachhaltig begleitet: Die im Namen der Vernunft praktizierte Diskursrationalität tritt bei den Griechen eben nicht als zwangloser Zwang des besseren Arguments auf, sondern von Beginn an auch als nackte Gewalt. Nicht zuletzt darum galt ihm die logische Tendenz des Sokratismus in der *Geburt der Tragödie* als ein die Abgründe des Daseins verfehlender „Optimismus". Unter den Bedingungen einer allen Menschen gemeinsamen Sprache der Vernunft entsteht der Glaube, „dass das Denken an dem Leitfaden der Causalität [...] das Sein nicht nur zu erkennen, sondern sogar zu corrigieren im Stande sei" (GT 15, KSA 1, S. 99). Mit der Selbstsetzung eines extramundanen Standpunktes der Vernunft beginnt nach Nietzsche auch deren Selbstverkennung. Die Ausrichtung auf Normativität und Universalität lassen das Denken, dessen eigentliche philosophische Aufgabe doch in der Erhellung der Existenz liegen sollte, zum instrumentellen Maß werden, an dem sich sämtliche Formen des Lebens ihrerseits auszurichten haben. Bis zuletzt dient bei Nietzsche der „Vernunftrealist" Thukydides als Korrektiv gegen den „Vernunftidealismus" sokratisch-platonischer Provenienz.

Nietzsches „philosophisches Pathos" als Philosophieren mit dem Unbewussten

In der Rückschau hat Nietzsche seiner Erstlingsschrift bekanntlich anstelle einer neuen Vorrede den „Versuch einer Selbstkritik" vorangestellt. Eine Kritik, die kaum vollständiger sein könnte und nahezu eine Vernichtung darstellt. Sein Werk nennt er darin ein „unmögliches" Buch, „schlecht geschrieben, schwerfällig, peinlich" und „ohne Willen zur logischen Sauberkeit" (GT Versuch 3, KSA 1, S. 14). Berühmt ist die nicht minder deutliche Eingangspassage, mit der Nietzsche in *Ecce homo* seine frühe „Artisten-Metaphysik" rekapituliert: „Sie hat mit dem gewirkt und selbst fascinirt, was an ihr verfehlt war [...].": Mit „dem Leichenbitter-parfum Schopenhauer's", mit einer vulgärdialektischen Methode („sie riecht anstössig Hegelisch") und einem deutschtümelnden Kulturreformismus, der als „Nutzanwendung auf die Wagnerei" gebrandmarkt wird (EH GT, KSA 6, S. 309 f.). In beiden Rekapitulationen bleibt vordergründig nur wenig übrig, dies Wenige aber wird Nietzsche explizit als fortdauerndes Movens seines Denkens ausweisen. Als Philologe und Griechenkenner hat sein „Verständnis des dionysischen Phänomens" das „Verhältnis der Griechen zum Schmerz offengelegt". Als Philosoph wiederum habe er den „Sokratismus" entdeckt und damit ein gänzlich neues Problem zu fassen bekommen: das „Problem der Wissenschaft" (GT 2, KSA 1, S. 13 f.). Sein damaliges juveniles Erleben, seine „übergrünen Selbsterlebnisse" nennt Nietzsche „hart an der Schwelle des Mitteilbaren". Dem Anliegen seines Werks hat dies paradoxerweise nicht geschadet, vielmehr ist es dadurch eher noch gefördert worden. Das ihn seinerzeit an- und umtreibend Unbewusste mag den Text nach wissenschaftlichen Maßstäben argumentativ und stilistisch verdorben haben, hat aber gleichzeitig zu diesem neuen, seinem Problem geführt. Denn die „aesthetische Wissenschaft" (GT 1, KSA 1, S. 25), in deren Namen Nietzsche antrat, verstand sich als neue *Prima Philosophia*. Anstelle der klassischen Ontologie oder der subjektivitätszentrierten neuzeitlichen Erkenntnistheorie ging es ihr darum, Kunst als die Transformation von existentiellen Erfahrungen in ästhetische Phänomene von der „Optik des Lebens" aus in den Blick zu nehmen. Folgerichtig werden auch die wissenschaftlichen oder religiösen Ausdrucksformen zunächst als Gestalten der Kunst reflektiert. Erst aus dieser Rückbindung bewusster Formgebung an unbewusste künstlerische Formungsprozesse erwächst der entscheidende Distanzgewinn: „denn das Problem der Wissenschaft kann nicht auf dem Boden der Wissenschaft erkannt werden" (GT 2, KSA 1, S. 13). Selbst Kant hat für die kritische Eingrenzung des Wissens innerhalb seiner Vernunftarchitektur einen Punkt anerkannt, an dem dasjenige, was die Begreifbarkeit des Begriffs ausmacht, nur noch als eine dem Begriff nicht mehr fassbare Kunst angesehen werden kann. Denn wie der transzendentale Schematismus seinen Begriffen anschauliche Bedeutung verleiht, mithin die ursprünglichste Synthesis, lässt sich mit den Konstruktionsmitteln der Kritik selbst nicht mehr denken. Als eine „absolute Grenze des Denkens" bleibt dies „eine verborgene Kunst in den Tiefen der menschlichen Seele" (KdrV, B 180). Die Hoffnung, die Nietzsche anfänglich noch ausdrücklich an Denker wie Kant und Schopenhauer knüpfte, ist mit der Orientierung an solchen Punkten des Umschlags von Wissenschaft in Kunst verbunden. Sie ließ ihn in der *Geburt der Tragödie* ein wissenschaftskritisches Programm im Dienst einer überwissenschaftlichen Weisheit formulieren, das, wie ich glaube, sukzessive von seiner eigenen Philosophie eingelöst werden sollte: Es haben, so die unbewusste Vorwegnahme der eigenen kommenden Kritik des Bewusstseinsbegriffs,[16] „grosse allgemein angelegte Naturen mit einer unglaublichen Besonnenheit, das Rüstzeug der Wissenschaft selbst zu benützen gewusst, um die Grenzen und die Bedingtheit des Erkennens überhaupt darzulegen und damit den Anspruch der Wissenschaft auf universale Geltung und universale Zwecke entscheidend zu leugnen" (GT 18, KSA 1, S. 118).

Ob hier die philosophischen Absichten Kants und Schopenhauers getroffen sind, ist gegenüber der damit gegebenen Absichtserklärung nachrangig. Denn nicht nur die später praktizierte Logik und Ethik der Selbstüberwindung werden hier mit erstaunlicher Präzision antizipiert. Vielmehr stellt sich die Frage, ob eine Philosophie, wie sie Nietzsche hier andeutet und für die Zukunft einzufordern scheint, nicht notwendig in einer fröhlichen Wissenschaft vom Unbewussten münden muss? Fröhlich, insofern sie weder das Bewusstsein (wie die philosophische Tradition) noch das Unbewusste (wie bei Schopenhauer und in der *Geburt der Tragödie*) als gegebene Größen setzen kann und will, sondern sich als ein bewusstes Philosophieren mit dem Unbewussten zur Geltung zu bringen versucht. Programmatisch dafür ist jenes philosophische Selbstverständnis, das Nietzsche in *Ecce homo* einmal mehr aus seiner kritischen Auseinandersetzung mit GT gewinnt: „In diesem Sinne habe ich das Recht, mich

16 Zur Möglichkeit, aus den bewusstseinskritischen Ansätzen Nietzsches eine Theorie des Bewusstseins zu gewinnen, siehe Schlimgen (1998).

selber als ersten tragischen Philosophen zu verstehen – Vor mir gab es diese Umsetzung des Dionysischen in ein philosophisches Pathos nicht: es fehlt die tragische Weisheit" (EH GT 3, KSA 6, S. 312).

In den neuen Vorreden und in der späten Auseinandersetzung mit der *Geburt der Tragödie* entfaltet Nietzsche konsequent, wie sich sein Denken als allmähliche Bewusstwerdung jenes ursprünglich unbewussten Ausgangsimpulses, der ihn zur Philosophie drängte, vollzogen und darüber Gestalt angenommen hat. Die Schriften, auf die er zurückblickt, werden als vorläufige Stadien und Positionen eines werdenden Selbst interpretiert. Sie beinhalten notwendigerweise auch Fiktionen. Fiktionen, die der Autor nötig hatte, als Ausdruck drängender, ihm selbst noch unbekannter, also unbewusster Bedürfnisse. Für solche Fiktionen gesteht Nietzsche, dass er dort, wo er „nicht fand", was er „brauchte", es sich „künstlich erzwingen, zurecht fälschen, zurecht dichten musste" (MA I Vorrede 1, KSA 2, S. 14). Das über den russischen Formalismus in die Postmoderne gelangte Problem der Autorschaft ist von Nietzsche bereits vollständig durchreflektiert worden.[17] Sein Selbst ist zum einen bemüht, sich im hervorgebrachten Text überhaupt erst zu schaffen, eine spezifische Identität zum konstituieren. Und es ist zum anderen bestrebt, die bestehende Konstitution zugunsten neuer (Selbst-) Auslegungen wieder zu verflüssigen, sie zu dekonstruieren. Es ist somit zwar in der Fülle der Bedeutungen präsent, niemals aber über sie erhaben.[18] Dass sich innerhalb solcher Transformationspraktiken frühere Perspektiven als vorläufig, zu persönlich oder schlicht unpassend herausstellen, gehört zum Programm. Der von Nietzsche vorweggenommene Einwand, dass es sich beim frühen Wagner-, Schopenhauer- und Griechenbild um bloße Projektionen gehandelt habe, wird mit der Bedürfnisstruktur einer bemerkenswerten und neuen Wahrheits-Ökonomie beantwortet. Einer Wahrheitsökonomie, in der das Selbstmissverständnis geradezu zum konstitutiven Grundzug der eigenen Gedankenentwicklung erklärt wird. Nietzsche gesteht den Lesern hier, die eigenen Schriften erst jetzt, also Jahre später allmählich verstehen zu können und fragt im Anschluss daran:

> was wisst ihr davon, was könntet ihr davon wissen, wie viel List der Selbst-Erhaltung, wie viel Vernunft und höhere Obhut in solchem Selbst-Betruge enthalten ist, – und wie viel Falschheit mir noch noth thut, damit ich mir immer wieder den Luxus meiner Wahrhaftigkeit gestatten darf? ... (MA I Vorrede 1, KSA 2, S. 14)

17 Zum Problem der literarischen Selbstinszenierung und dem damit verbundenen Problem der Autorschaft zuletzt Burke (2008).

18 Zum Zusammenhang von Selbstkonstitution, personaler Identität und Autorschaft bei Nietzsche und Emerson siehe zuletzt Thomä (2007).

Die Antithese zum logisch-epistemologischen Konzept sokratischer Selbsterkenntnis ist offensichtlich. Seinen Begriff der Wahrhaftigkeit hat Nietzsche hiermit in pointierter Form gegen jenes Selbstverständnis gerichtet, das den Geltungsanspruch der Philosophie an das *fundamentum inconcussum* eines in sich kohärenten, feststehenden und sich selbst transparenten Ichs bindet.

Ein solches Bewusstsein vom Unbewussten bleibt hinsichtlich der anfangs praktizierten affirmativen Vereinseitigung des Unbewussten nicht ohne Folgen. Der europäischen Bewusstseins-Metaphysik kann man mit Dionysos als affirmativem Gegengott innerhalb einer Artisten-Metaphysik des Unbewussten nicht gerecht werden. Anstelle dieser anfänglich bloß ideologischen Gegensetzung eines ästhetisch oder voluntaristisch verstandenen Unbewussten als eigentlichem Movens, hat Nietzsche sukzessive die „Umsetzung des Dionysischen in ein philosophisches Pathos“ zur permanenten Interpretationspraxis werden lassen. Umsetzung bedeutet unter diesen Voraussetzungen ein strategisches perspektivisches Verschieben von Begriffen des Logos zu Formen des Pathos hin: und ebendies wäre keine Philosophie für oder gegen das Unbewusste, sondern ein Philosophieren mit dem Unbewussten. Bezeichnenderweise folgen Nietzsches reflexive Verhältnisbestimmungen nicht der Nomenklatur einer Abgrenzung, Beherrschung, Kontrolle, Verdrängung oder Sublimierung – die Varianten seines Themas heißen funktional „Supplement“, „Korrektiv“, „Duplicität“, ästhetisch „Verwandlung“, „Metamorphose“, „Transfiguration“, später dann „Umsetzung“, „Umwerthung“ und „Interpretation“. Physiologie, Genealogie, Psychologie und Wille-zur-Macht-Hermeneutik sind in diesem Sinne operative Strategien zur Sichtbarmachung des Unbewussten innerhalb vermeintlich bewusster Ordnungen. Physiologie zeigt dem gemäß eine unbewusste Funktionssicherheit auf, die sowohl das Autonomiepostulat als auch den lebensweltlich relevanten Umfang des Bewusstseins zur Disposition stellt. Genealogien rekapitulieren hypothetisch immer die Entstehung gleichermaßen moralischer und vernünftiger Ordnungen aus außermoralischen und unvernünftigen Ursprüngen, sei es die Moral oder ein Glaube am Grunde des Denkens, sei es die Ökonomie am Grunde der Moral. Psychologisch wiederum operiert Nietzsche, wenn folgenreiche, das europäische Bewusstsein prägende „Umwertungen“ und Unterscheidungen als letztlich unbewusste Wertungen und Entscheidungen „einer bestimmten Art zu leben“ rekonstruiert werden: ein Jesus, der aus Hypersensibilität die Liebe als letzte Lebensmöglichkeit lehrt und lebt, ein Sokrates, der wie gesehen, zum Ausagieren extremer unbewusster Spannungen das Bewusstsein kultiviert. Mit der Hypothese gegeneinander agierender Wille zur Machtquanten wiederum wird das Unbewusste in die Auslegungs- Interpretationsvollzüge selbst zurückgenommen: die Entstehung von Sinn und das Denken wird dann nicht mehr als Synthesis wie bei Kant, mithin als Verknüpfung nach allgemein geltenden Regeln, sondern als diskontinuierliche Überlagerung und Neuinterpretation eines Sinns durch einen anderen thematisch. So kreist Nietzsches Denken um das Fundierungsverhältnis von Logos und Pathos – nun aber entsprechend der Umwertungspraxis in der zu den Bestimmungen der Bewusstseinsphilosophie gegenläufigen Bewegung. Die Reflexion wird dabei nicht einem „irrationalen“ Pathos geopfert, sondern als ein Verstehen ausgelegt, das jene Kontexte überhaupt erst wieder eröffnen will, die sich der reflexiven Vereinnahmung entziehen.[19] Es spricht vieles dafür, dass Nietzsche nicht zuletzt gerade in diesem Sinn als ein „Philosoph der Zukunft“ verstanden werden wollte.

Literaturverzeichnis

Assmann, Jan (2000): *Das kulturelle Gedächtnis. Schrift, Erinnerung und politische Identität in frühen Hochkulturen*. 3. Aufl. München: Beck.

Behler, Ernst (1978): „Nietzsche und die frühromantische Schule“. In: *Nietzsche-Studien* 7, S. 59–87.

Böhme, Gernot (1988): *Der Typ Sokrates*. Frankfurt am Main: Suhrkamp.

Burke, Sean (2008): *The Ethics of Writing. Authorship and Legacy in Plato and Nietzsche*. Edinburgh: University Press.

Corbier, Christophe (2009): „Alogia et Eurythmie chez Nietzsche“. In: *Nietzsche-Studien* 39, S. 1–38.

Derrida, Jacques (1995): *Dissemination*. Aus dem Frz. übers. von Hans-Dieter Gondek. Hrsg. von Peter Engelmann. Wien: Passagen.

Diller, Hans (1955): *Die Bakchen und ihre Stellung im Spätwerk des Euripides*. Mainz: Verlag der Akademie der Wissenschaften und der Literatur.

Egli, Franziska (2003): *Euripides im Kontext zeitgenössischer intellektueller Strömungen: Analyse der Funktion philosophischer Themen in den Tragödien und Fragmenten*. München, Leipzig: K. G. Saur.

Euripides (1977): „Die Bakchen“. In: Euripides (1972–1981): *Tragödien und Fragmente*. Griech. und deutsch. Hrsg. von Gustav Adolf Seeck. Ins Deutsche übertr. von

19 Dass Nietzsches Philosophie in den *Dionysos-Dithyramben* gleichsam versinkt und verklingt, scheint mir vor dem Hintergrund meiner Ausführungen fast schon plausibel. Das in Form und Inhalt disziplinierte Pathos der Philosophie wird hier, wenn nicht aufgegeben, so doch sukzessive in der Sprache der Lyrik wieder jenem Unbewussten überantwortet, dem sich Nietzsches Philosophie verdankte und dem sie abgerungen war. Ist der antike Dithyrambus hymnischer Kultgesang zu Ehren der dionysischen Taten und Leiden, so werden die *Dionysos-Dithyramben* in der Kompositionsform Nietzsches nun zu Liedern, die der Gott sich selbst über sich selbst singt – Selbstaufhebungsgesänge, wenn man so will. Die selbstbezügliche Anlage verbunden mit der gesteigerten Pathoshöhe zeigen Nietzsches letzten Versuch, sich die mit seinem Denken immer verbundenen Einsamkeits- und Schmerzerfahrungen als notwendig und lebensbejahend zu bestätigen.

Ernst Buschor, Gustav Adolf Seeck (Fragmente), Johann Jakob Christian Donner (Der Kyklop) und Wilhelm Binder (Rhesos). Bd. V. München, Darmstadt: Heimeran.
Günther, Friederike Felicitas (2008): *Rhythmus beim jungen Nietzsche*. Berlin, New York: De Gruyter.
Havelock, Eric A. (1982): *The Literate Revolution in Greece and its Cultural Consequences*. Princeton: University Press.
Havelock, Eric A. (1963): *Preface to Plato. A History of Greek Mind*. Cambridge: The Belknap Press of Harvard University Press.
Henrichs, Albert (1986): „The Last of the Detractors: Friedrich Nietzsche's Condemnation of Euripides". In: *Greek, Roman and Byzantine Studies* 27, S. 369–397.
Holzhausen, Jens (2003): *Euripides Politikos. Recht und Rache in „Orestes" und „Bakchen"*. München, Leipzig: K. G. Saur.
Hose, Martin (2008): *Euripides. Der Dichter der Leidenschaften*. München: Beck.
Kant, Immanuel (1956–1964): *Werke in sechs Bänden*. Hrsg. von Wilhelm Weischedel. Darmstadt: Wissenschaftliche Buchgesellschaft.
Latacz, Joachim (1998): *Fruchtbares Ärgernis: Nietzsches „Geburt der Tragödie" und die gräzistische Tragödienforschung*. Basel: Hellbing & Lichtenhahn.
Müller, Enrico (2002): „‚Aesthetische Lust' und ‚dionysische Weisheit'. Nietzsches Deutung der griechischen Tragödie". In: *Nietzsche-Studien* 31, S. 134–153.
Müller Enrico (2005): *Die Griechen im Denken Nietzsches*. Berlin, New York: De Gruyter.
Nehamas, Alexander (1985): *Life as Literature*. Cambridge: Cambridge University Press.
Nehamas, Alexander (1998): *The Art of Living. Socratic Reflections from Plato to Foucault*. Berkeley: University of California Press.
Perrakis, Manos (2011): *Nietzsches Musikästhetik der Affekte*. Freiburg, München: Alber.
Schlimgen, Erwin: (1998): *Nietzsches Theorie des Bewußtseins*. Berlin, New York: De Gruyter.
Segal, Charles (1982): *Dionysiac Poetry and Euripide's Bacchae*. Princeton: University Press.
Seidensticker, Bernd (1982): „Die Zerstörung des tragischen Helden bei Euripides". In: *Sitzungsberichte und Mitteilungen der Braunschweigischen Wissenschaftlichen Gesellschaft*, S. 51–69.
Snell, Bruno (1946): *Die Entdeckung des Geistes. Studien zur Entstehung des europäischen Denkens bei den Griechen*. Hamburg: Claassen.
Thomä, Dieter (2007): „Jeder ist sich selbst der Fernste. Zum Zusammenhang zwischen personaler Identität und Moral bei Nietzsche und Emerson". In: *Nietzsche-Studien* 36, S. 316–343.
Versnel, Hendrik Simon (1990): *TER UNUS. Isis, Dionysos and Hermes. Three Studies in Henotheism. Inconsistencies in Greek and Roman Religion I*. Leiden: Brill.

Jean-Claude Wolf

Der unbewusste Gott nach Eduard von Hartmann

1 Hartmanns Dreiteilung in physiologisches, psychisches (relatives) und metaphysisches Unbewusstes

Eduard von Hartmann, der Verfasser der *Philosophie des Unbewussten*, hat mit dem Titel und Thema seines Buches für die Periode von 1860–1870 offenbar den Zeitgeist getroffen. Sein größter Erfolg fällt in die Blütezeit der Schopenhauer-Rezeption und wurde deshalb oft auch als Bestandteil einer „Schopenhauer-Schule" wahrgenommen (vgl. Wolf 2009). Es ist die Epoche, in der sich die Wertschätzung der klassischen deutschen Philosophie auf einem Tiefpunkt befindet; die Affinität von Hartmann mit Schelling und Hegel wird deshalb weniger beachtet. Entscheidend für die öffentliche Aufmerksamkeit, die Hartmann zwischen 1870 und 1880 genießt, ist die Tatsache, dass er sich in einem leserfreundlichen Stil in die religionskritischen, evolutionsbiologischen und weltanschaulichen Debatten um den Pessimismus eingemischt hat.[1]

Hartmanns Erörterung verschiedener Formen des Unbewussten ist repräsentativ für den Stand der Forschung in der zweiten Hälfte des 19. Jahrhunderts, weil sich Hartmann mit zahlreichen Vorläufern und Zeitgenossen auseinandersetzt und deren Auffassungen referiert und kritisch kommentiert. Dazu gehören u. a. Carl Gustav Carus, Gustav Fechner, Hermann Lotze, Karl Fortlage, Julius Schaller, Immanuel Hermann Fichte, Hermann Ulrici, G. Adolf Horwicz, Wilhelm Wundt, Franz von Brentano, Wilhelm Fridolin Volkmann von Volkmar, Theodor Lipps, Oswald Külpe, Theodor Ziehen, Friedrich Jodl, Johannes Rehmke, Harald Höffding, Friedrich Paulsen, Theobald Ziegler, Wilhelm Dilthey, Julius Ebbinhaus und Alois Höfler.

Hartmann schlägt eine Dreiteilung in physiologisches, psychisches (relatives) und metaphysisches Unbewusstes vor.[2]

---

1 Zum Pessimismus vgl. Hartmann (1880b).

2 Über den Begriff des Unbewussten siehe die Kapitel VII „Die All-Einheit des Unbewussten" und Kapitel VIII „Das Unbewusste und der Gott des Theismus" in Hartmann (1923b, Bd. II, S. 155–201). Ausführliche Hinweise auf Parallelstellen in zahlreichen Büchern und Aufsätzen finden sich in Hartmann (1913, Bd. I, S. 200) und Plumacher (1881). Neuere Darstellungen finden sich in Lütkehaus (1989) und Brès (2010).

Das physiologische Unbewusste äußert sich in den Reflexbewegungen, der Naturheilkraft, dem organischen Bilden, in den Trieben, Gewohnheiten und Fertigkeiten sowie in der Vermittlung der willkürlichen Bewegungen. Als materielle Disposition gehört es nicht zu den psychischen Phänomenen und wird deshalb als Unbewusstes im uneigentlichen Sinne bezeichnet.

Das psychische (relative) Unbewusste besteht unter anderen in schwachen Empfindungen unter der Bewusstseinsschwelle oder in nachklingenden Vorstellungen. Wichtig ist hier die zeitliche Dimension eines Noch-nicht oder Nicht-mehr sowie die Beziehung zu einem untergeordneten Bewusstsein, also z. B. dem Bewusstsein der Unterleib-Ganglien, aller lebenden Zellen oder der Atome. Unbewusst ist dieses Bewusstsein, insofern es sich dem höchsten Zentralbewusstsein eines Individuums entzieht. Auch dieses Unbewusste ist erstaunlicherweise nur unbewusst im uneigentlichen Sinne, denn es ist eine Art von Bewusstsein. Dass alles psychische Unbewusste relativ Unbewusstes ist, folgt aus der Tatsache, dass es immer relativ zu einem Zentrum ist. Nach der Hypothese des Panpsychismus verteilt sich der größte Teil von Bewusstsein auf alle lebendigen Zellen, und nur ein ganz kleiner Teil von Bewusstsein wird als Selbstbewusstsein in Menschen manifest. Das psychisch Unbewusste ist nicht „freischwebend" (im Sinne einer über allen Dingen schwebenden Weltseele), sondern es ist in Zentren der Wahrnehmung und Empfindung lokalisiert. Das meiste Bewusstsein ist ohne Selbstbewusstsein. Während es unterschiedliche Grade des Selbstbewusstseins gibt, ist Bewusstsein seiner Form nach nicht graduierbar.

Das absolute oder metaphysische Unbewusste ist eine Tätigkeit der Seele (die *natura naturans* bzw. die ursprüngliche Tathandlung), die den bereits genannten Formen des (uneigentlichen) Unbewussten und allem Bewusstsein zugrunde liegt, ohne selber jemals direkt zum Bewusstsein zu gelangen. In Anlehnung an die Terminologie von Spinoza wird der Grund der Welt als die eine Substanz mit zwei den Menschen bekannten Attributen konzeptualisiert. Nach Hartmann unterscheidet sich das absolut Unbewusste kategorisch vom relativ Unbewussten, das bereits Leibniz in der Form der „petites perceptions" behandelt hat. Während das relativ Unbewusste bewusst werden kann und nach Hartmanns Verständnis von Philosophie auch soweit als möglich bewusst gemacht werden soll, kann das absolut Unbewusste zwar thematisiert, aber nicht bewusst gemacht werden. Es ist kein Gegenstand möglicher Erfahrung; es lässt sich nur indirekt erschließen.

Dass es sich – im Sinne des metaphysischen Monismus – dabei um das Unbewusste handelt, den all-einen unbewussten Gott oder die Ursache einer alle Bewusstseinszentren verbindenden Weltseele, ergibt sich aus der Spekulation, etwa aus der Überlegung, dass das Unbewusste nur als eine und einzige

Ursache Einheit und „Kommunikation“ stiften kann. Wenn solche „Kommunikation“ stattfindet, dann ist der Monismus wahrscheinlicher als der Pluralismus. Die Beweislast liegt bei Pluralisten. Gibt es umfassendes Mitgefühl oder universale Kommunikation, so muss es ein letztes einheitstiftendes Substrat geben. Mehrere „Götter“ würden dagegen nur Zwietracht und Beziehungslosigkeit verursachen. Ein Pluralismus der ersten Prinzipien wäre unbrauchbar als Deutung und Begriffsrahmen für die kosmische Zirkulation von Informationen – ähnlich unbrauchbar wie die Annahme mehrerer Urknalle in der Physik.

Überlegungen dieser Art werden von Hartmann gelegentlich in der Form einer Serie von suggestiven Fragen statt in der Form eines Pseudo-Schlusses oder Pseudo-Beweises formuliert. Für den metaphysischen Monismus, der die widerstrebenden Attribute von Wille und Vorstellung bzw. Intellekt in sich vereinigt, spricht das systematische Interesse an letzter Vereinheitlichung aller Erklärungen – einer Vereinheitlichung, die es aber auch erlaubt, die Vielfalt, Individuation und Veränderungen zu anerkennen. Vereinheitlichung und Reduktion ist ein nützliches Mittel der Darstellung oder des ordnenden Denkens, solange sie nicht die realen Dimensionen von Individualität, Differenzen und Antagonismen zu bloßen Illusionen herabsetzt.

Hartmann listet in seiner *Philosophie des Unbewussten* eine Reihe von Thesen auf:

1. „Das Unbewusste erkrankt nicht.“ Als Ursache, die selber nicht erkrankt, ist sie auch die Ursache aller Naturheilkräfte.
2. „Das Unbewusste ermüdet nicht.“
3. „Alle bewusste Vorstellung hat die Form der Sinnlichkeit, das Unbewusste kann nur von unsinnlicher Art sein.“
4. „Das Unbewusste schwankt und zweifelt nicht, es braucht keine Zeit zur Überlegung, sondern erfasst momentan das Resultat.“
5. „Das Unbewusste irrt nicht.“
6. „Dem Unbewussten können wir kein Gedächtnis zuschreiben.“ Der unbewusste Wille enthält auch die Möglichkeit der ewigen Wiederkehr, d. h. „dass der Weltprozess sich schon beliebig oft in derselben Weise abgespielt haben kann.“ (Hartmann 1923b, Bd. II, S. 437)
7. „Im Unbewussten ist Wille und Vorstellung in untrennbarer Einheit verbunden.“ Das Unbewusste ist die identische Substanz der Attribute des Willens und der Vorstellung (vgl. Hartmann 1923b, Bd. II, S. 451–460).
8. „Das Unbewusste packt das Leben, wo es das Leben nur packen kann.“
9. „Das Unbewusste sucht seine Leistungen mit einem Minimum von Kraftaufwand zu vollbringen.“
10. „Das Unbewusste ist allmächtig.“
11. „Das Unbewusste ist allwissend.“
12. „Das Unbewusste ist allweise.“

Das sind pompöse Thesen, denen ein Beifall im Esoterikverein sicher ist! Die Thesen 1–6 und 8–9 sind ein Echo auf Schopenhauers Thesen über den Willen; die Thesen 10–12 entsprechen seinem Programm eines postchristlichen Pantheismus, und die These 7 formuliert seine spezifische „Synthese" zwischen klassischer Identitäts- und Geistphilosophie auf der einen Seite, und Schopenhauerschem Voluntarismus auf der anderen Seite.

Hartmann bleibt jedoch nicht bei der Formulierung und Erläuterung dieser Thesen stehen, sondern relativiert seine Aussagen folgendermaßen:

Er nennt seine *Philosophie des Unbewussten* „ein noch außerhalb des Systems stehendes Programmwerk" (zitiert nach Johannes Volkelt, „Geleitwort" zu: Hartmann 1913, Bd. I, S. VI).

Ebenso hat es nur einen propädeutischen Wert im allmählichen induktiven Aufstieg, wenn bei Beginn des zweiten Teils (II 1–10) vom Unbewussten gesagt wird, dass es nicht erkrankt, ermüdet, schwankt, zweifelt, unsinnlich ist, und kein Gedächtnis hat (vgl. Hartmann 1901, S. 81).

Fast scheint es so, als werde die forsche Formulierungskunst nachträglich zur „Jugendsünde" herabgestuft. Das Buch ist ein vorübergehender Bestseller, aber kein wirklicher Longseller. Seit dem 20. Jahrhundert scheint es in seiner dreibändigen Monumentalversion hoffnungslos „épuisé", eine mit dem Untergang der Gründerzeit und dem alten Europa verschollene Modephilosophie.

Solche Einschätzungen bleiben relativ oberflächlich und können nicht als Ersatz für eine Beschäftigung mit den Texten gelten. Hartmann war gelegentlich ein hinterlistiger Autor, der mit seinen Lesern spielte. Dafür gibt es einige spektakuläre Beispiele, so etwa seine Veröffentlichung unter falschem Namen („Briefe über die christliche Religion" von H. A. Müller 1870, 2. umgearbeitete Auflage unter seinem Namen: „Das Christentum des neuen Testaments", 1905); seine anonyme Streitschrift gegen sich selber („Das Unbewusste vom Standpunkt der Physiologie und Descendenztheorie", 1872), und sein Kabinettstück „Das Gefängnis der Zukunft" von 1875, das nicht nur als konstruktiver Beitrag zur Humanisierung des Strafvollzugs, sondern auch als Satire auf die sozialistische Utopien und/oder als Satire auf die eigene Philosophie des „Kulturfortschritts" gelesen werden kann (vgl. Wolf 2006b, S. 215–221). Satire auf den „Klassenfeind" und Selbstironie in einem Essay ist auch ein Kunststück philosophischer Selbstaufhebung und eine Einladung zur triperspektivischen Lektüre. Lässt sich vielleicht manch ein anderer Text von Hartmann auch multiperspektivisch lesen, so wie Goethes *Faust* die „Wahrheit" aus der Sicht von Gretchen, Faust und Mephisto präsentiert?

Der Erfolgstitel *Philosophie des Unbewussten* sagt nichts (gültiges) aus über das „eigentliche" Unbewusste, sieht man einmal davon ab, dass es eines (im Sinne einer monistischen Alleinheit) und ewig ist; aber das Buch wirft ein

Licht auf das Bewusstsein. Dieses ist sekundär und der Erscheinung, nicht dem Wesen der Welt zuzurechnen. Warum also ein Buch mit diesem Titel, ein Buch, das explizit dem Unbewussten gewidmet ist? Hat der Verfasser seine Leser mit seinen Thesen über das Unbewusste an der Nase herumgeführt? Enthält es vordergründig faszinierende, aber falsche (oder „sinnlose") Thesen über einen unbewussten Gott, den man nicht anbeten, nicht brauchen, in den man sich nicht verlieben kann? Bleibt dieses eine und ewige Unbewusste nur ein Sprungbrett ins *Nirwana*? In einem Punkt ist Hartmann erstaunlich deutlich: Es gibt kein Zurück zum Glauben an einen personalen Gott und die Unsterblichkeit der individuellen Seele. Damit geht er über Schleiermachers *Reden* und dessen tolerante Einstellung zum Pantheismus hinaus; Schleiermacher hielt die Optionen eines personalen Gottes und die eines pantheistischen Gottes offen und überließ es den Variationen der Phantasie, für welche Option man sich entscheiden wollte.[3] Hartmanns „Gott" dagegen kann weder eine Person noch mit einem eigenen Selbstbewusstsein ausgestattet sein.

Über das Unbewusste „im eigentlichen Sinne" lässt sich nur sehr wenig sagen, dagegen wohl manches über das Unbewusste im uneigentlichen Sinne, nämlich das physiologisch Unbewusste, welches die Hirnphysiologie erforscht und das gar nichts zu tun hat mit psychischen Phänomenen, oder das relativ Unbewusste, das zwar dem Zentralorgan oder Ich nicht bewusst ist, den Nervenzentren aber sehr wohl. Die *Philosophie des Unbewussten* trägt den falschen Titel: Sie sagt nichts (buchstäblich oder definitiv Wahres) über das Unbewusste aus, aber einiges über das Bewusstsein, nämlich Folgendes: Das Bewusstsein ist nur eine lückenhafte Begleiterscheinung des unbewussten psychischen Prozesses und zwar nicht einmal des Prozesses selbst, sondern nur seiner Knotenpunkte und Kollisionen (Hartmann 1901, S. 81).

Dieser Satz lässt sich in Teilthesen zerlegen:

Das Bewusstsein ist lückenhaft.

Das Bewusstsein ist eine Begleiterscheinung, ein Epiphänomen, ein Spätprodukt, passiv, determiniert; es ist ein Symptom von Knotenpunkten und Kollisionen, das Resultat von Hindernissen und Hemmungen, ein „Stolperprodukt", ein allmähliches ruckartiges Erwachen infolge einer Verkettung von Widerfahrnissen.

Diese Teilthesen sind plausibler als das, was Hartmann über das „eigentlich" Unbewusste aussagt. Direkte Aussagen über das nominalisierte „Unbewusste" sind möglicherweise alle irreführend und unkontrollierbar; in Hartmann späteren Werken treten die Spekulationen über das nominalisierte

3 „[...] dass Glaube an Gott abhängt von der Richtung der Phantasie [...]" (Schleiermacher 2003, S. 86).

Unbewusste zurück; ‚unbewusst' wird meist nur noch adverbial verwendet, zur Charakterisierung der Modalität gewisser Prozesse. In den Nachträgen zur Metaphysik des Unbewussten erinnert er auch daran, dass das Reden über „das absolute Sein" an eine Grenze der Sprache überhaupt führt (vgl. Hartmann 1923b, Bd. II, S. 527).

2 Das metaphysische Unbewusste als Grund und Wesen der Welt

Wie Hartmann betont, ist das „eigentliche Unbewusste", das in jeder Hinsicht Unbewusste das metaphysische Unbewusste. Es geht dabei nur am Rande um Naturphilosophie und Psychologie, in erster Linie jedoch um eine Deutung des Grundes oder Wesens der Welt. Sein religiöses Äquivalent ist der unbewusste Gott, weil auch der unbewusste Gott kein eigenes oder separates Bewusstsein erlangen kann. Er bleibt definitiv unbewusst, und die Bewusstwerdung findet nur indirekt statt – indem sich die Menschen ihres göttlichen Wesens bewusst werden. Von einem Bewusstsein Gottes kann nur in anthropologischen Begriffen gesprochen werden, nämlich als Bewusstwerdung der Menschheit. Gott wird sozusagen bewusst im Selbstbewusstsein der Menschheit, ohne selber über ein separates Selbstbewusstsein zu verfügen.

Damit ist aber zweierlei angedeutet: Der unbewusste Gott ist kein personaler Gott mit einem aparten Ichbewusstsein. Der unbewusste Gott wird nicht aus eigener Macht und Entwicklung bewusst, sondern „er wird" Selbstbewusstsein in den Menschen. Er ist daher auch kein Gott über uns, sondern eher ein Gott vor uns (als Grund der Welt und als *eschaton* einer Heimkehr ins Göttliche), ein Gott in uns (im individuellen Selbstbewusstsein) und ein Gott mit uns – oder Gott im Mitsein und als Garantie der Solidarität unter den Menschen.

Hartmanns Konzeptualisierung eines metaphysischen Unbewussten ist gewissen Denkmustern der klassischen deutschen Philosophie von Leibniz bis Hegel und Schelling und des „entwicklungsgeschichtlichen Pantheismus" (W. Dilthey) verpflichtet.

Weiter will Hartmann auch andeuten, dass der Gott der Philosophie nicht die Welt erklärt; er fungiert nicht als Erklärungsprinzip und damit nicht mehr als jene „sackgrobe Antwort" oder als ultimatives Denkverbot, von dem Nietzsche zu Beginn des Kapitels „Warum ich so klug bin" von *Ecce homo* spricht.[4]

---

4 „Ich kenne den Atheismus durchaus nicht als Ergebnis, noch weniger als Ereignis: er versteht sich bei mir aus Instinkt. Ich bin zu neugierig, zu f r a g w ü r d i g, zu übermütig, um mir eine faustgrobe Antwort gefallen zu lassen. Gott ist eine faustgrobe Antwort, eine

Das metaphysische Unbewusste dient nicht der wissenschaftlichen Erklärung, sondern eher der Vereinheitlichung und Abrundung aller wissenschaftlichen Erklärungen. Gott ist weniger ein nützlicher Arbeitsbegriff, als vielmehr eine Einladung zum Fest des spekulativen Denkens. Die Rede vom ‚Grund' ist insofern irreführend, als es sich nicht um eine Annahme handelt, deren mögliche Falschheit das ganze Gebäude der Wissenschaften zum Einsturz bringen könnte. Das Unbewusste mag also Grund oder Abgrund der Welt (oder *ratio essendi*) sein; es ist jedoch nicht Fundament der Wissenschaften. Auch wer nicht bereit ist, das metaphysische Unbewusste zu akzeptieren, kann nach Hartmann seinen meisten Ausführungen auf induktiver Basis folgen. Der letzte Schritt zum metaphysischen Unbewussten ist nicht zwingend, er kann nicht deduziert oder als gewiss bewiesen werden, sondern er dient der dramaturgischen Abrundung in einem metaphysischen Narrativ und folgt methodologisch-ästhetischen Regeln (der Einfachheit, Symmetrie, Abrundung etc.) und sittlich-praktischen Gesichtspunkten einer umfassenden teleologischen Sinndeutung der Welt. Metaphysik setzt in letzter Instanz ein synthetisches und intuitives Talent voraus, das nicht alle Menschen, nicht einmal alle Philosophen (und Philosophinnen) haben. Nicht alle Denker haben die spekulative Kraft eines Hegels oder eines Plotins, und einige kraftvolle Denker gelangen zu radikal pluralistischen Deutungen. Im Unterschied zur traditionellen Metaphysik nimmt Hartmann keine apodiktische, sondern nur problematische, mehr oder weniger wahrscheinliche Erkenntnis in Anspruch. Diese Absage an Apriorismus, Deduktion und Apodiktizität gilt auch und ganz besonders für die Metaphysik, eine Disziplin, in deren Geschichte sich mehr oder weniger plausible Deutungen gegenüberstehen.

3 Die unbewusste Weisheit und Zweckmäßigkeit der Natur

Das Oxymoron einer unbewussten Weisheit oder Zweckmäßigkeit ohne Absicht verweist auf die naturphilosophische Thematisierung eines anfänglichen Bewussten oder Vorbewussten, das sich in der verblüffenden Organisation und Zweckmäßigkeit der Lebensprozesse unmittelbar manifestiert, aber dieses „Bewusstsein in allen Dingen" ist nicht identisch mit dem Unbewussten. In

---

Undelikatesse gegen uns Denker –, im Grunde sogar bloss ein faustgrobes Verbot an uns: ihr sollt nicht denken! ..." (EH klug 1, KSA 6, S. 278 f.)

diesem Zusammenhang ist Hartmanns Rehabilitierung der Zwecke in der Natur und des Zwecks als einer realen Kategorie zu beachten. In diesem Punkt unterscheidet er sich deutlich von Friedrich Albert Langes und Nietzsches Anti-Teleologie.[5]

Hartmann vertritt einen sehr weiten Begriff von Bewusstsein, der sowohl Berührungspunkte mit dem Unbewussten als auch mit den höchsten Entwicklungsstufen des menschlichen Selbstbewusstseins aufweist. Ein nicht artikuliertes und nicht reflektiertes „Bewusstsein" ist mehr als nur ein blinder oder dumpfer Trieb, aber weniger als jenes Bewusstsein, das zum Selbstbewusstsein gelangt ist. Das „Bewusstsein in allen Dingen" ist seiner Form nach ebenso Bewusstsein wie das menschliche Bewusstsein – Hartmann lehnt es ab, verschiedene Grade in der Form des Bewusstseins anzunehmen. Das Bewusstsein hat jedoch andere Inhalte und ist – ohne reflexiven Bezug auf ein Ich oder Selbst – auch ein „dumpfes Selbstgefühl". Die These des Panpsychismus („Alle ist beseelt") ist nicht zu verwechseln mit der zusätzlichen These, dass der Grund (oder die Ursache) allen Bewusstseins das Unbewusste sei.

Obwohl Hartmann sich auf die Methode der Induktion beruft, scheint er sich *de facto* auch auf konzeptuelle und philosophiegeschichtliche Argumente zu stützen. Der metaphysische Monismus hat eine ehrwürdige und lange Tradition und lässt sich als eine Vision des Einen und Alles formulieren.[6] Um die Möglichkeit von Vielfalt und Entwicklung zuzulassen, wird dem Einen eine innere Gliederung zugestanden. Wäre das Eine und Absolute in sich völlig unstrukturiert und homogen, so gäbe es keinen Anlass, eine Welt der Vielfalt, der Individuen und des Bewusstseins zu produzieren. Wäre es dagegen radikal pluralistisch und in diverse Zentren zersplittert, so würde jede Welterklärung scheitern und ins Absurde führen – so lauten z. B. die Einwände gegen pluralistische Konzeptionen wie jene von Julius Bahnsen, der als *missing link* zwischen Schopenhauers und Nietzsches Deutungen des Willens betrachtet werden kann.[7]

An dieser Stelle ist ein kritischer Einwand angebracht. Man kann die Dinge freilich (ohne Gefahr der Inkohärenz?) so sehen, aber muss man sie auch so

5 Vgl. Hartmann (1910), Hartmann (1923a, Bd. III, S. 96–171), Wolf (2006b, S. 152–158).

6 Hartmann ist insbesondere Plotin verpflichtet und hat seinen Schüler Arthur Drews dazu inspiriert, eine Monographie über Plotin zu verfassen. Vgl. Drews (1907).

7 Vgl. Hartmann (1900, Bd. II, S. 510–523). Im radikal pluralistischen Universum Julius Bahnsens scheitern alle Versuche, die reale Wechselwirkung, die Tendenzen nach Vereinheitlichung und das Streben nach Einswerdung zu erklären. Ein Ausweg aus dieser Aporie ist Hans Vaihingers Fiktionalismus, den Hartmann jedoch (wie auch die Irrtumstheorie) für eine instabile Position hielt. Vgl. Wolf (2006b, S. 128–134). Die Auseinandersetzung mit Friedrich Alber Lange und Hans Vaihinger ist eine vielversprechender Ansatzpunkte für den Vergleich von Nietzsche und Hartmann.

sehen? Wie groß ist die epistemische Wahrscheinlichkeit für eine monistische Vision des Unbewussten? Auch das von Hartmann aufgehäufte Material kann diese Vision nicht eindeutig erhärten. Oder ist etwa, um nur ein Beispiel zu nennen, der Hinweis auf das Phänomen des Pflanzenschlafes ein beweiskräftiges Faktum? (Vgl. Hartmann 1873)

Ich vermute, dass auf Hartmanns Spekulationen über das Bewusstsein in allen Dingen und über das absolut Unbewusste dasselbe zutrifft, was er über Carl Gustav Carus sagt: „[...] er setzt gleichgestimmte Seelen voraus, die mit gleicher Wonne wie er selbst sich in ein Meer von Mysterien versenken und ihre Phantasie gern poetisch anregen lassen" (Hartmann 1901, S. 33). Anders gesagt: Die Ansammlung der Fakten trägt nichts bei zur Erhärtung der Hypothesen, sondern die Fakten werden umgekehrt bereits im Lichte dieser Hypothesen gedeutet.

Wie Schopenhauer verweist Hartmann auf eine teleologische Ausdeutung oder „Lektüre" der Natur, eine phantasievolles und analogisches „Lesen" im „Buch der Natur", für das die Genauigkeit der Beobachtung ebenso zählt wie die poetische oder ehrfürchtige Grundhaltung der *verecundia*. Diese entdeckt überall eine Weisheit am Werk, welche unserer Weisheit vielleicht verwandt, aber ihr unendlich überlegen ist. Die Natur offenbart sich als ein Kunstwerk ohne einen bewussten Künstler oder „Schöpfer". Im Unterschied zu Schopenhauer „sieht" Hartmann darin mehr als nur das Walten eines blinden Willens, und er versucht den Begriff „unbewusster Vorstellungen" zu rehabilitieren. Der Lebenswille ist zielgerichtet und zu neuen Entwicklungen bereit, weil er mit unbewussten Vorstellungen oder Zielsetzungen verknüpft ist. Aus dem Unbewussten stammen sowohl Energie als auch Richtung der natürlichen und kulturellen Evolution.

4 Der Rückgang der Welt ins Unbewusste – der Prozess der Bewusstwerdung als dreistufige Desillusionierung

Hartmann hält die religiöse Freiheit für die kostbarste Form der Freiheit, weil sie die Arbeit des Menschen an sich selber und die religiöse Entwicklung als einen Reifeprozess des Individuums enthält. Dieser setzt eine Reihe von Ent-Täuschungen voraus.

Der Weg der Resignation findet nach Hartmann nicht als individuelles asketisches Ausklinken einzelner religiöser Virtuosen statt (wie das Schopenhauers Weg der Verneinung des Willens vorsieht), sondern als reflektierte Teilnahme an kollektiven Kulturprozessen. Der Weg zur Desillusionierung führt also durch das Leben in Familie, Arbeit und Staat, und nicht zum antibürgerlichen Eskapismus. In der Familie findet das Individuum „Erfüllung in der Entsagung“. Was aus der Sicht von Hartmann als Überwindung romantischer und pubertärer Illusionen gilt, kann von außen auch als biedere und biedermeierliche Anpassung an die bürgerliche Gesellschaft wahrgenommen werden. Hartmann bewegt sich im Rahmen einer Geschichtsphilosophie nach Hegel; der Weg führt wie bei Hegel auch durch die Familie, die Vereine und den Staat, aber er kann nicht mehr als Fortschritt der politischen Freiheiten gedeutet werden. Am Ende der Geschichte steht noch weniger als *Nirwana*, und jedenfalls kein seliger Reigen der Geister.

Obwohl Hartmann beteuert, seine Philosophie enthalte keine „Apokalypse des Weltendes“ (Hartmann 1923b, Bd. II, S. 409), und sie empfehle keinen „Massenselbstmord der Menschheit“ (Hartmann 1923b, Bd. II, S. 405), so ist sie doch ausgerichtet auf eine universelle Willensverneinung, für welche die Menschheit allerdings noch viele Generationen Zeit habe. In den Schlussabschnitten der *Philosophie des Unbewussten* finden sich auch jene Passagen, die Nietzsche in der zweiten Unzeitgemäßen Betrachtung zur *Exhortatio* an die Jugend bewogen haben mögen: Die von Hartmann suggerierte Götterdämmerung der Geschichte trägt „die Signatur des Alterns der Menschheit“ (Hartmann 1923b, Bd. II, S. 405), das „Greisenalter der Menschheit“ (Hartmann 1923b, Bd. II, S. 406). Hinter der antihedonistischen Ethik der Selbstlosigkeit verbirgt sich Geschichtsmüdigkeit und Vorwegnahme der *fin-de-siècle*-Stimmung, die Albert Schweitzer im ersten Band seiner Kulturphilosophie mit dem Titel „Wir Epigonen“ zusammengefasst hat. Im Schlussteil der *Philosophie des Unbewussten* finden sich auch die Hymnen auf ein weltumspannendes Mitgefühl (das Hartmann allerdings als verabsolutiertes moralisches Gefühl scharf kritisiert) und eine globale Kommunikation sowie die von Nietzsche verspottete Formel „die volle Hingabe der Persönlichkeit an den Weltprozess um seines Zieles, der allgemeinen Welterlösung willen [...]“ (Hartmann 1923b, Bd. II, S. 402) sowie eine schon fast Sigmund Freud antizipierende Bemerkung: „das Prinzip der praktischen Philosophie besteht darin, die Zwecke des Unbewussten zu Zwecken seines Bewusstseins zu machen“ (Hartmann 1923b, Bd. II, S. 403). Die dreistufige Desillusionierung entspricht einer allmählichen Ersetzung der hedonistischen Erwartungen auf ein „besseres Leben“ durch die Einsicht, dass das Individuum kein „Recht auf Glück“ habe. Das „bessere Leben“ ist weder auf Erden, noch im Jenseits, noch in einer (nahen oder fernen) Zukunft zu haben. Hedonistische Hoffnungen und Illusionen sind aber als motivierende Kräfte nicht aus der Evolution zu streichen; in diesem Punkt nähert sich Hartmann gelegentlich einer Irrtumstheorie, die er sonst vehement bekämpft. Es scheint, als wären die Menschen nicht fähig, sich ohne gewisse Illusionen zu engagieren. Damit wird die Hoffnung auf eine Zukunft, in der sich die Menschen aller Illusionen entledigt und zur kollektiven Erlösung fit gemacht haben, ungewollt in Frage gestellt. Ob es sich bei diesen Zweideutigkeiten schlicht um Mangel an philosophischer Konsistenz oder um eine versteckte Ironie handelt, ist nicht immer leicht zu entscheiden.

Nietzsche und nach ihm Albert Schweitzer haben ein Todesurteil über die *Philosophie des Unbewussten* gefällt.[8]

In der jüngeren Zeit sind die spannungsreichen Positionen der *Philosophie des Unbewussten* auf mehr Resonanz gestoßen, insbesondere bei Autoren, welche das scheinbar humanistische „Ja zum Leben“ mit einem Fragezeichen versehen.[9]

Hartmann wird nicht müde zu wiederholen, dass die Hintertüre für den christlichen Theismus verschlossen bleibt. Um in diesem Punkt nicht als Philosoph missverstanden zu werden, der unter dem schwammigen Begriff eines „unbewussten Gottes“ eine Rückkehr zum christlichen Glauben an einen von Anfang an bewussten Gott anstrebe, hat Hartmann mehrere Schriften verfasst, welche das Christentum explizit kritisieren, und zwar ausgehend von seinen Tendenzen zur Selbstauflösung in der radikalen protestantischen Theologie nach David Friedrich Strauß. In einem Zusatzkapitel in der *Philosophie des Unbewussten* hat er seine Auffassung vom christlichen Theismus abgegrenzt (vgl. Hartmann 1923b, Bd. II, Kapitel VIII: „Das Unbewusste und der Gott des Theismus“). Hier seien nur einige Thesen zusammengefasst. In der Hypothese des unbewussten Gottes liegt keine Herabsetzung Gottes; Gott wird, als unbewusste Intelligenz, sogar aufgewertet, als **überbewusster** Gott. (Dies erinnert von Ferne an die Rede vom „Überbewussten“ in Victor Frankls Logotherapie.) Gottes Weisheit steht über der Subjekt-Objekt-Spaltung des Bewusstseins. Gleichwohl plädiert Hartmann am Schluss dieses Kapitels dafür, „einen Begriff von so exklusiv religiösem Ursprung wie Gott in der Philosophie möglichst zu vermeiden“ (Hartmann 1923b, Bd. II, S. 201). Dies steht in einer gewissen Spannung zur Exzellenz, die er der Rede von Gott in der Religionsphilosophie verleiht.

Eine tiefer dringende Frage betrifft die Zulässigkeit anthropomorpher Elemente in der Ausdeutung der Wirklichkeit. Diese Frage betrifft nicht nur die Verwendung des Begriffs „Vorstellung“, sondern auch jene des Begriffs „Wil-

8 „Einer Weltanschauung Hegel als Rumpf und Schopenhauer als Kopf zu setzen, ist eine Sinnlosigkeit.“ (Schweitzer 1983, S. 183) Zu Nietzsches Polemik und seiner sarkastischen Haltung vgl. Jensen (2006), Gerratana (1988), von Raden (1984).

9 Vgl. Horstmann (1983), Lütkehaus (2003).

len“ (anstelle von Kraft oder Energie). Wie weit ist der Anthropomorphismus der Welterklärung unvermeidbar, wie weit ist er hilfreich, inwiefern ist er verhängnisvoll? Ist Hartmann in seinem metaphysischen Erkenntnisanspruch letztlich mehr Künstler als Wissenschaftler?

5 Das philosophische System als Gefängnis

Im Blick auf Philosophen wie Hegel, Schopenhauer und Hartmann hat Nietzsche seine Abneigung gegen philosophische Systeme formuliert. Diese Abneigung richtet sich nicht gegen den Willen zur Ordnung oder Kohärenz des Denkens, wie manche Bewunderer und Verächter von Nietzsche glauben, sondern gegen voreilige Systemkonstruktionen ohne eine lange vorangehende Sammlung von Fakten und Reflexionen. Nietzsche verurteilt die fertigen Systeme der Jugendzeit, an denen dann lebenslänglich festgehalten wird. Befremdlich ist nicht das System als solches, sondern die sture Apologie eines Systems, die keine Wandlungen und Häutungen der Person zulässt. Solche Systeme sind wie Konfirmationsanzüge, die man ein Leben lang anhat, oder wie Gefängnisse, in denen man sich einrichtet und anpasst.[10] Dem gegenüber hat Nietzsche früheren Perioden abgeschworen und Brüche auf seinem Denkweg signalisiert. Was die Versteinerung eines jugendlichen Systementwurfs betrifft, so muss auch Hartmann wie Schopenhauer als Philosoph betrachtet werden, der sich nie von seinem Jugendwerk gelöst hat, obwohl er die rhapsodischen Darstellungsmittel durch einen nüchternen Argumentationsstil ersetzt hat. Bei genauerem Hinsehen wird man noch einiges mehr zugunsten dieses Autors sagen können. Hartmann hat in seinen zahlreichen Büchern und Aufsätzen wertvolle Detailarbeit geleistet, die als Repertoire vergangener Gedankenarbeit genutzt werden kann und von Nietzsche vermutlich auch als solches genutzt wurde. Nicht nur als Historiker der Metaphysik, sondern auch als Naturphilosoph hat er versucht, auf der Höhe der Naturwissenschaften seiner Zeit zu bleiben, ohne dabei das Erbe der klassischen deutschen Philosophie zu vernachlässigen. Als scharfer Kritiker des christlichen Dogmas haben Hartmann und sein Schüler Arthur Drews die Entwicklungen des freien Christentums vor-

10 „Ich misstraue allen Systematikern und gehe ihnen aus dem Weg. Der Wille zum System ist ein Mangel an Rechtschaffenheit.“ (GD Sprüche 26, KSA 6, S. 63) Wie die entsprechenden Nachlassnotizen dokumentieren, spricht hier Nietzsche ein Misstrauen gegen den eigenen inneren Drang zum Systematiker aus. Vgl. NL 1887–1888, KSA 13, 11[410], S. 189 und NL 1887–1888, KSA 13, 18[4], S. 533. Er ist also sowohl Systematiker als auch sein Gegenteil, und seine heftige Kritik an Systematikern ist auch projizierende Selbstkritik.

weggenommen und zur vermeintlich zwingenden Alternative zwischen kirchlichem Glauben und Haeckels atheistischen Monistenbund die Option eines konkreten Monismus und Pantheismus eröffnet.

Weil Hartmann nie einen universitären Lehrstuhl besetzte und sich dem Maulkorb einer preußischen Professur entzog, blieb seine Kritik des Christentums scharf und kompromisslos. Sein Pantheismus ist kein Wiederannäherungsversuch an das Christentum! Sein philosophisches System muss nicht nur als konzeptuelles Gefängnis, es kann auch als Befreiung von kirchlicher Religion zu einer postchristlichen und pantheistischen Religiosität gewertet werden.

Interessant ist die Tatsache, dass sich die Vorstellung eines streng statischen und deduktiven Systems durch die Entwicklungen der nachkantischen Philosophie selber gewandelt und diversifiziert hat. Schopenhauers organisches Verständnis des Systems enthält bereits eine Transformation des Systemgedankens, in dem bereits der radikale Perspektivenwechsel seinen Platz hat. Hartmanns Affinität zu Schelling dokumentiert das Interesse für einen Philosophen, der sein System stets umgebaut hat. Schelling repräsentiert den Typus des philosophischen Proteus, der sich wandelt und damit dem Selbstbild Nietzsches näher steht als Systematiker wie Schopenhauer und Hartmann, die ihr verfrühtes System stets ausgebaut, höchstens leicht revidiert, aber nie umgestoßen oder auch nur versuchsweise suspendiert haben.

Hartmanns diskrete Selbstdistanz gegenüber seinen frühen Thesen zum Unbewussten, sein Verzicht auf die Nominalisierung „des“ Unbewussten und die intensive Beschäftigung mit Sprachphilosophie deuten darauf hin, dass sich das Unbewusste nicht in ein System zwingen lässt, sondern sich eindeutigen Aussagen entzieht.

6 Verpasste Rezeption

Die Tragik der Rezeption von Hartmann besteht darin, dass sein Jugendwerk bewundert und geschmäht wurde, dass dagegen seine argumentativ besser organisierten späteren Werke wie etwa die *Phänomenologie des sittlichen Bewusstseins* (1879), die *Kategorienlehre* (1896) und die *Religion des Geistes* (1882) keinen vergleichbaren Rezeptionserfolg hatten.[11] Hartmann hat diese Tragik des Abstiegs vielleicht dadurch gefördert, dass er sich von seinem Früh-

11 Immerhin erschienen diese und andere Werke bis nach der Jahrhundertwende in mehreren Auflagen. Eine ausführliche Bibliographie zu Hartmann und weitere Beiträge zum Verhältnis von Hartmann und Nietzsche finden sich in Wolf (2006a).

werk nicht deutlich distanziert hat, sondern dass er es stets erweitert und neu aufgelegt hat. Aus dem einbändigen Erstling wurde ein dreibändiges Monstrum.

Es ist schwierig, sich eine Welt vorzustellen, in der Eduard von Hartmanns Werk so gut erforscht und erschlossen wäre wie jenes von Nietzsche. Während sich Nietzsche zuerst zum Erfolgswerk eines philosophischen Rivalen äußern musste und das in den entsprechenden Bemerkungen der zweiten Unzeitgemäßen Betrachtung auch entsprechend herablassend tat, fehlten ihm zehn Jahre später Geduld und Motivation, sich auf Hartmanns zweites Hauptwerk, die *Phänomenologie des sittlichen Bewusstseins*, lesend und kommentierend einzulassen, obwohl er hier die Verarbeitung einer Fülle von Material und Argumenten vorgefunden hätte. Es ist mir unbekannt, ob Nietzsche z. B. Hartmanns Kritik der Mitleidsmoral oder seine sorgfältige Erörterung einer Ethik des Geschmacks[12] zur Kenntnis nahm oder sie aus begründeter „Einflussangst" ignorierte. Allem Anschein nach handelt es sich um eine verpassten Rezeption; Hartmanns kritischer Essay über Nietzsche erschien erst, als dieser bereits in geistige Umnachtung versunken war.

Nietzsche hätte bereits in der in drei Auflagen erschienenen Schrift *Die Selbstzersetzung des Christentums* (Hartmann 1874, vgl. auch Hartmann 1880a) Munition für seine Kritik des Christentums gefunden. Doch hat er sich mit seinen Ausbrüchen gegen Hartmann in der zweiten Unzeitgemäßen Betrachtung die Gelegenheit zu einer solchen Allianz selber verbaut.

Während Nietzsche im letzten Jahrzehnt des Jahrhunderts nicht mehr bewusster Zeuge seines Rezeptionserfolges sein konnte, musste Hartmann seinen Abstieg und seine Marginalisierung in dieser Phase ebenso wach erleben wie den kometenhaften Bekanntheitsaufstieg Nietzsches nach seiner geistigen Umnachtung – Entwicklungen, die ihn zu seinen geistreichen, aber problematischen Vergleichen Nietzsches mit Max Stirner verleitet haben mögen.[13] Auch Hartmann hat eine sorgfältige Rezeption von Nietzsches Werk verpasst; sein Nietzsche-Essay verrät zwar seine rasche geistige Auffassungsgabe, aber auch

---

12 Vgl. Hartmann (2009, S. 119–168: „Die Geschmacksmoral oder die ästhetischen Moralprinzipien") und Hartmann (2009, S. 211–231: „Das Moralprinzip des Mitgefühls"). Die Erstauflage erschien 1879. Das Mitleid wird bereits in der *Philosophie des Unbewussten* attackiert, während in der späteren *Phänomenologie des sittlichen Bewusstseins* neben der scharfen Kritik an einer Verabsolutierung des Mitleids zur einzigen Quelle der Moral Schopenhauers metaphysische Deutung des Mitleids anerkennend gewürdigt wird. Hartmanns Kritik des Mitleids im Lichte einer Phänomenologie der Liebe weist voraus auf die Ethik Max Schelers, der sich wiederholt dankbar auf E. v. Hartmann bezieht.

13 Zur Rezeption Stirners, wo der Vergleich mit Nietzsche immer wieder auftaucht, vgl. Stulpe (2010, S. 352–355, S. 470–676).

den gegen Nietzsches Schriften und die hymnische Nietzschebegeisterung der ersten Anhänger gerichteten vorherrschenden Abwehrreflex.

Bemerkenswert ist die Tatsache, dass Nietzsche und Stirner in der *Phänomenologie des sittlichen Bewusstseins* auf allen Stufen der Darstellung immer wiederkehren – als der Pfahl im Fleisch einer nach Objektivität strebenden Ethik.[14] Insofern ist Hartmanns Ethik nicht nur ambitiös, sondern auch vielfach gebrochen durch die gewissenhafte Erinnerung an radikale Selbsteinwände. Der Nihilismus (als Option eines völligen Verlustes von Sinnorientierung) ist der hartnäckige Schatten oder Doppelgänger von Hartmanns Metaphysik des Unbewussten.[15] Er kann Stirner und Nietzsche nicht abschütteln; sie begleiten ihn als seine letzte Versuchung bis in die schwindelerregenden Höhen im Schlussteil seiner *Phänomenologie des sittlichen Bewusstseins* zum Moralprinzip der Erlösung. Hier und in der *Religion des Geistes* vertritt Hartmann das Prinzip der Selbstverleugnung. Es könnten unter anderem auch Hartmanns Formulierungen gewesen sein, die Nietzsche so sehr provoziert und abgestoßen haben. Interessant ist die Radikalität von Hartmanns Anti-Eudämonismus, der so weit geht, nicht nur das Streben nach individueller Unsterblichkeit, sondern auch das Streben nach Erlöschen im *Nirwana* als versteckten Eudämonismus oder Heilsegoismus zu geißeln.

> Nun kann es aber keinen beschränkteren, unsittlicheren, heidnischeren und irreligiöseren Standpunkt geben, als den egoistischen Wahn, dass die Religion zum Zwecke der individuellen Glückseligkeit der Frommen existiere, und es ist dabei prinzipiell völlig gleichgültig, ob die Glückseligkeit in der göttlichen Segnung mit irdischen sinnlichen Gütern (wie noch im Mosaismus), oder in einem transzendenten sinnlichen Paradies mit Houris oder Bacchanalien, oder in inneren religiös sinnlichen Gefühlserregungen, oder in einem freudigen ästhetischen Spiel mit religiösen Empfindungen, oder in mystischen Verzückungen, oder in einem rein negativen Erlöschen der individuellen Lebenspein (Nirwana) gesucht wird. Es kommt prinzipiell genommen gar nicht darauf an, ob der egoistische Eudämonismus seinem Inhalt nach diesseitig oder jenseitig, sinnlich oder geistig, positiv oder negativ, gesund oder krankhaft, gröber oder feiner, plumper oder raffinierter ist; solange der Religion das selbstsüchtige Ziel der Beförderung der individuellen Glückseligkeit zuge-

---

14 Vgl. Hartmann (2009, S. 144, S. 154 f., S. 219, S. 350, S. 366, S. 493, S. 674 f., S. 701, S. 703, S. 767, S. 770–772). Im Stellenregister dieser Ausgabe finden sich auch separat alle Hinweise auf Schopenhauer und die christliche Moral.

15 Eine ausführlichere Auseinandersetzung mit Nietzsche unter den Prämissen der Hartmannschen Philosophie findet sich in Drews (1904). Vgl. Wolf (2006c, insbesondere S. 202 und S. 208). Drews Buch ist in mancher Hinsicht informativ und für seine Zeit bemerkenswert; die Freude an der Lektüre wird allerdings getrübt durch Drews Antisemitismus und seinen nationalen und rassistischen Begriff von Kultur. Diese Tendenzen sind noch schärfer ausgeprägt als bei Hartmann, dem überdies die „Gnade des frühen Todes" (1906) widerfuhr. Drews dagegen starb 1935.

> schrieben wird, so lange wird ihre Hoheit und Reinheit erniedrigt und befleckt, ihre Würde und ihr Adel entwürdigt und entehrt, gleichviel in wie tönende Phrasen von Seelenheil diese gemeine Selbstsucht und Glückseligkeitshascherei sich hüllen möge. [...] Das erste, was die Religion von uns Individuen verlangt, ist Selbstverleugnung, und wer das noch nicht begriffen hat, der ist nicht berufen, die Religion zu vertreten; die Forderung der Selbstverleugnung zwar im Munde führen und doch daneben die individuelle Seligkeit für den Zweck der Religion ausgeben, bekundet eine Gedankenlosigkeit oder Denkunfähigkeit [...]. (Hartmann 1882, S. 51 f.; vgl. Hartmann 1882, S. 96; 3. Auflage 1907, S. 50; vgl. Hartmann 1907, S. 93)

Hartmann fordert jedoch nicht pure Askese oder gar Verzweiflung, sondern heroische Unterwerfung unter „höhere Ziele“, insbesondere unter den geistigen Fortschritt der Geschichte. Hier gelten seine Kritik des Mitleids und seine Vorliebe für einen Pessimismus der Stärke und eine postchristliche Vision, die auch dort Sinn sucht, wo sich Leiden nicht vermeiden lassen. Wie nahe oder wie fern ist sein Denken von der Bewunderung eines „heroischen Lebenslaufs“ oder von der Auffassung, der Mensch sei ein Wesen, das überwunden werden müsse? Ist es diese Oszillation von Nähe und Ferne, welche den Zorn und Spott von Nietzsches Angriffen gegen den zwei Jahre älteren Zeitgenossen teilweise zu erklären vermag?

Literaturverzeichnis

Brès, Yvon (2010): *L'inconscient*. Paris: ellipses.

Drews, Arthur (1904): *Nietzsches Philosophie*. Heidelberg: Carl Winters Universitätsbuchhandlung.

Drews, Arthur (1906): *Die Religion als Selbst-Bewusstsein Gottes. Eine philosophische Untersuchung über das Wesen der Religion*. Jena, Leipzig: Diederichs.

Drews, Arthur (1907): *Plotin und der Untergang der antiken Weltanschauung*. Jena: Eugen Diederichs.

Gardner, Sebastian (2010): „Eduard von Hartmann's Philosophy of the Unconscious“. In: Angus Nicholls/Martin Liebscher (Hrsg.): *Thinking the Unconscious. Nineteenth-Century German Thought*. Cambridge: Cambridge University Press, S. 173–199.

Gerratana, Frederico (1988): „Der Wahn jenseits des Menschen. Zur frühen E. v. Hartmann-Rezeption Nietzsches (1869–1874)“. In: *Nietzsche-Studien* 17, S. 391–431.

Hartmann, Eduard von (1869): „Schellings positive Philosophie als Einheit von Hegel und Schopenhauer“. In: *Philosophische Monatshefte* 3, S. 273–334.

Hartmann, Eduard von (1872): *Das Unbewusste vom Standpunkt der Physiologie und Descendenztheorie. Eine kritische Beleuchtung des naturphilosophischen Teils der Philosophie des Unbewussten aus naturwissenschaftlichen Gesichtspunkten*. Berlin: Duncker [Abgedruckt als Band 3 der 10. und folgenden Auflagen der *Philosophie des Unbewussten*].

Hartmann, Eduard von (1873): „La conscience dans les plantes. Traduit par L. Dumont“. In: *Revue scientifique* 2e série, 2, S. 621–626.

Hartmann, Eduard von (1874): *Die Selbstzersetzung des Christentums und die Religion der Zukunft*. Leipzig: Wilhelm Friedrich.
Hartmann, Eduard von (1875): „Das Gefängnis der Zukunft". In: *Beilage zur Wiener Abendpost* 279–282, wieder abgedruckt in: Hartmann (1876, S. 206–232).
Hartmann, Eduard von (1876): *Gesammelte Studien und Aufsätze gemeinverständlichen Inhalts*. Berlin: Duncker.
Hartmann, Eduard von (1880a): *Die Krisis des Christentums in der modernen Theologie*. Berlin: Duncker.
Hartmann, Eduard von (1880b): *Zur Geschichte und Begründung des Pessimismus*. Leipzig: Wilhelm Friedrich.
Hartmann, Eduard von (1882): *Die Religion des Geistes*. Berlin: Duncker.
Hartmann, Eduard von (1897): *Schellings philosophisches System*. Bad Sachsa Südharz: Hermann Haacke.
Hartmann, Eduard von (1900): *Geschichte der Metaphysik*. Zwei Bände. Leipzig: Hermann Haacke.
Hartmann, Eduard von (1901): *Die moderne Psychologie. Eine kritische Geschichte der deutschen Psychologie in der zweiten Hälfte des 19. Jahrhunderts*. Leipzig: Hermann Haacke.
Hartmann, Eduard (1905): *Das Christentum des neuen Testaments*. Zweite, umgearbeitete Auflage der Briefe über die christliche Religion. Sachsa im Harz: Hermann Haacke.
Hartmann, Eduard von (1910): *Neukantianismus, Schopenhauerianismus und Hegelianismus in ihrer Stellung zu den philosophischen Aufgaben der Gegenwart*. 3. Auflage. Bad Sachsa Südharz: Hermann Haacke.
Hartmann, Eduard von (1913): *Philosophie des Unbewussten*. 2 Bände. Hrsg. und gekürzt von Wilhelm von Schnehen. Leipzig: Alfred Kröner Verlag.
Hartmann, Eduard von (1923a): *Kategorienlehre*. 2. Auflage in drei Bänden. Hrsg. von Fritz Kern. Leipzig: Meiner.
Hartmann, Eduard von (1923b): *Philosophie des Unbewussten*. 12. Auf. Leipzig: Kröner.
Hartmann, Eduard von (2009): *Phänomenologie des sittlichen Bewusstseins. Eine Entwicklung seiner mannigfaltigen Gestalten in ihrem inneren Zusammenhang*. Vierte Auflage. Hrsg. von Jean-Claude Wolf. V&R Unipress: Göttingen.
Horstmann, Ulrich (1983): *Das Untier. Konturen einer Philosophie der Menschenflucht*. 3. Auflage. Wien, Berlin: Medusa.
Jensen, Anthony K. (2006): „The Rogue of All Rogues: Nietzsche's Presentation of Eduard von Hartmann's *Philosophie des Unbewussten* and Hartmann's Response to Nietzsche". In: *Journal of Nietzsche Studies* 32, S. 41–61.
Lütkehaus, Ludger (Hrsg.) (1989): *„Dieses wahre innere Afrika". Texte zur Entdeckung des Unbewussten vor Freud*. Frankfurt am Main: Fischer.
Lütkehaus, Ludger (2003): *Nichts. Abschied vom Sein, Ende der Angst*. Revidierte Neuausgabe. Frankfurt am Main: Zweitausendundeins.
Müller, H. A. [Pseudonym für E. v. Hartmann] (1870): *Briefe über die christliche Religion*. Stuttgart: Kötzle.
Plumacher, Olga (1881): *Der Kampf ums Unbewusste*. Nebst einem chronologischen Verzeichnis der Hartmann-Literatur von 1868–1880. Berlin: Carl Dunckers Verlag.
Schleiermacher, Friedrich (2003): *Über die Religion. Reden an die Gebildeten unter ihren Verächtern* [1799]. Stuttgart: Reclam.
Schweitzer, Albert (1983): *Kultur und Ethik* [1923]. Sonderausgabe mit einem Einschluss von „Verfall und Wiederaufbau der Kultur". München: C. H. Beck.

Stulpe, Alexander (2010): *Gesichter des Einzigen. Max Stirner und die Anatomie moderner Individualität*. Berlin: Duncker & Humblot.

Völmicke, Elke (2005): *Das Unbewusste im Deutschen Idealismus*. Würzburg: Königshausen und Neumann.

Von Raden, Wolfgang (1984): „Eduard von Hartmann ‚und' Nietzsche". In: *Nietzsche-Studien* 13, S. 481–433

Wolf, Jean-Claude (Hrsg.) (2006a): *Eduard von Hartmann. Zeitgenosse und Gegenspieler Nietzsches*. Würzburg: Königshausen und Neumann.

Wolf, Jean-Claude (2006b): *Eduard von Hartmann. Ein Philosoph der Gründerzeit*. Würzburg: Königshausen und Neumann,.

Wolf, Jean-Claude (2006c): „Balthasar und Nietzsche". in: Barbara Hallensleben/Guido Vergauwen (Hrsg.): *Letzte Haltungen. Hans Urs von Balthasars „Apokalypse der deutschen Seele" – neue gelesen*. Fribourg: Acacemic Press/Freiburg (Schweiz): Paulusverlag, S. 179–213.

Wolf, Jean-Claude (2009): „Eduard von Hartmann als Schopenhauerianer?". In: Fabio Ciraci/ Domenico M. Fazio/Matthias Kossler (Hrsg.): *Schopenhauer und die Schopenhauer-Schule*. Würzburg: Königshausen und Neumann, S. 189–214.

Günter Gödde

Perspektiven des Unbewussten im Rahmen des Freud-Nietzsche-Diskurses

Wie der Titel andeutet, möchte ich Nietzsches „Philosophie des Unbewussten" aus verschiedenen Perspektiven betrachten und dabei ihre Nähe und Differenz zu Konzeptionen in der Tradition Freuds reflektieren.

- In einem ersten Schritt beginne ich mit einer philosophiegeschichtlichen Annäherung an das Unbewusste und skizziere drei Traditionslinien.
- Lassen sich Schopenhauer, Nietzsche und Freud einer gemeinsamen Traditionslinie des Unbewussten zurechnen, dann kann man in einem zweiten – metapherngeschichtlichen – Schritt einen Vergleich der von ihnen verwandten Metaphern des Unbewussten ziehen.
- Eine dritte Perspektive bezieht sich auf den besonderen Modus von Selbstanalyse bei Nietzsche und Freud, der ihnen eine Konfrontation mit dem eigenen Unbewussten ermöglicht hat.
- Im abschließenden Teil geht es um die Perspektivierung der Moral, die bei Nietzsche und Freud eine wichtige Voraussetzung für ihre psychologische Erforschung des Unbewussten bildete.

1 Traditionslinien des Unbewussten

Den Ausgangspunkt für die Kontroverse, ob man das Psychische mit dem Bewussten gleichsetzen oder dem Unbewussten einen Stellenwert im Seelenleben einräumen müsse, bildete Descartes' These eines strikten Leib-Seele-Dualismus und die von Leibniz vertretene Gegenposition (Gödde/Buchholz 2011a).

Die Herausbildung einer „kognitiven" Tradition des Unbewussten

Auf der Suche nach einem sicheren erkenntnistheoretischen Fundament orientierte sich Descartes bekanntlich am Prinzip des methodischen Zweifels. Was allein seinem Zweifel standhielt, fasste er in die berühmte Formel des „Cogito ergo sum". Indem ich denke, habe ich die unmittelbare Gewissheit, dass ich existiere. Mit Denken war die gesamte Tätigkeit der Seele (res cogitans) gemeint. Wenn Descartes von der „anima semper cogitans" sprach, so bedeutete das die Gleichsetzung von Seele und Bewusstsein. Das existierende Ich sei eine Substanz, deren Wesen darin besteht, Bewusstsein zu haben. Daraus ergibt sich als erste Gleichung: Denken = Bewusstsein = Seele = Ich = Substanz = res cogitans.

So sicher sich Descartes seiner Existenz als Bewusstseinswesen war, blieben ihm doch Zweifel an der Existenz seines Leibes. Daraus folgerte er, dass Seele und Leib nicht identisch, sondern strikt getrennt sind. Der Leib gehöre zur Materie als einer zweiten Substanz zeitlicher und räumlicher Ausdehnung (res extensa). Für diesen zweiten Seinsbereich gilt die Gleichung: Leib = Materie = Ausdehnung = Substanz = res extensa (vgl. Pongratz 1984, S. 31).

Mit seinem betonten Eintreten für die denkende und vom Leib strikt getrennte Seele hat Descartes die Weichen für die Gleichsetzung des Psychischen mit dem Bewussten und damit für den Siegeszug der Bewusstseinsphilosophie gestellt. In diesem rationalen Seelemodell war kein Platz für eine unbewusste Vorstellungs- und Denktätigkeit.

Man muss Descartes zugutehalten, dass er sich durch die Behauptung des Leib-Seele-Dualismus nicht davon abhalten ließ, der Frage nach den Wechselwirkungen zwischen Leib und Seele nachzugehen (vgl. Röd 1982, S. 136 ff.). Als Beleg möchte ich nur eine Textstelle aus den *Meditationen über die Grundlagen der Philosophie* anführen: „Die Natur lehrt mich durch jene Schmerz-, Hunger-, Durstempfindungen usw., daß ich meinem Körper nicht nur wie ein Schiffer seinem Fahrzeug gegenwärtig bin, sondern daß ich ganz eng mit ihm verbunden und gleichsam vermischt bin, so daß ich mit ihm eine Einheit bilde. Sonst würde ich nämlich [...], nicht, wenn mein Körper verletzt wird, Schmerz empfinden [...]." (Descartes 1993, S. 72) Bemerkenswert ist, dass Descartes hier nicht nur von Einheit, sondern sogar von Vermischung spricht. Die Frage der psychophysischen Wechselwirkungen wird auch und gerade in Descartes' Spätwerk *Die Leidenschaften der Seele*, in der er seine Lehre von den Emotionen und Affekten darlegte, berührt (vgl. Röd 1982, S. 145 ff.; Perler 2008; Engelen 2010).

Wirkungsgeschichtlich zog aber die kartesianische Annahme eines strikten Leib-Seele-Dualismus die volle Aufmerksamkeit auf sich. Die Auffassung der Binnenhaftigkeit des Seelischen entwickelte sich zu einer Art Dogma mit Langzeitwirkung: Das Bewusstsein wurde „nicht nur auf die rationalen Erkenntnisfunktionen reduziert [...], sondern es wurden auch die Emotionalität und Leiblichkeit des Menschen aus der Betrachtung weitgehend ausgeschlossen" (Mertens 2004, S. 194). Zudem verführte die von Descartes eingenommene Innenperspektive der ersten Person (Ich) dazu, eine Selbsttransparenz des

Bewusstseins anzunehmen, die erst später durch die aus der Außenperspektive (dritte Person) operierenden Wissenschaften nachhaltig in Frage gestellt wurde.

Bereits in der damaligen Epoche der Aufklärung hatten sich einige Philosophen gegen die Überschätzung des dem Bewusstsein Zugänglichen gewandt und nachdrücklich darauf hingewiesen, dass es auch „dunkle" und „unklare" Vorstellungen gebe, die mehr oder weniger unbewusst seien. In diesem Kontext war es vor allem Leibniz, der der kartesianischen These von der „anima semper cogitans" widersprach. Das „semper" konnte er durchaus bejahen, nicht aber das „cogitans", das bedeuten sollte, die Seele befinde sich immer im Zustande der Bewusstheit.

In seinen 1704 geschriebenen *Neuen Abhandlungen über den menschlichen Verstand* trat Leibniz in offenen Widerspruch zu der von Descartes postulierten Gleichsetzung von Bewusstem und Psychischem. Der Mensch besitze vielmehr in jedem Augenblick unendlich viele „unmerkliche Vorstellungen", die ihm nicht bewusst werden, weil sie „entweder zu schwach und zu zahlreich oder zu gleichförmig" seien. „Aber mit anderen verbunden, verfehlen sie ihre Wirkung nicht und lassen sich in der Anhäufung wenigstens verworren empfinden" (Leibniz 1993, S. 24). Nach dieser berühmten Lehre von den „pétites perceptions" hat jede auch noch so unklare und dunkle Kognition vielfältige Wirkungen auf die Wahrnehmung, das Denken, den Geschmack, die Gewohnheiten u. a. Dies lässt sich z. B. am Meeresbrausen und am Volksgemurmel veranschaulichen.

Wie Leibniz schreibt, „haben die Kartesianer einen großen Fehler gemacht, insofern sie diejenigen Perzeptionen, deren man sich nicht bewusst, ganz außer Acht gelassen haben" (Leibniz 1998, Nr. 14, S. 17). Leibniz hat allerdings noch kein vom Bewusstsein gesondertes Unbewusstes angenommen. Er vertrat vielmehr ein Gesetz der Kontinuität, wonach es Abstufungen der Klarheit und Intensität des Bewusstseins gebe. Dennoch hat er mit seiner Lehre von den „pétites perceptions" eine erste Traditionslinie des Unbewussten angebahnt, die man als die des kognitiven Unbewussten bezeichnen kann (vgl. Pongratz 1984, S. 188 ff.; Gödde 2009, S. 29 ff.). Sie wurde von Kant, Herbart, Helmholtz, Wundt u. v. a. weitergeführt und reicht bis zur heutigen Kognitionspsychologie. Dem Bereich des kognitiven Unbewussten lassen sich Empfindungen, Wahrnehmungen, Vorstellungen, Gedächtnis, Denken, Lernen zuordnen, die nicht registriert, bemerkt, gewusst und infolgedessen auch nicht verbal mitgeteilt werden können. Entscheidend für diese Denktradition war die Basisannahme, dass mehr oder weniger unbewusste psychische Prozesse existieren und eine hochgradige Wirksamkeit entfalten können.

Das „romantisch-vitale“ Unbewusste als zweite Traditionslinie

Gegen Ende des 18. Jahrhunderts bildete sich eine Gegenbewegung zur Aufklärung, die als „Sturm und Drang“ oder Vorromantik bezeichnet wird. Der Wert von Einsicht und Bewusstheit als des rational Zugänglichen dürfe nicht überbetont werden. Die Gefühle, Sinne und Leidenschaften müssten im Verhältnis zu Verstand und Vernunft wieder stärker zum Zuge kommen. Zu den Initiatoren dieser Gegenbewegung gehörten Johann Georg Hamann, Johann Gottfried Herder und der junge Goethe.

Ihre Blütezeit erlebte diese zweite Tradition des Unbewussten in der romantischen Naturphilosophie und in der romantischen Medizin. Die Romantik setzte sich für eine Aufhebung des Descartes'schen Leib-Seele-Dualismus ein und lehnte die Gleichsetzung von Seele und Bewusstsein ab. Als wesentlicher Vorläuferbegriff kann das von Friedrich Casimir Medicus 1774 eingeführte Konzept der „Lebenskraft“ gelten. Der Begriff des „Unbewussten“ selbst taucht erstmals im Jahre 1800 in Friedrich Wilhelm Joseph Schellings *System des transzendentalen Idealismus* auf. Die Schelling-Schule hat den Begriff des Unbewussten vornehmlich im Hinblick auf die „Nachtseite der Natur und der Seele“ gebraucht, wozu die Geisteskrankheiten, speziell der Wahnsinn, die Träume, das Genie und parapsychologische Phänomene gehören. Carl Gustav Carus hat in seinem Hauptwerk *Psyche* (1846) eine erste Psychologie des Unbewussten konzipiert, in der er drei Regionen des Seelenlebens unterscheidet: das „absolut“ Unbewusste. als abgegrenzter, mit dem Leiblichen aufs engste verbundener Bereich bildet für ihn die zentrale Region; das „relativ“ Unbewusste wird als das vorübergehend unbewusst Gewordene betrachtet, das jederzeit wieder ins Bewusstsein zurückkehren kann; und das Bewusstsein wird mit Gefühl, Erkenntnis und Handlung gleichgesetzt. Wurde die Lebenskraft zunächst als dritte Substanz neben der denkenden Seele und dem Körperlich-Materiellen verstanden, so ist Carus für eine Einheit von Leib, Seele und Lebenskraft eingetreten. In seinem Werk kann man eine Wesensgegensätzlichkeit von Bewusstem und Unbewusstem erkennen, die einen Gegenpart zu Leibniz' Lehre von der Kontinuität des Bewusstseins bildet.

Die dritte Traditionslinie eines „triebhaft-irrationalen“ Unbewussten

Eine dritte Traditionslinie, die von Schopenhauer und Nietzsche repräsentiert wird und zu Freud führt, ist aus einer Gegenposition sowohl zur idealistischen Vernunft- als auch zur romantischen Naturphilosophie erwachsen.

Schopenhauer hat die herkömmliche Rangordnung von Geist und Triebnatur geradezu auf den Kopf gestellt: Der Mensch sei seinen egoistischen Begierden, seinem „*Willen zum Leben*", unterworfen und könne dem mit seinem „Intellekt" wenig entgegensetzen. Der Wille, der als triebhaft, blind und erkenntnislos charakterisiert wird, sei stets das Primäre und Fundamentale. Ihm gegenüber erweise sich der Intellekt „durchweg als das Sekundäre, Untergeordnete und Bedingte". Dieser Nachweis sei um so nötiger, als alle seine philosophischen Vorläufer „das eigentliche Wesen oder den Kern des Menschen in das *erkennende* Bewußtsein setzen, und demnach das Ich oder bei vielen [...] die Seele als das zunächst und wesentlich *erkennend*, ja *denkend*, und erst in Folge hiervon, sekundärer und abgeleiteterweise, als *wollend* aufgefaßt und dargestellt haben" (Schopenhauer 1977b, S. 232).

Dass in Schopenhauers Metaphysik eine neuartige Psychologie des Unbewussten enthalten ist, liegt maßgeblich an seiner Lehre vom „Primat des Willens" und der untergeordneten Stellung des Intellekts. Die darin liegende Pointe brachte er auf die Formel: „Was dem Herzen widerstrebt, läßt der Kopf nicht ein" (Schopenhauer 1977b, S. 244).

Nietzsches Beziehung zu Schopenhauer lässt sich mittels zweier sich ergänzender Modelle verstehen: Einerseits bietet sich das Modell eines Schüler-Lehrer-Verhältnisses an, da der junge Nietzsche selbst durchgängig von Schopenhauer als seinem „Lehrer", „Erzieher" oder „Vorbereiter" spricht. Andererseits verwendet Nietzsche in seiner späteren Auseinandersetzung mit Schopenhauer (und anderen Gegenspielern) das Modell eines schonungslosen „Wettkampfs" und „Antagonismus" mit dem Ziel der Wahrheits- und Wertfindung (Salaquarda 1984, S. 19 f.).

Waren in Nietzsches Frühwerk noch ‚romantische' Vorstellungen vom Unbewussten als dem gegenüber dem Bewusstsein Ursprünglicheren, Höheren und Echteren enthalten, so distanziert er sich in einer zweiten – „aufklärerischen" – Entwicklungsphase immer stärker von den metaphysischen Grundannahmen Schopenhauers und gelangt zur Konzeption eines Triebunbewussten:

> Wie weit Einer seine Selbsterkenntnis auch treiben mag, Nichts kann doch unvollständiger sein, als das Bild der gesammten T r i e b e, die sein Wesen constituiren. Kaum, dass er die gröberen beim Namen nennen kann: ihre Zahl und Stärke, ihre Ebbe und Fluth, ihr Spiel und Widerspiel unter einander, und vor Allem die Gesetze ihrer E r n ä h r u n g bleiben ihm ganz unbekannt. (M 119, KSA 3, S. 111)

Weiter fragt sich, ob „auch unsere moralischen Urtheile und Werthschätzungen nur Bilder und Phantasien über einen uns unbekannten physiologischen Vorgang sind" und ob nicht „all unser sogenanntes Bewusstsein ein mehr oder weniger phantastischer Commentar über einen ungewussten, vielleicht unwissbaren, aber gefühlten Text ist“ (M 119, KSA 3, S. 113).

In diesem Kontext stellt Nietzsche die Vorrangstellung des Bewusstseins im Seelenleben radikal in Frage und vollzieht damit eine Umwertung des von Descartes über Kant bis hin zur Psychologie des späten 19. Jahrhunderts so hoch angesetzten Wertes des Bewusstseins.

Im Spätwerk bezeichnet er es als ein „Grundmißverständnis“ Schopenhauers, dass er die Begierde für das „Wesentliche“ am Willen gehalten, dadurch zu einer „Wertherniedrigung des Willens bis zur Verkümmerung“ gelangt sei und im Nicht-mehr-Wollen „etwas Höheres, ja das Höhere“ (NL 1887, KSA 12, 9[169], S. 435) gesehen habe. Er hingegen sehe im „Willen zur Macht“ eine über die bloße Selbst- und Arterhaltung hinausgehende Tendenz alles Lebendigen, die eigene Machtsphäre nach allen Seiten zu erweitern.

Zusammenfassend kann man im Hinblick auf Schopenhauers und Nietzsches Philosophie von der Denktradition eines *triebhaft-irrationalen Unbewussten* sprechen.

Natürlich kann es sich bei dieser Aufteilung in drei philosophische Traditionslinien des Unbewussten nur um eine Groborientierung handeln und man kann spätere Autoren, sei es aus der Nietzscheforschung oder aus der Psychoanalyse, nicht einfach der einen oder anderen Traditionslinie zuordnen. Tatsache ist aber, dass sich in den tiefenpsychologischen Richtungen sehr unterschiedliche Theorien herausgebildet haben, je nachdem, wie sich die Nachfolger Freuds im Spannungsfeld von Aufklärung, Romantik und Willensmetaphysik bzw. Lebensphilosophie und hinsichtlich der Psychologien von Trieb, Ich, Objektbeziehungen, Selbst und Intersubjektivität positioniert haben.

Was die geistigen Verbindungen zwischen Nietzsche und Freud anlangt, sei neben dem grundlegenden Einfluss Schopenhauers „auf den nachhaltigen Einfluß der Wissenschaftsgeschichte“ verwiesen, „der die beiden Denker zwangsläufig eine gewisse methodische und teils auch inhaltliche Interessengemeinschaft“ (Gasser 1997, S. 704) eingehen ließ. Durch ihre Beteiligung an maßgeblichen wissenschaftlichen Diskursen des 19. Jahrhunderts über die menschliche Evolution, Triebe, Moral, Kultur, Physiologie, Psychologie, Unbewusstes, Krankheit und Gesundheit u. v. a. kam es zu einer Annäherung ihrer Denkwelten. Nietzsche unterzog die herkömmliche Moral einer kritischen Perspektivierung und wuchs dabei zu einem entlarvenden Psychologen des Unbewussten heran. Freud schlug von seiner neurologischen Praxis aus eine Brücke zur Psychologie und erkannte in seiner therapeutischen Praxis den engen Zusammenhang von Verdrängung und repressiver Moral, von individuellen und kulturellen „Krankheiten“.

2 Vergleich der Metaphern des Unbewussten bei Nietzsche und Freud

Wie es Traditionslinien des Unbewussten in Philosophie, Medizin, Psychologie und Psychoanalyse gibt, so kann man auch, was bisher wenig beachtet wurde, an eine *Metapherngeschichte* des Unbewussten denken (vgl. Lütkehaus 1989, S. 17). In den Epochen von Aufklärung und Romantik, in der Willensmetaphysik Schopenhauers und Nietzsches sowie bei Freud und in der heutigen Psychoanalyse wurde das Unbewusste mit unterschiedlichen Metaphern dargestellt, die Wesentliches über das jeweilige Menschenbild zum Ausdruck bringen (vgl. Buchholz/Gödde 2005). Während die Aufklärung Licht in das Dunkel von Aberglauben, Vorurteilen und Unwissenheit bringen wollte – erinnert sei an den englischen Begriff „enlightenment" –, hatten das Dunkel und insbesondere die Nacht für die Romantiker eine besondere Anziehungskraft. In der Spätromantik wurden Dunkelheit und Nacht dann zunehmend mit dem Bösen, Dämonischen und Krankhaften konnotiert, wie es sich in Phänomenen wie Somnambulismus, Wahnsinn, Telepathie u. a. zeigt (vgl. Wegener 2005).

Bei Schopenhauer findet sich eine Reihe „existenzieller Metaphern", die einen Zugang zur Tiefenstruktur seiner Philosophie bieten (vgl. Rühl 1998, S. 2). Für sein Leitthema – das menschliche Leben als Leiden aufgrund der Unersättlichkeit des Willens – hat er die Metapher gewählt, wir seien alle Galeerensklaven des Willens, fest geschmiedet an den blinden Drang zur Selbstbehauptung. Andere seiner Metaphern verführen auch nicht gerade zum Optimismus: Der Mensch sei getrieben wie ein Hamster im Tretrad, wie ein herabstürzender Wasserfall oder wie ein Strom, der den Damm durchbrochen hat (Schopenhauer 1977b, S. 248). Weiterhin wird das Leben mit einem „Meer voller Klippen und Strudel" verglichen, auf dem sich der Mensch durchzuwinden sucht, bis er letztendlich doch dem „unvermeidlichen und unheilbaren Schiffbruch näher kommt, ja gerade auf ihn zusteuert, – dem Tode" (Schopenhauer 1977a, S. 391).

Das Verhältnis zwischen dem unbewussten Willen und dem Intellekt vergleicht Schopenhauer mit Herz und Kopf: „Im Herzen steckt der Mensch, nicht im Kopf" (Schopenhauer 1977b, S. 279). Eine andere Metapher bezieht sich auf das Verhältnis von Wurzel und Krone: die Wurzel strebe ins Finstere, Feuchte, Kalte, die Krone ins Helle, Trockene, Warme (Schopenhauer 1977b, S. 236). An späterer Stelle bezeichnet Schopenhauer seinen Vergleich des Willens mit der Wurzel als innerlich oder psychologisch. Äußerlich oder physiologisch aber seien „die Genitalien die Wurzel, der Kopf die Krone" (Schopenhauer 1977b, S. 597 f.). Der unbewusste Wille wirke dadurch auf den Intellekt ein, dass „er ihm gewisse Vorstellungen verbietet, gewisse Gedankenreihen gar nicht aufkommen läßt" und letztlich den Gehorsam des Intellekts erzwingt: „offenbar ist hier der Herr der Wille, der Diener der Intellekt". Schließlich veranschaulicht Schopenhauer das „Wechselspiel" zwischen Wille und Intellekt mit der Pferd-Reiter-Metapher: „Denn was, für ein unbändiges Roß, Zügel und Gebiß ist, das ist für den Willen im Menschen der Intellekt: an diesem Zügel muß er gelenkt werden, mittelst Belehrung, Ermahnung, Bildung u.s.w." (Schopenhauer 1977b, S. 248).

Schopenhauers Vision einer „Erlösung" vom Leiden am dranghaften Willen zum Leben lässt sich in drei Punkten zusammenfassen: Im *kontemplativen* Natur- und Kunsterleben gelingt es dem Menschen punktuell, „sich aus dem endlosen Strome des Wollens herauszuheben". Im *Mitleid* gewinnt er Abstand vom Zirkel seines eigenen Leidens, aber auch das nur in Augenblicken. Zu einer inneren Wandlung kommt es nur durch konsequentes „Nicht-mehr-wollen" in der *Askese*.

Im Rückblick hat Nietzsche darauf hingewiesen, dass er schon frühzeitig Schopenhauers metaphysische Grundannahmen in Zweifel zog (NL 1880–1881, KSA 9, 10[B31], S. 418 f.). Schopenhauer verlange, dass

> etwas, was nie Objekt sein kann, dennoch objektiv gedacht werden soll: auf welchem Wege wir aber nur zu einer scheinbaren Objektivität gelangen können, insofern ein durchaus dunkles unfaßbares x mit Prädikaten wie mit bunten Kleidern behängt wird, die einer ihm selbst fremden Welt, der Erscheinungswelt entnommen sind. Die Forderung ist nachher, daß wir die umgehängten Kleider nämlich die Prädikate für das Ding an sich ansehn sollen. (NL 1867–1868, KGW I/4, 57[55], S. 423 f.)

Auffällig ist an dieser Stelle, dass Nietzsche selbst Metaphern wie die „bunten Kleider" verwendet und sich zugleich gegen die unkritische Verwendung von Metaphern bei einem „dunklen unfassbaren Objekt" ausspricht. Hier deutet sich eine – konstruktivistische – Sprach- und Erkenntniskritik an, die sein ganzes weiteres Werk durchzieht und schon in seiner Frühschrift *Über Wahrheit und Lüge im außermoralischen Sinn* programmatisch entfaltet wird (vgl. Hödl 2002). Schon die Metaphern, die wir uns von den Dingen zurecht legen, wenn wir z. B. von Bäumen, Farben, Schnee und Blumen reden, entsprächen nicht den ursprünglichen Gegebenheiten. Beim Übergang von den noch recht individuellen Metaphern zur verallgemeinerten Begriffssprache entfernten wir uns erst recht von der Erfahrung und Realität. Wahrheit sei:

> Ein bewegliches Heer von Metaphern, Metonymien, Anthropomorphismen kurz eine Summe von menschlichen Relationen, die, poetisch und rhetorisch gesteigert, übertragen, geschmückt wurden, [...] Illusionen, von denen man vergessen hat, dass sie welche sind, [...] Münzen, die ihr Bild verloren haben und nun als Metall, nicht mehr als Münzen in Betracht kommen. (WL, KSA 1, S. 880 f.)

Demnach enthält die Wahrheit „keinen einzigen Punct, der ‚wahr an sich', wirklich und allgemeingültig, abgesehen von dem Menschen, wäre" (WL, KSA 1, S. 883).

Hat Nietzsches frühe Triebtheorie ihre Wurzeln in Heraklits Philosophie des Werdens und in Schopenhauers Willensmetaphysik, so orientiert er sich in seiner mittleren Schaffensperiode an den Naturwissenschaftlern Darwin, Roux und Robert Mayer sowie dem Naturphilosophen Boscovich (Haberkamp 2000). Nunmehr betrachtet er die Triebe als die maßgeblichen Kräfte des Lebens, die von innen nach außen drängen, um ihre physiologische Kraft zu entladen. Die menschliche Triebnatur wird metaphorisiert als „Ebbe und Flut" der Triebe, die Leidenschaften als „verheerende Wildwasser" oder als ein „dunkler überschwemmender Strom ... elementarer Wildheit", wobei die täglichen Erlebnisse bald diesem, bald jenem Triebe eines Menschen eine „Beute" zuwerfen (M 119, KSA 3, S. 111 ff.; MA II 219, S. 472).

Nietzsche benutzt auch mehrfach die Herr-Diener- und die Herr-Knecht-Metapher, um das Verhältnis zwischen dem unbewussten Willen und dem Bewusstsein zu veranschaulichen. Auch die Reiter-Pferd-Metapher findet bei ihm Verwendung:

> Eine vornehme Cultur kann in Absicht der Leidenschaften entweder dem Reiter gleichen, der Wonne empfindet, ein leidenschaftliches stolzes Thier im spanischen Tritt gehen zu lassen [...] oder dem Reiter, der sein Pferd wie eine Naturgewalt unter sich hinschiessen fühlt, hart an der Gränze, wo Pferd und Reiter den Kopf verlieren, aber im Genuss der Wonne, gerade jetzt noch den Kopf oben zu behalten. (M 201, KSA 3, 175; siehe auch M 109, KSA 3, S. 97)

Während Schopenhauer schon sehr früh auf eine „kohärente, in sich geschlossene systematische Theorie" hinsteuerte, an der er im Wesentlichen festhielt, verwendet Nietzsche ein „Verfahren der Einkreisung aus den verschiedensten Perspektiven" (Himmelmann 2006, S. 21). Dementsprechend versieht er die Überwindung von Krankheit und Leiden mit aktiveren Akzenten und weist dem persönlichen und sogar individuellen Moment eine entschieden größere Bedeutung bei. Der Mensch soll Mut gewinnen, den eigenen Weg zu suchen und demgemäß individuell und unkonventionell zu leben (vgl. Carbone/Jung 2000, S. 86 ff.): „Es kommt auf dein Ziel, deinen Horizont, deine Kräfte, deine Antriebe, deine Irrthümer und namentlich auf die Ideale und Phantasmen deiner Seele an, um zu bestimmen, w a s selbst für deinen L e i b Gesundheit zu bedeuten habe." (FW 120, KSA 3, S. 477)

In Nietzsches Spätwerk tritt dann ein dynamisch-expansiver und lebensfroher „Wille-zur-Macht" an die Stelle des ruhelos-begehrlichen und erlösungsbedürftigen Willens zum Leben. Nicht Verneinung eines Teiles der Menschennatur oder gar des Ganzen, nicht Trieb-Abtötung, sondern Trieb-Formung, Trieb-

Gestaltung! – lautet nunmehr die Formel der Befreiung. Nietzsche hat des Öfteren betont, dass man Leidenschaften und Affekte haben dürfe, sogar „im furchtbarsten Grade"; es komme aber darauf an, dass „man sie am Zügel führt" (NL 1887–88, KSA 13, 11[353], S. 154). Voraussetzung dafür ist, dass der Wille vom Odium der „Sündhaftigkeit" und des „Bösen" befreit wird, aus der passiven in die aktive Rolle übertritt und aus dem Zu-Erlösenden selbst das Erlösende wird: „Nicht-mehr-wollen und Nicht-mehr-schätzen und Nicht-mehr-schaffen! ach, dass diese große Müdigkeit mir stets ferne bleibe!" (Za II Inseln, KSA 4, S. 111) Und an anderer Stelle heißt es: „Wollen befreit: denn Wollen ist Schaffen; so lehre ich. Und nur zum Schaffen sollt ihr lernen!" (Za III Tafeln, KSA 4, S. 258)

Im Hinblick auf Nietzsches Metaphern hat Gasser (1997, S. 350) darauf aufmerksam gemacht, dass es sich nicht um beiläufige „Intuitionen", sondern um „Metaphern zu einem Konzept der Sublimierung" handle, das bereits im Frühwerk erkennbar sei und in der *Genealogie der Moral* seinen Höhepunkt erreicht habe.

Wenn wir zu Freud übergehen, so bediente er sich in der Gründungsphase der Psychoanalyse vornehmlich medizinischer und naturwissenschaftlicher Metaphern. Von Schopenhauers und Nietzsches Metaphern war noch nichts zu erkennen. Ab etwa 1906 verwendet Freud auch andere Bildquellen wie z. B. die Mythen von Ödipus und Narziss, um Resonanzen bis in die Kulturtheorie und Religionskritik zu erzeugen.

Im Spätwerk metaphorisiert er das „Es" als „Chaos" und „Kessel voll brodelnder Erregungen" (Freud 1999g, S. 80), um damit die heftigen Triebkonflikte im Unbewussten und die daraus resultierende Anstauung von Energien zu veranschaulichen (Freud 1999g, S. 80). Das Ich vergleicht er mit einer „Clique in einem Staat, die sich der Presse bemächtigt", und das Über-Ich mit einer „Zensur" (Freud 1999b, S. 148 ff.). Um das Machtverhältnis zwischen Es und Ich zu metaphorisieren, greift er wie schon Schopenhauer und Nietzsche auf das Reiter-Pferd-Verhältnis zurück:

> Das Pferd gibt die Lokomotion her, der Reiter hat das Vorrecht, das Ziel zu bestimmen, die Bewegung des starken Tieres zu leiten. Aber zwischen Ich und Es ereignet sich allzu häufig der nicht ideale Fall, daß der Reiter das Roß dahin führen muß, wohin es selbst gehen will. (Freud 1999j, S. 83; Freud 1999g, S. 253)

Auch die Herr-Diener-bzw. Herr-Knecht-Metapher wird herangezogen, um das Verhältnis von Ich und Es zu veranschaulichen: „Das arme Ich dient drei gestrengen Herren, ist bemüht, deren Ansprüche und Forderungen in Einklang miteinander zu bringen. [...] Die drei Zwingherren sind die Außenwelt, das Über-Ich und das Es" (Freud 1999j, S. 84; Freud 1999g, S. 286).

Zusammenfassend kann man festhalten, dass wichtige Metaphern, die bei Schopenhauer und Nietzsche auf das Verhältnis von Wille und Intellekt bezogen sind, bei Freud auf das Verhältnis von Unbewusstem und Bewusstem bzw. von Es und Ich angewandt werden.

Wie in der Theorie des Unbewussten, kann die Metapher auch in der psychotherapeutischen Praxis einen zentralen Platz beanspruchen. Wie Nietzsche im Hinblick auf die Wirkung der Tragödie (GT 22, KSA 1, S. 142) operierte auch Freud mit dem therapeutischen Modell der „Katharsis" als Entladung der Affekte (Freud 1899a, S. 87). In der Weiterentwicklung seiner Therapiemethode stufte er die Katharsis allerdings zu einem bloßen Heilfaktor zurück und verlangte dem Patienten, aber auch dem Therapeuten Askese ab: *„Die analytische Kur soll, soweit es möglich ist, in der Entbehrung – der Abstinenz – durchgeführt werden"* (Freud 1999f, S. 187). Die damit verbundene Vorstellung eines Heilungsprozesses kommt in den Formeln von der „Bewusstmachung des Unbewussten" und „Wo Es war, soll Ich werden" zum Ausdruck.

3 Selbsterfahrung und Selbstanalyse – Nietzsches und Freuds Konfrontation mit dem eigenen Unbewussten

Selbstanalytische und -therapeutische Bemühungen reichen bis in die Philosophieschulen der griechisch-römischen Antike zurück. Sokrates und Plato, die Stoiker und die Epikureer haben ein reichhaltiges Repertoire an geistigen Übungen wie das Selbstgespräch, Selbsterforschung mittels Träumen, Konfrontation mit den dunklen Seiten des eigenen Selbst und Gewissensprüfung entwickelt und praktiziert (vgl. Hadot 1991; Schmid 1999; Gödde 2003; Zirfas/Klepacki/Bilstein/Liebau 2009).

Wie wir sowohl im Kontext der philosophischen Traditionslinien als auch der Metaphern des Unbewussten gesehen haben, war Schopenhauer gleichermaßen für Nietzsche wie für Freud grundlegend. Nietzsche war aber nicht einfach eine Zwischenstufe in einer linear gedachten Entwicklung von Schopenhauer zu Freud, und Freud ist,

> ebensowenig der Schopenhauer oder Nietzsche der Psychologie wie Schopenhauer und Nietzsche die Freuds der Philosophie sind [...] Und selbstverständlich stehen die Entwürfe der Philosophie und der Psychoanalyse in *keineswegs deckungsgleichen* Traditionszusammenhängen. Gerade so aber kann sich eine kritische Konstellation ergeben, die für eine umfassende und reflektierte Theorie des Unbewußten mehr an Erkenntnisfortschritt verspricht, als der übliche Verdrängungswettbewerb es will. (Lütkehaus 1989, S. 12 f.)

Der junge Nietzsche stimmte in wesentlichen Punkten mit Schopenhauer überein: in der Sicht der Welt als eines von irrationalen Naturkräften beherrschten Chaos, der Kritik am Rationalismus und Erkenntnisoptimismus der Wissenschaften, der Orientierung am Genie als maßgeblichem Kulturträger sowie im Vertrauen auf die befreiende Wirkung der Kunst und Metaphysik. Seiner großen Verehrung gab er Ausdruck in seiner dritten Unzeitgemäßen Betrachtung *Schopenhauer als Erzieher*. Hier zeigt sich, dass Nietzsche die Möglichkeiten menschlicher Selbsterkenntnis im Grunde für illusionär hält:

> Wie kann sich der Mensch kennen? Er ist eine dunkle und verhüllte Sache; und wenn der Hase sieben Häute hat, so kann der Mensch sich sieben mal siebzig abziehn und wird doch nicht sagen können: „das bist du nun wirklich, das ist nicht mehr Schale." Zudem ist es ein quälerisches gefährliches Beginnen, sich selbst derartig anzugraben und in den Schacht seines Wesens auf dem nächsten Wege gewaltsam hinabzusteigen. Wie leicht beschädigt er sich dabei so, dass kein Arzt ihn heilen kann. [...] dein wahres Wesen liegt nicht tief verborgen in dir, sondern unermesslich hoch über dir oder wenigstens über dem, was du gewöhnlich als dein Ich nimmst. (SE 1, KSA 1, S. 340 f.)

In der mittleren Entwicklungsphase Nietzsches wird aus dem bewundernden Schüler ein vehementer Kritiker. Eine solche Veränderung des Lehrer-Schüler-Verhältnisses hielt er geradezu für notwendig, um seine eigene Identität finden und zum geistigen Führer für andere werden zu können. Sie kommt in dem berühmten Satz zum Ausdruck: „Man vergilt einem Lehrer schlecht, wenn man immer nur der Schüler bleibt." (Za I Tugend, KSA 4, S. 101) Schopenhauers Metaphysik des unbewussten Willens und Richard Wagners Kunstmetaphysik erscheinen ihm nun nicht aufgeklärt und wissenschaftlich genug. Diese antimetaphysische Tendenz mündet in *Menschliches, Allzumenschliches* in eine Entidealisierung des von Schopenhauer und Richard Wagner vertretenen Welt- und Menschenbildes ein:

> Ein Irrthum nach dem andern wird gelassen aufs Eis gelegt, das Ideal wird nicht widerlegt, es erfriert ... Hier zum Beispiel erfriert „das Genie"; eine Ecke weiter erfriert „der Heilige"; unter einem dicken Eiszapfen erfriert „der Held"; am Schluss erfriert „der Glaube", die sogenannte „Überzeugung", auch das „Mitleiden" kühlt sich bedeutend ab – fast überall erfriert „das Ding an sich"... (EH MA, KSA 6, S. 323)

Das entscheidende Ereignis, um ein freier Geist zu werden, sieht Nietzsche nunmehr „in einer grossen Loslösung" (MA I Vorrede 3, KSA 2, S. 15). In diesem Zusammenhang spricht er von einer „antiromantischen Selbstbehandlung", die ihm sein „gesund gebliebener Instinkt" verordnet habe, nachdem er zuvor „unbewusst durch eine ungeheure Gefahr gelaufen" (MA II Vorrede 2 u. 3, KSA 2, S. 371 f.) sei. Was diese Wandlung von einem „gebundenen" zu einem „freien" Geist bedeutet haben mag, hat er in *Menschliches, Allzumenschliches* mit folgenden Worten ausgedrückt:

> Die grosse Loslösung kommt für solchermaassen Gebundene plötzlich, wie ein Erdstoss: die junge Seele wird mit Einem Male erschüttert, losgerissen, herausgerissen, – sie selbst versteht nicht, was sich begiebt. [...] „Lieber sterben als hier leben" – so klingt die gebieterische Stimme und Verführung: und dies „hier", dies „zu Hause" ist Alles, was sie bis dahin geliebt hatte! [...] ein aufrührerisches, willkürliches, vulkanisch stossendes Verlangen nach Wanderschaft, Fremde, Entfremdung, Erkältung, Ernüchterung, Vereisung, ein Hass auf die Liebe, vielleicht ein tempelschänderischer Griff und Blick rückwärts, dorthin, wo sie bis dahin anbetete und liebte [...]. (MA I Vorrede 3, KSA 2, S. 16)

Für diese schmerzliche Loslösung verwendet Nietzsche auch die Metapher des *Verräters*: Um nicht „an unserem höheren Selbst Schaden" zu nehmen, müssen wir uns entscheiden und „Untreue üben, unsere Ideale immer wieder preisgeben. Aus einer Periode des Lebens in die andere schreiten wir nicht, ohne diese Schmerzen des Verrathes zu machen und auch daran wieder zu leiden" (MA I 629, KSA 2, S. 355).

In dieser Ablösungsphase plädiert Nietzsche für die „Leidenschaft des Erkennens", statt mit blasser Objektivität vorlieb zu nehmen, denn es gehe dabei um etwas für unser eigenes Leben höchst Bedeutsames (vgl. Brusotti 1997). Als „Arzt der Kultur" schwebt ihm das Ziel einer „höheren Gesundheit" vor. Durch seine eigenen Krankheitserfahrungen habe er eine „Gesamt-Abirrung" seines „Instinkts" empfunden, so dass es höchste Zeit gewesen sei, sich auf sich selbst zurückzubesinnen. Erst die dadurch erzwungene Selbstkonfrontation habe ihm dazu verholfen, sich aus alten Fesseln zu befreien:

> Die Krankheit gab mir insgleichen ein Recht zu einer vollkommenen Umkehr aller meiner Gewohnheiten; sie erlaubte, sie gebot mir Vergessen; sie beschenkte mich mit der Nöthigung zum Stilliegen, zum Müßiggang, zum Warten und Geduldigsein [...] Jenes unterste Selbst, gleichsam verschüttet, gleichsam still geworden unter einem beständigen Hören-Müssen auf andere Selbste [...] erwachte langsam, schüchtern, zweifelhaft, – aber endlich redete es wieder. Nie habe ich so viel Glück gehabt als in den kränksten und schmerzhaftesten Zeiten meines Lebens. (EH MA, KSA 6, S. 326)

Man kann die Krankheit als Ausgangspunkt und treibende Kraft eines Wandlungsprozesses verstehen, der Nietzsches ganze Persönlichkeit tangiert. In diesem Prozess spricht er von „feineren Augen" und „Ohren hinter den Ohren", von seinem „bösen Blick" und seinem „bösen Ohr" (vgl. Schipperges 1975, S. 17 f.), von einer „Dialektikerklarheit", zu der er in gesünderen Verhältnissen nicht raffiniert und kaltblütig genug gewesen sei (EH weise 1, KSA 6, S. 265) und von der neu gewonnenen Methode, Philosophisches vom Leibe her auszulegen:

> Die unbewusste Verkleidung physiologischer Bedürfnisse unter die Mäntel des Objektiven, Ideellen, Rein-Geistigen geht bis zum Erschrecken weit, – und oft genug habe ich mich gefragt, ob nicht, im Grossen gerechnet, Philosophie überhaupt nur eine Auslegung des Leibes und ein Missverständniss des Leibes gewesen ist. (FW Vorrede 2, KSA 3, S. 348)

Wer sich auf Nietzsches Aufdeckung unbewusster Motivationen einlässt, geht durch eine „Schule des Verdachts". Auf dieser Linie haben sich dann auch Freud und seine Nachfolger bewegt. „Eine solche Introspektion wie bei Nietzsche wurde bei keinem Menschen vorher erreicht und dürfte wahrscheinlich nicht mehr erreicht werden". Diesen bemerkenswerten Satz äußerte Freud am 28. Oktober 1908 in einer Sitzung der Wiener Mittwoch-Gesellschaft. Aufgrund seiner Erkrankung habe sich Nietzsche vollständig von der Außenwelt zurückgezogen und sich seinem Ich als einzigem Forschungsobjekt zugewandt:

> Und da beginnt er mit großem Scharfsinn, gleichsam in endopsychischer Wahrnehmung die Schichten seines Selbst zu erkennen. Er macht eine Reihe glänzender Entdeckungen an seiner Person. Aber nun kommt die Krankheit. Er begnügt sich nicht damit, diese Zusammenhänge richtig zu erraten, sondern er projiziert die Erkenntnis, die er an sich gemacht hat, als Lebensanforderung nach außen [...] Auf diese Weise entstehen die verwirrenden, im Grunde aber richtigen Resultate der Nietzscheschen Anschauungen. Diese Formel habe er sich für Nietzsche zurechtgemacht. (Freud, zit. nach Nunberg/Federn 1967, S. 27 f.)

Freuds methodologische Zweifel beziehen sich hier auf die Verallgemeinerbarkeit der Einsichten, die in einer – zwar mit höchstem emotionalem und geistigem Einsatz geführten, aber subjektiven, unsystematischen und von außen kaum zu klärenden – Selbstanalyse gewonnen werden. Seine eigenen Bemühungen um Selbsterkenntnis lassen sich anhand der Deutung eigener Träume, wie er sie in seinem Hauptwerk, der *Traumdeutung*, vorgenommen hat, und anhand mehrerer Tausender Briefe durch sein ganzes Leben hindurch verfolgen (vgl. Fichtner 1989).

Hier möchte ich nur auf einen, vielleicht den zentralen Punkt in Freuds Konfrontation mit dem eigenen Unbewussten eingehen. In der Gründungsphase der Psychoanalyse erlitt er eine Einbuße identitätsstiftender Zuwendung und Anerkennung seitens der Kollegen und der akademischen Fachwelt. Über diese Identitätskrise schreibt er Jahre später:

> Es geschah in den Jahren nach 1895, daß zwei starke Eindrücke bei mir zur gleichen Wirkung zusammentrafen. Einerseits hatte ich die ersten Einblicke in die Tiefe des menschlichen Trieblebens gewonnen, manches gesehen, was ernüchtern, zunächst sogar erschrecken konnte, andererseits hatte die Mitteilung meiner unliebsamen Funde den Erfolg, daß ich den größten Teil meiner damaligen menschlichen Beziehungen einbüßte; ich kam mir vor wie geächtet, von allen gemieden. (Freud 1999h, S. 51)

Dass sich Freud damals von seinem Mentor und Freund Josef Breuer entfremdet hat, muss ihn in seinem Gefühl des Ausgeschlossenseins aus der „scientific community“ noch zusätzlich bestärkt haben. In dieser Phase hochgradiger intellektueller Anspannung und Erfolgsungewissheit treten bei ihm gravierende neurotische Symptome auf. Ab dem Herbst 1897 ist dann eine immer dichter werdende „Traumarbeit“ zu beobachten, die in eine immer stärkere Konfrontation mit dem eigenen Unbewussten einmündet (vgl. Anzieu 1990). Mario Erdheim (1981, S. 858) hat diese „Identitätskrise“ darauf zurückgeführt, dass gesellschaftliche Herrschaft am Selbstwertgefühl der Individuen ansetzt. Je mehr ein Einzelner in die Machthierarchie integriert sei und mit hohem Sozialprestige besetzte Rollen übernehme, desto schwieriger werde es für ihn, Unbewusstes, das eng mit den eigenen Größen- und Allmachtsphantasien verknüpft ist, zu erkennen. Im Hinblick auf Freuds Identitätskrise spricht Erdheim von „sozialem Sterben“. Andererseits habe der Verlust an gesellschaftlicher Anerkennung Freud einen inneren Freiraum jenseits der vergesellschafteten Rollenzwänge eröffnet. Durch die Analyse eigener Träume habe er bei sich unbewusste Motivationen erkennen können, die vorher durch die Befriedigung kompensatorischer Größen- und Machtphantasien blockiert gewesen seien.

Freuds Selbstanalyse weist demnach verschiedene Implikationen auf: Als *Seelenforscher* unternahm er eine Selbstanalyse, um allgemeine psychische Mechanismen in seinem eigenen Seelenleben aufzudecken und damit die Realität des Unbewussten zu beweisen; als *Arzt* versetzte er sich selber in die Rolle eines Patienten und lernte sich hierbei als Neurotiker kennen und anerkennen; als *Patient* machte er sich zu seinem eigenen Arzt und versuchte sich selber zu therapieren; und als *Schriftsteller* schilderte er – in wissenschaftlicher Verhüllung – seine eigene Krankengeschichte und versuchte dabei, die Leser zur eigenen Selbstanalyse anzuregen (vgl. Schott 1985, S. 63).

Aus der Psychodynamik von Freuds Selbstanalyse kann man die allgemeine Schlussfolgerung ziehen, dass man Selbstanalyse nicht machen kann: „sie ereignet sich von Zeit zu Zeit spontan, besonders beim in der Selbstbeobachtung Geschulten“. Sie scheint ein „Beiprodukt spontaner Konfliktlösung“ zu sein, das entsteht, wenn „die Abwehr überflüssig [wird] und das Unbewußte die verdrängten Inhalte frei [gibt]. Selbstanalyse folgt mehr oder minder, passiv den Gezeiten der Neurose“ (Bittner 1974, S. 19).

4 Von der Perspektivierung der Moral zur Psychologie des Unbewussten

Nietzsches „Psychologie des Unbewussten“ gehört zu den vernachlässigten Kapiteln der Psychologiegeschichte. Wahrscheinlich hängt dies mit Abwehrvorgängen gegenüber einer solchen philosophischen Variante von Psychologie zusammen. So nehmen strenge Empiriker aufgrund ihrer Wissenschaftsstandards daran Anstoß, dass Nietzsches psychologische Beobachtungen, Reflexionen und Folgerungen in aphoristischer und essayistischer Form dargestellt sind. Da es sich allem Anschein nach um bloße „Interpretationen" handelt, werden sie am Ideal empirisch gewonnener Forschungsergebnisse gemessen und daher von vornherein relativiert. Der Reichtum der „intuitiv" gewonnenen Einsichten Nietzsches verdankt sich jedoch nicht einfach genialen Gedankenblitzen, sondern der „mühsamen" Auseinandersetzung mit der eigenen Erfahrungswelt und einer Fülle philosophischer, religiöser, künstlerischer und wissenschaftlicher Quellen.

Nach seinem Selbstverständnis kam es Nietzsche auf drei Aspekte an: den Menschen auf der Kenntnis realer, nicht-erdichteter Eigenschaften möglichst vollständig zu beschreiben, ihn auch seinem Tier- und Naturhaften nach bestimmt zu sehen und ihn in seiner Wert setzenden Kompetenz zur Geltung zu bringen im Gegensatz zu seiner Passivierung aufgrund ihn normierender Morallehren (vgl. FW 115, KSA 3, S. 474; Niemeyer 2011, S. 311).

Auf diesen letzten Punkt möchte ich abschließend eingehen. Auch und gerade in Nietzsches Moralkritik kommt die Begrifflichkeit des Unbewussten zum Tragen (Gödde 2011; Gödde/Buchholz 2011a und b). Dies lässt sich an seiner Analyse des Mitleids verdeutlichen: Angeblich bedeutet Mitleid, ganz auf den anderen bezogen zu sein, sich mit ihm zu identifizieren und dementsprechend von sich selbst abzusehen. In Wirklichkeit wendet Nietzsche ein, denken wir zwar „nicht mehr bewusst an uns, aber *sehr stark unbewusst*, wie wenn wir beim Ausgleiten eines Fußes, für uns jetzt unbewusst, die zweckmäßigsten Gegenbewegungen machen und dabei ersichtlich allen unseren Verstand gebrauchen". Unser starkes Selbstinteresse lasse sich daran erkennen, dass wir immer dann unsere Hilfe zur Verfügung stellen, wenn wir „als die Mächtigeren, Helfenden hinzukommen können, des Beifalls sicher sind, unsern Glücks-Gegensatz empfinden wollen oder auch uns durch den Anblick aus der Langenweile herauszureißen hoffen" (M 133, KSA 3, S. 125 f.). Aus Nietzsches Sicht ist Schopenhauers Philosophie, die alle Moralität aus dem Mitleid ableitet, „unbewusst die Sachwalterin aller irdischen Schadhaftigkeit" (MA I, KSA 2, S. 581), denn das Mitleiden habe das Leiden nötig und führe daher zu einer Erhöhung statt einer Verminderung des Leidens. Durch die überwertige Ausrichtung an den Gefühlen und Bedürfnissen des anderen würde die eigene Lebenskraft geschwächt. Kritisiert Nietzsche die depressionsfördernde Wirkung des Mitleids, so erst recht dessen Erhöhung zur maßgeblichen Tugend.

Seit *Menschliches, Allzumenschliches* hat Nietzsche die Perspektivierung der Moral und damit zugleich eine neuartige entlarvende Psychologie in den

Brennpunkt gerückt (Gödde 1996; Gödde 2011). Bereits im ersten Aphorismus tritt er programmatisch für eine „Chemie der moralischen, religiösen, ästhetischen Vorstellungen und Empfindungen" (MA I 1, KSA 2, S. 24) ein – diese Metapher für die Analyse eines komplexen psychischen Gefüges in elementare Motive und Triebregungen verwendet später auch Freud (1999f, S. 184).

Im Kapitel „Zur Geschichte der moralischen Empfindungen", das an die französische Moralistik anknüpft, setzt Nietzsche das „Nachdenken über Menschliches, Allzumenschliches" ausdrücklich mit „psychologischer Beobachtung" (MA I 35, KSA 2, S. 57) gleich. Die Auferweckung der „moralischen Beobachtung" sei nötig geworden, weil es in der Geschichte der Moralphilosophie schwerwiegende Irrtümer gegeben habe, die endlich der Aufdeckung und Korrektur bedürften. Aufgrund einer irrtümlichen Analyse „der sogenannten unegoistischen Handlungen" habe sich eine „falsche Ethik" mit einer starren Aufspaltung zwischen dem Egoistischen als dem Bösen und dem Unegoistischen als dem Guten aufgebaut, die eine „Selbstzertheilung des Menschen" bewirkt habe. Solche tief sitzenden moralischen Vorurteile müssten überwunden werden, um dem Menschen dazu zu verhelfen, aus sich eine „ganze Person" zu machen (MA I 37, KSA 2, S. 60; MA I 57, KSA 2, S. 76; MA I 95, KSA 2, S. 92).

In der *Fröhlichen Wissenschaft* betont Nietzsche nachdrücklich, er „sehe Niemanden, der eine Kritik der moralischen Werthurteile gewagt hätte" (FW 345, KSA 3, S. 578). Eine solche Kritik setzt „eine Stellung ausserhalb der Moral voraus, irgend ein Jenseits von Gut und Böse, zu dem man steigen, klettern, fliegen muss", um eine Loslösung von „kommandirenden Werthurtheilen" zu vollziehen, die „uns in Fleisch und Blut übergegangen sind" (FW 381, KSA 3, S. 633). Immer wieder prangert Nietzsche hier die „Mitgefühls-Moral" (GD Streifzüge 37, KSA 6, S. 137) oder „Entselbstungs-Moral" (EH Schicksal 7, KSA 6, S. 372) an. Eine Nähe zu Freud zeigt sich in seiner Kritik der „Absichtenmoral", wonach eine Handlung ursächlich auf eine bewusste Absicht zurückzuführen sei. Er betont, „dass gerade in dem, was nicht-absichtlich an einer Handlung ist, ihr entscheidender Werth belegen sei, und dass alle ihre Absichtlichkeit, alles, was von ihr gesehn, gewusst, ‚bewusst' werden kann, noch zu ihrer Oberfläche und Haut gehöre, – welche, wie jede Haut, Etwas verräth, aber noch mehr verbirgt" (JGB 32, KSA 5, S. 51).

In der *Genealogie der Moral* widmet sich Nietzsche dem Anliegen, Moral „als Folge, als Symptom, als Maske, als Tartüfferie, als Krankheit, als Missverständnis", aber auch „als Ursache, als Heilmittel, als Stimulans, als Hemmung, als Gift" zu erkennen (GM Vorrede 6, KSA 5, S. 253). Im weiteren vertritt er die These, dass die lebensfeindlichen Werte der herkömmlichen Moral beim Individuum zu einer schwerwiegenden Trieb- und Affektunterdrückung, zu einer „Verinnerlichung" der nach außen gehemmten Affekte und damit zu einer „Wendung gegen die eigene Person" sowie zur Herausbildung des „schlechten Gewissens" (GM II 16, KSA 5, S. 322 f.) geführt hätten.

Diese kritische Perspektivierung der Moral hat seither in der Philosophischen Anthropologie, Ethnologie, Soziologie, Soziobiologie u. a. große Wirkungen entfaltet. Die Moral erschien, so Werner Stegmaier, „mehr und mehr als bedingt durch die Naturgeschichte, die Lebensbedingungen der Völker, der Institutionen der Gesellschaft, die Triebschicksale der Einzelnen". In diesen Denkbahnen hat sich auch Freud bewegt, indem er das moralische Handeln als „Resultante aus einer begehrlichen, abenteuerlichen und unberechenbaren Natur des Einzelnen und einer autoritären, disziplinierenden und rationalisierenden Macht der Gesellschaft" (Stegmaier 1994, S. 15) deutete.

Nietzsche und Freud trafen sich an einem für ihre Denkentwicklung richtungweisenden Ausgangspunkt: der Wendung gegen die vorherrschende metaphysisch orientierte Moral, die „in Aufnahme und Ausformung christlicher Grunddogmen das allgemeine Bewußtsein von der Antike bis zum Deutschen Idealismus entscheidend geprägt" (Schulz 1993, S. 639) hat. Bei beiden hat die Konfliktdynamik zwischen den natürlichen Trieben und der repressiven Moral und insbesondere die Herausbildung eines „schlechten", zu Scham- und Schuldgefühlen tendierenden Gewissens vorrangige Bedeutung. Übereinstimmung besteht darin, dass die Triebe unter dem Einfluss der Moral überformt werden: als Verstärkung bei übermäßiger Triebbefriedigung, als Abschwächung bei Triebhemmung oder -unterdrückung und schließlich als Überwindung im Sinne einer Triebsublimierung. Ein unter repressiven Bedingungen zustande gekommenes „Triebschicksal" würde den Menschen in seiner gesamten Persönlichkeitsentwicklung schwächen und anfällig machen für psychische und psychosomatische Krankheiten.

Bereits Nietzsche hat eine Art Konflikt-Abwehr-Modell entwickelt, wonach widerstreitende Impulse, Affekte und Triebe zu inneren Spannungen und Konflikten führen, die für den Einzelnen so schwer erträglich sind, dass er sie mit bestimmten Techniken und Strategien, den „Abwehrmechanismen" im Sinne Freuds, unwirksam zu machen sucht.

Auch was das Schicksal der verdrängten Aggression anlangt, stimmt Freud mit Nietzsche überein: „Die Aggression wird introjiziert, verinnerlicht, eigentlich aber dorthin zurückgeschickt, woher sie gekommen ist, also gegen das eigene Ich gewendet" (Freud 1999i, S. 482). Die „Verinnerlichung" von Aggression wird vorzugsweise für die Bildung des Über-Ichs herangezogen: „Es ist merkwürdig, daß der Mensch, je mehr er seine Aggression nach außen einschränkt, [...] desto mehr steigert sich die Aggressionsneigung seines Ideals gegen sein Ich. Es ist wie eine Verschiebung, eine Wendung gegen das eigene Ich" (Freud 1999g, S. 284). Beide Termini, die Verinnerlichung und die Wendung gegen sich selbst, hat Nietzsche bereits wörtlich verwandt (GM II 16, KSA 5, S. 322 f.).

Erscheint das Schuldgefühl in der *Genealogie der Moral* als ein kulturell bedingter Krankheitsfaktor ersten Ranges, so kommt in Freuds kulturkritischer Abhandlung *Das Unbehagen in der Kultur* eine ähnliche Intention zum Ausdruck. Das Schuldgefühl sei „das wichtigste Problem der Kulturentwicklung", da die Glückseinbuße „als Preis für den Kulturfortschritt" vor allem durch die Erhöhung des Schuldgefühls bezahlt werde (Freud 1999i, S. 493 f.). Während Freud die Herkunft des schlechten Gewissens auf den Urvatermord zurückführt, entwickelt Nietzsche eine Reihe vergleichbarer phylogenetischer Hypothesen, so dass man sagen kann, dass „beide Theorien am Knotenpunkt der Beziehung von *Schuld* und *Grausamkeit* zusammenlaufen" und zudem „ein kulturelles Wachsen des Schuldbewußtseins" (Gasser 1997, S. 302) erkennen lassen.

„Gute Handlungen sind sublimirte böse", schreibt Nietzsche, „böse Handlungen sind vergröberte, verdummte, gute" (MA I 107, KSA 2, S. 104). „Fast Alles, was wir ‚höhere Cultur' nennen, beruht auf der Vergeistigung und Vertiefung der Grausamkeit" (JGB 229, KSA 5, S. 166), heißt es an anderer Stelle. Ganz ähnlich heißt es bei Freud: „Unsere besten Tugenden sind als Reaktionsbildungen und Sublimierungen auf dem Boden der bösesten Anlagen erwachsen." (Freud 1913, S. 420) Bei Nietzsche ist der Sublimierungsbegriff allerdings weiter gefasst als bei Freud. Nach Walter Kaufmann ist er unlösbar mit dem Willen zur Macht verbunden. Mit Sublimierung sei gemeint, dass der Mensch eine Ordnung in das durch seine Leidenschaften hervorgerufene Chaos bringt, ohne jedoch die Energie und Leidenschaft seiner Triebe zu schwächen oder gar zu unterdrücken (Kaufmann 1982, S. 245 ff.; Vinzens 1999).

Während Nietzsche in seinen Denkbemühungen in erster Linie um das Themenfeld Moral, Moralität, moralische Gefühle, Affekte und Werte (Mitleid, Schuldgefühl, Scham, Egoismus, Rache, Ressentiment u. a.) kreiste, hat sich Freud vornehmlich auf klinische Phänomene im Kontext bestimmter psychischer Störungen (Paranoia, Zwangsneurose, Depression, Masochismus, Verbrecher aus Schuldgefühl, negative therapeutische Reaktion u. a.) konzentriert. Aus diesem Grunde betont Reinhard Gasser zu Recht, dass „beide Theoriekomplexe *für sich* stehen" (Gasser 1997, S. 707). Dennoch ist auch und gerade hinsichtlich der Thematik der beiden Moral- und Gewissenspsychologien eine geistige Nähe spürbar, denn Nietzsche hat seine Gefühls- und Wertanalysen bis in die Bereiche psychischer und psychiatrischer Krankheiten hinein verfolgt, und Freud hat sich auch der Erhellung moralischer Emotionen (Angst, Trauer, Scham, Schuld, Ekel u. a.) gewidmet.

In den Schatzkammern von Nietzsche und Freud, scheint mir, ist im Hinblick auf eine übergreifende „Philosophie des Unbewussten" noch viel zu entdecken. Bei aller Anerkennung der Differenzen spricht viel dafür, Brücken zwischen beiden Denkwelten zu schlagen und sich dem „gemeinsamen Dritten" zuzuwenden.

Literaturverzeichnis

Anzieu, Didier (1990): *Freuds Selbstanalyse und die Entdeckung der Psychoanalyse*. 2 Bde. München, Wien: Verlag Internationale Psychoanalyse.

Assoun, Paul Laurent (2002): *Freud and Nietzsche* [1980]. Übers. v. Richard L. Collier. London, New York: Continuum.

Bittner, Günter (1974): *Das andere Ich. Rekonstruktionen zu Freud*. München: Piper.

Brusotti, Marco (1997): *Die Leidenschaft der Erkenntnis. Philosophie und ästhetische Lebensgestaltung bei Nietzsche von Morgenröthe bis Also sprach Zarathustra*. Berlin, New York: De Gruyter.

Buchholz, Michael B./Gödde, Günter (2005): „Das Unbewusste und seine Metaphern". In: Michael B. Buchholz/Günter Gödde (Hrsg.): *Das Unbewusste. Bd. I.: Macht und Dynamik des Unbewussten. Auseinandersetzungen in Philosophie, Medizin und Psychoanalyse*. Gießen: Psychosozial Verlag, S. 671–712.

Carbone, Mirella/Jung Joachim (2000): *Langsame Curen. Ansichten zur Kunst der Gesundheit*. Freiburg, Basel, Wien: Herder.

Carus, Carl Gustav (1926): *Psyche. Zur Entwicklungsgeschichte der Seele* [1846]. Ausgew. u. eingeleit. von Ludwig Klages. Jena: Diederichs.

Descartes, René (1993): *Meditationen über die Grundlagen der Philosophie* [1641]. Hrsg. v. Lüder Gäbe. Hamburg: Meiner.

Descartes, René (1996): *Die Leidenschaften der Seele* [1649]. Hrsg. v. Klaus Hamacher. Hamburg: Meiner.

Descartes, René (1997): *Von der Methode des richtigen Vernunftgebrauchs und der wissenschaftlichen Forschung* [1637]. Übers. u. hrsg. v. Lüder Gäbe. Hamburg: Meiner.

Engelen, Eva-Maria (2010): „Die leidenschaftliche Seele bei René Descartes". In: Katja Crone/Robert Schnepf/Jürgen Stolzenberg (Hrsg.): *Über die Seele*. Frankfurt am Main: Suhrkamp, S. 111–131.

Erdheim, Mario (1981): „Freuds Größenphantasien, sein Konzept des Unbewußten und die Wiener Décadence". In: *Psyche – Z Psychoanal* 35, S. 857–874 u. S. 1006–1033.

Freud, Sigmund (1999a): „Studien über Hysterie (ohne Breuers Beiträge) [1895]". In: S. Freud: *Gesammelte Werke in 18 Bänden*. Band 1. Frankfurt am Main: Fischer, S. 75–312.

Freud, Sigmund (1999b): „Die Traumdeutung [1900]". In: S. Freud: *Gesammelte Werke in 18 Bänden*. Bände 2 und 3. Frankfurt am Main: Fischer.

Freud, Sigmund (1999c): „Über Psychotherapie [1905]". In: S. Freud: *Gesammelte Werke in 18 Bänden*. Band 5. Frankfurt am Main: Fischer, S. 13–26.

Freud, Sigmund (1999d): „Das Interesse an der Psychoanalyse [1913]". In: S. Freud: *Gesammelte Werke in 18 Bänden*. Band 8. Frankfurt am Main: Fischer, S. 389–420.

Freud, Sigmund (1999e): „Eine Schwierigkeit der Psychoanalyse [1917]". In: S. Freud: *Gesammelte Werke in 18 Bänden*. Band 12. Frankfurt am Main: Fischer, S. 3–12.

Freud, Sigmund (1999 f.): „Wege der psychoanalytischen Therapie [1919]". In: S. Freud: *Gesammelte Werke in 18 Bänden*. Band 12. Frankfurt am Main: Fischer, S. 183–194.

Freud, Sigmund (1999g): „Das Ich und das Es [1923]". In: S. Freud: *Gesammelte Werke in 18 Bänden*. Band 13. Frankfurt am Main: Fischer, S. 237–289.

Freud, Sigmund (1999h): „Ansprache an die Mitglieder des Vereins B'nai B'rith [1926]". In: S. Freud: *Gesammelte Werke in 18 Bänden*. Band 17. Frankfurt am Main: Fischer, S. 51–53.

Freud, Sigmund (1999i): „Das Unbehagen in der Kultur [1930]". In: S. Freud: *Gesammelte Werke in 18 Bänden*. Band 14. Frankfurt am Main: Fischer, S. 419–506.

Freud, Sigmund (1999j): „Neue Folge der Vorlesungen zur Einführung in die Psychoanalyse [1933]". In: S. Freud: *Gesammelte Werke in 18 Bänden*. Band 15. Frankfurt am Main: Fischer.

Gasser, Reinhard (1997): *Nietzsche und Freud*. Berlin, New York: De Gruyter.

Gödde, Günter (1993): „Wandlungen des Menschenbildes durch Nietzsche und Freud. Eine vergleichende Interpretation aus philosophiegeschichtlicher Perspektive". In: *Jahrbuch der Psychoanalyse* 30, S. 119–166.

Gödde, Günter (1996): „Nietzsche und Freud. Übereinstimmungen und Differenzen zwischen ‚Entlarvungs-' und ‚Tiefenpsychologie'". In: Johann Figl (Hrsg.): *Von Nietzsche zu Freud. Übereinstimmungen und Differenzen von Denkmotiven*. Wien: WUV-Universitätsverlag, S. 19–43.

Gödde, Günter (2000): „Die Öffnung zur Denkwelt Nietzsches – eine Aufgabe für Psychoanalyse und Psychotherapie". In: *Psychoanalyse – Texte zur Sozialforschung* 4 (7), S. 91–122.

Gödde, Günter (2002): „Nietzsches Perspektivierung des Unbewußten". In: *Nietzsche-Studien* 21, S. 154–194.

Gödde, Günter (2003): „Die antike Therapeutik als gemeinsamer Bezugspunkt für Nietzsche und Freud". In: *Nietzsche-Studien* 32, S. 206–225.

Gödde, Günter (2006): „Freud und seine Epoche. Philosophischer Kontext". In: Hans-Martin Lohmann/Joachim Pfeiffer (Hrsg.): *Freud-Handbuch. Leben – Werk – Wirkung*. Stuttgart, Weimar: Metzler, S. 10–25.

Gödde, Günter (2009): *Traditionslinien des „Unbewußten". Schopenhauer, Nietzsche, Freud* [1999]. 2. Aufl. Gießen: Psychosozial Verlag.

Gödde, Günter (2011): „Gewissen und Moral im Kontext des Freud-Nietzsche-Diskurses". In: Elke Metzner/Roman Lesmeister (Hrsg.): *Nietzsche in den tiefenpsychologischen Schulen*. Freiburg im Breisgau: Alber, S. 53–90.

Gödde, Günter/Buchholz, Michael B. (2011a): *Unbewusstes*. Gießen: Psychosozial Verlag.

Gödde, Günter/Buchholz, Michael B. (2011b): „Zur Konzeptualisierung des Gewissens. Eine Erwiderung auf Donovan Miyasakis Beitrag ‚Nietzsche contra Freud on Bad Conscience'". In: *Nietzsche-Studien* 40, S. 273–285.

Gödde, Günter/Müller-Buck, Renate (2005): „Neue Beiträge zum Freud-Nietzsche-Diskurs". In: *Nietzsche-Studien* 34, S. 486–505.

Haberkamp, Günter (2000): *Triebgeschehen und Wille zur Macht: Nietzsche zwischen Philosophie und Psychologie*. Würzburg: Königshausen und Neumann.

Hadot, Pierre (1991): *Philosophie als Lebensform. Geistige Übungen in der Antike*. Berlin: Gatza.

Himmelmann, Beatrix (2006): *Nietzsche*. Leipzig: Reclam.

Hödl, Hans Gerald (2002). *Nietzsches frühe Sprachkritik. Lektüren zu „Ueber Wahrheit und Lüge im aussermoralischen Sinne" (1873)*. Wien: WUV-Universitätsverlag.

Kaufmann, Walter (1982): *Nietzsche: Philosoph, Psychologe, Antichrist*. Darmstadt: Wissenschaftliche Buchgesellschaft.

Leibniz, Gottfried Wilhelm (1993): *Neue Abhandlungen über den menschlichen Verstand* [1704]. Übers. und hrsg. von Werner Schüßler. Stuttgart: Reclam.

Leibniz, Gottfried Wilhelm (1998): *Monadologie* [1720]. Übers. und hrsg. von Hartmut Hecht. Stuttgart: Reclam.

Liebscher, Martin (2010): „Friedrich Nietzsche's perspectives on the unconscious". In: Angus Nicholls/Martin Liebscher (Hrsg.): *Thinking the Unconscious. Nineteenth-Century German Thought*. Cambridge: Cambridge University Press, S. 241–260.

Lütkehaus, L. (1989): „Einleitung". In: L. Lütkehaus (Hrsg.): *„Dieses wahre innere Afrika". Texte zur Entdeckung des Unbewußten vor Freud*. Frankfurt am Main: Fischer, S. 7–45.

Mertens, Wolfgang (2004): „Fragen an Freud – Wenn Freud heute noch leben würde". In: Wolfgang Mertens/Willi Obrist/Herbert Scholpp (Hrsg.): *Was Freud und Jung nicht zu hoffen wagten ... Tiefenpsychologie als Grundlage der Humanwissenschaften*. Gießen: Psychosozial Verlag, S. 121–292.

Niemeyer, Christian (2011): „Psychologie". In: Christian Niemeyer (Hrsg.): *Nietzsche-Lexikon*. 2. Aufl. Darmstadt: Wissenschaftliche Buchgesellschaft, S. 309–316.

Nunberg, Hermann/Federn, Ernst (1967): *Protokolle der Wiener Psychoanalytischen Vereinigung. Band II: 1908–1910*. Frankfurt am Main: Fischer.

Perler, Dominik (2008): „Descartes: Emotionen als psychophysische Zustände". In: Hilge Landweer/Ursula Renz (Hrsg.): *Klassische Emotionstheorien*. Berlin, New York: De Gruyter, S. 269–292.

Pongratz, Ludwig (1984): *Problemgeschichte der Psychologie*. 2. Aufl. München: Francke.

Röd, Wolfgang (1995): *Descartes: die Genese des Cartesianischen Rationalismus*. 3. Aufl. München: C. H. Beck.

Rühl, Matthias (2001): *Schopenhauers existentielle Metaphern im Kontext seiner Philosophie*. Münster: LIT.

Salaquarda, Jörg (1984): „Zur gegenseitigen Verdrängung von Schopenhauer und Nietzsche". In: *Schopenhauer-Jahrbuch* 65, S. 13–30.

Schelling, Friedrich Wilhelm Joseph (1985): „System des transzendentalen Idealismus [1800]". In: Friedrich Wilhelm Joseph Schelling: *Ausgewählte Schriften*. Bd. 1. Frankfurt am Main: Suhrkamp, S. 395–702.

Schipperges, Heinrich (1975): *Am Leitfaden des Leibes. Zur Anthropologik und Therapeutik Friedrich Nietzsches*. Stuttgart: Klett.

Schmid, Wilhelm (1999): *Philosophie der Lebenskunst*. Frankfurt am Main: Suhrkamp.

Schopenhauer, Arthur (1977a): „Die Welt als Wille und Vorstellung [1819]". In: *Werke in zehn Bänden*. Bände 1 und 2. Züricher Ausgabe. Zürich: Diogenes.

Schopenhauer, Arthur (1977b): „Die Welt als Wille und Vorstellung [1844]". In: *Werke in zehn Bänden*. Bände 3 und 4. Züricher Ausgabe. Zürich: Diogenes.

Schott, Heinz (1985): *Zauberspiegel der Seele. Sigmund Freud und die Geschichte der Selbstanalyse*. Göttingen: Vandenhoeck & Ruprecht.

Schulz, Walter (1993): *Philosophie in der veränderten Welt*. 6. Aufl. Stuttgart: Neske.

Stegmaier, Werner (1994): *Nietzsches „Genealogie der Moral"*. Darmstadt: Wissenschaftliche Buchgesellschaft.

Vinzens, Albert (1999): *Friedrich Nietzsches Instinktverwandlung*. Basel: Schwabe & Co.

Wegener, Mai (2005): „Unbewusst/das Unbewusste". In: *Ästhetische Grundbegriffe. Historisches Wörterbuch in sieben Bänden*. Bd. 6. Stuttgart, Weimar: Metzler, S. 202–240.

Zirfas, Jörg/Klepacki, Leopold/Bilstein, Johannes/Liebau, Eckart (2009): *Geschichte der Ästhetischen Bildung. Band 1: Antike und Mittelalter*. Paderborn: Schöningh.

Knut Ebeling

„Unterirdische' an der Arbeit": Nietzsche, Burckhardt, Freud als Archäologen des kulturellen Unbewussten

Es gibt nicht eben viele prominente zeitgenössische Philosophen, die das Autorenkollektiv aus Nietzsche und Freud zu ihren Vorgängern oder Idolen ernannten. Schließlich ist es schon einige Jahre her, dass Michel Foucault 1964 in Royaumont sein viel beachtetes Referat über „Nietzsche, Marx, Freud" hielt, das die drei zu Entdeckern oder Erfindern einer Tiefenhermeneutik machte, die in der Tiefe des Wissens quer liegende Diskurse wie die Physis, das Kapital oder das Unbewusste aufspürte (Foucault 2001, S. 727–742).

Die archäologische Regression

Dabei befindet sich auch unter den zeitgenössischen großen Philosophen jemand, bei dem Freud neben Nietzsche erscheint – und zwar als Vertreter oder Vorläufer einer „philosophischen Archäologie": Die Rede ist von Giorgio Agamben und seinem 2008 auf italienisch, 2009 auf deutsch erschienenem Buch *Signatura rerum. Von der Methode* (Agamben 2009). Hier erscheinen Nietzsche und Freud Seite an Seite als Vertreter einer regressiven Methode oder „archäologischen Regression", „die fähig wäre, regressiv bis vor die Scheidung von bewusst und unbewusst zurückzugehen" und

> den Punkt zu erreichen versucht, an dem die Dichotomie zwischen bewusst und unbewusst erstmals eingesetzt hat, ebenso wie die Dichotomie zwischen Historiographie und Geschichte und wie alle binären Oppositionen, die die Logik unserer Kultur bestimmen. (Agamben 2009, S. 122)

Ein nicht gerade bescheidenes Unterfangen, wie man sieht. Doch was soll diese Regression und diese regressive Methode? Woher die Notwendigkeit dieser Zeitreisen, die den Zeitstrahl zurückverfolgen, um den archimedischen Punkt zu erreichen, „an dem alle binären Oppositionen [eingesetzt haben], die die Logik unserer Kultur bestimmen" (Agamben 2009, S. 122)? Was war falsch an den alten Oppositionen sowie an den historischen Repräsentationen unserer Kultur, die diese Oppositionen repräsentieren? Hier steht nichts anderes als eine neue Zeitlichkeit auf dem Spiel: Wie die zahlreichen künstlerischen Archaismen und Anachronismen des 20. Jahrhunderts sagt auch die archäologische Regression: Es kommt nur voran, wer auch zurückblickt. Nur wer die Regression wagt, kann überhaupt einen Fortschritt erzielen – künstlerisch wie theoretisch. Nur der Blick zurück bringt nach vorn.

Vor der Interpretation der archäologischen Methode der Regression bei Nietzsche und Freud soll jedoch das Problem geschildert werden, auf das sie antwortet. Der folgende Text gliedert sich also in zwei Teile: Der erste widmet sich dem epistemischen Problem gewisser Zeichenumwandlungen und Datenverschiebungen, die Nietzsche aufgefallen sind und auf die Freud sowie breite Teile des philosophischen 20. Jahrhunderts antworten, unter anderem mit einer Methode der Regression. Der zweite Teil befasst sich näher mit diesen Regressionen, genauer mit der von Agamben vorgeschlagenen und von Nietzsche und Freud praktizierten Methode der „archäologischen Regression". Man wird sehen, wie beide Themen und beide Teile zusammen hängen: Die Frage der Methode der Regression wird durch das erste Thema, die Theorie einer Transformation eingeführt: Wir brauchen das regressive Zurückverfolgen, weil eine fundamentale Transformation alle Daten und alles Wissen, das bei uns ankommt, verändert und formatiert. Anders gesagt: Weil alle Repräsentationen des Wissens einer Veränderung und einem Transformationsprozess unterliegen, brauchen wir diese epistemische Logik, die das Wissen auf seine Bestandteile und die Repräsentationen auf das Repräsentierte zurückrechnet.

Sowohl bei Nietzsche als auch bei Freud haben wir es mit Repräsentationskritiken zu tun, die die Frage der Regression an die Transformation von Zeichen koppeln. In diesen Repräsentationskritiken sind auch die Texte und Themen Nietzsches und Freuds miteinander verflochten: Einerseits behandeln beide das historische Wissen, andererseits beschäftigen sich sowohl Nietzsche als auch Freud mit dem Wissen des Traums. Wobei der Traum bei Nietzsche ja bereits durch das Motto dieser Tagung und dieses Buches – „auf dem Rücken eines Tigers in Träumen hängend" (WL, KSA 1, S. 877) – aus *Über Wahrheit und Lüge im außermoralischen Sinne* aufgegriffen wird. Doch während dieses Motto und diese Stelle von 1873 eine gewisse Zweiteilung, eine Opposition markiert – der Träumende als eine Art Überbau des Tigers, der gewissermaßen als Unterbau figuriert –, schlägt die archäologische Regression eine Ersetzung dieses ideologiekritischen Modells bei Nietzsche vor. Und zwar soll die Trennung zwischen träumendem Schein und realem Sein ersetzt werden durch Modelle, die nicht von einer Trennung zwischen Traum und Realem ausgehen – sondern vielmehr davon, dass das Reale und ihre Geschichte selbst nach den Regeln des Traums konstituiert werden; davon, dass das Wissen und die Geschichte sich nicht trennscharf von den Bereichen des Un- oder Vorbewussten abgrenzen lassen, sondern so etwas wie eine „Geschichte des Traums" am Horizont erscheinen lassen, von der Benjamin gesprochen hat (vgl. Benjamin 1977, S. 620).

Die Transformation des Traums

Doch warum ist das so, weshalb lassen sich das Reale und die Geschichte nicht vom Traum trennen? Das Wissen – der Geschichte – lässt sich nicht vom Traum und von der Traumwelt trennen, weil es nicht das Andere des Traums oder des Subjektiven oder Irrationalen ist; die Geschichte der Rationalität ist unterirdisch mit der „Geschichte des Traums“ verknüpft. Rationalität, Wissen und Geschichte sind selbst von merkwürdigen Transformationen durchzogen, betroffen und markiert – womit man beim ersten Thema, der angesprochenen Zeichentransformation angelangt wäre, die durch die archäologische Regression beantwortet wird.

Das Thema der Transformation des Traums, der Traumarbeit, ist ein berühmtes Thema Freuds; es ist die Theorie, die die *Traumdeutung* begründet. Weniger bekannt ist jedoch, dass sich Freud bei der Begründung seiner Epistemologie des Traums auf Nietzsche beruft. An einer wichtigen Stelle der *Traumdeutung* spricht er davon, im Traum geschehe eine „Umwertung aller psychischen Werte“: „Es findet zwischen Traummaterial und Traum tatsächlich eine völlige ‚Umwertung aller psychischen Werte‘ statt.“ (Freud 1971, Bd. II/III, S. 335) Hier ist der Gedanke der Transformation bereits vollkommen ausgeführt: Der Traum transformiert seine Daten grundlegend – aus den realen Eingangsdaten bastelt der Träumende etwas völlig anderes; und Freuds Schilderungen dieses Umbauprozesse zwischen Eingangs- und Ausgangsmaterial, dieser „‚Umwertung aller psychischen Werte‘“ haben ja einige Berühmtheit erlangt: Aus Menschen werden Monstren, weil der Traum aus beliebigen Versatzstücken der Wirklichkeit etwas vollkommen Neues zusammenbastelt.

In Freuds Theorie verhält es sich jedoch nicht so, wie Nietzsche in *Über Wahrheit und Lüge* behauptet, dass diese Träume einfach Schäume sind und das Gegenteil jeder Wahrheit; tatsächlich haben auch die Träume Anteil an einer Geschichte der Wahrheit und des Wissens. Denn die Bilder des Traums können nicht ohne die Bedingungen verstanden werden, denen ihre Bildung und Formation unterliegt; und wie gesagt widmete Freud sein Hauptwerk diesen umfangreichen Transformationsprozessen, die den Wandlungen und Formationen des Wissens oder der Geschichte nicht unähnlich sind. Nach Freud wird dieser Gedanke einer *Formation* des Wissens nicht erst bei Foucault, sondern schon bei Bachelard und seiner *La formation de l'esprit scientifique* 1938 aufgegriffen – ein Werk, das sich in einer *Psychoanalyse der objektiven Erkenntnis* versuchte, wie der deutsche Untertitel lautete (vgl. Bachelard 1978). Und bereits dieser Untertitel peilt mit seiner Verschränkung aus Ober- und Unterwelt, Objektivität und Subjektivität eine Verbindung und Wiederankopplung aus Träumendem und Tiger, Traum und Wissen an. Schließlich ließ sich die

Formation oder *Bildung*, wie Bachelards Titel übersetzt wurde, an wissenschaftlichen Tatsachen ebenso beobachten wie an Traumbildern.

Auf diesen verschiedenen Feldern verschränkten sich Psychologie und Epistemologie zu neuen Zeitlichkeiten. Diese Repräsentationskritiken einer *objektiven Erkenntnis* von Nietzsche und Freud, Foucault und Bachelard stellten natürlich die Frage nach der Herkunft dieses epistemischen Modells: Weshalb und an welcher Stelle beginnt man den offiziellen Repräsentationen – der Rationalität, des Wissens, der Geschichte – zu misstrauen? Warum glaubt man plötzlich den offiziellen Verlautbarungen der Kultur und des Selbst nicht mehr? Was verursacht jenen Erdrutsch, dem die ästhetischen Theorien des 20. Jahrhunderts folgen sollten? Gewiss wäre es übertrieben zu behaupten, dass Freud diesen Verdacht gegenüber den offiziellen Verlautbarungen der Kultur einfach von Nietzsche übernimmt, der schließlich nicht Modell bildend für die Psychoanalyse gewirkt hat – auch wenn er in der vierten Ausgabe der *Traumdeutung* von 1914 als „direkter Vorläufer der Psychoanalyse" erscheint.

Die lebenden Monumente

An dieser Stelle schaltet sich ein dritter Autor ein, der als Missing Link zwischen Nietzsche und Freud gelesen werden könnte – ein Autor, bei dem die Repräsentationskritik, wie bei Nietzsche, auch weniger den Traum als die Geschichte betrifft: Die Rede ist natürlich von Jacob Burckhardt. Durch Burckhardt lässt sich nicht allein die beträchtliche Wirkung Nietzsches auf das Freudsche Frühwerk studieren.[1] Bei Burckhardt ist auch eine gewisse Sensibilität für derlei epistemische Transformationsprozesse auszumachen, die sich beispielsweise in Freuds Anstreichungen Burckhardt'scher Werke in seiner archäologischer Bibliothek nachweisen lassen.[2]

Beispielsweise am *Cicerone* sowie an der *Griechischen Kulturgeschichte* lässt sich das methodische Augenmerk Freuds anschaulich nachvollziehen. In beiden Werken finden sich seine Randmarkierungen fast ausschließlich an Stellen, an denen Burckhardt methodische Bemerkungen zur Erforschung des

1 „Nietzsche's dark vision of Greece (...) influenced Burckhardt, and through Burckhardt, Freud" (Mitchell-Boyask 1994, S. 30).

2 „Zu meiner Erholung lese ich Burckhardts *Griechische Kulturgeschichte*, die mir unerwartete Parallelen liefert. Meine Vorliebe für das Prähistorische in allen menschlichen Formen ist im Gleichen geblieben" (Freud 1986, S. 374). Vgl. Armstrong (2005, S. 159 ff. und S. 175 ff.).

Altertums macht,[3] das bei Freud zum Altertum der menschlichen Seele werden sollte.[4] Das erste Beispiel findet sich 1893 in Burckhardts *Cicerone*, also der Zeit der Konzeptionierung der *Traumdeutung*. In diesem Werk markierte Freud die folgende Anmerkung Burckhardts, die mitten in die Beschreibung der Tempel von Paestum hinein fällt: „Was das Auge hier und an anderen griechischen Bauten erblickt, sind eben keine blossen Steine, sondern lebende Wesen. Wir müssen ihrem inneren Wesen und ihrer Entwicklung aufmerksam nachgehen" (Burckhardt 1893, S. 2). Man konnte dieses Wort von lebenden Monumenten wohl kaum buchstäblicher verstehen als Freud, bei dem die „lebenden Wesen" der Steine zu den Monumenten der Seele mutieren sollten. Diese Idee der Monumente der Seele findet weitere Nahrung in seiner Lektüre von Burckhardts *Griechischer Kulturgeschichte* von 1899, dem Erscheinungsjahr der *Traumdeutung*. Was Burckhardt hier über die Transformationen in der Geschichte der Überlieferung antiker Monumente verlauten ließ, las Freud direkt als Nachricht über die Transformation der Monumente der Psyche.

Tatsächlich war dieser Kurzschluss zwischen Individual- und Kollektivgeschichte in der Altertumswissenschaft durchaus geläufig. Beispielsweise im zweiten Band der *Griechischen Kulturgeschichte* finden sich nicht nur zahlreiche Hinweise auf die geschilderten Transformationen, die von Freud markiert wurden und von denen er unmittelbar auf die merkwürdigen Signifikantenwanderungen des Traums schließen würde.[5] Darüber hinaus bringt Burckhardt die Erzählungen eines altes Volkes auch mit den Träumen des Kindes in Verbindung, das „im Erzählen wirklich Geschehenes und bloß Geträumtes [eben]so wenig unterscheiden kann (...)."[6] Im Anschluss an diese aufschlussreiche Stelle erfolgt in der Diskussion der „Wahrheitsmängel in der griechischen Geschichtsschreibung" eine Anbindung an das Problem der Historiographie.

---

3 „Was uns hier beschäftigt, ist nicht Skelettierung der Sagen bis auf ihre ältesten Elemente, sondern gerade ihre tendenziöse Erweiterung" (Burckhardt 1902, S. 375).

4 „Burckhardt frequently stressed the productive dialectical relationship between antiquity and its modern interpreters, thoughts which must have struck a chord with Freud, who frequently marked such passages in red pencil" (Mitchell-Boyask, S. 30). Vgl. Armstrong (2005, S. 177 ff.).

5 „Die Namen waren wohl uralt und allmählich – was immer sie bedeutet haben mögen – undeutsam geworden, bis das Volk, das sie seit so vielen Generationen im Munde führte, sie so weit umgebildet hatte, daß sie wieder an etwas Deutliches anklangen." Randmarkierung Freuds in: Burckhardt (1898, S. 59), Freud-Museum London.

6 Randmarkierung Freuds in: Burckhardt (1902, S. 281), Freud-Museum London.

Traum und Geschichte

Der Befund Burckhardts lautet also, dass man „wirklich Geschehenes und bloß Geträumtes“ kaum unterscheiden kann. Kurz: Traum und Geschichte sind ununterscheidbar, weil sie ähnlichen Formations- und Veränderungsprozessen unterliegen. Damit hat die Kulturgeschichte jedoch das gleiche Problem wie der Traum (woraus wie gesagt niemand entschiedenere Konsequenzen zog als Benjamin mit seiner „Geschichte des Traums“): Die historisch übermittelten Daten sind ebenso unzuverlässig – und geträumt, wird Benjamin sagen – wie die Träume. Auch die Geschichtsschreibung kann sich den großen Strömen der Zeichentransformierer und Datenveränderer, den von Freud geschilderten Wunscherfüllungen und dem Geschichtsbegehren nicht entziehen – was wir historisch überliefern, ist immer auch das, was wir überliefern wollen; was wir wissen, ist immer auch das (und wie) wir wissen wollen. Die Repräsentationen unserer Welt gehorchen weniger deren Wahrheit und Objektivität als vielmehr unseren Wünschen und Sehnsüchten, die sich unbemerkt auch in die offiziellsten und objektivsten Dokumente einschreiben.

Es wird einigermaßen überraschen, doch: Genau dieser Verdacht ist es, der sich auch bei Nietzsche regt. Auch Nietzsche parallelisiert an einer Stelle, die von Freud ebenfalls sofort aufgegriffen und zitiert wird, Traum und Geschichte. Und zwar heißt es im 13. Abschnitt von *Menschliches, Allzumenschliches* unter der Überschrift „Logik des Traums“: „Wie jetzt noch der Mensch im Träume schliesst, so schloss die Menschheit a u c h i m W a c h e n viele Jahrtausende hindurch“ (MA I, KSA 2, S. 33). Mit anderen Worten: Was wir wach und wissenschaftlich schreiben, wird von denselben Regeln und Gesetzen reguliert wie unsere Träume. Der epistemische Befund ist der gleiche wie bei Burckhardt; und wie Freud stattet Nietzsche den Traum mit einem epistemischen Potenzial aus: Der Traum ist hier nicht mehr Illusion und Schein auf dem Rücken eines Tigers, er wird zum Erkenntnisinstrument und epistemischen Werkzeug.

Gewiss sind Nietzsches Theorien zum Fortleben archaischer Erbschaften im modernen Menschen anders und anthropologischer gelagert als bei Freud. Darüber hinaus bleiben Freud und Burckhardt auch nicht bei der generellen Kritik an der Geschichtsschreibung stehen, wie wir sie von Nietzsche kennen. Sie gehen insofern einen Schritt über Nietzsche hinaus, als sie konkret danach forschen, wie die Dokumente der Geschichte oder des Traums im Gang ihrer Überlieferung verändert werden. Hier geht es nicht mehr um negative Kritiken der Geschichte oder eine Ideologiekritik des Wissens, wie wir sie bei Nietzsche auf dem Tiger finden. Es geht um positive Strategien ihrer Lesbarkeit. Hier werden erste Ansätze einer Theorie der Codierung der Geschichte geliefert – und zwar sowohl einer Geschichte des Traums als auch der Kultur.

Beispielsweise scheinen sowohl im Traum als auch in der Kulturgeschichte Bilder eine unheimlich große Rolle zu spielen. Weil sowohl die Träume als auch die Überlieferung irgendwie bildhaft funktionieren, konnte Nietzsche in der zitierten Traumpassage in *Menschliches, Allzumenschliches* behaupten, dass der Mensch „im Traume schliesst“ wie „im Wachen“ (MA I, KSA 2, S. 33). Burckhardt geht jedoch auch methodisch auf diese Bildhaftigkeit der Überlieferung ein, wenn er eine Konzeption des „Bilderzusammenklingens“ entwickelt: „Aber die Ausdrucksweise geht auf Pfaden, da wir ihr kaum noch folgen können; es sind oft die der Ideenassociation, oder, um das einseitige und präzise Wort zu vermeiden, des Bilderzusammenklingens.“[7] Freud macht nun aus dem seltsamen Eigenleben der Bilder in den Worten der Träume und der Geschichte konkrete Gesetze der Codierung. Und zwar beschreibt er detailliert – und lange vor jedem *iconic turn* – wie der Traum eigenmächtig nach dem Primat der Bilder über die Worte funktioniert und seine Daten komprimiert:

> Die Verschiebung erfolgt in der Regel nach der Richtung, daß ein farbloser und abstrakter Ausdruck des Traumgedankens gegen einen bildlichen und konkreten eingetauscht wird. Der Vorteil, und somit die Absicht dieses Ersatzes, liegt auf der Hand. Das Bildliche ist für den Traum *darstellungsfähig*, läßt sich in eine Situation einfügen, wo der abstrakte Ausdruck der Traumdarstellung ähnliche Schwierigkeiten bereiten würde wie etwa ein politischer Leitartikel einer Zeitung der Illustration. (Freud 1971, Bd. II/III, S. 345)

Anders gesagt: Die Ökonomie der Darstellung triumphiert über die Metaphysik der Bedeutung. Wörter, Zahlen und Personen werden im Prozess der Codierung des Traums umgewandelt. Sie werden zu etwas anderem und bleiben keinesfalls ‚sie selbst‘. Ihre Identität wird angegriffen und zerstört. Mit dieser Deutung funktioniert die Traumarbeit nicht gemäß von Bedeutungen sondern gemäß einer Logik der Signifikanten. Sie geht, wie Burckhardt, gewissermaßen *buchstäblich* vor: Während Burckhardt davon gesprochen hatte, dass „Wunder“ im Altertum „erklärt [werden] als Redeweisen, welche man buchstäblich genommen habe“[8], definierte Kittler die Psychoanalyse gleich als „Spurensicherung von Buchstäblichkeiten“ (Kittler 1995, S. 362). Doch was folgt aus diesen Einsichten in das Eigenleben der Bilder, Zeichen und Signifikanten? Was kann man mit der Diagnose der Deckungsgleichheit von Traum und Geschichte, was mit der Einsicht in die abgründigen Transformationsprozesse jeder Überlieferung im 20. Jahrhundert anfangen? Einerseits ist das eine historische Frage, was aus den Repräsentationskritiken des 19. Jahrhunderts folgt, die Foucault bereits auf das Kürzel „Marx, Nietzsche, Freud“ gebracht hatte.

---

7 Randmarkierung Freuds in: Burckhardt (1902, S. 48), Freud-Museum London.
8 Randmarkierung Freuds in: Burckhardt (1898, S. 83), Freud-Museum London.

Eine Antwort ist hier sicher – nicht nur Foucaults eigene – archäologische Methode. Es lässt sich eine ganze archäologische Theoriegeschichte eines 20. Jahrhunderts schreiben, das repräsentationsanfällige historische Modelle durch tief schürfendere archäologische ersetzte, eines Jahrhunderts, in dem Dekonstruktionen auf Phänomenologien und Diskurs- auf Psychoanalysen folgten (Freud 1971, Bd. II/III, S. 538 ff.). Andererseits weist der Wechsel von historischen zu archäologischen Modellen auch darauf hin, dass man es mit einer wichtigen methodischen Frage zu tun hat: Was folgt aus diesen gespenstischen Transformationsprozessen, die auch auf Gebiete des Wissen und der Wissenschaft ausgreifen und deren Rationalitätspostulate angreifen? Eine Methode war die andere Lesbarkeit der Regression, die Zeichenketten rückwärts rekonstruiert und damit andere Dinge sieht und liest.

Das Rohmaterial der Regression

Es gab jedoch ein Werk, ein bereits zitiertes Werk, in dem diese methodische Antwort historisch wurde – historisch wurde aus dem Grund, weil es im Jahr 1900 erschien oder zumindest auf dieses Jahr vordatiert wurde: Weswegen dieses Werk eben nicht nur historisch, sondern, in seiner Manipulation der Daten und Zeichen der Geschichte, auch transformationstechnisch äußerst aufschlussreich ist. Ausgerechnet in diesem Werk heißt es:

> Das Träumen sei im ganzen ein Stück Regression zu den frühesten Verhältnissen des Träumers, ein Wiederbeleben seiner Kindheit [...]. Wir ahnen, wie treffend die Worte Fr. Nietzsches sind, daß sich im Traume ‚ein uraltes Stück Menschentum fortübt, zu dem man auf direktem Wege kaum mehr gelangen kann', und werden zu der Erwartung veranlaßt, durch die Analyse der Träume zur Kenntnis der archaischen Erbschaft des Menschen zu kommen, [...]. Es scheint, daß Traum und Neurose uns mehr von den seelischen Altertümern bewahrt haben, als wir vermuten konnten, so daß die Psychoanalyse einen hohen Rang unter den Wissenschaften beanspruchen, die sich bemühen, die ältesten und dunkelsten Phasen des Menschheitsbeginns zu rekonstruieren. (Freud 1971, Bd. II/III, S. 554)

Die Rede ist natürlich von der *Traumdeutung* und die gesuchte Methode, mit der die abgründigen Transformationsprozesse pariert werden, natürlich die archäologische Regression: Die Regression des Traums ist eine Sonde der Zeit, diese Zeitmaschine lässt den Träumenden in alte, verschüttete Zeiten zurück reisen – zum Beispiel in die „später prähistorisch gewordene Kinderzeit": „Das tiefste und ewige Wesen der Menschheit [...] das sind jene Regungen des Seelenlebens, die in der später prähistorisch gewordenen Kinderzeit wurzeln. Hinter den bewußtseinsfähigen und einwandfreien Wünschen des Heimatlosen brechen im Traum die unterdrückten und unerlaubt gewordenen Kinderwünsche hervor." (Freud 1971/II-III, S. 252) Und etwas deutlicher geht Freud dann wenig später auf diejenigen Dinge ein, die da verborgen in der Kindheit schlummern und entwickelt die Theorie jener „infantilen Amnesie, die für jeden einzelnen seine Kindheit zu einer gleichsam *prähistorischen* Vorzeit macht und ihm die Anfänge seines eigenen Geschlechtslebens verdeckt [...]" (Freud 1971, Bd. V, S. 76).

Freuds Begriff für die Rückreise in jene „prähistorische Vorzeit" war also die „Regression" (Freud 1971/II-III, S. 554), die von vielen Stellen der *Traumdeutung* zur zentralen Konzeption ausgebaut wird. Der Weg zurück, die Regression, wird zur Hauptstraße der Psychoanalyse, wie man auch anderen Stellen entnehmen kann, die ohne Nietzsche auskommen: „Wir heißen es Regression, wenn sich im Traum die Vorstellung in das sinnliche Bild rückverwandelt, aus dem sie irgendeinmal hervorgegangen ist" (Freud 1971, Bd. II/III, S. 548). „*Das Gefüge der Traumgedanken wird bei der Regression in sein Rohmaterial aufgelöst*" (Freud 1971, Bd. II/III, S. 549). Die Regression ist für Freud eine Art Zurückverwandlung in die überkommenen Stadien des Psychischen, wo die versprochene Rekonstruktion der Ursprünge bewerkstelligt werden kann – also eine Art Wiederbelebung und Animierung der Vergangenheit, die manch ausgestorbenes Geschöpf wieder belebt: „12.VII. Beim Neurotiker ist man wie in einer praehistorischen Landschaft, z. B. im Jura. Die grossen Saurier tummeln sich noch herum, und die Schachtelhalme sind palmenhoch (?)" (Freud 1971, Bd. XVII, S. 151). Natürlich wünscht sich Freud – wie das gesamte 19. Jahrhundert – in das Reich der Vergangenheit zurück, wo das Rohmaterial offen und unverstellt zutage tritt.

Doch über alle Saurierreste hinaus ist er vor allem an der archäologischen Hinterlassenschaft des Menschen interessiert; er lässt keinen Zweifel daran, dass im Traum, der uns mit den frühen Stadien der Menschheitsgeschichte vertraut macht, die Kenntnis der „archaischen Erbschaft" des Menschen hinterlegt ist. Ebenso wie die Archäologie die bauliche Frühzeit des Menschen behandelt, soll die Psychoanalyse sich mit den seelischen Anfängen beschäftigen, um die „ältesten und dunkelsten Phasen des Menschheitsbeginns zu rekonstruieren" (Freud 1971, Bd. II/III, S. 554). Hier erweist sich die *Traumdeutung* in derselben Bewegung als ebenso archäologisch imprägniert, wie die klassische Archäologie als das Medium der Zurückversetzung bestimmt wird. Es kann also nicht überraschen, wenn neben Nietzsche als Pionier der Regression auch echte Altertumsforscher erscheinen: In Kapitel der *Traumdeutung* über „Die wissenschaftliche Literatur der Traumprobleme" (Freud 1971, Bd. II/III, S. 16). wurde Ludwig Strümpell zitiert, der die Figur der Regression in seinem Werk *Die Natur und Entstehung der Träume* 1877 vorweggenommen hatte.

Was zeigten die weit verbreiteten Zeitreisen des 19. Jahrhunderts den Forschern? Zunächst unterrichteten sie über die Kuriosität, dass das eigene Wissen geschichtlich war, dass es einem Wandel unterworfen war: dass man es rekonstruieren konnte. Doch wenn das Wissen und die Rationalität *geworden* sind, dann musste man ihre Spur auch zurück verfolgen können, dann musste es auch eine Umkehrung, eine gegenteilige Bewegung, eine Entrationalisierung geben. Genau so versteht Enzo Melandri auch die archäologische Regression, die uns überdies zu Nietzsche zurückführt:

> Für die Archäologie wesentlich ist das Konzept der Regression, und darüber hinaus dies, dass die regressive Operation das exakte Gegenteil der Rationalisierung darstellt. [...] Wir können sagen – mit einer nur allzu bekannten Formulierung von Nietzsche –, dass das, wonach die Archäologie sucht, eine ‚dionysische' Regression ist. (Melandri, zit. nach Agamben 2008, S. 123)

Der Traum, darauf hat nach Nietzsche und Freud zuletzt Agamben hingewiesen, ist vor allem deshalb ein Gegenstand der Archäologie und der archäologischen Regression, weil er genau das tut, was Melandri verheißt: Weil er die Bewegung der Rationalisierung umkehrt, weil er entrationalisiert – weil er im Sinne einer „archäologischen *epoché*" (Agamben 2009, S. 113). in eine Welt diesseits der philosophischen Unterscheidungen zurück führt. Diese Möglichkeit oder Utopie einer archäologischen *epoché* klammert alle späteren Unterscheidungen zugunsten einer früheren Ununterschiedenheit ein.

Das uralte Stück Menschentum

Doch zurück zur *Traumdeutung*. Dieses Buch ist für die Sache der archäologischen Regression nicht nur aus dem Grund von Interesse, weil es an der eingangs zitierten Nietzsche-Stelle erstmals die Regressions-Theorien Nietzsches und Freuds eng führt und sie als „‚dionysische' Regression" (Melandri, zit. nach Agamben 2008, S. 123). übereinander legt. In diesem Buch überlagern sich jedoch nicht nur verschiedene Theorien der Transformation von Zeichen und Wissen, im Traum und in der Geschichte. Hier ereignen sich auch merkwürdige Transformationen, die selbst nach einer archäologischen Methode der Regression rufen: An genau der zitierten Stelle der *Traumdeutung*, die unter Berufung auf Nietzsche eine archäologische Regression vorschlägt, lässt sich selbst eine archäologische Lektüre durchführen – nicht nur aufgrund der Textschichten dieses palimpsestartigen Buches, sondern mehr noch aufgrund der Rätsel, die sie aufgibt. Denn die bekannte Vordatierung der 1899 erschienenen *Traumdeutung* auf das Epochenjahr 1900 ist nur die erste Transformation und

Manipulation der Geschichte. Es gibt noch eine weitere Transformation von Zeichen, kurioserweise an der eben zitierten Freud-Nietzsche Stelle. Sie zeigt, dass Rationalität und Wissen nicht vom Himmel fallen, sondern stets konkreten Kalkülen und Kontingenzen, Ökonomien und Politiken unterworfen sind.

Freud sprach in dem Zitat davon, „wie treffend die Worte Fr. Nietzsches sind, daß sich im Träume ein uraltes Stück Menschentum fortübt, zu dem man auf direktem Wege kaum mehr gelangen kann.“ Das Zitat stammt, wie der bereits zitierte Abschnitt zur „Logik des Traumes“, aus *Menschliches, Allzumenschliches* und ist mit „Traum und Cultur“ überschrieben. Nietzsche entwickelt hier abermals seine Theorie vom Fortleben archaischer Erbschaften im modernen Menschen anhand eines Gehirns, das sich im Traum in einem ebenso regressiven Zustand befinde wie archaische Völker oder „Wilde“, woraus er schließt: „Aber wir Alle gleichen im Traume diesen Wilden.“ (MA I, KSA 2, S. 32)

Im entscheidenden Aphorismus 13 von *Menschliches, Allzumenschliches I* schreibt Nietzsche zwar, dass sich im Traum „ein uraltes Stück Menschentum fortübt“ (MA I, KSA 2, 33). Der zweite Satzteil aber, „zu dem man auf direktem Wege kaum mehr gelangen kann“, findet sich dort nicht – weder in diesem noch in den umliegenden Paragrafen. Er findet sich aber, wenn man das gesamte Buch studiert und 180 Seiten später unter der Überschrift „Abendröthe der Kunst“ Folgendes zur Regression erfährt: „Das Beste an uns ist vielleicht aus Empfindungen früherer Zeiten vererbt, zu denen wir jetzt auf unmittelbarem Wege kaum mehr kommen können.“ (MA I, KSA 2, S. 186)

Kurz: Freud hat aufgrund des inhaltlichen Zusammenhangs aus zwei Aussagen eine einzige gemacht. Er ist gewissermaßen genauso vorgegangen, wie er es von seinen Träumen behauptet: Während dort Mischpersonen aus verschiedenen Personen gebildet werden, so wird in dieser gleichsam träumenden Schrift aus zwei Sätzen ein Mischsatz gebastelt. Die Umstände dieses Umbaus sind gut dokumentiert, Reinhard Gasser widmet ihm in seinem Werk *Nietzsche und Freud* ein eigenes Kapitel über „Eine vielsagende Zitierweise“ (Gasser 1997, S. 98 ff.). Darin ist der Weg zum Mischsatz genau rekonstruiert: Er verlief über zwei vermittelnde Texte, von denen einer, nämlich Hans Schaffganz’ Buch *Nietzsches Gefühlslehre* von 1913, den vermeintlichen Zusammenhang zwischen den beiden Stellen herstellt. Während dort noch korrekt zitiert wurde, wird daraus in einer Besprechung des Werkes in der *Internationalen Zeitschrift für ärztliche Psychoanalyse* 1915 bei dessen Schüler Eduard Hitschmann ein einziger Satz, der dann schließlich von Freud aufgenommen wird.

Diese Aufnahme ist umso kurioser, als das korrekte Nietzsche Zitat sich bereits bei Freud befand – und zwar in seinem eigenen Werk! Es stand im 1914 von Otto Rank hergestellten Anhang zur vierten Ausgabe der *Traumdeutung* unter „direkte Vorläufer der Psychoanalyse" – den Freud selbst offenbar nicht mehr gelesen hat. Weil dieses Werk die Theorie der Zeichen-Transformation nicht nur vorstellt, sondern selbst auch ihr Opfer ist, benötigt auch Freuds regressive Methode eine Archäologie – oder eher Philologie? Schließlich weist diese Lektüre auch auf die Verwandtschaft des archäologischen Verfahrens mit den philologischen hin, die man benötigt, um die Freud/Nietzsche Schnittstelle angemessen zu lesen.

Die Untergrabung der Geschichte

Jenseits dieser philologischen Probleme lässt sich festhalten, dass Nietzsche und Freud kurioserweise das gleiche Thema behandeln: Den Traum und sein Wissen. Doch kann man das Wissen des Traums, von dem Freud spricht, so einfach mit Nietzsches Kritik der Geschichte identifizieren? Gibt es nicht diverse Differenzen zwischen diesen beiden Regimen des Wissens? Die eben zitierte Stelle ist aus diesem Grund so wertvoll, weil sie eine gewisse Überlagerung zwischen Traum und Geschichte, Unbewusstem und Historiografie herstellt: Was Freud, aber auch Nietzsche, vom Traum sagen, lässt sich auch von der Geschichte sagen: dass sie eine ‚andere' Geschichte überliefern, dass sie ‚subversive' oder subvertierte Informationen überliefern, die in den offiziellen Versionen – des Bewusstseins oder der Geschichte – nicht mehr enthalten sind. Traum und Geschichte gleichen sich genau darin, dass sie vom Bewusstsein oder von der Geschichtsschreibung korrigiert werden. Aus diesem Grund erscheint es möglich, die Repräsentationskritiken Freuds und Nietzsches übereinander zu legen und Nietzsches kritische Geschichte als regressive Geschichte, das heißt als Archäologie zu lesen. Genau diese Lesart wird an einer zentralen Stelle des eingangs zitierten Werks von Giorgio Agamben vorgeschlagen; allerdings nicht von ihm, sondern vom bereits zitierten Enzo Melandri. In *Die Linie und der Kreis* von 1968 – ein Werk, das von Agamben übrigens als eines der Meisterwerke des 20. Jahrhunderts bezeichnet wird – schlägt Melandri genau diese Lesart vor, die Nietzsches kritische Historie als Regression deutet: „Die kritische Historie [...] muss die Genealogie der Ereignisse, von denen sie handelt, in umgekehrter Richtung nochmals durchlaufen." (Melandri, zit. nach Agamben 2009, S. 121)

Dieses „umgekehrte Durchlaufen" ist identisch mit der von Agamben vorgeschlagenen „archäologischen Regression", mit jenem „Untergraben", von dem auch Nietzsche gelegentlich selber sprach. Zwar verwendet Nietzsche die archäologische Vorstellung der Ausgrabung kaum. Aber er adaptierte doch die Topologie dieser Disziplin, wenn er sich in den ersten Sätzen der *Vorrede* der

Morgenröthe als Maulwurf, als „‚Unterirdische[r]‘ an der Arbeit“ beschreibt, als „Bohrender, Grabender, Untergrabender“ (M Vorrede 1, KSA 3, S. 11); vgl. Stierle 1981. Doch warum soll man „bohren, graben, untergraben“? Warum soll sich der Philosoph die Hände schmutzig machen und als Maulwurf betätigen? Was verschüttet und verdeckt hier was? Auch wenn Nietzsche in der *Morgenröthe* selbst empfiehlt: „fragt Ihr nicht, was er da unten will“, wüsste man das natürlich schon gern. Die Antwort auf diese Frage liegt in der angesprochenen Überlagerung und Deckungsgleichheit zwischen Traum und Geschichte einerseits und Bewusstsein und Geschichtsschreibung andererseits; auch sie wird von Melandri beantwortet. Direkt im Anschluss an die eben zitierte Passage heißt es:

> Die kritische Historie [...] muss die Genealogie der Ereignisse, von denen sie handelt, in umgekehrter Richtung nochmals durchlaufen. Die Teilung, die man zwischen Historiographie (*historia rerum gestarum*) und wirklicher Geschichte (*res gestae*) aufgerichtet hat, ist derjenigen überaus ähnlich, die längst schon das Verhältnis zwischen Bewusstem und Unbewusstem bei Freud bestimmt hatte. (Melandri, zit. nach Agamben 2009, S. 121)

Das ist die Überlagerung: Freuds Unterscheidung von Bewusstem und Unbewusstem ist deckungsgleich mit Nietzsches Unterscheidung zwischen Geschichtsschreibung und wirklicher Geschichte. Was Melandri hier anspricht, ist nicht mehr und nicht weniger als die Bedingung der Archäologien Nietzsches und Freuds: Erst, wenn man Teilungen annimmt zwischen Historiographie und Geschichte oder zwischen Bewusstem und Unbewusstem – Foucault fügte in „Nietzsche, Marx, Freud“ noch die Teilung zwischen Gesellschaft und Kapital hinzu –, erst wenn man diese Teilungen annimmt, kann man die Verschüttung des einen durch das andere annehmen und die Ausgrabung des einen aus dem anderen durchführen: Ausgrabung des Unbewusstem aus dem Bewusstsein, Ausgrabung der wirklichen Geschehnisse aus der Geschichtsschreibung. Dabei verwendet Melandri hier mit der Unterscheidung zwischen *historia rerum gestarum*, also dem Bericht, und den wirklich geschehenen Dingen, *res gestae*, genau die Begriffe, deren Verwirrung man Nietzsche in der zweiten *Unzeitgemäßen Betrachtung* immer vorgeworfen hatte.

Ein Beleg für die angesprochene Teilung bei Nietzsche zwischen Geschichte und Geschichtsschreibung findet sich in der *Morgenröthe*, 1881:

> Facta! Ja Facta ficta! – Ein Geschichtsschreiber hat es nicht mit dem, was wirklich geschehen ist, sondern nur mit den vermeintlichen Ereignissen zu thun: denn nur diese haben gewirkt. Ebenso nur mit den vermeintlichen Helden. Sein Thema, die so genannte Weltgeschichte, sind Meinungen über vermeintliche Handlungen und deren vermeintliche Motive, welche wieder Anlass zu Meinungen und Handlungen geben, deren Realität aber sofort wieder verdampft und nur als Dampf wirkt, – ein fortwährendes Zeugen und Schwangerwerden von Phantomen über den tiefen Nebeln der unergründli-

> chen Wirklichkeit. Alle Historiker erzählen von Dingen, die nie existirt haben, ausser in der Vorstellung. (M 306, KSA 3, S. 224 f.)

Die Wirklichkeit erschien dem Betrachter Nietzsche in diesem Zitat merkwürdig historisch überwölbt und aufgeblasen. Unter der heißen Luft des Historischen waren die harten materiellen Fakten offenbar verschwunden, die vom „Untergrabenen" aufgedeckt werden sollten. Melandri macht jedoch darauf aufmerksam, dass sich schon vor der *Morgenröthe* in Nietzsches Schreiben der Jahre 1873 und 1874 eine buchstäbliche methodische Revolution (im Sinne von Umdrehung) ereignete: Sowohl in der *Unzeitgemässen Betrachtung* über die Historie als auch in *Über Wahrheit und Lüge* erschien die Geschichte nicht als Methode und Subjekt, sondern als Objekt: Nietzsche philosophierte nicht geschichtsphilosophisch aus der Geschichte heraus, mit der Geschichte als Subjekt, sondern nahm sie zum Objekt. Mit Seitenblick auf Freud könnte man sagen: Bei Nietzsche landete die Geschichte als therapiewürdiges Objekt auf der Couch. Und das ist nun das dritte Thema, nach der Regression und der Archäologie, das sich in dem Zitat bei Melandri findet – nach Geschichte als Regression und Archäologie folgt die Therapie:

> Dazu kommt, dass die kritische Historie die Funktion einer Therapie hat, die sich die Wiedererlangung des als historisch „Verdrängtes" verstandenen Unbewussten als Ziel setzt. Ricœur und Foucault nennen, wie man gesagt hat, diese Vorgangsweise „archäologisch". Sie besteht darin, die Genealogie zurückzugehen, und zwar bis vor die Stelle zurück, an der *bewusst* und *unbewusst* sich trennen. (Melandri, zit. nach Agamben 2009, S. 121)

Das waren also die drei Punkte Melandris: Bei Nietzsche und Freud landen ihre ungewöhnlichen Patienten, Geschichtsschreibung und Bewusstsein, erstens aufgrund ihrer Verdrängungen als therapiewürdige Objekte auf der Couch; weswegen man zweitens das Mittel der Regression zum, drittens, Zweck einer Archäologie anwendet. Und doch scheint hier am Ende des Zitats noch ein weiterer Punkt auf: Und zwar ist davon die Rede, dass man „die Genealogie zurückgehen" müsse, „und zwar bis vor die Stelle zurück, an der *bewusst* und *unbewusst* sich trennen" (ebd.)

Die Archäologie der Gegenwart

Doch dieses „Zurückgehen" zum Zweck des Aufspürens einer noch ungetrennten Ganzheit ist dann schon nicht mehr das Projekt Freuds und auch nicht mehr das Nietzsches. Hier geht es nicht mehr um das Projekt der historischen

Epistemologie einer Lesbarkeit, sondern eines kommenden Seins, kurz: nicht mehr um Archäologie, sondern um Ontologie. Hier geht es um das messianische und ontologische Projekt Agambens, zurück zu gehen an den Punkt vor den Scheidungen, vor der Geschichte, wo es keine Differenzen und Oppositionen mehr gibt; wo man „den Punkt zu erreichen versucht“, wie eingangs zitiert, an dem „die Dichotomie zwischen Historiographie und Geschichte und wie alle binären Oppositionen, die die Logik unserer Kultur bestimmen“ (Agamben 2009, S. 122) einsetzen – um von dort jedoch die Zukunft neu zu bestimmen.

Denn was bei der Geste der archäologischen Regression auf dem Spiel steht, das darf man nie vergessen, ist nicht die Vergangenheit, sondern die Zukunft: „Die Zukunft“, so schreibt Agamben,

> um die es in der Archäologie geht, faltet sich aus in eine Vergangenheit und eine Vorzukunft: Sie ist die Vergangenheit, die gewesen sein wird, wenn die Geste des Archäologen (oder die Kraft der Imagination) einmal das Feld von den Phantasmen des Unbewussten und den engen Maschen der Tradition, die den Zugang zur Geschichte verstellen, geleert haben. [...] Die Archäologie legt den Lauf der Geschichte gegen den Strom zurück, wie die Imagination die individuelle Geschichte gegen den Strich bürstet. (Agamben 2009, S. 131 f.)

Kurz: Im archäologischen Rückwärtsgang geht es um einen neuen Vorwärtsgang; und das unterscheidet dieses Projekt sowohl von Freuds Traumata, die im Unbewussten als neuer Ursprung aufgefunden werden als auch von Nietzsches Philosophie der ewigen Wiederkehr.

Die archäologische Regression

> strebt nicht danach, wie es bei Freud geschieht, den vergangenen Zustand wiederherzustellen, sie strebt vielmehr danach, ihn zu zersetzen, ihn zu deplatzieren und zuletzt überflüssig zu machen, um zurückzugehen, aber nicht zu seinen Inhalten, sondern zu den Momenten, Umständen und Modalitäten jener Spaltung, die diese Inhalte in die Vergangenheit abgedrängt und genau damit als Ursprung konstituiert hat. In dieser Hinsicht ist die archäologische Regression das genaue Gegenteil der ewigen Wiederkehr: Sie will nicht die Vergangenheit wiederholen, um das Gewesene zu bejahen, will nicht das „So ist es gewesen“ in ein „So wollte ich, dass es sein“ verwandeln. Sie will umgekehrt das Gewesene sein lassen, gehen lassen, sich davon befreien, um – jenseits oder diesseits davon – Zugang zu gewinnen zu dem, was nie gewesen ist, und zu dem, was sie noch nie gewollt hatte. (Agamben 2009, S. 128)

Stattdessen geht es Agamben darum, so könnte man sein Projekt vielleicht zusammenfassen, die Gegenwart auszugraben: „Und nur darum ist die Archäologie [...] der einzige Weg des Zugangs zur Gegenwart.“ (Agamben 2009, S. 128) Doch werden hier nicht einige Punkte verdreht? Ist die Archäologie nicht eher für das Alte und nicht für die Gegenwart zuständig? Warum soll ausgerechnet die Archäologie den „Zugang zur Gegenwart“ öffnen, wie Agamben schreibt? Warum nicht auch die Geschichte, die hier so skandalös ausgeschlossen wird?[9] In seiner Konzeption unterscheiden sich Archäologie und Geschichte nicht aufgrund ihrer unterschiedlichen Zeithorizonte – dergestalt, dass die Archäologie alte Zeiten erforschen würde, die Geschichte hingegen jüngere – oder aufgrund ihrer unterschiedlichen Gegenstände – dergestalt, dass die Archäologie sich wie bei Foucault mit Monumenten beschäftigt, während es die Geschichte mit Dokumenten zu tun hat, schließlich „beginnt die Geschichte erst, wo die Monumente verständlich werden“, wie Agamben den Nietzschefreund Franz Overbeck zitiert (Agamben 2009, S. 106). Die Archäologie kann auch die Gegenwart erforschen, und sie kann sich auch mit Dokumenten beschäftigen: aber mit wirksamen. Diese *wirksame Vergangenheit* ist Sache von Agambens „philosophischer Archäologie“. In ihr stehen keine Vergangenheiten in Frage, sondern „Anbruchspunkte“; sie seien die „eigentümliche Zeitstruktur“, die „einer philosophischen Archäologie zugrunde liegt“ (Agamben 2009, S. 131).

Agambens Anbruchspunkt ist ein junger Ursprung, eine Emergenz, die er nach Benjamin und Foucault zu fassen versucht. Weil diese Ursprünge auch junge sein können, ist seine Archäologie nicht einfach für das zuständig, was chronologisch am weitesten entfernt liegt (Agamben 2009, S. 106). Stattdessen besteht die Jugend des neuen Ursprungs darin, dass er eine neue Zeitlichkeit in die Welt setzt; aus diesem Grund können Kunstwerke, Techniken und Medien ebenso Ursprünge sein wie Träume oder umwälzende Erfahrungen. Auch die Erfahrung der Liebe beispielsweise kann ganze Zeitrechnungen verändern und ‚etwas neues beginnen‘ lassen, wie man sagt. Allein in der Figur des Neugeborenen konvergieren die Jugend und das Neue dramatisch mit der Codierung einer neuen Zeitlichkeit, dem Ursprung. Weil sie nach neuen Anbruchspunkten und nicht mehr nach alten Ursprüngen forscht, sei „die Archäologie [...] der einzige Weg des Zugangs zur Gegenwart.“ (Agamben 2009, S. 127 f.)

---

9 „Wieso aber sollte man nicht die ganze Geschichte eines Dinges von seinen ersten Anfängen bis hin zu seinem gegenwärtigen Zustand als einen kontinuierlichen Entwicklungs-, Transformations- und Interaktionsprozess begreifen dürfen? Wieso sollte die ‚eigentliche‘ Entwicklung nach einer im dunkeln vegetierenden ‚Urgeschichte‘ abgeschlossen sein, um danach nur noch Niedergang zu gewärtigen? [...] Woher weiss Overbeck denn, dass es ein solches anscheinend von allem äusseren Umständen unabhängiges ‚Wesen‘ gibt, das sich realisiert, um erst dann in die Geschichte einzutreten? Und schliesslich: Wie kann es Entstehen jenseits von Welt und Geschichte geben; wie kann etwas werden, was es sein wird, ohne Interaktion mit der Welt, in der es sich befindet?“ Sommer (ohne Jahr): „Ursprung und Kultur. Friedrich Nietzsches und Franz Overbecks genealogische Reflexionen“. In: http://sammelpunkt.philo.at:8080/539/1/NietzOvNetz.htm. Letzter Seitenaufruf 22.08.2011.

Aber warum bietet die Geschichte keinen solchen „Zugang zur Gegenwart“, warum wird sie auch von Agamben – wie vorher von Freud und Nietzsche, Benjamin und Foucault – ausgeschlossen? Man muss sich darüber im Klaren sein, dass jede Geschichte und vielleicht jede wissenschaftliche Methode etwas verbirgt: Die Geschichten des Bewusstseins verbergen seine unerträglichen Traumata (Freud), die Geschichtsschreibung der Moderne verschleiert ihre Barbarei (Benjamin), die Geschichten der Ideen, des Geistes und der Wissenschaften verstecken deren Praktiken (Foucault) und unser geisteswissenschaftliches Wissen stellte noch bis vor Kurzem jede Verbindung zu den Medien in Abrede (Kittler). Daher die besagten Unterscheidungen und daher auch die Notwendigkeit der besagten Ausgrabungen.

Die Ontologie der Urgeschichte

Bei seiner Ausgrabung stützt sich Agambens Projekt nicht zuletzt auf einen weiteren Kandidaten aus Nietzsches unmittelbarem Umfeld, der mit einer ähnlichen Unterscheidung wie Nietzsche eine ähnliche Ausgrabung durchführen wollte. Und zwar auf Franz Overbeck – im Urteil Agambens der „vielleicht klarsichtigste und treueste unter Nietzsches Freunden“ (Agamben 2009, S. 105). Overbeck wollte jedoch nicht aus der Historiografie die Geschichte, sondern aus der Geschichte die Urgeschichte ausgraben, denn: „Urgeschichte ist in der Tat bedeutsamere, entscheidendere Geschichte als alle Geschichte sonst [...]“ (Overbeck, zit. nach Agamben 2009, S. 106). Mit anderen Worten: Die „im dunkeln vegetierende Urgeschichte“, wie Andreas Urs Sommer sie nannte, ist qualitativ andersartig, heterogen und different, deswegen entzieht sie sich der Geschichte, deswegen muss man sie ausgraben. Mit anderen Worten: Von der Archäologie zur Ontologie, vom Epistemischen zum Messianischen gelangt man, indem man nicht mehr zwischen Historiografie und Geschichte, sondern zwischen Geschichte und Urgeschichte unterscheidet. Denn gerade die Urgeschichte ist eben auch messianische Geschichte in dem Sinn, dass sie „Entstehungsgeschichte“ ist – „Urgeschichte hat zum Grundmerkmal, Entstehungsgeschichte zu sein“ (Overbeck zit. nach Agamben 2009, S. 106). – die goldhaltige „Entstehungsgeschichte“ jener Gegenwart, zu der die Archäologie der einzige Zugang sei. Aus diesem Grund, weil die Gegenwärtigkeit und Intelligibilität des Menschen an diesem Zugang hängen, kann Agamben zuletzt auch „den Gestus des Archäologen“ als „Paradigma jeder wahren menschlichen Aktivität“ (Agamben 2009, S. 134) bezeichnen.

Literaturverzeichnis

Agamben, Giorgio (2009): *Signatura rerum. Zur Methode*. Frankfurt am Main: Suhrkamp.

Armstrong, Richard H. (2005): *A Compulsion for Antiquity. Freud and the ancient world*. Ithaca and London: Cornell University Press.

Bachelard, Gaston (1978): *Die Bildung des wissenschaftlichen Geistes. Beitrag zu einer Psychoanalyse der objektiven Erkenntnis*. Frankfurt am Main: Fischer.

Bachelard, Gaston (1938): *La formation de l'esprit scientifique. Contribution à une psychanalyse de la connaissance objective*. Paris: J. Wrin 1938.

Benjamin, Walter (1977): Traumkitsch, S. 620–621. In: Walter Benjamin: *Gesammelte Schriften*. Bd. II. Hrsg. von Rolf Tiedemann und Hermann Schweppenhäuser. Frankfurt am Main: Suhrkamp.

Burckhardt, Jakob (1893): *Die Cicerone: Eine Anleitung zum Genuss der Kunstwerke Italiens*. 4 Bde. 6.Aufl. Leipzig: E. A. Seemann.

Burckhardt, Jakob (1989–1092): *Griechische Kulturgeschichte*. 2 Bde. Berlin: Spemann.

Foucault, Michel (2001): „Nietzsche, Marx, Freud". In: Michel Foucault: *Schriften in vier Bänden. Dits et Ecrits. Band I: 1954–1969*. Hrsg. von Daniel Defert und François Ewald unter Mitarbeit von Jacques Lagrange. Frankfurt am Main: Suhrkamp, S. 727–742.

Freud, Sigmund (1971): *Gesammelte* Werke. Hrsg. von Anna Freud, E. Bibring, W. Hoffer, E. Kris, O. Isakower. Frankfurt am Main: Fischer.

Freud, Sigmund (1986): *Briefe an Wilhelm Fliess 1887–1904*. Hrsg. von Jeffrey Mousaieff Masson. Frankfurt am Main: Fischer.

Gasser, Reinhard (1997): *Nietzsche und Freud*. Berlin, New York: De Gruyter.

Kittler, Friedrich (1995): *Aufschreibesysteme 1800/1900*. 3. Aufl. München: Fink.

Mitchell-Boyask, Robin N. (1994): „Freud's Reading of Classical Literature and Classical Philology". In: Sander L. Gilman (Hrsg.): *Reading Freud's Reading*. New York: New York University Press.

Sommer, Andreas Urs (ohne Jahr): „Ursprung und Kultur. Friedrich Nietzsches und Franz Overbecks genealogische Reflexionen". In: http://sammelpunkt.philo.at:8080/539/1/NietzOvNetz.htm. Letzter Seitenaufruf: 22.08.2011.

Stierle, Karlheinz (1981): „Der Maulwurf im Bildfeld. Versuch zu einer Metapherngeschichte". In: *Archiv für Begriffsgeschichte* XXV, Nr. 1, S. 101–143.

Martin Liebscher

Ansichten des Unbewussten oder Die allmähliche Auflösung der unbewussten Weisheit[1]

„– Dass aus meinen Schriften ein Psychologe redet, der nicht seines Gleichen hat, das ist vielleicht die erste Einsicht, zu der ein guter Leser gelangt –" (EH Bücher 5, KSA 6, S. 305), lässt Friedrich Nietzsche in *Ecce homo* verlautbaren, und die Nachwelt ist seinem Urteil bereitwillig gefolgt. Sein Werk gilt heute als wichtiger Beitrag zu einer Psychologie des Unbewussten, sein Schöpfer als zentraler Vordenker der Psychoanalyse. Eine erstaunliche Einschätzung, bedenkt man, dass die Philosophie Nietzsches gar keine explizite Theorie des Unbewussten beinhaltet, will sagen, dass der Begriff des Unbewussten nicht im Zentrum dieses Denkens steht. Stattdessen begegnet man in den frühen Schriften einem Begriff des Unbewussten, mit dessen Verständnis sich Nietzsche in eine Denktradition von den Frühromantikern bis zu Schopenhauer einreiht, und den er bei seinen Lesern stillschweigend als bekannt voraussetzt. Gleichzeitig beginnt er allerdings, unter dem Einfluss naturwissenschaftlicher und sprachkritischer Theorien, diesem Verständnis des Unbewussten eine eigene Prägung zu verleihen, die dann im Zusammenhang mit seiner Triebtheorie in der mittleren Schaffensperiode zu einem somatischen Verständnis des Unbewussten führt. Wie sich zeigen wird, ist damit aber auch schon die Auflösung dieser Begrifflichkeit des Unbewussten angedacht, wie sie schließlich die Überlegungen zum Willen zur Macht mit sich bringen.

In der Folge werde ich die unterschiedlichen Auffassungen des Unbewussten im Denken Nietzsches vor dem Hintergrund von Nietzsches Perspektivismus lesen, indem ich keiner dieser Konzeptionen, die Nietzsche zu verschiedenen Zeiten seiner Denkentwicklung entworfen hat, einen Vorzug gebe, sondern sie als Perspektiven nebeneinander stelle. Das befreit mich keineswegs von der Verpflichtung, die Zusammenhänge dieser unterschiedlichen Interpretationen zu beleuchten, sie steht jedoch im Einklang mit Nietzsches Entwurf des Willens zur Macht, der die Begrifflichkeit des Unbewussten nicht nur relativiert, sondern aufhebt.

---

1 Bei diesem Text handelt es sich um eine abgeänderte Version des englischen Aufsatzes von Martin Liebscher: „Friedrich Nietzsche's perspectives on the unconscious". In: Angus Nicholls/Martin Liebscher (Hrsg.) (2010): *Thinking the Unconscious*. Cambridge: Cambridge University Press, S. 241–260.

Das Unbewusste zwischen Antisokratismus und Sprachskepsis

In den frühen veröffentlichten Schriften *Die Geburt der Tragödie* (1872) und in den *Unzeitgemäßen Betrachtungen* (1873–1876) steht Nietzsches Verwendung des Begriffs „unbewusst" noch ganz im Zeichen der Philosophie Schopenhauers und seiner Nähe zur Gedankenwelt Richard Wagners. Dabei taucht der Begriff vor allem im Zusammenhang von Nietzsches Kritik am Sokratismus auf.[2] Nietzsche sieht in Euripides das dichterische Sprachrohr des Sokrates, den er für den Tod der griechischen Tragödie verantwortlich macht. Die Tragödien des Euripides seien ein Versuch, das dionysische Element aus der Tragödie zu entfernen und ein gleichsam rein apollinisches Werk zu schaffen: ein dramatisiertes Epos. Dabei folge er dem ästhetischen Grundsatz, wonach alles bewusst sein müsse, um schön zu sein, einer Entsprechung zu der sokratischen Auffassung, dass alles bewusst sein müsse, um gut zu sein. Nietzsche erkennt, dass sich hier die beiden gegensätzlichen Tendenzen der Tragödie, das Apollinische und das Dionysische, in dem neuen Gegensatz zwischen dem Dionysischen und dem Sokratischen wiederfinden, wobei er zugleich den Nachsatz „und das Kunstwerk ging an ihm zu Ende" (GT 12, KSA 1, S. 83) hinzufügt.

Indem auf diese Weise die bewusste Erkenntnis durch Sokrates zur Grundlage der Philosophie und durch Euripides zu jener der Tragödie gemacht worden waren, verbannten sie Dionysos aus dem Reich des Denkens und Dichtens. Während noch für Aischylos und Sophokles das Unbewusste das zentrale Moment des schöpferischen Prozesses gewesen sei, empfände Plato nur noch ironische Verachtung für diese Dichter, nenne sie bewusstlos und meine damit ohne Verstand. Dass jedoch der künstlerisch produktive Mensch des Dionysischen bedürfe, zeige nach Nietzsche die Gestalt des Sokrates selbst, wenn er sich in außergewöhnlichen Situationen, in denen der Verstand ins Wanken käme, auf die Worte seines Dämonion zurückgezogen habe:

> Die instinctive Weisheit zeigt sich bei dieser gänzlich abnormen Natur nur, um dem bewussten Erkennen hier und da h i n d e r n d entgegenzutreten. Während doch bei allen productiven Menschen der Instinct gerade die schöpferisch-affirmative Kraft ist, und das Bewusstsein kritisch und abmahnend sich gebärdet: wird bei Sokrates der Instinct zum Kritiker, das Bewusstsein zum Schöpfer – eine wahre Monstrosität per defectum! (GT 13, KSA 1, S. 90)

2 Die erstmalige schriftliche Verwendung des Adjektivs „unbewußt" findet sich bei Nietzsche bereits 1862 (NL April-Oktober 1862, KGW I/2, 13[6], S. 436). Substantivisch gebraucht taucht es in der Zeit von Nietzsches Hartmann-Lektüre 1869 (NL 1869, KSA 7, 1[43], S. 21) auf. Siehe hierzu Gerratana (1988, S. 421) sowie Gödde (2005, S. 205–206).

In dem zwei Jahre zuvor in Basel gehaltenen Vortrag *Socrates und die Tragödie*, der in umgearbeiteter Form in die *Geburt der Tragödie* eingeflossen ist, findet sich dieselbe Stelle; allerdings hatte Nietzsche damals noch das Epitheton „unbewusst" anstelle von „instinctiv" gesetzt.

Günter Gödde hat darauf hingewiesen, dass der Grund dieser Ersetzung in Nietzsches Distanznahme gegenüber Hartmanns *Philosophie des Unbewussten* zu suchen sei (Gödde 2005, S. 206). Nietzsches erstmalige Lektüre der *Philosophie des Unbewussten* geht auf das Jahr 1869 zurück, also ein Jahr vor seinem Baseler Vortrag (Gerratana 1988; Salaquarda 1984). Hartmanns Schrift war keineswegs Nietzsches erste Begegnung mit einer Philosophie des Unbewussten, – bereits im Jahr 1867 hatte er Julius Bahnsens *Beiträge zur Charakterlogie* kennengelernt –, allerdings kam diesem Werk, im Kontext seines Schopenhauerverständnisses, eine besondere Bedeutung zu. Denn ähnlich wie in Wagners Beethoven-Schrift (1870) fand er hier den Versuch einer wohlwollenden Aufnahme und gleichzeitigen produktiven Umarbeitung des Schopenhauerschen Gedankengebäudes. Zumindest kann man das aus einem Brief Cosimas ableiten, der zur Vermutung Anlass gibt, Nietzsche habe ihr Hartmann als den Fortsetzer Schopenhauers vorgestellt (Bf. vom 30.11.1869, KGB II/2, Bf. 43; vgl. Gerratana 1988, S. 402.)

Wie jedoch Frederico Gerratana herausarbeitete, lassen sich zwar Spuren der Hartmann-Lektüre für bestimmte Bereiche der *Geburt der Tragödie*, wie etwa Nietzsches Verständnis des Ur-Einen, oder seine Ablehnung der pessimistischen Weltverneinung in der Art Schopenhauers,[3] nachweisen, jedoch sei „in keinem Moment bei Nietzsche die Aufnahme Hartmannscher Motive von deren Kritik zu trennen" (Gerratana 1988, S. 416). Diese Kritik richtet sich inhaltlich vor allem gegen Hartmanns telisches Prinzip einer allgemeinen Welterlösung und äußert sich in einer allgemeinen Geringschätzung des Hartmannschen Systems als dem Versuch, einer „Plünderung" Schopenhauers. In UB II (1873) findet sich dann auch die berühmte Auseinandersetzung mit Hartmann, dessen Philosophie er zu einer unbewussten Ironie degradiert (UB II 9, KSA 1, S. 314).

In diesem Sinn ist Gerratanas Befund recht zu geben, dass sich der Einfluss der Hartmann-Lektüre Nietzsches weder für seine späte Konzeption des Unbewussten, noch für die frühe Kritik am sokratischen Optimismus behaupten ließe und man bestenfalls von einem Verstärkungseffekt des Schopenhauerschen Moments bei Nietzsche durch Hartmann sprechen könne (Gerratana 1988, S. 421).

Das wird vor allem im Zusammenhang mit Nietzsches Auseinandersetzung mit Schopenhauers Metaphysik des Willens deutlich – und es ist auch dieser

---

3 Zu den nicht Schopenhauer'schen Elementen von Nietzsches Auffassung des Dionysischen siehe Hans Matthias Wolff (1956).

Kontext, in dem sich ein weiteres Moment von Nietzsches frühem Verständnis des Unbewussten finden lässt. Im Zentrum der Artistenmetaphysik, die Nietzsche in der *Geburt der Tragödie* entwirft, steht der Begriff des „Ur-Einen". Auf den ersten Blick scheint dieser mit Schopenhauers Konzept des Willens zum Leben einherzugehen. Nach Schopenhauer stellt ja die Welt der Erscheinungen verschiedene Objektivation dieses einen metaphysischen Grundprinzips, des Willens, dar. Doch Nietzsche geht noch einen Schritt weiter. Er sieht die Erschaffung der realen Welt als den Traum und die Ur-Vorstellung des „Ur-Einen" an. Demzufolge gibt es bei Nietzsche einen zweifachen Begriff der Vorstellung, bei dem die bewusste Vorstellung des Individuums der Ur-Vorstellung des Ur-Einen gegenübersteht.

Nietzsche kritisiert Kants und auch Schopenhauers Theorie der Erscheinung bzw. Vorstellung dafür, dass sie nicht berücksichtigen würden, dass das Principium Individuationis nicht Teil des bewussten Erkennens, sondern des Ur-Intellekts sei:

> Ich scheue mich Raum, Zeit und Kausalität aus dem erbärmlichen menschlichen Bewußtsein abzuleiten: sie sind dem Willen zu eigen. Es sind die Voraussetzungen für alle Symbolik der Erscheinungen: nun ist der Mensch selbst eine solche Symbolik, der Staat wiederum, die Erde auch. Nun ist diese Symbolik unbedingt nicht für den Einzelmenschen allein dar. (NL 1870–1871, KSA 7, 5[81], S. 114)

Durch die Gegenüberstellung des individuellen Bewusstseins zur Ur-Vorstellung wird erkenntlich, dass Nietzsche hier das Unbewusste mit dem Ur-Einen oder Willen gleichsetzt. Daraus folgt die eigenartige Konsequenz, wonach die Welt eine Vorstellung oder einen Traum des Unbewussten darstellt.

Das Unbewusste im Zusammenhang mit Nietzsches Sprachskeptizismus

Wendet man sich den nachgelassenen Aufzeichnungen dieser Jahre zu, taucht der Begriff des Unbewussten nicht nur im Zusammenhang mit Nietzsches Auseinandersetzung mit Hartmann auf, sondern auch im Kontext sprachskeptischer Überlegungen, die ihren Höhepunkt in der unveröffentlichten Schrift *Über Wahrheit und Lüge im außermoralischen Sinn* (1873) finden. Über den Status dieser Schrift ist viel spekuliert worden, scheint doch ihr erkenntniskritischer und sprachtheoretischer Gehalt dem metaphysischen Modell der *Geburt der Tragödie* so offensichtlich zu widersprechen. Die Frage nach der eigentlichen Philosophie Nietzsches drängt sich auf. Nietzsche nennt *Über Wahrheit und Lüge im außermoralischen Sinn* im Vorwort (1886) zu MA II eine geheim gehaltene Schrift, die ihn schon damals weit von all dem entfernt habe, was aus den veröffentlichten Schriften bekannt gewesen sei. Zu diesem Zeitpunkt hätte er bereits an gar nichts mehr geglaubt, auch nicht an Schopenhauer (MA II, KSA 2, S. 370).

Die Quellenforschung hat mittlerweile deutlich gemacht, dass Nietzsches Überlegungen in *Über Wahrheit und Lüge im außermoralischen Sinn* auf eine kritische Auseinandersetzung mit den sprachphilosophischen Theorien seiner Zeit zurückzuführen sind und nur aus diesem Kontext heraus verstanden werden können. Die nachgelassenen Aufzeichnungen dieser Jahre lassen daran keinen Zweifel (vgl. Hödl 1997; Orsucci 1994; Meijers 1988; Reuter 2004). Das gilt auch für das Verständnis des Unbewussten, wie es uns in dieser Schrift im Zusammenhang mit Nietzsches Wahrheitsbegriff begegnet. Dieser basiert auf der skeptischen Grundlage, dass dem Intellekt, der letztlich nur ein Mittel zur Erhaltung des Individuums darstelle, wahre Erkenntnis gar nicht möglich sei. Zugänglich sei ihm nur die Ebene des Scheins, gleichsam die Oberfläche der Dinge. „Was weiß der Mensch eigentlich von sich selbst!“ (WL 1, KSA 1, S. 877), ruft Nietzsche aus und fragt nach dem Ursprung des trotzdem vorhandenen Wahrheitstriebes.

Dieser hätte seinen Ursprung in dem Versuch einer Vereinbarung über eine gültige und verbindliche Bezeichnung der Dinge, die den allergröbsten bellum omnium contra omnes unter den Menschen verhindern solle, genommen. Auf diese Weise hätte die Gesetzgebung der Sprache die ersten Gesetze der Wahrheit an die Hand gegeben, da sie das Unwirkliche als wirklich erscheinen ließ. Die Sprache selbst besäße aber keinerlei Zugang zu einem „Ding an sich“, sie drücke lediglich die Relationen der Menschen zu den Dingen aus, in dem der Sprachbildner Metaphern zur Übertragung vom Nervenreiz zum Bild und vom Bild zum Laut verwende. Diese Überlegung führt zu Nietzsches zu berühmter Definition von Wahrheit als

> [e]in bewegliches Heer von Metaphern, Metonymien, Anthropomorphismen kurz eine Summe von menschlichen Relationen, die, poetisch und rhetorisch gesteigert, übertragen, geschmückt wurden, und die nach langem Gebrauche einem Volk fest, kanonisch und verbindlich dünken: die Wahrheiten sind Illusionen, von denen man vergessen hat, dass sie welche sind, Metaphern, die abgenutzt und sinnlich kraftlos geworden sind [...]. (WL 1, KSA 1, S. 880 f.)

Der in unserem Zusammenhang wichtige Aspekt ist jener des Vergessens. Denn dadurch, so folgert Nietzsche, werde der Mensch zu jemandem, der unbewusst lüge und eben durch diese Unbewusstheit erst zum Gefühl der Wahrheit gelange.

Wie die Forschung gezeigt hat, gehen die sprachphilosophischen Überlegungen dieses Textes auf Nietzsches Bekanntschaft mit Gustav Gerbers *Die*

Sprache als Kunst (1871) zurück (Meijers/Stingelin 1988; Hödl 1997). Zum Teil lassen sich wortwörtliche Übereinstimmungen nachweisen. Jedoch stellt diese Auseinandersetzung mit Gerbers Sprachtheorie nur ein Moment von Nietzsches Interesse an sprachphilosophischen Konzepten in dieser Zeit dar. So ist die Übernahme von Gerbers Konzept und der metaphorischen Übertragung durch Nietzsche auch eine Reaktion auf die zu dieser Zeit diskutierten Theorien der „unbewusster Schlüsse", für die Nietzsche lebhaftes Interesse zeigte. Hierbei waren es vor allem zwei Forscher, mit denen sich Nietzsche näher auseinandersetzte: der Astrophysiker Karl Friedrich Zöllner (1834–1882) und der Physiologe Hermann Helmholtz (1821–1894).[4]

Eine erste Bekanntschaft mit der Theorie unbewusster Schlüsse hatte Nietzsche schon durch Schopenhauers *Über die vierfache Wurzel des Satzes vom zureichenden Grunde* (1813) gemacht, wo Schopenhauer beschreibt, wie durch den Verstand von einer Empfindung als Wirkung auf dessen Ursache zurückgeschlossen wird. Diesen Gedankengang findet Nietzsche in seiner physiologischen Ausformung auch in Helmholtz' Auffassung des sinnlichen Wahrnehmungsaktes (*Handbuch der physiologischen Optik*, 1867) wieder, dessen Theorie Nietzsche vermutlich über Langes *Geschichte des Materialismus* bekannt gewesen sein dürfte (vgl. Reuter 2004, S. 352; Crawford 1988). Freilich stritt Helmholtz selbst jegliche Nähe zu Schopenhauers Philosophie energisch ab. Nietzsche wurde jedoch in seiner Vermutung bestärkt, als er Johann Nepomuk Czermak's Vorlesung zu Schopenhauers Farbenlehre entdeckte. Cermak, der hier Thomas Young folgte, argumentierte, dass Helmholtz lediglich Schopenhauers Gedenken eine empirische Ausformung verliehen hätte (Czermak 1870).[5] Im Jahr 1872 schließlich wurde ein Buch veröffentlicht, in dem diese Ähnlichkeit wieder hervorgehoben wurde. Diesmal aber führte das zu einer Kontroverse mit Helmholtz und dessen Anhängern. Es handelte sich dabei um Zöllners *Über die Natur der Kometen. Beiträge zur Geschichte und Theorie der Erkenntnis*. In seinem Vorwort verteidigt Zöllner Wilhelm Webers Elektrodynamik gegen die Angriffe von William Thomson und Peter Tait, deren *Treatise on Natural Philosophy* von Helmholtz ins Deutsche übersetzt worden war (Buchwald 1993). Zudem versuchte er eine a priori Physik auf Grundlage von Webers Elektrodynamik zu postulieren, wobei er gegen die Energietheorie von Helmholtz argumentiert. Dieser reagiert mit einer scharfen Attacke in der Zeitschrift *Nature*:

4 Auch Hartmann weist in *Philosophie des Unbewussten* auf die beiden Wissenschaftler hin.
5 Nietzsche bezieht sich in seinem Brief vom 12. Dezember 1870 auf diesen Text und bezeichnet ihn als großen Triumph (An Carl von Gersdorff, KGB II/1, Bf. 111). Siehe hierzu Orsucci (1994, S. 193).

> Judging from what he [i.e. Zöllner] aims at his ultimate object, it comes to the same thing as Schopenhauer's metaphysics. The stars are to love and hate one another, feel pleasure and displeasure, and to try to move in a way corresponding to these feelings. Indeed, in blurred imitation of the Principle of Least Action, Schopenhauer's pessimism, which declares this world to be indeed the best of possible worlds, but worse than none at all, is formulated as an ostensibly generally applicable principle of the smallest amount of discomfort, and this is proclaimed as the highest law of the world, living as well as lifeless. (Helmholtz 1874, S. 150)

Trotz der Kritik von Helmholtz, war für Nietzsche gerade der Schopenhauerische Aspekt von Zöllners Theorie in dieser Zeit von Interesse. Zwischen November 1872 und April 1874 borgte er sich wiederholt dessen „Kometen" von der Bibliothek Basel aus. In der zweiten Unzeitgemäßen Betrachtung spricht er gar von „unserem noblen Zöllner", der aufgrund seiner Nähe zu Schopenhauer Angriffe von Helmholtz erleiden müsse (UB II, KSA 1, S. 292.) Insbesondere Zöllners Behauptung, dass das unbewusste Bedürfnis nach Kausalität die Grundlage des sittlichen Verhaltens bilde, beschäftigte Nietzsche. Ein Gedanke, den er in seiner Auseinandersetzung mit Zöllners Theorie in der Zeit vom Sommer 1872 und Anfang 1873 aufnimmt (KGW III/4, 19[93], S. 38). Dabei ist für ihn vor allem die von Zöllner behauptete Lustempfindung, die das Bedürfnis der Kausalität befriedigt, von Interesse, da sie es ihm ermöglicht, Lust- oder Unlustempfindungen als Antrieb der Erkenntnis anzunehmen (Orsucci 1994, S. 198).

Im Zentrum von Nietzsches erkenntnistheoretischen Überlegungen in den Jahren vor *Über Wahrheit und Lüge im außermoralischen Sinn* steht also diese Rezeption der Theorie unbewusster Schlüsse. Das Modell unbewusster Verstandesoperationen wird von ihm jedoch im Zuge seiner Gerberlektüre allmählich durch jenes der Bilderübertragung ersetzt: „Die unbewussten S c h l ü s s e erregen mein Bedenken: es wird wohl jenes Übergehen von Bild zu Bild sein." (NL 1872–1873, KSA 7, 19[107], S. 418) Wie ausschließlich Gerbers Theorie jene von Zöllner im Denken Nietzsches ersetzt hat, dazu gibt es gegensätzliche Auffassungen,[6] wobei das Fragment 19[217] eine eindeutige Absage an die Theorie unbewusster Schlüsse aufweist:

> Tropen sind's, nicht unbewußte Schlüsse, auf denen unsere Sinneswahrnehmungen beruhn. Ähnliches mit Ähnlichem identificiren – irgend welche Ähnlichkeit an einem und einem anderen Ding ausfindig machen ist der Urproceß. Das G e d ä c h t n i s lebt von dieser Thätigkeit [...] Die Verwechslung ist das Urphänomen. (NL 1872–1873, KSA 7, 19[217], S. 487)

---

6 Crawford (1988) spricht von einem Schwenk, Orsucci (1994) sieht eine Vermischung vor einem gemeinsamen Problemhorizont.

Das ist das gedankliche Umfeld, vor dessen Hintergrund sich Nietzsches veröffentlichte Schriften bewegen. Mit Nietzsches eigenem Diktum lässt sich natürlich aufweisen, dass *Über Wahrheit und Lüge im außermoralischen Sinn* bereits auf seine aufgeklärte Schrift *Menschliches, Allzumenschliches* (1878) hindeutet. Dennoch gibt es einen zum Teil gemeinsamen Problemhorizont, der seine sprachkritischen Aufzeichnungen mit Überlegungen der *Geburt der Tragödie* verbindet. Eines dieser verbindenden Momente sind eben seine Überlegungen zum Unbewussten. In einem nachgelassenen Fragment, entstanden zwischen September 1870 und Januar 1871 schreibt Nietzsche:

> Erweiterung unsrer Erkenntniß entsteht aus dem Bewußtmachen des Unbewußten. Nun fragt es sich, welche Zeichensprache wir dazu haben. Manche Erkenntnisse sind nur für Einige da und Anderes will in der günstigsten vorbereiteten Stimmung erkannt sein. (NL 1870–1871, KSA 7, 5[89], S. 116)

Erkenntnis als das Bewusstmachen des Unbewussten, ist jedoch für Nietzsche nicht mit der Befreiung des Menschen von Zwängen und moralischer Läuterung verbunden, sondern zielt geradewegs auf die Vernichtung der Welt ab. Das ist Nietzsches Stoßrichtung gegen den sokratischen Optimismus. So wird in einem anderen Nachlassfragment diesem Erkenntnisglauben die Hoffnung auf das Unbewusste, also auf das Dionysische, entgegengesetzt: „Weltvernichtung durch Erkenntnis! Neuschaffung durch Stärkung des Unbewussten! [...]“ (NL 1869–1870, KSA 7, 3[55], S. 75), heißt es da. Die Frage aber, welche Zeichensprache uns zur Bewusstmachung des Unbewussten zur Verfügung steht, ist jene von Nietzsches sprachskeptischen Überlegungen bis hin zu *Über Wahrheit und Lüge im außermoralischen Sinn*, wo er im Anschluss an Gerber den metaphorischen Charakter der Sprache als Grundlage der illusionären Wahrheit herausarbeitet. Dem vernichtenden Charakter von Erkenntnis gesellt sich hier gleichsam der unmögliche, von dem der „unbewusste Lügner“ aber nichts weiß, hinzu.

Die philosophischen Erwägungen des frühen Nietzsche sind von seiner Auseinandersetzung mit der Frage des Unbewussten durchdrungen. Dabei überwiegt die rezeptive Aufnahme von Schriften und Theorien des Unbewussten gegenüber einer eigenständigen Konzeption. Das gilt sowohl für die veröffentlichten Schriften, als auch für den Nachlass, wobei die Philosophen, die Nietzsche in Geburt der Tragödie und den vier *Unzeitgemäßen Betrachtungen* heranzieht, nicht dieselben sind, von denen seine Aufzeichnungen zum Unbewussten im Nachlass bestimmt sind. Erst in seinen Schriften zu Beginn der 1880er Jahre beginnt Nietzsche eine eigenständige Auffassung des Unbewussten zu erarbeiten.

Das somatische Unbewusste

In einem Brief Nietzsches an Heinrich Köselitz vom 30. März 1881 findet sich folgende Stelle über sein Verhältnis zu den früheren Texten:

> Denn mit dem Gedächtniß ist es nichts, ich habe z. B. den Inhalt meiner frühern Schriften fast vergessen, und finde dies sehr angenehm, viel besser jedenfalls als wenn man alles Gedachte immer vor sich hätte und sich mit ihm auseinandersetzen müsste. Giebt es vielleicht doch eine solche Auseinandersetzung in mir, nun, so geht sie im „Unbewußten" vor sich, wie die Verdauung bei einem gesunden Menschen! (KGB III/1, Bf. 97)

Dieser pointierte Vergleich der unbewussten Prozesse mit dem menschlichen Verdauungssystem enthält in nuce bereits Nietzsches philosophische Auffassung des Unbewussten, wie er sie in seinen Aphorismussammlungen *Morgenröthe* und *Die fröhliche Wissenschaft* ausführt. Dabei geht Nietzsche von einer Vorrangstellung des unbewussten körperlichen Triebgeschehens gegenüber dem Bewusstsein aus – im *Zarathustra* findet er dafür den Ausdruck der „großen Vernunft des Leibes". Die verschiedenen Triebe ringen miteinander um die Vorherrschaft innerhalb des Körpers, ein dem Bewusstsein unzugänglicher Kampf, da ihm lediglich das Resultat dieser Auseinandersetzung, die ihr entsprungene Handlung, gegenwärtig ist. Das tatsächliche Motiv der Handlung bleibt aber verborgen im Bereich des Unbewussten.[7]

Wie der Aphorismus 119 „Erleben und Erdichten" aus *Morgenröthe* zeigt, schließt Nietzsche dabei an jene Überlegungen zum Unbewussten an, die er im Zuge seiner Auseinandersetzung mit Gerber und Zöllner Anfang der 70er Jahre in *Über Wahrheit und Lüge im außermoralischen Sinn* formuliert hatte. Ein Gesamtbild aller Triebe könne das Bewusstsein nicht erlangen, „ihre Zahl und Stärke, ihre Ebbe und Fluth, ihr Spiel und Widerspiel untereinander, und vor allem die Gesetze ihrer Ernährung bleiben ihm ganz unbekannt" (M 119, KSA 3, S. 111). Der Traum, so führt er weiter aus, sei die Kompensation der fehlenden Triebbefriedigung, sein Inhalt „Interpretationen unserer Nervenreize während des Schlafes, sehr freie, sehr willkürliche Interpretationen von Bewegungen des Blutes und der Eingeweide, ..." (M 119, KSA 3, S. 191) Das träumende Bewusstsein stellt sich also Ursachen für unterschiedliche, durch die zur Entladung drängenden Triebe erzeugten Nervenreize vor. In diesem Erdichten von Bildern würde sich aber das Traumbewusstsein vom Wachbe-

7 M 129, KSA 3, S. 119: „[K]urz, es wirken Motive, die wir zum Theil gar nicht, zum Theil sehr schlecht kennen und die wir *nie vorher* gegen einander in Rechnung setzen könnten. Wahrscheinlich, dass auch unter ihnen ein Kampf Statt findet, ein Hin- und Wegtreiben, ein Aufwiegen und Niederdrücken von Gewichttheilen, – und diess wäre der eigentliche ‚Kampf der Motive': – etwas für uns völlig Unsichtbares und Unbewusstes."

wusstsein nicht unterscheiden. Das sogenannte Bewusstsein sei ein „mehr oder weniger phantastischer Commentar über einen ungewussten, vielleicht unwissbaren, aber gefühlten Text" (M 119, KSA 3, S. 111). Hier klingen Nietzsches sprachskeptische Überlegungen zur metaphorischen Übersetzung von Nervenreizen in Bilder von 1873 an.

Das Argument, die Auseinandersetzung gegensätzlicher Triebe im Körper sei die dem Bewusstsein unbekannte Ursache von Handlungen, beschränkt Nietzsche jedoch nicht nur auf ein Verhalten, welches die Grundtriebe wie den der Ernährung oder der Sexualität zu erfüllen sucht. Er wendet es ebenso auf den moralischen Bereich an, indem er die moralischen Urteile und Werthschätzungen als Bilder und Phantasien über einen dem Bewusstsein unbekannten physiologischen Vorgang betrachtet (M 119, KSA 3, S. 111), als auch auf den menschlichen Glauben an die Wahrheit logischer Schlüsse:

> Der Verlauf logischer Gedanken und Schlüsse in unserem jetzigen Gehirne entspricht einem Processe und Kampfe von Trieben, die an sich einzeln alle sehr unlogisch und ungerecht sind; wir erfahren gewöhnlich nur das Resultat des Kampfes: so schnell und so versteckt spielt sich jetzt dieser uralte Mechanismus ab. (FW 111, KSA 3, S. 472)

In diesem Sinne ist die berühmte Stelle der später nachgereichten Vorrede zur FW zu verstehen, in der sich Nietzsche die Frage stellt, ob nicht Philosophie bisher überhaupt nur eine Auslegung des Leibes und ein Missverständnis des Leibes gewesen sei (vgl. FW Vorrede 2, KSA 3, S. 348).

Das Bewusstsein nennt Nietzsche die letzte und späteste Entwicklung des Organischen, welches er als dementsprechend unvollkommen, unerprobt und daher auch als eine Gefährdung der Menschheit ansieht. Nur der erhaltende Verband der Instinkte bewahre sie vor den unzähligen Fehlgriffen des Bewusstseins (FW 11, KSA 3, S. 382). Ein Gedanke, dem Nietzsche schon während seiner Studienzeit Aufmerksamkeit geschenkt hatte, als er die Selbstbeobachtung als Entwicklungskrankheit dem unbewussten Instinkt als Grundlage sicheren Handelns gegenübergestellt hatte (NL Herbst 1867 – Frühjahr 1868, KGW I/4, 58[43], S. 489; siehe Gödde 2005, S. 126).[8] Nun verbindet er die Kritik an dem Bewusstsein und dem Ich mit seiner Sprachkritik: Die Sprache als Bewusstmachung sei das eigentliche Hindernis, innere Vorgänge und Triebe zu erkennen. Denn die Worte könnten stets nur die extremsten Formen und Zustände der Triebe darstellen, was einer ungerechtfertigten Vereinfachung gleichkäme. „Wir sind Alle nicht Das, als was wir nach den Zuständen erscheinen, für die

---

8 Jean-Marie Guyau schreibt in *Esquisse d'une morale sans obligation, ni sanction*, dass jeder Trieb, der zu Bewusstsein kommt, die Tendenz zur Auflösung hat. Nietzsche hat an dieser Stelle in seiner Kopie des Buches „NB" angemerkt. Siehe Lampl (1990).

wir allein Bewusstsein und Worte – und folglich Lob und Tadel – haben [...].“ (M 115, KSA 3, S. 107 f.) Aufgrund dieser unzureichenden Vermittlung der inneren Vorgänge, welche durch die Sprache vermittelt wird, erschafft der Mensch eine Meinung von sich, die er sodann als Ich bezeichnet.

Nun lässt sich fragen, warum der Mensch überhaupt ein Bewusstsein von sich selbst entwickelt hat, wo doch dessen Unvollkommenheit und illusionärer Charakter ihn in Gefahr zu bringen scheinen. Nietzsche macht dafür den Druck des Mitteilungsbedürfnisses verantwortlich. Gerade um zu überleben, habe der Mensch die Fähigkeit entwickelt, seine Bedürfnisse gegenüber anderen zu kommunizieren. Die Bewusstheit innerer Vorgänge entsteht anhand der Sprache, sodass aufgrund deren kategorisierenden und metaphorischen Charakters „die Welt, deren wir uns bewusst werden können, nur eine Oberflächen- und Zeichenwelt ist, eine verallgemeinerte, eine vergemeinerte Welt [...]“ (FW 354, KSA 3, S. 593).

Diese Überlegungen leiten bereits zur Spätphilosophie Nietzsches über, wo er die Unterscheidung einer „wahren“ von einer „scheinbaren“ Welt als „Suggestion der décadence“ bezeichnet und hinter der Welt des Scheins nichts mehr gelten lässt. Welche Bedeutung er dem Unbewussten dabei zukommen lässt, wird in der Folge zu behandeln sein.

Unbewusste Machtprozesse

Von Anfang an verstand Nietzsche das Unbewusste entgegen der Auffassung der Aufklärungsphilosophie nicht ex negativo zum Bewusstsein, sondern trachtete, dieses Verständnis des abendländischen Denkens umzukehren: Das Bewusstsein entstamme dem organischen Triebleben, das unbewusst sei, und stelle eine zunächst unvollkommene Anpassung an seine Umwelt dar. Im *Zarathustra* findet er dafür die Worte:

> Hinter deinen Gedanken und Gefühlen, mein Bruder, steht ein mächtiger Gebieter, ein unbekannter Weiser – der heisst Selbst. In deinem Leib wohnt er, dein Leib ist er. Es ist mehr Vernunft in deinem Leibe, als in deiner besten Weisheit. Und wer weiss denn, wozu dein Leib gerade deine beste Weisheit nöthig hat? (Za I Verächter, KSA 4, S. 40)

Im Umkreis seiner Überlegungen zum Willen zur Macht hält Nietzsche an diesem Gedanken zum Bewusstsein als sekundärem Phänomen fest. Mit dem berühmten Diktum, die Welt sei Wille zur Macht und nichts außerdem (NL 1885, KSA 11, 38[12], S. 611), führt er das Machtprinzip als das eigentliche Agens des Lebens an. Die Triebe geben dem Bewusstsein einen teilweisen Eindruck von den ablaufenden Machtprozessen: „die Gesammtheit des Menschen hat alle jene Eigenschaften des Organischen, die uns zum Theil unbewusst bleiben (zum Theil) in der Gestalt von Trieben bewusst werden" (NL 1884, KSA 11, 27[27], S. 282).

Ständig im Wandel begriffen ist der Wille zur Macht kein universales metaphysisches Prinzip, sondern eine Vielheit von Machtquanten im Kampf um eine Mehr an Macht, worauf Müller-Lauter in seiner Argumentation gegen Heidegger hingewiesen hat (Müller-Lauter 2000). Im Rahmen dieser Auseinandersetzungen der Machtquanten kommt es auch zu Konzentrationsbildungen von Willen zur Macht. Auf diese Weise erklärt Nietzsche die Entstehung des Bewusstseins. Dieses entstammt dem Versuch, eine dominante Perspektive einzunehmen, die sie vor der Bedrohung von außen zu schützen vermag. Dabei ist jedoch zu beachten, dass Nietzsches Verständnis gemäß dieser Akkumulation von Kraftzentren nur solange aufrecht erhalten werden kann, als sie dazu beiträgt, den status quo zu bewahren und zu erweitern. In diesem Sinn versteht Nietzsche das bewusste Ich als einen nur vorübergehenden Ausdruck des Kampfes von Machtquanten: Für diese Auseinandersetzung des Willens zur Macht kann nun der Ausdruck „unbewusst" gewählt werden.

Der Kampf um die Macht ist einer um die Deutungshoheit. Die Interpretation stellt das Mittel bereit, um über etwas Herr zu werden (Herbst 1885 – Herbst 1886, 2[148], KGW VIII/1, S. 138). Nietzsches Konzeption des Willens zur Macht bietet damit den Entwurf einer philosophischen Hermeneutik, wie die Arbeiten von Figl und Hoffmann deutlich gemacht haben (Figl 1982; Hofmann 1994). Das Streben nach Macht ist der stete Versuch, andere Interpretationen zu überwinden, eine Auseinandersetzung, die Nietzsche als gegenseitiges Auslegen von Machtperspektiven nach dem Schema von Befehlen und Gehorchen beschreibt. Wie bereits anhand seiner frühen Schriften zu sehen war, ist für Nietzsche Erkenntnis eine Übersetzungsleistung, daher ist das Ding an sich eine dem Subjekt nachempfundene Illusion. Vor dem Hintergrund der Willen zur Macht-Theorie gibt Nietzsche nun auch eine Antwort auf die Frage, wer denn eigentlich interpretiert: es ist eben der Wille zur Macht, der sich selbst auslegt.[9]

Diese antisubjektivistische Wende lässt nun dem Bewusstsein keinen Raum mehr, denn bei diesem Interpretationsgeschehen ist das wach-bewusste Subjekt nicht mehr beteiligt (Schlimgen 1999, S. 196). Das aber hat zur Folge, dass die Verwendung von einem Begriff des Unbewussten nicht mehr möglich ist. Für Nietzsche stellt das Ich-Bewusstsein ein vorübergehendes Konglomerat

9 NL 1885–1886, KSA 12, 2[148], S. 139: „Der Wille zur Macht interpretiert: bei der Bildung eines Organs handelt es sich um eine Interpretation; er grenzt ab, bestimmt Grade, Machtverschiedenheiten."

von Machtquanten dar, zusammengebunden zum Zwecke der Machtkonzentration. Wenn die Welt ein Kampf solcher Wille zur Macht-Einheiten ist, und das Bewusstsein nur ein vorübergehender Ausdruck dessen, dann lässt sich daraus schließen, dass die Begrifflichkeit des menschlichen Bewusstseins (als Gegenteil des Unbewussten) nur eine inadäquate und unnötige Einführung eines dualistischen Prinzips, ein defizitärer sprachlicher Ausdruck, basierend auf einem metaphysischen Vorurteil. Genau gegen diese Art des transzendentalen Dualismus stellt Nietzsche seine Theorie des Willens zur Macht. Vor diesem Hintergrund gesehen, wird der Begriff des Unbewussten zu einer fehlerhaften sprachlichen Verkürzung und metaphorischen Umdeutung. Er stellt selbst nur eine Interpretation dar, einen Ausdruck des Willens zur Macht in seinem stärksten Form, als Metaphysik, d.i. der Versuch dem Werden den Stempel des Seins aufzudrücken.

In diesem Sinne lässt sich argumentieren, dass Nietzsches Verständnis der Welt als Pluralität von Willen zur Macht, die er als Angriff auf das metaphysische Weltverständnis verwendet, die Verwendung eines Begriffs des Unbewussten nicht mehr zulässt. Jeder spätere Theoretiker, der sich in seinem Begriff des Unbewussten auf Nietzsche berufen wird, kann dies nur in Bezugnahme auf die Verwendung des Unbewussten im frühen und mittleren Schaffen Nietzsches, denn wer sich auf den späten Nietzsche beruft, läuft Gefahr das eigene Konzept des Unbewussten aufzulösen.

Das kollektive Moment des Unbewussten

Die abschließenden Erörterungen sollen einem Problemkreis gelten, der um die Bedeutung von Nietzsches Konzeption des Unbewussten für die Anfänge der Psychoanalyse und die schon bald auftretenden Meinungsstreitigkeiten innerhalb der Bewegung kreist. Dabei geht es um die divergierenden Auffassungen hinsichtlich der Frage nach einem kollektiven Gehalt des Unbewussten. Freuds Aussagen hinsichtlich seiner Abneigung Nietzsche wegen der allzu großen Nähe zu lesen, sind hinlänglich bekannt (Nunberg/Federn 1976/77, Protokolle vom 1. April 1908 [Bd. 1] und 28. Oktober 1908 [Bd. 2]), – ihr vornämlich rhetorischer Gehalt wurde von der Forschung eingehend untersucht. Wie sehr auch immer sich das Freudsche Verständnis des Unbewussten dem Konzept Nietzsches verdankt, einen überindividuellen Aspekt hat Freud darin nicht entdeckt. Ganz anders Jung, der ja nicht müde wird, Freuds philosophische Ignoranz hervorzukehren, um gleichzeitig die philosophischen Grundlagen seiner eigenen Philosophie des Unbewussten zu betonen (Jung, 1995, 1995a).[10] Die Kenntnis Nietzsches ist für sein Verständnis eines kollektiven Unbewussten von großer Bedeutung.[11] Ob und inwieweit jedoch in Bezug auf Nietzsche von einer Kollektivität des Unbewussten gesprochen werden darf, möchte ich abschließend kurz ausführen.

Gehen wir zurück zur Beschreibung des Dionysischen in *Die Geburt der Tragödie*. Nietzsche kennzeichnet diesen Zustand durch das Hinschwinden des Subjektiven zu völliger Selbstvergessenheit (GT, KSA 1, S. 29). Sodann schließt sich der Bund zwischen Mensch und Mensch zusammen und es kommt zu einem Versöhnungsfest zwischen Natur und Mensch, ihrem entfremdeten Sohn:

> Jetzt, bei dem Evangelium der Weltenharmonie, fühlt sich Jeder mit seinem Nächsten nicht nur vereinigt, versöhnt, verschmolzen, sondern eins, als ob der Schleier der Maja zerrissen wäre und nur noch in Fetzen vor dem geheimnisvollen Ur-Einen herumflattere. Singend und tanzend äussert sich der Mensch als Mitglied einer höheren Gemeinsamkeit: [...]. (GT 1, KSA 1, S. 29 f.)

Die Erlösung vom principium individuationis im dionysischen Rausch führt zum gemeinsamen Weltengrund. Bewusstsein und Ich als apollinischen Qualitäten sind aufgehoben, die trennenden Grenzen ausgelöscht. Die Rückkehr zum Ur-Einen ist der Abstieg ins Unbewusste. Dieses wird in der Geburt der Tragödie durch den kollektiven Aspekt, der dem apollinischen principium individuationis entgegengesetzt ist, überhaupt erst definiert. Hier ist Nietzsche noch ganz Schopenhauers Willen zum Leben bzw. Wagners Auslegung desselben verpflichtet.

Zur Zeit der Entstehung von FW hat er diese Theorie vom apollinischen Schein und dionysischen Ur-Grund schon hinter sich. Mit einigem Raffinement nähert er sich nun der Frage nach der Zugänglichkeit der Wirklichkeit, in dem er die Erkenntnis derselben beinahe phänomenologisch auf das Bewusstsein vom Schein reduziert:

> Wie wundervoll und neu und zugleich wie schauerlich und ironisch fühle ich mich mit meiner Erkenntnis zum gesammten Dasein gestellt! Ich habe für mich entdeckt, dass

10 „Ich dachte schon lange vor meiner Begegnung mit Freud in diesen Begriffen. ‚Das Unbewusste' ist ein*epistemologischer* Begriff, den von Hartmann geprägt hatte. Freud war nicht so sehr ein Philosoph, er war eigentlich Mediziner." (Jung 1994, S. 64)

11 Parkes (1999, S. 212): „This is the extent more or less of Jung's estimation of Nietzsche's contribution to depth psychology: he excels in the description of autonomous phenomena of the unconscious such as inspiration; he realizes the extent to which dreams can take us back to archaic phases of human development; and his openness to archetypal imagery allows him to convey a vivid sense of ‚by gone spiritual worlds'".

> die alte Mensch- und Thierheit, ja die gesammte Urzeit und Vergangenheit alles empfindenden Seins in mir fortdichtet, fortliebt, forthasst, fortschliesst, – ich bin plötzlich mitten in diesem Traum erwacht, aber nur zum Bewusstsein, dass ich eben träume und dass ich weiterträumen muss, um nicht zu Grunde zu gehen: [...]. Was ist mir jetzt „Schein"! Wahrlich nicht der Gegensatz irgendeines Wesens [...]. (FW 54, KSA 3, S. 416 f.)

Das Bewusstsein beschreibt Nietzsche hier als eine notwendige, weil lebenserhaltende Instanz des Scheins. Gleichzeitig verbindet er diesen Gedanken mit der Frage nach der Möglichkeit von Erkenntnis. Gegen das Sein des Parmenides richtet sich das Argument des Traumes – selbst wenn der Träumer aufwacht und erkennt, so doch nur, dass er sich in einem Traum befindet. Damit bestreitet Nietzsche die Möglichkeit von „wahrer" Erkenntnis. Dennoch ist dieser Traum für Nietzsche notwendig, um nicht zugrunde zu gehen. Was er aber als Traum beschreibt, ist die Verbundenheit aller Erkenntnisse, die vielleicht das höchste Mittel sei und sein werde, die Allgemeinheit der Träumerei und die Allverständlichkeit aller dieser Träumenden untereinander und eben damit die Dauer des Traumes aufrecht zu erhalten (FW 54, KSA 3, S. 416 f.). Die Einheit von Mensch und Mensch, die Versöhnung mit der Natur, die noch in GT im Rausch des Dionysischen zustande kam, wird hier auf den (in der Terminologie der GT) apollinischen Bereich der Erkenntnis verschoben, da ihm selbst die metaphysische Idee des Ur-Einen nichts mehr als Schein ist.

Dieser kollektive Aspekt, den Nietzsche in der *Geburt der Tragödie* noch metaphysisch begründet, und dessen illusionären, aber notwendigen Charakter er später herausarbeitet, wird durch das Konzept einer Pluralität des Willens zur Macht letztlich eliminiert. Die „scheinbare" Welt sei die einzige, die „wahre Welt" nur hinzugelogen, heißt es in der *Götzen-Dämmerung* (GD Vernunft 2, KSA 6, S. 75). Diese aber begreift er als ein Werden, als einen ständigen Kampf verschiedener Machtperspektiven. Das Dionysische als eine Welt des fragmentierten Willens zur Macht kennt keine grundlegende Allgemeinheit, nur noch einzelne Machteinheiten, die anwachsen oder zerfallen. Es zeigt sich also, dass sich mit Nietzsches Theorie des Willens zur Macht die Unterscheidung von bewusst und unbewusst auflöst, zugleich aber auch Nietzsches früheres an Schopenhauer angelehntes Verständnis des Unbewussten als kollektive Einheit.

Abschließend lässt sich daher sagen, dass Jung nicht falsch lag, Nietzsche als Zeugen für ein kollektives Verständnis des Unbewussten aufzurufen, insofern er sich auf die GT und die UB beschränkte. Wie sich aber zeigte, – und das gilt dann für beinahe für jede Auffassung des Unbewussten, die sich auf Nietzsche beruft –, löst jedoch Nietzsches späteres Verständnis der Welt als Pluralität von Machtquanten, mit der er gegen die Metaphysik des Seins zu Felde zieht, die Begrifflichkeit vom Unbewussten gänzlich auf.

Literaturverzeichnis

Buchwald, Jed Z. (1993): „Electrodynamics in Context: Object States, Laboratory Practice and Anti-Romanticism". In: David Cahan (Hrsg.): *Hermann von Helmholtz and the Foundation of Nineteenth-Century Science*. Berkeley: University of California Press, S. 363–373.

Crawford, Claudia (1988): *The Beginnings of Nietzsche's Theory of Language*. Berlin, New York: De Gruyter.

Czermak, Johann Nepomuk (1870): „Über Schopenhauers Theorie der Farben". In: *Sitzungsberichte der mathematisch-naturwissenschaftlichen Classe der kaiserlichen Akademie der Wissenschaften* (Wien), Bd. LXII, Teil 2, Mp. 6–10.

Figl, Johann (1982): *Interpretation als philosophisches Prinzip. Friedrich Nietzsches universale Theorie der Auslegung im späten Nachlaß*. Berlin, New York: De Gruyter.

Gerratana, Federico (1988): „Der Wahn jenseits des Menschen. Zur frühen Eduard von Hartmann-Rezeption Nietzsches (1869–1874)". In: *Nietzsche-Studien* 17, S. 391–433.

Gödde, Günter (2005): „Dionysos – Trieb und Lieb – ‚Wille zur Macht'. Nietzsches Annäherung an das ‚Unbewusste'". In: Michael Buchholz/Günter Gödde (Hrsg.): *Das Unbewusste. Bd. 1: Macht und Dynamik des Unbewussten. Auseinandersetzungen in Philosophie, Medizin und Psychoanalyse*. Gießen: Psychosozial Verlag, S. 203–234.

Helmholtz, Hermann von (1874): „On the Use and Abuse of the Deductive Method in Physical Science". In: *Nature* 11, S. 149–151.

Hödl, Gerald (1997): *Nietzsches frühe Sprachkritik. Lektüren zu „Über Wahrheit und Lüge im außermoralischen Sinne"*. Wien: WUV.

Hofmann, Johann Nepomuk (1994): *Wahrheit, Perspektive, Interpretation. Nietzsche und die philosophische Hermeneuik*. Berlin, New York: De Gruyter.

Jung, Carl Gustav (1995): „Allgemeines zur Komplextheorie [1934]". In: Carl Gustav Jung: *Gesammelte Werke*. Hrsg. von Lily Jung-Merker, Elisabeth Rüf et al. Bd. VIII. Zürich, Stuttgart, Olten und Freiburg im Breisgau: Walter Verlag, S. 108–120.

Jung, Carl Gustav (1994): *Ein großer Psychologe im Gespräch. Interviews, Reden, Begegnungen*. Hrsg. von Robert Hinshaw. Freiburg im Breisgau: Herder.

Jung, Carl Gustav (1995a): „Sigmund Freud [1939]". In: Carl Gustav Jung: *Gesammelte Werke*. Hrsg. von Lily Jung-Merker, Elisabeth Rüf et al. Bd. VIII. Zürich, Stuttgart, Olten und Freiburg im Breisgau: Walter Verlag, S. 53–62.

Lampl, Hans Erich (Hrsg.) (1990): *Zweistimmigkeit – Einstimmigkeit: Friedrich Nietzsche und Jean-Marie Guyau*. Cuxhaven: Junghans.

Meijers, Anthonie/Stingelin, Martin (1988): „Konkordanz zu den wörtlichen Abschriften und Übernahmen von Beispielen und Zitaten aus Gustav Gerber: Die Sprache als Kunst (Bromberg 1871) in Nietzsches Rhetorik-Vorlesung und in ‚Ueber Wahrheit und Lüge im aussermoralischen Sinne'". In: *Nietzsche-Studien* 17, S. 350–368.

Meijers, Anthonie (1988): „Gustav Gerber und Friedrich Nietzsche. Zum historischen Hintergrund der sprachphilosophischen Auffassungen des frühen Nietzsche". In: *Nietzsche-Studien* 17, S. 369–390.

Müller-Lauter, Wolfgang (2000): *Heidegger und Nietzsche*. Berlin, New York: De Gruyter.

Nunberg, Hermann/Ernst Federn (Hrsg.) (1976/1977): *Protokolle der Wiener Psychoanalytischen Vereinigung*. 2 Bde. Frankfurt am Main: S. Fischer.

Orsucci, Andrea (1994): „Unbewusste Schlüsse, Anticipationen, Übertragungen. Über Nietzsches Verhältnis zu Karl Friedrich Zöllner und Gustav Gerber". In: Tilman Borsche/Federico Gerratana/Aldo Venturelli (Hrsg.): *Centauren-Geburten. Wissenschaft, Kunst und Sprache beim frühen Nietzsche*. Berlin, New York: De Gruyter, S. 193–207.

Parkes, Graham (1999): „Nietzsche and Jung. Ambivalent appreciation". In: Jacob Golomb/ Ronald L. Lehrer/Weaver Santaniello (Hrsg.): *Nietzsche and Depth Psychology*. Albany: State of New York Press.

Reuter, Sören (2004): „Reiz – Bild – Unbewusste Anschauung. Nietzsches Auseinandersetzung mit Hermann Helmholtz' Theorie der unbewussten Schlüsse in ‚Über Wahrheit und Lüge im außermoralischen Sinne'". In: *Nietzsche-Studien* 33, S. 351–372.

Salaquarda, Jörg (1984): „Studien zur Zweiten Unzeitgemäßen Betrachtung". In: *Nietzsche-Studien* 13, S. 1–45.

Schlimgen, Erwin (1999): *Nietzsches Theorie des Bewusstseins*. Berlin, New York: De Gruyter.

Wolff, Hans Matthias (1956): *Friedrich Nietzsche. Der Weg zum Nichts*. Bern: Francke.

Jutta Georg

Ein tanzender Gott

Das Dionysische als Metapher des Unbewussten bei Nietzsche

Nietzsche hat vor Freud schon relevante Einsichten der Freudschen Theorie formuliert, die Triebdominanz, das Unbewusste etc. In *Jenseits von Gut und Böse* schreibt er: „Gesetzt, dass nicht Anderes als real ‚gegeben' ist als unsre Welt der Begierden" (JGB 36, KSA 5, S. 54). Er schreibt über die Schwäche des Bewusstseins, die Nichttransparenz gegenüber den eigenen Willens- und Handlungsorientierungen und damit die Macht des Unbewussten, und man findet auch den Terminus Es in *Jenseits von Gut und Böse*, wo er ihn mit dem Hinweis versieht, dass die Denkprozesse einem Rhythmus folgen, der nicht vom Ich gesteuert werden kann, denn „Es denkt". 1873 in *Ueber Wahrheit und Lüge im aussermoralischen Sinne* notiert er, dass der Mensch nichts von sich selber wisse, weil ihm die Natur das allermeiste verschweige, und so ruhe der Mensch „[...] auf dem Rücken eines Tigers in Träumen hängend. Woher, in aller Welt, bei dieser Constellation der Trieb zur Wahrheit!" (WL, KSA 1, S. 877). Im ersten Teil von *Menschliches, Allzumenschliches* unter der Überschrift „Selbstbeobachtung" lesen wir: „Der Mensch ist gegen sich selbst, gegen Auskundschaftung und Belagerung durch sich selber sehr gut vertheidigt, er vermag gewöhnlich nicht mehr von sich als seine Aussenwerke wahrzunehmen." (MA I, KSA 2, S. 318 f.)

Aber es gibt auch manifeste Differenzen, nicht nur hinsichtlich der Möglichkeit einer Umwertung aller Werte, die Freud nicht anstrebte, und die er für illusorisch gehalten hätte, hinsichtlich der Einflusssphäre eines Willens zur Macht, den Nietzsche als das eigentliche Antriebsziel des Menschen begreift und nicht die Lust. In *Jenseits von Gut und Böse* schreibt er:

> Gesetzt endlich, daß es gelänge, unser gesammtes Triebleben als die Ausgestaltung und Verzweigung Einer Grundform des Willens zur erklären – nämlich des Willens zur Macht, [...]; gesetzt, dass man alle organischen Funktionen auf diesen Willen zur Macht zurückführen könnte, [...] so hätte man damit sich das Recht verschafft, alle wirkende Kraft eindeutig zu bestimmen als: Wille zur Macht. Die Welt von innen gesehen, die Welt auf ihren ‚intelligiblen Charakter' hin bestimmt und bezeichnet – sie wäre eben ‚Wille zur Macht' und nichts außerdem. (JGB 36, KSA 5, S. 55)

Ich will zeigen, dass Nietzsche über seine Metaphorik des Dionysischen eine Semantik des Unbewussten entwirft und diese kreativ zum Einsatz bringen will. In Freuds Theorie scheint mir der Begriff des Es für das Dionysische, als

Kompendium unbewusster Triebe relevanter zu sein als der des Unbewussten, weil dort die Triebe und nicht die Verdrängungen zentral thematisiert sind. Freud bestimmt das Es als den ‚unzugänglichen' Teil unserer Persönlichkeit, ein „Chaos, ein Kessel voll brodelnder Erregungen", dem Lustprinzip gehorchend, das weder Wertungen, noch ein Gut und Böse und keine Moral kennt. Das Es will eine sofortige und vollständige Befriedigung. Es kann keine Spannung aushalten, es kennt keine zeitliche oder räumliche Begrenzung, es kann gegensätzliche Triebansprüche konfliktfrei beherbergen, sein Inhalt ist genetisch determiniert, es ist ein Stück des Erbes der Menschheitsgeschichte. Für Freud ist das Es unser Wesenskern.

Für Nietzsche zeigt sich das Unbewusste in seiner dionysischen Konnotation als ein kreativer und destruktiver Rausch. Ich werde mich nach einer ersten Vergewisserung von Nietzsches Begriff des Dionysischen, in einem zweiten Schritt der Differenzierung dieses Begriffs in die Topoi Rausch, Tanz und Fest widmen, um dann in einem dritten abschließend kritisch seine Metathematisierung in Nietzsches Philosophie, durch den Begriff des Tragischen und den Topos des Amor Fati, erörtern.

1 Das Dionysische

Nietzsches Begriff des Dionysischen ist, trotz seiner wechselnden Semantik in seinem Werk, nicht nur von zentraler Bedeutung für seine Philosophie, sondern sowohl in seiner kritischen als in seiner fundierend-kreativen und seiner destruktiven Potenz so etwas wie eine sich durchziehende Linienführung, freilich eine, die nicht zu einer Systematik führt oder gar führen soll. Dies unterstellt auch Georges Goedert, wenn er ausführt, dass seit *Die Geburt der Tragödie* das Dionysische in Nietzsches Philosophie für das Leben in seiner rauschhaften Verzückung und in seinem Schrecken einsteht (vgl. Goedert 1988). Ich schicke voraus, dass es mir bei meiner Diskussion des Dionysischen weder um die Relation zum Apollinischen geht, noch um die Übereinstimmung seiner Semantik des Dionysischen mit den Kulten in der Antike. Ich versuche zu zeigen, dass Nietzsches Begriff des Dionysischen – und ich beziehe mich hierbei vorrangig, wenn auch nicht ausschließlich, auf die Schriften ab *Jenseits von Gut und Böse* und den Nachlass – eine Metaphorik des Unbewussten entwirft. Er will den Kessel voll Energie für eine tragisch bejahende Existenz weniger Übernaturen, im Wesentlichen hat er dabei die Künstler im Blick, furchtbar machen, um so eine umfassende Umwertung zu erreichen. Man kann also folgern, dass Nietzsche mit dem Begriff des Dionysischen die höchste Form der

Bejahung präsentiert, die umfassende, diejenige, die so kraftvoll ist, dass sie den Schrecken und die Gewalt bejaht.

> In alle Abgründe trage ich noch mein segnendes Jasagen ... Aber das ist der Begriff des Dionysos noch einmal. (EH Zarathustra 6, KSA 6, S. 345)

> [...] Der Reichste an Lebensfülle, der dionysische Gott und Mensch, kann sich nicht nur den Anblick des Fürchterlichen und Fragwürdigen gönnen, sondern selbst die fürchterliche That und jeden Luxus von Zerstörung, Zersetzung, Verneinung; bei ihm erscheint das Böse, Unsinnige, Hässliche gleichsam erlaubt, in Folge eines Ueberschusses von zeugenden, befruchtenden Kräften, welcher aus jeder Wüste noch ein üppiges Fruchtland zu schaffen im Stande ist. (FW 370, KSA 3, S. 620)

Noch in *Ecce homo* kommt er im Rückblick auf den Zarathustra erneut auf den Zusammenhang zwischen dem Dionysischen und der Lust am Vernichten zu sprechen, und notiert die berühmte Formel von der Härte des Hammers, den die Schaffenden brauchen. Unplausibel ist es nicht, anzunehmen, dass die Umwertungen, die Welt noch einmal, die Nietzsche anstrebt, nicht ohne Gewalt zu erreichen sein werden. Aber die Frage, inwieweit es plausibel ist, dass diese Triebe jenes üppige Fruchtland zu schaffen vermögen, muss diskutiert werden. Ist es nicht weitaus naheliegender zu unterstellen, dass das unreglementierte Ausleben der destruktiven Triebe nichts anderes als Zerstörung zeitigen kann? Nietzsche räumt seinem tanzenden Gott diesen Spielraum ein, weil ihm die Zerstörung als Voraussetzung für Neues unverzichtbar ist. Und selbst wenn nur Wenige dieses Neue überhaupt leben oder erleben können, ist die Zerstörung dennoch legitimiert, weil sie das Gesamtquantum der Macht steigert und damit dieses üppige Fruchtland schafft. In dieser Hinsicht kann man die Semantik des Willens zur Macht mit der des Dionysischen analog setzen. Und deshalb braucht Nietzsche das Dionysische, auch wenn er die Potenzen des Unbewussten nicht – wie Freud – für eine Entschlüsselung der Neurosen, für eine individuelle Therapie einsetzen will.

Ecce homo endet mit dem Ruf: „Dionysos gegen den Gekreuzigten ...“ (EH Schicksal 8, KSA 6, S. 374). Der Gekreuzigte steht für all das, was er mit dem Dionysischem überwinden will; Triebunterdrückung, Religion und Moral, Wahrheit und Vernunft, Nihilismus und Dekadenz. Der Gekreuzigte als Inbegriff des Selbstopfers für die anderen, als Inkarnation des Mitleidens, ist für Nietzsche ein Symbol der Schwäche und damit eines der Degeneration. Er steht für das Jenseits und damit für die Entwertung des Diesseitigen, des Irdischen; eine Treuelosigkeit gegenüber der Erde und den Potenzen des Organischen. Ein sich selbst Opfernder ist er, und damit Ansporn und Vorbild für die anderen, ebenfalls bereit zu sein, sich für den Glauben zu opfern. Und diesem Gekreuzigten stellt er Dionysos gegenüber, und somit verkörpert das Prinzip des Dionysischen sui generis die Kritik an den Kräften und Systemen der Verneinung. Es soll das nicht aufzuhaltende, kraftvolle Opponieren gegen die degenerativen und nihilistischen Implikationen des Nein, der Reaktion, des Ressentiments, der Schwächung, Verkleinerung, des Überdrusses, der Abkehr vom Leben, der Minimierung der Energie, sein. Weiterhin und gleichursprünglich begreift er das Dionysische als den Motor der Steigerung des Energiepotenzials, für ein Leben in der Bejahung, das durch die unbewussten Energien realisiert werden soll. Sie sind dieser Motor, der nicht abgestellt werden kann, weil die unbewussten Wünsche niemals aufgeben, das hat auch Freud unterstellt; auch ein sublimierter Wunsch und eine entsprechende Ersatzbefriedigung führen nicht zur Vernichtung des Energiepotenzials, oder, um mit Nietzsches zu reden, des Willens zur Macht. Der verdrängte Trieb gibt niemals auf. Anders als Freud sieht Nietzsche unser gesamtes Triebleben als Ausgestaltung eines Willens zur Macht, eine Konzeption, die die Dynamik einer unablässigen, endlosen Steigerung, eines Übersichhinausmüssens, -sollens und -wollens vertritt. Ein Prinzip, das einerseits für den Werdecharakter des Organischen einsteht und andererseits die Dynamik des Unbewussten und damit auch die des Dionysischen symbolisiert.[1] Die höchste Form der Dynamik und gleichermaßen die höchste Form der Bejahung drücken sich im Wiederkunftsgedanken aus. Und so kann man folgern, dass erst der Gedanke der ewigen Wiederkehr des Gleichen als Wille zur Macht den tatsächlichen ethischen und ästhetischen Auftrag des Dionysischen und des Tragischen benennt: Das Dasein in seinem leidvollen Charakter nicht nur umfassend zu bejahen, sondern die Bejahung in die Perspektive des noch einmal, vielleicht viele Male, unendlich viele Male, zu stellen. Wenn sich so das Ja gegen das Nein durchsetzt, kann die Umwertung schon negierter Kräfte erfolgen, so Nietzsches Perspektive. Er unterstellt eine Eingriffsmöglichkeit der dionysisch bejahenden Elite im Wiederkunftsgedanken, nicht dass sein Determinismus außer Kraft gesetzt werden kann, aber Bejahung oder Verneinung entscheiden noch einmal über eine Steigerung oder Minimierung der Machtpotenziale. Das starke Individuum hat Verantwortung gegenüber dem Willen zur Machtgeschehen, und seine Handlungen stehen in einem ethischen Kontext individueller Verantwortung, von der auch das Gesamtgeschehen zwangsläufig tangiert ist.

Ich komme zurück zur Archäologie des Dionysischen in seinen anderen Hinsichten: Zum Dionysischen gehört zentral der Begriff der Lust. Nietzsche

---

1 Die fundamentale Bedeutung des Dionysischen für Nietzsche Philosophie erkennt auch Jendris Alwast (1975, S. 49 f.): „Das Dionysos- Symbol [...] den Willen zur Macht, die Formel der höchsten Bejahung im Gedanken der ewigen Wiederkehr des Gleichen, den philosophierenden Gott, [...] und die Imagination des Übermenschen."

spricht vom autonomen Wirken und Wollen, vom Agieren der Lust, und begreift sie als endloses Begehren. Freud versteht Lust nicht als einen vom Ich unabhängigen Erregungszustand, er deutet sie als Spannungsverminderung, eine Umwandlung von Unlust – Spannungssteigerung – in Lust. Nietzsche geht es aber geradezu um eine Erhöhung der Spannung, obwohl oder gerade weil er Lust auch als ‚eine Art des Schmerzes' begreift. Undenkbar ist für Freud eine Rangordnung im Lustgefühl, die einer physiologischen Rangordnung der Individuen entspricht. Auch dass Nietzsche Lust nur als ein Symptom vom Gefühl der erreichten Macht begreift, kann Freud nicht akzeptieren. Damit ist die Lust – der Wille zum Mehr liegt für Nietzsche im Wesen der Lust – wie der Wille zur Macht auch dem Modus des Übersichhinausmüssens unterworfen. Das heißt, es geht um Spanungsintensivierung und nicht um ihr Gegenteil. Demgegenüber könnte Freud zugeben, dass Lust und Unlust „Schlussphänomene" sind, keine Ursachen, denn die Ursache für ihr Empfinden ist bei Freud der Trieb, als Repräsentant des Reizes. Nietzsche und Freud sehen Unlust und Lust in einer quantitativen Relation zueinander gestellt. Nietzsche begreift sie sogar als Urteile, die bewerten, was das Machtgefühl fördert. Und dieser Dynamik entspricht der tragisch-dionysische Künstler authentisch. Er ist in seinem Schaffen aufgegangen, ist ganz Werden und entspricht damit den Naturgesetzen, ist vollständig Wille zur Macht. Dies gelingt dionysischem Kunstschaffen durch die Materialisation der unbewussten Wünsche. Die dionysische Entgrenzung ist – analog der des Unbewussten – eine fließende, nicht endende Dynamik der Steigerung und Selbststeigerung. Sie verdankt sich den unbewussten Energien, denen sie sich überlässt, indem sie sie zulässt.[2] In *Ecce homo* schreibt er im Rückblick auf *Die Geburt der Tragödie*, mit dem Wort dionysisch habe er die umfassendste Form der Bejahung ausdrücken wollen, auch zur Opferung seiner „höchsten Typen", um der ewigen Lust am Werden zu entsprechen, die auch noch die „Lust am Vernichten in sich schliesst ..." (EH GT 3, KSA 6, S. 312). Diese Lust am Vernichten kann nur auf unbewusste Potenzen und Wünsche zurückgeführt werden. Das Dionysische als Metapher des Unbewussten ist ein „verzücktes Jasagen zum Gesammt-Charakter des

2 „Vorzugsweise im entgrenzenden Moment des ‚Dionysischen' werden Struktur und Funktionen der Ekstasis ist deutlich. Nicht die Regression ins Chaos, sondern das Sichtbarwerden der Grenze als Grenze und die damit verbundene Erfahrung der Fragilität und Bedrohbarkeit der Form sind eigentlicher Sinn des diesbezüglichen ästhetischen Verhaltens. So gesehen bestünde die dem ‚Dionysischen' implizite Weisheit im Verzicht auf die alltäglich praktizierte Schematisierung der Erfahrung nach den jeweils bestehenden Kategorien der apollinischen Formen und Bilderwelt zugunsten ihrer affektiven Überschreitung" (Müller 2005, S. 53).

Lebens, als dem in allem Wechsel Gleichen, Gleich-Mächtigen, Gleich-Seligen; [...]“ (NL 1888, KSA 13, 14[14], S. 224).

Nietzsche braucht gerade die destruktiven Triebe, weil sie das letzte und einzige Potenzial sind, das Verneintes zerstört, um Neues zu schaffen, und weil sich weitergehend über ihr unreglementiertes Ausleben eine uneingeschränkte Bejahung einstellt. Und diese kann nicht angestrebt werden, sie ergibt sich vielmehr quasi naturhaft als ein eigenlogischer Prozess, der Individuelles aufsaugt. Deshalb sieht Nietzsche im Dionysischen ein Prinzip der Einheit.

> Mit dem Wort „dionysisch“ ist ausgedrückt: ein Drang zur Einheit, ein Hinausgreifen über Person, Alltag, Gesellschaft, Realität, als Abgrund des Vergessens: das leidenschaftlich-schmerzliche Überschwellen in dunklere, vollere, schwebendere Zustände; ein verzücktes Jasagen zum Gesammt-Charakter des Lebens, [...] die große pantheistische Mitfreudigkeit und Mitleidigkeit, welche auch die furchtbarsten und fragwürdigsten Eigenschaften des Lebens gutheißt und heiligt; aus einem ewigen Willen zur Zeugung, zur Fruchtbarkeit, zur Ewigkeit heraus: als Einheitsgefühl von der Nothwendigkeit des Schaffens und Vernichtens [...]. (NL 1888, KSA 13, 14[14], S. 224)

Da er eine maximale Intensivierung des Begehrens über ein dionysisches Noch ein Mal will, wohl wissend, dass damit auch eine Intensivierung des Leidens verbunden ist, handelt es sich um das Votum für eine Akzeptanz des Leidens, die nur von starken Naturen ertragen werden kann, mit der sie aber zugleich ihre Lebenskraft steigern. Die kraftvolle, schaffende Bewältigung des Lebens, als ein chaotisches Werden, wird zum Prüfstein für die Starken. „Die Lust am Chaos zeichnet den höheren Menschen aus“ (Goedert 1988, S. 156).

2 Das Dionysische als Kunst. Rausch, Tanz und Fest

Im Sommer 1888, wenige Monate vor dem Zusammenbruch, notiert er: „Die Kunst als einzig überlegene Gegenkraft gegen allen Willen zur Verneinung des Lebens, [...] Die Kunst als die Erlösung des Leidenden, – als Weg zu Zuständen, wo das Leiden gewollt, verklärt, vergöttlicht wird, wo das Leiden eine Form der großen Entzückung ist.“ (NL 1888, KSA 13, 17[3]2, S. 521) Diese Verklärung und Vergöttlichung des Leidens gelingt dionysischer Kunst. Ganz anders als Nietzsche begreift Freud die als Kunst ein Resultat von Sublimationen. Als Kulturwesen sublimieren wir, ohne dieses Vermögen bleiben wir in einem archaischen Zustand ungezügelter sexueller und destruktiver Begierden. Bei Freud ist es der sexuelle Trieb, der nicht direkt befriedigt und dessen Energie in Kunstwerke umgewandelt werden kann. In dieser Fähigkeit zur Sublimierung sieht er der Kultur Kraftpotenziale zuwachsen, weil der sublimierte Trieb zwar sein Ziel verschoben habe, dabei aber keinen Intensitätsverlust erleide. Obwohl er die Sublimierung keineswegs als psychoneurotischen Vorgang sieht, spricht er von einem Zwang und einem Ersatz im Unterschied zur primären Befriedigung. Damit wird die primäre Befriedigung gegenüber der Sublimation als die einzig „reale" angesehen. Jede kulturelle Leistung ist das Ergebnis von Sublimation, und Freud bewertet diese Leistung sehr hoch. Ein unreglementiertes, hedonistisches Triebleben hat er sich nicht gewünscht. Es war ihm bewusst, dass es ohne Verschiebung der Triebziele, ohne Verdrängung und Sublimation, keine Kultur geben kann.

In seiner Semantik des Dionysischen interessiert sich Nietzsche nicht zuletzt für die ästhetische Dimension der Machtsteigerung und damit für den produktionsästhetischen Aspekt der Kunst. Seine Antihaltung zum Kunst*werk* zielt auf die Verengung und Abgeschlossenheit, die die produktive Kraft des Künstlers hier erfährt. Er wendet sich gegen die Stillstellung der Potenzen im Werk.[3] Dem Stillgestellten setzt er das Unabgeschlossene, das Moment des Transzendierens, wie es sich in Rausch, Fest und Tanz materialisiert, entgegen. Die ekstatische Dimension des ästhetischen Schaffens kann kein Stillgestelltes akzeptieren. Ekstase und Unbewusstes sind nicht stillzustellen. Im Rausch sei die Stärke allein aus Lust an ihr vorhanden, sie zeige sich als Muskelspiel, und es walte dort eine Indifferenz gegen Leben und Tod (vgl. GD Streifzüge, KSA 6, S. 117). Dionysische Kunst, als Sphäre des Ja sagenden Scheins, ist Willen zur Macht in der schönsten Form des ekstatischen Ja, sie bejaht damit die Schönheit der Triebprodukte und erlöst dabei nicht zuletzt unsere Triebnatur.

> Jenes Vollkommen-machen, Vollkommen-sehen, welches dem mit geschlechtlichen Kräften überladenen cerebralen System zu eigen ist, [...] andrerseits wirkt jedes Vollkommene und Schöne als unbewußte Erinnerung jenes verliebten Zustandes und seiner Art zu sehen – jede Vollkommenheit, die ganze Schönheit der Dinge erweckt durch contiguity die aphrodisische Seligkeit wieder. [...] Die vollkommen gewordene Welt, durch ‚Liebe'... (NL 1887, KSA 12, 8[1], S. 325 f.)

Und haben wir hier nicht eine Sentenz, die über den Begriff der Erinnerung als Bebilderung des Freudschen Begriffs der infantilen Szene gelesen werden

3 NL 1881, KSA 9, 11[170], S. 506: „Ich will gegen die Kunst der Kunstwerke eine höhere Kunst lehren: die der Erfindung von Festen."
FW 89, KSA 3, S. 446: „Jetzt und ehedem. Was liegt an aller unsrer Kunst der Kunstwerke, wenn jede höhere Kunst der Feste abhanden kommt! Ehemals waren alle Kunstwerke an der grossen Feststraße der Menschheit aufgestellt, als Erinnerungszeichen und Denkmäler hoher und seliger Momente. Jetzt will man mit den Kunstwerken die armen Erschöpften und Kranken von der grossen Leidensstrasse der Menschheit bei Seite locken, für ein lüsternes Augenblickchen; man bietet ihnen einen kleinen Rausch und Wahnsinn an."

kann? Der unbewusste Wunsch nach Vereinigung, Nietzsche nennt es die vollkommen gewordene Welt, ist immer an die infantile Szene gebunden. Die genuine Intention des unbewussten Wunsches sucht nach Freud ihr Befriedigungserlebnis analog den Gesetzen des Primärvorgangs, was scheitern kann, wobei aber die Wünsche in ihren Energiepotenzialen selbst nicht tangiert werden, weil die unbewussten Vorgänge unzerstörbar sind.

Nietzsche will die Vollkommenheit der Welt durch die Kunst in ihrer dionysischen Dimension erreichen. Nur mit der Kunst gelinge es das Chaos unserer eigenen Natur, mit Freud gesprochen, unsere Triebnatur, zu bejahen; dann wird man der, der man ist. Mit der schöpferischen Dimension des Chaos ist eine von den Projektionen des humanistischen Mythos und den Mythenbildungen der Vernunft erlösende Potenz benannt. Die tragischen Künstler können „ihre eigene Mächtigkeit und Selbsterlösung noch den Dingen zu Gute kommen lassen". Darin liegt seine Größe, dass er „die Ökonomie im Großen bejaht, welche das Furchtbare, Böse, Fragwürdige rechtfertigt, und nicht nur ... rechtfertigt" (NL 1887, KSA 12, 10[168], S. 557).

Georg Picht unterstellt, dass Nietzsche den Künstler deshalb zu einer „repräsentativen Gestalt des Menschen" macht, weil eine bejahende Existenz in einem Schaffen besteht, das über sich „hinaussteigt, indem es Bedingungen schafft, unter denen neue Formen des Schaffens möglich werden" (Picht 1984, S. 155 f.). Diese Bedingungen sind mit den dynamisch sich steigernden Gesetzmäßigkeiten des Willens zur Macht zu identifizieren. Es scheint, als habe sich der Willen zur Macht den Künstler als Figur erkoren, als ereigne sich im Kunstschaffen nichts als jene Machtauslassungsorgien, die den Künstler gleichsam als Exekutionsinstanz benötigen. Dass der tragische Künstler in der nicht mehr kontrollierbaren Rauschdynamik auch Böses, Grausames und Schreckliches schafft, ist deshalb legitimiert, weil er nicht nur die kurz- und mittelfristigen Folgen sieht, sondern sie als notwendigen Bestandteil eines großen Zusammenhangs erfasst und weiß, dass diese Widrigkeiten in all ihren Schattierungen unverzichtbar sind, gleichsam der Nährboden ihres Gegenteils. Das Dionysische macht die Künstler*natur* durch ihren unbedingten Willen und Mut sich all ihren Triebdimensionen zu stellen, stärker als jeden anderen Willen zur Macht.

Bedingt durch die Triebrealisation in der Kunst, so wie Nietzsche sie versteht, erheben diese ästhetischen Prozesse keinerlei Anspruch auf Wahrheit. Als Realisationen des Unbewussten sind sie Ästhetisierungen des Scheins und damit in der Wirklichkeit authentisch angekommen, denn die vom Bewusstsein perzipierte sogenannte Realität existiert nicht. Wenn wir die dionysische Kunst als kreativ-ästhetische Scheinwelt begreifen, dann werden wir auf ihre Energiequelle verwiesen, auf die unbewussten Energien. Vor diesem Hintergrund liegt es sehr nahe, die dionysische Kunst als eine, die dem Schein zuarbeitet, zu charakterisieren; denn das Unbewusste als überdeterminiertes, vielfältiges und vieldeutiges Kompendium der Triebe, kann zu keinen anderen Materialisationen fähig sein als scheinhaften, jedenfalls dann nicht, wenn wir sie vor dem Richterstuhl des Bewusstseins klassifizieren: Ihnen fehlen die Raum-Zeit-Dimension und die Widerspruchslosigkeit. Wir leben im Schein, in verschiedenen Schattierungen von Scheinbarkeit. Im Herbst 1887 schreibt Nietzsche unter der Überschrift: „Aesthetica" über den ästhetischen Zustand:

> Letzterer tritt nur bei solchen Naturen ein, welche jener abge[ben]den und überströmenden Fülle des leiblichen vigor überhaupt fähig sind; in ihm ist immer das primum mobile. Der Nüchterne, der Müde, der Erschöpfte, der Vertrocknete (z. B. ein Gelehrter) kann absolut nichts von der Kunst empfangen, weil er die künstlerische Urkraft die Nöthigung des Reichthums nicht hat, wer nicht geben kann, empfängt auch nichts. (NL 1887, KSA 12, 9[102], S. 393)

Diesen leiblichen vigor kann man als einen dionysischen Drang bezeichnen, einen, der sich entladen muss, und der durch seine Entladung in künstlerischer Dimension wiederum Energien abgibt und weitergibt. Zuzustimmen ist Rudolf Reuber, dass es bei Nietzsche um eine Fokussierung auf ästhetische Lebensformen geht. „Für Nietzsche steht also nicht mehr der *Künstler* als Werk-Schaffender im Mittelpunkt, sondern *als Kreatur einer künstlerischen Lebensform.*" (Reuber 1989, S. 102) Weil der Rausch gleichzusetzen ist mit Kraftsteigerung und Fülle, zwinge „man die Dinge [...] von uns zu nehmen, man vergewaltigt sie" (GD Streifzüge 8, KSA 6, S. 116). Wenn wir uns die Frage stellen, was Nietzsche mit einer Vergewaltigung der Dinge im Rausch meint, so glaube ich, er wünscht. dass man von allem Kleinen und Nebensächlichen absieht, um die wesentlichen, die Kraft steigernden Hinsichten an den Dingen, man könnte auch sagen die Hinsichten, in denen sich ein bejahender Wille zur Macht zeigt, erhalten zu können. Was im Rausch nicht vernichtet wird, das sind die Triebenergien. Sie verschmelzen mit dem was Bestand hat in den Dingen.

Nietzsche verwendet das Dionysische zur Charakterisierung einer Kunst, die es versteht, sich das Energiepotenzial des Unbewussten zunutze zu machen, sodass die Kräfte der Verneinung überwunden werden können. Gegen sie stellt er die Potenz der unbewussten Energien. Dass die Bejahung des Schreckens durch physiologische Stärke ermöglicht wird, ergibt sich, weil nur sie in ihrer Amoralität, Asozialität und Inhumanität die Potenz zur Abkehr von einer instinktiven Ablehnung gegenüber dem Schrecken besitzt. Darum ist es eine Frage der Kraft, ob man ein tragischer Künstler sein kann. Und diese Kraft gewinnt der Künstler im bejahenden Bezug auf unbewusste Triebe, auf sein dionysisches Potenzial. Nietzsche knüpft an sein Argument an, dass Triebunterdrückung zum Nihilismus führe. Eine effiziente Umkehr gelingt nur durch Triebrealisation und zwar im gesteigerten Modus des Dionysischen. In dieser Perspektive wirkt der Bezug auf die unbewussten Energien auch als ein Therapeutikum, wenn auch in einer anderen Dimension als bei Freud. Nietzsche benötigt das Therapeutikum der dionysischen Kunst, weil durch die ästhetische Lebensform und den Rausch wirksame Mittel gegen Nihilismus und Dekadenz zum Einsatz kommen. Selbst wenn wir Nietzsches Anliegen, Mensch und Welt von Triebunterdrückung zu befreien, teilen, fragt sich, ob das von ihm gewählte Therapeutikum tatsächlich das Mittel der Wahl sein kann. Wenn er den Rausch, gerade auch in seiner dionysisch gesteigerten Modifikation einsetzen will, um eine Befreiung der Triebe zu erreichen, findet sich keinerlei Orientierung dahin gehend, in welcher Weise die destruktiven Triebe, die Potenzen der Vernichtung, Gewalt und Brutalität, zum Einsatz kommen sollen. Aber ohne diese Orientierung kann weder plausibel gemacht werden, dass die destruktiven Potenziale tatsächlich auch das zerstören, was Nietzsche vernichtet wissen will, noch auch, wohin ein unreglementiertes Ausleben der destruktiven Potenziale führen würde. Kaum abzuweisen, dass hier Zerstörung pur ins Werk gesetzt werden würde. Weiterhin bleibt offen, inwieweit die libidinössynthetisierenden Triebe tatsächlich jenen konstruktiven Input liefern. Obwohl ich diese Gefahr für weitaus geringer erachte, zumal Nietzsche ja auch nichts anderes anstrebt als Machtsteigerung und von daher mit dem Ergebnis zufrieden sein dürfte. Jedenfalls müssen wir die Ambiguität eines Therapeutikums, das sich aus dionysischen Energien speist, nicht nur konstatieren, sondern geradezu fürchten. Andrerseits hat Nietzsche in seiner Genealogie akribisch und überzeugend ausgearbeitet, mit welcher Brutalität die herkömmlichen Instanzen der Moral und der Religion ans Werk gehen. Das bedeutet freilich nicht, dass es unter den Farben eines anderen Gottes, wenn auch mit einem anderen Auftrag, so weitergehen darf. Und in *Ecce homo* schreibt er, dass die „Lust selbst am Vernichten" und ein „werdet hart!" zum Dionysischen gehöre, weil „alle Schaffenden hart sind" (EH Zarathustra 8, KSA 6, S. 349). Und auch diese Beispiele machen einmal mehr deutlich, dass Nietzsche bei seiner Ausbuchstabierung des Dionysischen die fragwürdigen und furchtbaren Aspekte und die Notwendigkeit des Vernichtens besonders betont, weil er diese dämonische Seite des Dionysischen zumeist nach der synthetisierenden benennt. Bleibt zu spekulieren, ob er das bewusst getan hat, das würde ich bejahen, und was dieser wiederkehrende Hinweis für eine Funktion hat. In anderen Worten: Was ist die Botschaft? Ich unterstelle, dass seine Intention darin bestand, uns über die ungeheure Aufgabe und die immensen Opfer, die mit einer dionysischen Lebensweise verbunden sind, vollkommen aufzuklären. Dass er uns jegliche Illusion über dieses dionysische, vom Unbewussten gesteuerte Existieren nehmen wollte. Nur wenn wir zweifelsfrei wissen, was ein Leben ohne Triebunterdrückung bedeutet und vielleicht die Kraft haben, aus der Bejahung heraus zu leben, und die unbewussten Energien kreativ einsetzen, können wir diesen Weg einschlagen. Und möglicherweise hat er damit sogar eine besondere Sorgfaltspflicht an den Tag gelegt, denn wir Herdentiere sind die potenziellen Opfer der dionysischen Übernaturen. Wir, die Herdentiere, waren gar nicht gemeint, und die, die er im Auge hatte, die Übernaturen, denen war und ist unsere Angst fremd und unverständlich. Wir freilich sind letztlich nichts anderes, als eine degenerierte und dekadente, eine nihilistische geschwächte und religiös entkräftete, moralisch pervertierte Gattung, über die der dionysische vigor hinwegfegen wird und hinwegfegen muss. Wir Kleinlichen, in der Triebunterdrückung beheimatet, wir, die wir uns darin eingerichtet haben mit unseren Neurosen, mit unseren Halbwahrheiten, unseren illusionslosen Träumereien zu leben, wir sind nichts als der Sand im Getriebe, der weggespült wird. Und selbst unsere Mahnungen und unsere Ängste sprechen für nichts anderes als für unseren, von der Triebunterdrückung auf kleinste Karo reduzierten Charakter. Was uns fehlt, ist der Pessimismus der Stärke, der dionysische Pessimismus, der das dionysische Jasagen zur Welt und zum tragischen Dasein vollziehen kann, weil er weiß, dass aus der Zerstörung auch Neues hervorgeht, ja, dass es durch sie geradezu entsteht. Und deshalb reklamiert Nietzsche mit dem Rausch, auch in dessen zerstörerischer Dimension, auf eine geradezu ethisch abgestützte Befreiung, die aber auch den Untergang implizieren kann. Ohne die faux frais von Nietzsches dionysischem Rauschbegriff zu thematisieren, sagt Lypp über dessen Bedeutung: „Im Experimentieren mit den Elementardaten des Daseins liegt die Bedeutung von unwillkürlicher Entfesselung als solcher." (Lypp 1984, S. 368) Damit wird wohl unterstellt, dass diese Entfesselung per se eine wünschenswerte Aktion ist, auch wenn sie in keiner anderen Hinsicht und Weise eine Rechtfertigung erfahren kann. Hierzu noch einmal Lypp: „die rauschhafte Entfesselung von Bedeutsamkeit ist gleichzusetzen mit dem Freisein von jeglichem Ressentiment. Das ist die Bestimmung von Freiheit [...]" (Lypp 1984, S. 368). Damit ist freilich nichts über die Folgen des Auslebens dieser Potenzen gesagt. Folgen, unter denen wir leiden werden. Denn wir gehören nicht zu den starken Naturen, denjenigen, die dionysische Kunst erschaffen; diese Kunst ist eine von Solitären für Solitäre. Durch ihre Überfülle sind sie ausgezeichnete Medien des Dionysischen. Hans-Jürgen Gawoll identifiziert das Dionysische bei Nietzsche geradezu mit dem Begriff des Übermaßes (vgl. Gawoll 1989, S. 151). Als Daseiende kreieren sie die Kunst, indem sie ihre tragische Einsicht ästhetisch umsetzen. Wir können also folgern, dass durch die dionysische Kunst, die Naturanteile des Menschen und damit eben auch sein Unbewusstes, mit denen der anderen Menschen kommunizierten. Das Individuelle, das diese Solitäre durch die dionysische Kunst abzustreifen vermögen, wurde durch andere Instanzen gestiftet als durch ihr Unbewusstes; durch Erziehung, Kultur und die Zivilisation. Wenn aber Es spricht, schweigt die Individualität.

Der dionysische Rausch bietet die geforderte Erfahrungsdimension, über die Nietzsche die Botschaft und den Auftrag, die mit der Bejahung der ewigen Wiederkehr des Gleichen verbunden sind, transportieren kann. Er entspricht dem, den Ästhetik an den tragisch-dionysischen Künstler stellt: Vergesst und entäußert euch, überlasst euch anderen Sphären, taucht in sie ein, und geht in ihnen auf. In der *Götzen-Dämmerung* charakterisiert er den dionysischen Rausch als einen Zustand, indem das „gesammte Affekt-System erregt und gesteigert sei" (GD Streifzüge 10, KSA 6, S. 117). Und weil das „gesammte Affekt-System erregt" ist, ist der Rausch, wie Bernhard Lypp zurecht betont, ein „Zustand höchster Mitteilungsfähigkeit, in ihm bricht die Ursprache des Menschen durch" (Lypp 1984, S. 364). Und was könnte anderes damit gemeint sein als die Sprache des Unbewussten, die Nietzsche mit seiner Rauschmetaphorik für seine Physiologie der Kunst fruchtbar macht? Durch den Rausch, wie auch durch den Traum, wenn hier auch verrätselt, wie Freud dargelegt hat, spricht das Unbewusste zu uns; in synthetisierenden und destruktiven Metaphern. Was aber geschieht, wenn die Ichabwehr erodiert ist und die Über-Ich Zensur hinweggefegt wurde? Welche Sprachen sprechen dann zu uns, welche Sinnpotenzen wachsen uns dann zu? Und würde es so sein, dass uns damit neue Kräfte zur kreativen Umsetzung zur Verfügung stünden? Würde es so sein, dass wir uns umwertend und damit Kraft steigernd, auf die anderen und die Welt einlassen können? Könnten wir dann Kraft abgeben und damit Neues schaffen, und nicht zuletzt uns neu schaffen?

In Nietzsches Spätwerk findet sich über die Rauschmetaphorik daneben eine Bestimmung von Schönheit, die mit der Steigerung des organisch-physiologischen, des Willens zur Macht kongruent ist. Lypp sagt, dass in dieser Verschönerung und Verherrlichung von Dingen und Welt der Rausch gegen die asketische Variante der Ideale positioniert sei (vgl. Lypp 1984, S. 364). Kunst als Rausch, als Materialisation der Triebe und damit von Natur, ist Versöhnung mit der Natur, weil es sich um dasselbe Medium handelt. Und damit wäre der Rausch auch ein regressiver Modus der Versöhnung; die Einlösung der unbewussten Wünsche, die um mit Freud zu reden, der infantilen Szene entstammen. Kunstschaffen kann als rückhaltlose Verschwendung libidinöser und aggressiver Potenzen begriffen werden, um dem Gesetz maximaler Steigerung zu entsprechen; dann wird der Mensch Angehöriger einer höheren Sozialität. Das ekstatische Rauscherleben ist Transzendenz pur.

3 Das Dionysische als Metakontext: Amor Fati und tragische Bejahung

Wie aber steht das Dionysische zum Tragischen? Eine Analogie zwischen dem tragischen Gedanken und dem Dionysischen findet sich u. a. in „Was ich den Alten verdanke“ aus *Götzen-Dämmerung*. Am Ende dieser Schrift bezeichnet er sich als den letzten Jünger des Dionysos, als Lehrer der ewigen Wiederkunft. Er spricht vom Orgiasmus eines „überströmendes Lebens- und Kraftgefühls, innerhalb dessen selbst der Schmerz noch als Stimulans wirkt“ (GD Alten 5, KSA 6, S. 160). So habe er gelernt, was das tragische Gefühl sei. Steht auf der einen Seite das Dionysische als Füllhorn der Triebe, als Metapher des Unbewussten, so auf der anderen der tragische Gedanken, den Nietzsche hier mit dem Dionysischen analogisiert, und weitergehend identifiziert er das Dionysische mit der Wiederkunftslehre. Das verlangt nach einer Deutung, denn die Evidenz dieser Analogie liegt nicht auf der Hand. Der tragische Gedanke bewegt sich auf einer ganz anderen Ebene als das Dionysische, aber Nietzsche stellt ihn hier in einen kausalen Metakontext mit ihm. Diese Metakontextualität zwischen dem Dionysischem und dem Tragischen kann sich auf die Einsicht beziehen, dass die tragische Bejahung ihre höchste Ausgestaltung in der Bejahung der ewigen Wiederkehr erfährt. Das, was sie anstrebt, ist eine bedingungslose, rückhaltlose und sozial rücksichtslose Selbststeigerung. Nietzsches Begriff der Selbststeigerung, den die tragische Bejahung generiert, basiert auf einem Verhältnis der Nichtübereinstimmung zwischen dem Einzelnen und der Welt, das immer wieder neu austariert werden muss. Das Weltverhältnis des Einzelnen muss in der Aneignung umgewidmet und umgewertet werden. Die tragische Bejahung steht also in einem Verpflichtungs- und Verantwortungsverhältnis zum übergeordneten Prinzip des Organischen: des Dionysischen. Im Frühjahr 1888 unterstreicht Nietzsche einmal mehr seinen Anspruch eine Experimentalphilosophie formuliert zu haben, die in einem dionysischen Jasagen zur Welt bestehe.

> [...] wie sie ist, ohne Abzug, Ausnahme und Auswahl – sie will den ewigen Kreislauf, – dieselben Dinge, dieselbe Logik und Unlogik der Knoten. Höchster Zustand, den ein Philosoph erreichen kann: dionysisch zum Dasein stehn –: meine Formel dafür ist amor fati ... – Hierzu gehört, die bisher verneinten Seiten des Daseins nicht nur als nothwendig zu begreifen, sondern als wünschenswerth: und nicht nur als wünschenswerth in Hinsicht auf die bisher bejahten Seiten (etwa als deren Complemente oder Vorbedingungen), sondern um ihrer selber willen, als der mächtigeren, fruchtbareren, wahreren Seiten des Daseins, in denen sich sein Wille deutlicher ausspricht. (NL 1888, KSA 13, 16[32], S. 492 f.)

In dem berühmten Nachlassfragment vom Herbst 1887: „Mein neuer Weg zum ‚Ja'" überschrieben, in dem er ein Jasagen der Welt bis zur ihrer absoluten Wiederkunft und Ewigkeit fordert (vgl. NL 1887, KSA 12, 10[3], S. 455), liegen der eigentliche, man muss wohl sagen ethische Auftrag des Dionysischen und des Tragischen. Gawoll spricht vom dionysischen Imperativ Nietzsches, der „die unendliche Wiederholung aller Lebensmomente in der Zeit" (Gawoll 1884, S. 227) fordere. Und zu diesem Imperativ gehört auch die Haltung des Amor Fati. Nietzsche verschränkt in diesem Nachlassfragment den Topos des Dionysischen mit dem des Amor Fati. Unter diesen Topos versammelt er die Elemente eines Metakontextes, die er aus den unbewussten Wünschen und Trieben generiert, und nimmt für sich in Anspruch einer zu sein, der die Dinge verschönert. Freilich haben die Wünsche per se keinerlei Interesse an einer tragischen Bejahung oder einer Umwertung; sie sind nichts als Triebe, die auf Befriedigung drängen, ihnen fehlt natürlich der ganze Metakontext der Kritik und der Neuschaffung, den Nietzsche mit dem Dionysischen als Tragischem verbindet. Sie sind Energie pur, sei es als synthetisierend libidinöse oder als dissoziierend aggressive. Den Metakontext appliziert Nietzsche auf diese Triebpotenziale, um mit dem Dionysischen als Tragischem eine Umwertung aller Werte anstreben zu können. Dann wird es zum Prinzip eines neuen Horizonts, einer neuen, bejahenden, postmoralischen und postreligiösen Weltauslegung, eines strikt diesseitigen Daseinsentwurfs, bar jeder idealistischen Verklärungen. Und um das zu erreichen braucht es die Technik des Amor Fati. Sie ist für ihn eine besondere Liebe: tragisch und bejahend. Eine Bejahung des Lebens als Leiden als Verschönerung des Geschehens. Sie ist eine exklusive Perspektive, der es gelingt, die drei Dimensionen, Tragik, Bejahung und Verschönerung zu vereinen. Amor Fati soll keine fatalistische Haltung zum Leben sein; sie ist das Ergebnis einer über die Maßen geschärften Sensibilität, keine Hybris des Erkennenden, sondern die große Fähigkeit ganz nah am Geschehen zu sein, um ihm seinen Atem und Rhythmus abzulauschen. Um das zu erreichen, muss eine bestimmte Perspektive eingenommen werden, Nietzsche spricht in diesem Zusammenhang vom „hohen Punct der Perspektive".[4] Das tragische Ja als Amor Fati zeigt sich in diesem „hohen Punct der Perspektive" als Metakontext der unbewussten, der dionysischen Energien. Georg Picht behauptet, dass Nietzsche mit seinem dionysischen Pessimismus, dem Amor Fati, eine Liebe zum Untergang ausdrücke, denn Untergang ist die geschichtliche Selbstüberwindung, das Über-sich-Hinausgehen des Lebens (vgl. Picht

4 Siehe FW 277, KSA 3, S. 521 – „Es giebt einen gewissen hohen Punct des Lebens: haben wir ihn erreicht, so sind wir mit all unserer Freiheit noch einmal in der grössten Gefahr der geistigen Unfreiheit und haben unsere schwerste Probe abzulegen."–

1988, S. 357). In dieser Hinsicht wäre Amor Fati mit dem innersten Antrieb des Freudschen Thanatos zu analogisieren, dem Ende aller Spannungen, dem Nirwana, der Rückkehr zum Anorganischen, das früher war als das Organische, Endpunkt der größtmöglichen Regression. Am Ende seiner hochspekulativen Spätschrift *Jenseits des Lustprinzips*, lesen wir „Das Lustprinzip scheint geradezu im Dienste des Todestriebs zu stehen [...]" (Freud, 1969, S. 69). Auch wenn sich Pichts Deutung auf den ersten Blick konträr zu Nietzsches Anspruch an den Amor Fati stellt: Dass mit einer tragischen Bejahung des Lebens eine Lebenssteigerung intendiert ist, halte ich sie nicht für völlig unplausibel. Eine Lust am Untergang wohnt Nietzsches tragischen Pessimismus inne.

Nietzsches Metakontextualisierung des Dionysischen durch die tragische Bejahung ist eine Setzung, die sich aus den Potenzen des Unbewussten nicht ergibt. Er nimmt das Dionysische als Stoff und die tragische Bejahung als Form und glaubt damit eine Zustimmung erreichen zu können, weil die tragische Bejahung ja im Kern nichts anderes zu sein beansprucht als die Akzeptanz des faktischen Soseins. Weil die Welt dieses Ungeheuer von Kraft und unbewussten dionysischen Energien ist, kann man nichts anderes tun, als sie zu bejahen. Aus dem Unbewussten, aus dem Dionysischen kann er diese Botschaft und diesen Auftrag nicht nehmen, denn sie haben keine Botschaft. Das einzige Argument, das Nietzsche hat, und es scheint zunächst kein schwaches zu sein, lautet; So ist es und deshalb bejaht es. Nietzsches tragische Bejahung kann aus mehreren Gründen unter eine Strebensethik rubriziert werden. Ist in einer Sollensethik das Gute primär für den Anderen gut, so ist es in einer Strebensethik für den Handelnden gut. Für eine Ethik der Existenz als Selbstethik kann nur die Strebensethik zuständig sein: Sie gruppiert sich um die Selbstsorge; das Gute ist nur dann und nur insoweit gut, als es für mich gut ist, von mir gewollt wird. Nietzsches Figur der tragischen Bejahung als Anwendungsfall einer Strebensethik, die er ohne jede methodologische Berechtigung aus den Potenzen des Dionysischen und des Unbewussten extrahiert, beruht auf einem folgenreichen Paradigmenwechsel: Ersetzung der Vernunft durch Leibvernunft, die nur für einen radikalen Selbstbezug stehen kann. Mit den Potenzen jener leibphysiologischen Verankerung, in anderen Worten, mit den Kräften des Unbewussten sollen Leibfeindschaft und Triebunterdrückung erodieren, so heißt es in *Zur Genealogie der Moral*. Dort führt er aus, der Mensch gebe seine Bindungen an die reale Welt auf und bekämpfe gleichermaßen seine eigenen Triebe. Ihre Revitalisierung soll durch einen dionysischen Lebensvollzug ermöglicht werden. Auch Günther Gödde betont, dass Nietzsche die „trieb- und lustgesteuerten Quellen" des Lebens erkannte; so habe er „seine Theorie des Unbewussten leibphysiologisch verankert und damit eine triebtheoretische

Ausrichtung angebahnt."[5] Der Leib als Hort und Ort der Triebe ist also das Organ des Dionysischen, des Unbewussten. Im Leiblichen, in Begierden, Trieben und Wünschen äußert sich das Unbewusste, sie sind das Unbewusste. Nietzsches Leibmetaphorik ist Kritik am Vernunftparadigma, sie leitet einen Paradigmenwechsel ein. „Gibt es eine gefährlichere Verirrung als die Verachtung des Leibes? Als ob nicht mit ihr die ganze Geistigkeit verurteilt wäre zum krankhaft werden, zu den vapeurs des ‚Idealismus'!" (NL 1888, KSA 13, 14[37], S. 236). Um diesem „krankhaft werden" aktiv Einhalt zu gebieten, setzt er an die Stelle, die im abendländisch philosophischen Diskurs der Vernunft vorbehalten ist, den Leib als Inbegriff sinnlicher und triebhaft dionysischer, als Inbegriff unbewusster Potenzen. Das Unbewusste bekommt über seine Positionierung des Leibes einmal mehr die Funktion eines Therapeutikums. Damit dies wirksam werden kann, muss der Leib als Zentrum auftreten, so verändert sich die gesamte Statik des anthropologischen Diskurses, und genau das ist seine Absicht. Die leibliche Existenz steht nicht mehr unter den Verboten der Moral. Sie kennt keine Hierarchien, ist vielmehr ein Geflecht egalitärer Sinndimensionen. „Am Leitfaden des Leibes erkennen wir den Menschen als eine Vielheit belebter Wesen, [...] Die Gesammtheit des Menschen hat alle jene Eigenschaften des Organischen, die uns zum Theil unbewußt bleiben (zum Theil) in der Gestalt von T r i e b e n bewußt werden." (NL 1884, KSA 11, 27[27], S. 282) Und diesem Leiblich-Dionysischen stellt er die tragische Bejahung zur Seite, die für ihn eine verantwortungsvolle Haltung ist, ja das Privileg der starken bejahenden Natur ist seine Verantwortlichkeit. Von daher kann auch das leibvernünftige Individuum nicht allein eine dissoziierte Vielheit sein, denn es muss sich, soll es einen Perspektivenwechsel vornehmen, um bejahen zu können, zu Erfahrungen und Erlebnissen so positionieren können, dass es relativ autonom auf sie zu reagieren vermag. Eine leibvernünftige, individuelle Einheit nennt Nietzsche ein Selbst, das immerhin die Klugheit besitzt, Techniken zur Anwendung zu bringen, die – wenn wir ihm folgen –, es nicht schwächen, sondern stärken. Und damit hat Nietzsche ein manifestes Problem. Denn die fließende dionysische, im Rausch dissoziierte Existenz kann doch schwerlich noch eine Figur sein, die tragisch bejaht, die Bejahung vollziehen kann. Sie hat doch keinerlei Abstand zum Rausch, sie ist Rausch. Auch das Unbewusste kann unter gar keinen Umständen mit einer Haltung, einer Wertung, einer Bewertung oder gar einer Ethik in Beziehung gebracht werden. Das Unbewusste ist

---

5 Gödde (2005, S. 213): „Angesichts der Fülle und des Reichtums der entlarvenden Psychologie, die Nietzsche mit dem ihm eigenen Spürsinn für Unredlichkeit und subtile Abwehrprozesse entfaltet hat, kann man ihn in vieler Hinsicht als Vorbereiter der Psychologie des Unbewussten betrachten."

Trieb, Begierde und Wunsch, es ist animalitas und sonst gar nichts. Was ihn retten könnte, wäre zu unterstellen, dass rauschhaftes Geschehen und damit jeder Rausch per se Bejahung ist, weil er als Ekstase nichts anderes sein kann als Bejahung. Jedes ekstatisch entgrenzte Individuum ist zwar einerseits nahtlos mit der Rauschdynamik verschmolzen, bejaht damit aber andererseits dieses Geschehen, wenn auch nicht in einem starken Sinne, weil es ja keinerlei autonome Position im Rauschgeschehen geben kann, von der aus seine starke Bejahung möglich wäre. Damit wäre aber eine vollständige Kriterienlosigkeit ins Werk gesetzt. Weiter könnte Nietzsche argumentieren, dass im Rausch alles fest gefügte, potenziell aus Verneinungen entstandene, wieder verflüssigt, wieder in den Prozess des Werdens zurückgeholt wird. Trotz all diese Einwände nutzt Nietzsche seine Ausbuchstabierung des Dionysischen geradezu, um den Amor Fati mit Bildern zu versorgen, wie Bejahung verstanden werden soll, oder in seiner Perspektive, verstanden werden muss.

Unsere Haltung zum Dionysischen als Metapher des Unbewussten bleibt letztlich ambivalent: Wenn wir Nietzsches Semantik des Dionysischen als Prinzip der Kritik an Moral, Religion, Dekadenz und Nihilismus verstehen, dann überzeugt sie, weil es ihm gelingt, mit dem Dionysischen eine vitale Assoziationskette einer anderen Existenz zu gestalten, die zunächst verlockend erscheint: Eine, die das synthetisierende Potenzial des Unbewussten als kreative Energie zu nutzen versteht. Wenn wir das Dionysische aber in seinen destruktiven Potenzen betrachten, deren unreglementiertes Ausleben er an mehreren Stellen dezidiert fordert, dann wäre eine Zustimmung von uns, als den Opfern dieser Potenzen, nichts anderes als Masochismus. Unplausibel erscheint mir darüber hinaus, dass Nietzsche dieses Selbstopfer vor dem Hintergrund seines dionysischen Imperativs legitim einfordern kann. Wie könnte dann Dionysos noch wahrhaftig gegen den Gekreuzigten positioniert werden? Unsere Zustimmung zum dionysischen Exzess weniger Übernaturen, müssen wir ihm daher verweigern.

Literaturverzeichnis

Alwast, Jendris (1975): *Logik der dionysischen Revolte.* Meisenheim am Glan: Verlag Anton Hain.

Buchholz, Michael B./Gödde, Günter (Hrsg.) (2005): *Macht und Dynamik des Unbewussten Auseinandersetzungen in Philosophie. Bd.1: Medizin und Psychoanalyse.* Gießen: Psychosozial-Verlag.

Gawoll, Hans-Jürgen (1989): *Nihilismus und Metaphysik.* Stuttgart-Bad Cannstatt: Klett-Cotta.

Goedert, Georges (1988): *Nietzsche der Überwinder Schopenhauers und des Mitleids.* Würzburg: Königshausen und Neumann.

Freud, Sigmund (1969): *Gesammelte Werke*. Bd. 13. Frankfurt am Main: S. Fischer-Verlag.
Lypp, Bernhard (1984): „Dionysisch-apollinisch: ein unhaltbarer Gegensatz. Nietzsches ‚Physiologie' der Kunst als Version ‚dionysischen' Philosophierens". In: *Nietzsche Studien* 13, S. 356–373.
Müller, Enrico (2005): *Die Griechen im Denken in Nietzsches*. Berlin, New York: De Gruyter Verlag.
Picht, Georg (1988): *Nietzsche*. Stuttgart: Klett-Cotta.
Reuber, Rudolf (1989): *Ästhetische Lebensformen bei Nietzsche*. München: Wilhelm Fink Verlag.

II. Traditionslinien des Unbewussten

Martine Prange

The Influence of Schopenhauer's and Wagner's Theories of Dreams, Clairvoyance, and Ghost-Seeing on Nietzsche's Aesthetics of the Creative Genius

Introduction

In the Nietzsche-Wagner literature, it is often claimed that Nietzsche's friendship with Wagner was philosophically held together by their mutual interest in Schopenhauer's philosophy. It is also said that their philosophical aesthetics were strongly influenced by his metaphysics, pessimism, and philosophy of music. Less well-know is that Schopenhauer also exercised a considerable impact on Wagner and Nietzsche's aesthetics with his theories of dreams and clairvoyance as expounded in his essay 'Attempt at [proving and understanding] the seeing of spirits and what is linked to that' ('Versuch über das Geistersehn und was damit zusammenhängt').[1]

In what follows, I, first, make an analysis of this essay, focusing on the concepts 'dream-organ' and 'unconsious'. Second, I discuss Wagner's implementation of these Schopenhauerian concepts in his theory of the genius artist, as developed in his famous yet understudied 1870-essay *Beethoven*. There, Wagner presents Beethoven as a 'dreamer' and 'clairvoyant', claiming that the true genius combines the qualities of a dreamer and clairvoyant with those of 'the ultimate ghost-seer', which, according to him, is Shakespeare. In so doing, Wagner defines himself as the 'real genius', because he combines all these qualities, producing music-dramas. Third, I analyse Nietzsche's implementation of Wagner's views in *The Birth of Tragedy*, specifically in his presentation of Wagner as the genius artist who, similar to Aeschylus and Sophocles before him, successfully combines the visual dream qualities of 'Apollo' with the musical unconscious qualities of 'Dionysus'.

1 Kropfinger (1991, pp. 132–133) and Murphy and Roberts (2004, pp. 62–63) refer to Wagner's adoption of Schopenhauer's interpretation of the dreaming faculty briefly. I argue mostly against Bryan Magee, who refers to Wagner's adoption of Schopenhauer's dream theory briefly and inadequately (Magee 2000, pp. 253–254).

This will bring out an understudied Schopenhauerian and Wagnerian influence on Nietzsche's early aesthetics, revolving around the unconscious, dreams, and clairvoyance.

Schopenhauer's dream theory and his views on clairvoyance, ghost-seeing, and the genius artist

In his essay *Versuch über das Geistersehn und was damit zusammenhängt*, published in *Parerga and Paralopimena* volume one, Schopenhauer attempts to provide an *idealist* account of spiritual appearances ('Geistererscheinungen'), opposing the various *spiritual* accounts of this, amongst which is Kant's *Dreams of a Spirit-Seer* (*Träume eines Geistersehers*, 1766). In contrast to Kant, who mocked the metaphysicians by drawing a parallel between them and the spirit-seer Schwedenborg, the existence of clairvoyance ('Hellsehens') and 'animalistic Magnetism' were unmistakable to Schopenhauer (VG, pp. 277–278.) He seeks to give a *philosophical* explanation of their existence and reality by focusing on the pictures that our intuition ('anschauenden Intellekt') or brain ('Gehirn') perceives in comparison with pictures (or 'bodies', 'Körper') perceived by our senses ('äusseren Sinne'). 'Can pictures that are perfect and indistinguishable from those mediated by the senses appear before our intuition or brain?' Schopenhauer asks. The first indication for such a thing is *dreams*. Dreams, he says, differ from thoughts and products of our imagination in strength and authenticity:

> Our capability of representation *in the dream* outperforms our imaginations immensely; in dreams, every single intuitive item has a accuracy, perfection, and universalism including the most accidental features, just like reality itself [...]. (my translation, MP) [Unsere Darstellungsfähigkeit *im Traum* übertrifft die unsrer Einbildungskraft so himmelweit; jeder anschauliche Gegenstand hat im Traum eine Wahrheit, Vollendung, konsequente Allseitigkeit bis zu den zufälligsten Eigenschaften herab wie die Wirklichkeit selbst {...}]. (VG, p. 278.)

Against the pictures that our 'imagination' produces, dreams produce pictures that possess an 'objective intuition and corporeality' ('objektiven Anschaulichkeit und Leibhaftigkeit'), due to their involuntary and unsolicited nature – 'in any way in the purely objective, dramatic correctness of the characters and actions, which have given occasion to the flattering remark that each person is a Shakespeare, when he dreams' ('überhaupt in der rein objektiven dramatischen Richtigkeit der Charaktere und Handlungen, welche die artige Bemerkung veranlasst hat, dass jeder, während er träumt, ein Shakespeare sei'; VG,

p. 279.) Dreams produce such a particularly convincing illusion ('Täuschung') that they often appear as more real than reality itself. Some of these dreams are prophetic dreams, that 'speak the truth': 'After midnight, where one dreams truthfully' ('Nach der Mitte der Nacht, wo Wahres geträumt wird'; VG 1, p. 285.), quotes Schopenhauer from Horace's *Saturae* (Horace, Saturae 1, 10, 33).

Where do dreams come from? Given the unique nature of dreams, there must be a unique source, too, Schopenhauer reasons. Dreams are not the product of our fantasy or brain, because they are so different from fantastic images and thoughts. Hence, he concludes that there must be a *dream organ ('Traumorgan'*; VG, p. 289.) This *dream organ* also lies at the basis of prophecies or the act of *clairvoyance*. Schopenhauer considers messages from the future as 'memories' of dreams, i.e. 'truthdreams: [...] also of dreams that predict what happens in the distant future, there is, by way of exception, a memory, and this depends of course mainly on whether we wake up from such a dream immediately' ('*Wahrträume*: [...] auch von Träumen, die das in der Ferne Geschehende, ja das Zukünftige verkündigen, gibt es ausnahmsweise eine Erinnerung, und zwar hängt diese hauptsächlich davon ab, dass wir unmittelbar aus einem solchen Traum erwachen'; VG, p. 305.)

What about the 'perception of spirits', that the title of the essay mentions? Schopenhauer explains this as the phenomenon that we observe figures ('Gestalten'; VG, p. 329) with our dream organ, while being awake. We experience this as a hallucination, an 'apparition of a spirit' ('*Geistererscheinung*', VG, p. 329). These are projections of our inner organ in outer space, where external perceptions are not disturbing our vision (VG, p. 330). Again, the activity of the dream organ needs the 'decrease' ('*Depotenzierung*') of our sense organs. The dream organ produces an *'eidoolon,'* a picture of the one, who once was, in a sensitive person (VG, p. 343). The connection between the deceased person and the living person is established by the '*will to life*' ('*Wille zum Leben*'; VG, p. 371).

In this essay, Schopenhauer does not bring up the genius artist. Let me recall some key elements of his theory of the genius as unfurled in *The Worl as Will and Representation (Die Welt als Wille und Vorstellung)*. There, Schopenhauer says: 'always to see the universal in the particular is precisely the fundamental characteristic of genius'(WWV § 31, p. 379; 'Im Einzelnen stets das Allgemeine zu sehen, ist gerade der Grundzug des Genies'; WWV, p. 442.) and: 'objectivity alone qualifies one for becoming an artist' (WWV II, § 30, p. 374; 'Nur die Objektivität befähigt zum Künstler'; WWV II, p. 435.) The genius artist is directed at the objective and theoretical: 'for such a seriousness of the individual, falling outside him in the objective, is something foreign to human nature, something unnatural, properly speaking supernatural' (WWV II, § 31, pp. 384–385; 'Denn ein solcher außerhalb des Individu, in das Objektive fallender Ernst desselben ist etwas der menschlichen Natur Fremdes, etwas Unnatürliches, eigentlich Uebernatürliches'; WWV II, p. 448.) He further states that in his concentration on the objective, the genius artist resembles the child: 'every child is to a certain extent a genius, and every genius to a certain extent a child' (WWV II, § 31, p. 395; 'Wirklich ist jedes Kind gewissermaßen ein Genie, und jedes Genie gewissermaßen ein Kind'; WWV II, p. 461). What they share is 'naïveté and sublime ingenuousness' (WWV II, p. 461; 'Naivetät und erhabenen Einfalt').

Richard Wagner combines the genius artist's desire for the truth with the idea of 'truthdreams' ('Wahrträume'). Nietzsche does so too, but he also combines this with the figure of the child and the satyr, claiming that the child plays with 'figures' ('Gestalten'), while the satyr embodies the 'natural truth' ('Naturwahrheit'). Both Wagner and Nietzsche also combine the play with *Gestalten* with the sublime and naïveté.

Wagner's theory of the genius artist: Beethoven as 'dreamer' and 'clairvoyant' and Shakespeare as 'ultimate ghost-seer'

Wagner adopts Schopenhauer's characterization of the genius artist in his description of Beethoven in the centenary essay *Beethoven* of 1870. In fact, Wagner understands Beethoven's music as Schopenhauerian philosophy set to music *avant la lettre*. More interestingly, however, is that Wagner presents Beethoven as a 'dreamer' and 'clairvoyant', claiming that the true genius combines these qualities with the specific qualities of Shakespeare, whom he depicts as 'the ultimate ghost-seer'. Genius music, in brief, originates in the 'dream-organ', and the same organ is needed to understand it.

In this context, Wagner thus makes a comparison between Beethoven and Shakespeare's creative genius. The comparison is predominantly made to argue that both Beethoven's music and Shakespeare's dramas stem from the inner visions produced by the dream organ. According to Wagner, Beethoven did not consciously choose his music, but the compositions were imposed upon him 'by his inner vision of the Idea' ('aus seiner inneren Anschauung der Idee'; Wagner, DS IX, p. 42). Wagner further states that the inner 'eye', the perception of inner figures, bases the exceptional musical genius of Beethoven and that, for an accurate reception of music, the power of music must decrease ('depotenzieren') the powers of sight in the beholder. Due to the magic powers ('Zauber') of what he hears, the beholder turns his visual powers inward and perceives dream-like figures or forms, in the same manner as the composer, and in so doing partakes in the same joyful play with the inner forms ('Gestalten') as the composer.

The light Wagner appreciates most in Beethoven is the light of the 'clairvoyant', the bright light of inner knowledge, the light that does not surround us, but that lights things up, brings them to light before our inner eyes. Beethoven puts his subjects in the silence of the night, Wagner continues somewhat enigmatically, from where he 'guides the light of the clairvoyant behind the image' ('das Licht des Hellsichtigen hinter das Bild leitet'; Wagner, DS IX, p. 66).

Sympathetic hearing plunges the beholder in a dream-like state, wherein the inner essence of the world becomes clear to him, whilst his eyesight is paralyzed by the music to such a degree that he, although his eyes are wide open, does not *see*. The dreamlike state is a state of hypnotic clairvoyance, and 'it is in this state alone that we immediately belong to the musician's world' ('es [ist] nur dieser Zustand daß wir der Welt des Musikers unmittelbar angehörig warden'; Wagner, DS IX, p. 53). The reduction of visual powers is generated by the 'magic' ('Zauber') of music. It makes us dream the dream the musician had dreamt in deepest sleep. Under the spell of the musical magic, we not only find ourselves as in a dream, but also in a state of ecstasy. When the magical powers of music transcend the boundaries of time and space, music drags us in a state of ecstasy, wherein we, as in deep dreams, grasp the metaphysical truth via inner vision.

Having answered his question of the source of Beethoven's creativity, Wagner turns his attention to the poet, asking whether it is possible for the poet to create out of the unconscious. For this, he turns to Shakespeare, not so much in order to understand his own creativity, but rather, as he claims, to put an end to all misunderstandings concerning the genius of Shakespeare. Whatever the case may be, both converge conveniently.

Wagner argues that Shakespeare is the poetical equivalent of Beethoven, claiming that, whereas Beethoven was a 'clairvoyant', Shakespeare is a 'seer of spectres'. According to Wagner, the musician (Beethoven) and the playwright (Shakespeare) are alike; hence, the clairvoyant, or dreaming sleepwalker, as he also calls him, is the equivalent of the ghost-seer. The sleepwalker dreams 'truth-dreams' ('Wahrträume'; DS IX, p. 91). The ghost-seer sees a ghost projected before his inner eye, like the clairvoyant when he sees his visions, at the moment that their outer vision is decreased or paralyzed. For Wagner, Shakespeare therefore is 'a Beethoven, who goes on dreaming though awake' ('der im Wachen fortträumende Beethoven' (Wagner, DS IX, p. 90)):

> Shakespeare's spectres would be brought to make sound by the full awakening of the inner music-organ, or rather: Beethoven's motives would inspire the diminished vision to clear sight of these forms embodied in which these moved before our now clairvoyant eye [Die Geistergestalten Shakespeares würden durch das völlige Wachwerden des inneren Musikorganes zum Ertönen gebracht werden, oder auch: Beethovens Motive würden das depotenzierte Gesicht zum deutlichen Gewahren jener Gestalten begeistern, in welchen verkörpert diese jetzt vor unserem hellsichtig gewordenen Auge sich bewegten]. (Wagner, DS IX, p. 90)

Beethoven and Shakespeare both create out of 'inner vision'. Shakespeare builds a 'world of figures' ('Gestalten') in his dramas, and Beethoven builds a 'world of motives' in his music.

How does this analysis of the genius' artistic creativity and the beholder's reception return in Nietzsche's *Birth of Tragedy*?

Nietzsche on Beethoven, Shakespeare, and Wagner

In *The Birth of Tragedy*, the unconscious and the idea of dreams as a world inhabited by mythical giants and spirits ('Gestalten') return in several ways. First, in the first three chapters of the book, when Nietzsche defines Homer as 'a dreaming Greek'; then in chapter 5, when he discusses lyrical drama as stemming from a musical tone, and refers to Schiller in this regard, then in chapter 7 and chapter 8, when he discusses the satyr chorus, and later in chapter 14, when he refers to Socrates' dream in the *Phaedo*. Throughout the book, the unconscious is – more implicitly than explicitly – connected with artistic creativity, the 'aesthetic public' (BT 7, p. 38, KSA 1, p. 53; BT 22, p. 105, KSA 1, p. 141), and Dionysian intoxication, while dreams are connected with Apollo.

Nietzsche praises Homer's ability to dream, and calls his art positively 'sublime naïve'. However, his myths are too Apollonian, because they reverse the popular, Silenian wisdom that 'the very best thing is utterly beyond your reach [:] not to have been born, not to *be*, to be *nothing*. However, the second best thing for you is: to die soon' (BT 3, p. 23; 'Das Allerbeste ist für dich gänzlich unerreichbar: nicht geboren zu sein, nicht zu s e i n, n i c h t s zu sein. Das Zweitbeste aber ist für dich – bald zu sterben', KSA 1, p. 35) into the wisdom that 'the very worst thing for them was to die soon, the second worst ever to die at all' (BT 3, p. 24; 'das Allerschlimmste sei für sie, bald zu sterben, das Zweitschlimmste, überhaupt einmal zu sterben,' KSA 1, p. 36) Homer does not reach the level of the symbolic that is required for art to communicate the truth, representing the Will and tragic truth of life, according to Nietzsche. In order to achieve the level of the symbolic, the story must be accompanied by music, for 'in the Dionysiac dithyramb [the choral song as part of the Dionysus cult, MP] man is stimulated to the highest intensification of his symbolic powers' ('im dionysischen Dithyrambus wird der Mensch zur höchsten Steigerung aller seiner symbolischen Fähigkeiten gereizt', BT 2, p. 21, KSA 1, p. 33). Only in music the 'complete unchaining of all symbolic powers' ('Gesammtentfesselung aller symbolischen Kräfte' (BT 2, KSA 1, p. 34)) happens. Moreover, it elevates the public; intoxicated by the Dionysian, the public becomes the 'aesthetic public' that abstains from any *moral* judgements about art. This elevation brings the deep joy that art should always strive for, according to Nietzsche, the joy experienced in aesthetic play, in the musical-dramatic mirror of the *Gestaltenspiel*, when the imagination, inspired by music and Dionysian intoxication, becomes 'larger than life'. Here, reaching the height of his symbolic and aesthetic powers, reconciling Dionysian magic with Apollonian semblance, humankind is a unity. Nietzsche describes the effect of Dionysian magic as follows: A storm seizes everything that is worn out, rotten, broken, and withered, wraps it in a whirling cloud of red dust and carries it like an eagle [vulture, MP] into the sky. (BT 20, KSA, p. 98; 'Ein Sturm packt alles Abgelehrte, Morsche, Zerbrochne, Verkümmerte, hüllt es wirbelnd in eine rothe Staubwolke und trägt es wie ein Geier in die Lüfte', GT, KSA 1, p. 132).[2]

In chapter 1, this experience is described in a similar way, there not with a vulture this time, but with tigers and panthers and in reference to Beethoven's *Ode to Joy*: 'Freely the earth offers up her gifts, and the beasts of prey from mountain and desert approach in peace. The chariot of Dionysos is laden with flowers and wreaths; beneath its yoke stride panther and tiger.' (BT 1, p. 18. 'Freiwillig beut die Erde ihre Gaben, und friedfertig nahen die Raubthiere der Felsen und Wüste. Mit Blumen und Kränzen ist der Wagen des Dionysus überschüttet: unter seinem Joche schreiten Panther und Tiger, GT, KSA 1, p. 29).

In *The Birth of Tragedy*, Wagner's music drama *Tristan and Isolde* is portrayed as the best artistic expression of unconscious will and its inner visions, in which 'Dionysos speaks the language of Apollo, but finally it is Apollo who speaks the language of Dionysos' (BT 21, p. 22; Dionysus redet die Sprache des Apollo, Apollo aber schliesslich die Sprache des Dionysus, GT, KSA 1, p. 140) Nietzsche discusses *Tristan and Isolde* in chapter 21, presenting it as

2 'Geier' is not 'eagle', but 'vulture'. Nietzsche deliberately uses 'Geier' here instead of 'Adler' to refer to Wagner (whose stepfather's surname was 'Geyer'). Of course, this reference is lost in every translation. In BT 10, Nietzsche speaks of Prometheus's liberation 'from his vultures' (BT, p. 53; "von seinen Geiern", KSA 1, p. 73).

'of necessity, [...] a restorative draught' (BT 21, p. 98. 'nothwendige Genesungstrank'; GT, KSA 1, p. 132), proposing it as the best healing power after war. He points to three different reactions in history towards violence; first, the search for 'Nichts', that is ascetic Buddhism (in India); second, the 'Verweltlichung' – hedonism and materialism (in Rome); and third, the transformation of suffering into joy in 'Tragödie', in Greece. As a 'musical tragedy', Tristan distinguishes itself from 'textual drama,' because its music clarifies the drama from within, thus supplying it with metaphysical meaning. Therefore, Nietzsche also called it Wagner's 'opus metaphysicum' (WB 8, KSA 1, p. 479.) Moreover, because of its content (that is, the Dionysian wisdom) and the appropriate, balanced manner in which this wisdom is brought to the fore (so that its effect on the public is not only painful but also comforting, meaning that both the pain for the lost unity with Dionysus as the regained unity is being commemorated and celebrated in tragedy), *Tristan and Isolde* (ideally) elevates itself to the quintessence of human identity. This means that the theatre is the place where humanity gains self-awareness. And this is, I think, the core of Nietzsche's Wagner-hope: Nietzsche expects Wagner's Bayreuther theatre to be the place where people look into the mirror. What they would see, according to him, is not what they ideally can be, but what they originally were and still, in their very core, are: mortal and powerless beings, whose only comfort resides in the transformation of their pain about the Silenian wisdom into aesthetic joy.

Conclusion

As said at the beginning of this paper, Schopenhauer claims to give a philosophical explanation of *Wahrträume*. Analyzing their nature and origin with the help of anatomic and physiological knowledge, he concludes that the origin of dreams and non-sensual perceptions must reside in the *dream organ*. Wagner adopts Schopenhauer's terms *Wahrträume* and *dream organ* in his interpretation of Beethoven's artistic creativity, claiming that his genius must be explained from his extraordinary power of inner visions.

Nietzsche adopts this line of reasoning from Wagner. He implements the terms *Wahrträume* in *The Birth of Tragedy*, claiming that Wagner's artwork is so strong, especially *Tristan and Isolde*, because it emerges from and expresses a *Gestaltenspiel* as opposed to the mere *Formenspiel* of Italian opera. In the term *Wahrträume*, the Apollonian act of dreaming and the Dionysian truth come together. It evokes the successful reconciliation of Dionysus and Apollo in Greek tragedy and Wagnerian music drama, stating that the success of the art work resides in the genius, i.e. the artistic creativity, of the creator of the art work. This shows that, while the focus in the Nietzsche-Wagner-Schopenhauer literature is often on the influence of Schopenhauer's metaphysics and philosophy of music, an equally important impact on Wagner and Nietzsche's aesthetics was exercised by his dream theory and his theories of clairvoyance and ghost-seeing.

Bibliography

Borchmeyer, Dieter (1982): *Das Theater Richard Wagners. Idee-Dichtung-Wirkung*. Stuttgart: Reclam.

Kant, Immanuel (1912): "Träume eines Geistersehers [1766]". In: Immanuel Kant: *Kants Werke*. Vol. II. Ed. by Artur Buchenau. Berlin: Bruno Cassirer, pp. 329–390.

Kropfinger, Klaus (1991): *Wagner and Beethoven. Richard Wagner's Reception of Beethoven*. Trans. by Peter Palmer. Cambridge, New York, Melbourne: Cambridge University Press.

Magee, Bryan (2000): *Wagner and Philosophy*. London, New York: Penguin Books.

Magee, Bryan (1997): *The Philosophy of Schopenhauer*. Oxford: Clarendon Press, New York: Oxford University Press.

Murphy, Peter/Roberts, David (2004): *Dialectics of Romanticism. A Critique of Modernism*. London, New York: Continuum.

Nietzsche, Friedrich (1999): *The Birth of Tragedy and other Writings*. Ed. by Raymond Geuss and Ronald Spiers. Trans. by Ronald Spiers. Cambridge/New York: Cambridge University Press.

Prange, Martine (2007): *Nietzsche's Ideal Europe. Aestheticization and Dynamic Interculturalism from The Birth of Tragedy to The Gay Science*. Groningen University [diss.].

Schopenhauer, Arthur (1987): "Versuch über das Geistersehn und was damit zusammenhängt". In: Arthur Schopenhauer: *Sämtliche Werke. Vol. IV: Parerga und Paralopimena. Kleine philosophische Schriften 1* [1851]. 3. edition. Stuttgart, Frankfurt am Main: Cotta-Insel, pp. 273–372. [= VG]

Schopenhauer, Arthur (1960–1965): *Sämtliche Werke*. Ed. by Hans-Wolfgang von Löhneysen. Stuttgart: Cotta.

Schopenhauer, Arthur (1969): *The World as Will and Representation I*. Trans. by E.F.J. Payne, Mineola: Dover. [= WWV I]

Schopenhauer, Arthur (1958): *The World as Will and Representation II*. Trans. by E.F.J. Payne. New York: Dover. [= WWV II]

Wagner, Richard (1983): "Beethoven". In: Richard Wagner: *Dichtungen und Schriften*. Vol. 9. Trans. by Dieter Borchmeyer. Frankfurt am Main: Insel, pp. 38–101. [= DS IX]

Zammito, John H. (2002): *Kant, Herder, and the Birth of Anthropology*. Chicago, London: The University of Chicago Press.

Carlotta Santini

„Nicht der Anfang, sondern das Ende“

Friedrich Nietzsche und das Unbewusste in der Geschichte

Der Begriff des „Unbewussten“ und andere damit verbundene Ausdrücke werden im Denken Nietzsches in verschiedenen Bereichen verwendet und folgen dabei jeweils verschiedenen Entwicklungsrichtungen, deren Gang nicht immer eindeutig ist. In diesem Artikel möchte ich mich auf eine dieser möglichen Verwendungsweisen des Begriffspaars „Bewusstes – Unbewusstes“ konzentrieren, und zwar auf jene, die die zeitliche und geschichtliche Dimension in der Philosophie Nietzsches betrifft. Eines der Werke Nietzsches, in dem die Zuschreibung dieses Begriffspaares zur Welt der Geschichte am deutlichsten thematisiert wird, ist die Zweite Unzeitgemäße Betrachtung: *Vom Nutzen und Nachteil der Historie für das Leben*, in der das Bewusstsein in der Geschichte als Historie im Sinne der Geschichtsschreibung auftritt, d. h. als Kenntnis der geschichtlichen Vergangenheit und ihrer Entwicklung, die die Gegenwart oder einen gegenwärtigen Moment hervorgebracht hat. Das historische Bewusstsein, die Historie, hat die Geschichte selbst als Gegenstand, den sie kennt und über den sie nachdenkt. Aber die Historie selbst produziert in gewisser Weise ihren Gegenstand, weil es die Wahrnehmung der Geschichte – also das Gedächtnis – ohne historisches Bewusstsein nicht geben könnte: Man könnte in der Folge der Ereignisse keine Richtung, keine Ähnlichkeit, kein Verhältnis finden, und damit würde auch alles fehlen, was wir Geschichte nennen.

Der historischen Zeit, die so dem historischen Bewusstsein unterworfen ist, stellt sich eine nicht-historische Zeit gegenüber, die unmessbar, unerkennbar und also unhistorisch (im Sinne der Historie) ist. Sie ist die unbewusste Seite des geschichtlichen Prozesses selbst, in dem Kräfte wirken, die der erkennenden Kontrolle des historischen Bewusstseins entgehen. Die Geschichte selbst entsteht als bewusstes Ergebnis zu einem bestimmten Zeitpunkt aus dieser zeitlosen Vergangenheit und hat in letzterer ihre Bedingung. Das Moment der Entstehung der Geschichte, der Punkt des Übergangs von der Dunkelheit des Unbewussten in das Reich der Mnemosyne bleibt für Nietzsche unerkennbar. In der Zweiten Unzeitgemäßen Betrachtung versucht Nietzsche, diese Unterscheidung zwischen historischem Bewusstsein und einer unerkennbaren Vorgeschichte, in der die irrationellen Kräfte des Instinkts wirken, auf die Praxis, d. h. auf das aktive Leben des Menschen, zu übertragen: Jenes Unbewusste wird hier als gewinnbringend verstanden, als förderlich für das schöpferische Handeln, sogar als Lebenssaft der Geschichte selbst.

In diesem Vortrag möchte ich versuchen, diese in der *Zweiten Unzeitgemäßen Betrachtung* enthaltenen Begriffe unter Rückgriff auf die unveröffentlichten Texte der Basler Vorlesungen zu entwickeln, in denen diese Auffassungen sich unter verschiedenen Formen zeigen, um dann zur uns bekannten Form in den veröffentlichten Werken zu kommen. Ich möchte zeigen, wie es möglich ist, eine besondere Bestimmung der Kategorien des Bewussten und des Unbewussten als das Historische und Nicht-Historische bereits im Rahmen der historischen und literarischen Studien der Vorlesungen zu finden. Ich möchte also zeigen, wie Nietzsche sich diese Kategorien aneignet, die ihm die deutsche Tradition der humanistischen Studien bereitstellt, besonders die Tradition der Sprachwissenschaft; und wie diesen Kategorien ihre Deklination in der zeitlichen und geschichtlichen Dimension schon von Anfang an eigen ist, was es Nietzsche erlaubt, das Paar Bewusstes/Unbewusstes mit dem Paar Historisches/Vorhistorisches (als Gegensatz des Historischen) parallel zu setzen.

Wir treffen die Entgegensetzung zwischen „Historischem" und „Vor-Historischem" (sowohl im chronologischen Sinne als „vor-historisch" als auch im Sinne des „historisches Unbewussten" verstanden) zuerst in den *Vorlesungen über die Lateinische Grammatik* an, und zwar an denjenigen Stellen, an denen Nietzsche sich mit einer kurzen Geschichte der Disziplin der Sprachwissenschaft beschäftigt. Schon hier können wir sehen, wie die sprachwissenschaftliche Forschung Nietzsches Zuschreibung der Kategorien von „Bewusstem" und „Unbewusstem" zur Geschichte vorbereitet. Besonders konzentriert Nietzsche sich auf zwei verschiedene Ansätze, das Problem der Entwicklung der Sprache zu fassen: denjenigen von Eduard von Hartmanns und denjenigen der Historischen Schule der Gebrüder Grimm. Der Einfluss der Theorien der Sprache von Hartmann auf Nietzsche ist den Spezialisten schon lange bekannt (vgl. Behler 1996, S. 64–68; Gerratana 1988; Crawford 1988). Noch mehr als wegen seiner Theorien ist Hartmann wichtig, weil Nietzsche die organizistischen Sprachtheorien Herders und Schellings durch ihn vermittelt rezipiert (*Vom Ursprung der Sprache* = 1. Kap. der *Vorlesungen über lateinische Grammatik*, KGW II/2, S. 185–188). Auf diese Reihe von Denkern (Herder, Kant, Schelling) gründet Hartmann seine Theorie, dass die Sprache einen inneren Trieb enthält, der angeboren ist und sich autonom, spontan und unbewusst nach einer inneren Teleologie entwickelt, wie ein Gewächs, das in sich das Prinzip des Wachsens hat. Dagegen sei der bewusste Gedanke bis in seine letzten Ausläufer (die höchste philosophische Weltanschauung) eine Begleiterscheinung dieses ursprünglichen sprachlichen Triebes, die durch ihre Entwicklung und Ausbildung den Intellekt zu immer komplizierteren Gedanken fähig macht (vgl. Hartmann 1869, S. 227–231)[1] und das gelte nicht umgekehrt, weil der Fortschritt des Gedankens die Sprache verarmen lässt. Nach Hartmanns *Philosophie des Unbewussten* ereignete sich nämlich in dem Übergang von der instinktiven Phase in die historische Phase, in der die Sprache von dem bewussten Denken beherrscht wird, eine echte Unterbrechung der sprachlichen Entwicklung, die den Charakter eines Verfalls hatte.[2]

Wenn die Sprache also das Resultat eines primären Triebes ist, muss man verstehen, was hier Trieb bedeutet. Nietzsche versucht am Anfang der Vorlesungen über die *Lateinische Grammatik*, dies zu erklären. Wenn man annimmt, dass die Sprache das Ergebnis der Triebe ist, behauptet man, dass sie kein Resultat einer bewussten Reflexion sei. Aber wenn der Trieb also mit dem Unbewussten zu tun hat, bedeutet dies weder notwendigerweise, dass er etwas materiell und mechanistisch Notwendiges (wie Ursache und Wirkung) sei, noch, dass er bloß aus der körperlichen Organisation folge. Trieb heißt nach Nietzsches Meinung „die eigenste Leistung" des Wesens eines Phänomens selbst. Im Fall eines Individuums kann es als herrschender Charakter bezeichnet werden; im Fall der kulturellen Phänomene (Sprachen, Völker, Länder, Künste usw.) ist der Trieb „der innere Kern" eines Wesens, aus dem es sich auf notwendige und angemessene Weise entwickeln wird.[3]

Der zweite Ansatz des Problems der Sprache, auf den Nietzsche sich konzentriert, ist derjenige der Gebrüder Grimm, auf die wir sowohl auf diesen Seiten der *Vorlesungen über die lateinische Grammatik* als auch auf den Seiten der *Encyklopädie der klassischen Philologie* Hinweise finden. In beiden Fällen handelt es sich um eine kurze Geschichte der Sprachwissenschaft in Deutsch-

1 Vgl. bes. Hartmann (1869, S. 227): „Da sich ohne Sprache nicht nur kein philosophisches, sondern auch kein menschliches Bewusstseins denken lässt, so konnte der Grund der Sprache nicht mit Bewusstsein gelegt werden, und dennoch, je tiefer wir in sie eindringen, desto bestimmter entdeckt sich, dass ihre Tiefe die des bewusstvollsten Erzeugnisses noch bei weitem übertrifft. – Es ist mit der Sprache wie mit dem organischen Wesen; wir glauben diese blindlings entstehen zu sehen, und können die unergründliche Absichtlichkeit ihrer Bildung bis in's Einzelnste nicht in Abrede ziehen." Das Zitat ist aus Schelling (1856 ff. II, 1, S. 52) entnommen.

2 „Die Entwicklung des bewussten Denkens ist der Sprache schädlich. Verfall bei weiterer Kultur" (KGW II/2, S. 188). Es handelt sich um eine freie Paraphrase der Stelle von Hartmann (1869, S. 229–230).

3 „Es bleibt also nur übrig, die Sprache als Erzeugnis der Instinktes zu betrachten, wie bei den Bienen – den Ameisenhaufen usw. Instinkt aber ist nicht Resultat bewusster Überlegung, nicht bloße Folge der körperlichen Organisation, nicht Resultat eines Mechanismus, der in das Gehirn gelegt ist, nicht Wirkung eines dem Geiste von außen kommenden, seinem Wesen fremden Mechanismus, sondern eigenste Leistung des Individuums oder einer Masse, dem Charakter entspringend. Der Instinkt ist sogar eins mit dem innersten Kern eines Wesens." (KGW II/2, S. 186).

land.[4] Im Gegensatz zu Hartmann, den Nietzsche direkt gelesen hatte, ist es wahrscheinlich, dass Nietzsche von den Werken der Grimms nur aus zweiter Hand Kenntnis hatte; trotzdem gehörten diese Werke schon seit einiger Zeit zu dem Hintergrundwissen jedes deutschen Geisteswissenschaftlers. Die *Deutsche Grammatik* (I, 1819) der Gebrüder Grimm wird als der Text angesehen, der eine der wichtigsten Richtungen der Grammatik als Erforschung der Sprache und ihrer Mechanismen begründet: die historische oder historisch-kulturelle Grammatik (vgl. Treiber 1993). Die historische Grammatik der Gebrüder Grimm erforscht die Sprache als ein Produkt der Kultur, und als solche studiert sie nicht als einen vollendeten Gegenstand, der sich regungslos der wissenschaftlichen Untersuchung anbietet, sondern als das jederzeit veränderliche Produkt einer langen Entwicklung, in der sich innere Entwicklungen und äußere Umstände verbinden, ohne die die Sprache, die wir heute kennen, nicht existieren würde, und die ihre Identität selbst sind. „Die historische Grammatik fasst das Werden ins Auge. Die fertig gewordene Sprache ist nur ein Moment, nicht einmal das wichtigste. Die älteren Stufen sind viel lehrreicher." (KGW II/2, S. 191, Fn 1; KGW II/3, S. 396)

Das grundlegende Modell für die historische Grammatik ist in der Tat ein allgemeines Modell, das nicht nur mit der Sprachwissenschaft verbunden ist. Die Verwendung, die die Gebrüder Grimm von ihm in der Sprachwissenschaft machen, ist weder original noch ausschließlich. Wie nämlich bekannt ist, wandten die Gebrüder Grimm ein Untersuchungsmodell an und brachten es zur Vollendung, das sie von ihrem Marburger Lehrer Friedrich Carl von Savigny (1779–1861) übernommen hatten. Dieser wiederum gebrauchte es bekanntlich für die Rechtgeschichte (die berühmte Historische Rechtschule).

Was Nietzsche an der historischen Methode der Gebrüder Grimm interessiert, ist die Betonung der älteren Stadien der Entwicklung der Sprache auf Kosten des jüngsten Stadiums (das einzige, das erkennbar und analysierbar bleibt), das der strukturierten Sprache und der Fixierung des Entwicklungsprozesses der Sprache in einer vollendeten Grammatik. Die letzte Stufe verliert so ihren Wert als Ziel einer teleologischen Entwicklung, während die Aufmerksamkeit auf das verschoben wird, was dieser letzten Stufe vorhergeht, sie hervorgebracht hat und sie noch vollständig konstituiert. Die letzte Stufe unterscheidet sich von den vorhergehenden nur dadurch, dass sie die uns

4 Was die Sprachwissenschaft betrifft, war die Kenntnis Nietzsches meistens lehrbuchartig, aber nicht oberflächlich. Nietzsche zitiert und benutzt nämlich viele verschiedene Handbücher und Fachbücher der Sprachwissenschaft. Um einige Titel zu nennen: Curtius (1845 u. 1867), Boetticher (1851), Müller (1863), Benfey (1869), Steinthal (1863) sowie einige Veröffentlichungen der *Zeitschrift für vergleichende Sprachforschung*, Berlin: Dümmler, ab 1853 ff.

chronologisch nähere Stufe ist. Zwei Seite später vertieft Nietzsche den Begriff mit einem praktischen Beispiel:

> Jede Sprache (hat) seine vorhistorische und seine historische Periode. Letztere durchaus als Periode des Verfalls anzusehen. Geschichte und Sprache in umgekehrten Verhältnis: je energischer historisch ein Volk ist, umso schneller verdirbt die Sprache. Der Weg zum Kulminationspunkt, d.h. der Punkt, wo ein Volk in die Geschichte eintritt, ist viel länger als der des Abfalls. (KGW II/2, S. 193)

Das letzte Stadium, das der historischen Sprache, wäre also weder das Wichtigste noch das Bedeutendste an diesem Prozess, weil es nur das bloße Resultat der Summe der vorherigen Stufen ist, das dieser Summe nichts qualitativ Höheres hinzugefügt. Was diese Stufe von den vorherigen differenziert, ist, dass sie, indem sie in die Geschichte eingetreten ist, eine Fixierung erlitten hat, durch die die Entwicklung abgebrochen ist, von der sie nur ein Teil war. Diese Herabsetzung der Bedeutung des „historisch-“abschließenden und noch gegenwärtigen Stadiums, das als Sklerotizierung und Versteinerung eines ansonst lebendigen Prozesses gilt, gegenüber der Betonung einer vorherigen „nicht-historischen“ Phase wird bei Nietzsche zentral, und er führt diese Idee bis zum Ende. Man gelangt so zu einem Zeitstrahl, auf dem das Jahr „0“, das die Geschichte und Vorgeschichte trennt, kein Mittelpunkt mehr zwischen zwei gleichwertigen Entwicklungen ist; stattdessen verlagert sich die Bedeutung dieser Entwicklung deutlich auf die „Vorgeschichte“.

Diese Reflexion gibt Anlass, nicht nur auf den spezifischen Bereich der Sprachwissenschaft sondern auch auf die kulturellen Phänomene und die Geschichte der Zivilisation bezogen zu werden. Nietzsche betrachtet eine Disproportion zwischen dem bewussten, historischen Teil der Entwicklung des Menschen (von dem man Erinnerung hat) und seinem unbewussten Vorläufer: der letztere ist unermesslich bedeutender. Es handelt sich nicht nur um eine quantitative (die unbekannte Vergangenheit ist viel länger als die Geschichte), sondern auch um eine qualitative Disproportion, weil Nietzsche die historische Phase als echten Verfall gegenüber der vorgeschichtlichen Phase der Entwicklung und der Bildung, in der die unbewusste Kräfte des Triebes wirken, bestimmen wird. Aber es gibt ein drittes Element in diesem Vergleich zwischen Geschichte und Nicht-Geschichte, das Nietzsche nicht entgeht und mit dem wir uns nun befassen sollen: der Berührungspunkt zwischen den beiden Dimensionen, das Moment des Übergangs des Nicht-Historischen in die Geschichte, das ein Ereignis von epochaler Bedeutung im tiefsten Sinne ist. Was erlaubt es, dass ein Phänomen in das Bewusstsein der Geschichte eintritt? Handelt es sich um einen inneren Reifeprozess des innersten Prinzips des Phänomens, das sein Wesen charakterisiert? Das lässt die von Nietzsche in den Vorlesungen über die *Lateinische Grammatik* gegebene Definition des Triebes vermuten. Aber wie können wir in diesem Fall vermeiden, eine teleologische Entwicklung oder einen Rückfall in das Angeborene anzunehmen? Die Lösung dieses Widerspruches bleibt unentschieden: Nietzsche beantwortet diese Frage nicht, sie bleibt problematisch. Die Frage nach dieser zweiten Geburt, der Geburt zur Geschichte, ist vielleicht nicht lösbarer als die ewige Frage nach der ersten Geburt, die ewige Frage des Ursprungs der Phänomene in der vor-historischen Vergangenheit.[5]

Ein Beispiel dafür, wie Nietzsche diese Reflexion zuerst in der Diskussion der zentralen Themen der damaligen historisch-literarischen Kritik entwickelt, kann man in den *Vorlesungen über die Geschichte der griechischen Literatur* finden. Der untersuchte Fall ist die Kritik Nietzsches an der anti-einheitlichen Theorie des Philologen Friedrich August Wolf (1759–1824) über die Homerischen Epen: die Seele der berühmten Homerische Frage. Dieser Fall interessiert uns, weil Nietzsche die Homerischen Gedichte für einen dieser geheimnisvollen Momente hielt, in denen der Übergang zwischen den beiden Sphären (der historischen und der unhistorischen) sich am deutlichsten ereignete. Den Philologen der Zeit, aber auch den Griechen selbst, erschienen die Homerischen Epen wie vollständig abgeschlossene Werke, die der Geschichte von einer unerkennbaren Vergangenheit gegeben worden waren: sie waren die ersten und damit schon die vollendetsten Werke der griechischen Literatur. Aber gerade ihre allgemein anerkannte Größe und Vollkommenheit war ein Skandal für die moderne Philologie, die alle Kräfte ihrer Kritik auf den Abbau des Mythos der Einheit der homerischen Epen verwandte.

Wolfs Kritik an der überlieferten Annahme der strukturellen und kompositorischen Einheit der Homerischen Epen sowie an der Annahme, sie seien das Werk eines einzigen Autors, wird von Nietzsche durch eine berühmte Stelle seines Meisterwerkes, der *Prolegomena ad Homerum*, veranschaulicht. Wolf schrieb:

> Ich kann mir nicht denken, wie es Homer einfallen konnte ein so langes und verschlungenes Gedicht zu verfassen, wenn er kein Leser hatte. (...) Wenn er auch mit diesen Eigenschaften ausgerüstet (Gedächtnis, Kraft, Überblick, Stimme usw.) einzig in seinem Jahrhundert dastehend, die Ilias und die Odyssee nach ihrem jetzigen Umfange gedichtet und vorgetragen hätte, so würden sie doch bei dem Mangel der jetzigen literarischen Hülfsmittel einem großen Schiffe ähnlich sein, das jemand in der Kindheit der Schiffahrt mitten

5 Wie dringend diese Frage für den Denker Nietzsche war, zeigt ein Werk wie GT, in dem die Suche nach dem Anfang der Tragödie (einer ganz historischen und kodifizierten literarischen Gattung) sich in einen Streifzug durch die unbewusste Vorgeschichte der griechischen Welt wandelt.

> auf dem festen Lande gebaut hätte ohne Walzen und Maschinen zu haben, um es in das Wasser zu schieben, wo es seine Brauchbarkeit zeigen könnte.[6] (GGL, KGW II/5, S. 41–42)

Nietzsche mag dieses Wolfsche Zitat sehr und wiederholt es zweimal in diesen Vorlesungen (KGW II/5, S. 41–42; 294). Die anti-einheitliche These, mit dem schönen Bild dieser neuen Arche dargestellt, die heutzutage genau so wie damals Skandal in der Welt der Philologen erregt, ist nach Nietzsches Meinung gerade auf der Schwierigkeit des modernen Denkens begründet, die absolute Vollkommenheit, die extreme Komplexität, den hoch entwickelten Charakter dieser Gedichte ins Verhältnis zu ihrer chronologischen Stelle am Anfang der Geschichte der griechischen Literatur zu setzen.

Der Irrtum bestehe gerade darin, das Eintreten eines Phänomens in die Geschichte als einen Anfang und darum als eine unvollkommene Stufe zu betrachten statt als einen abschließenden und selbst vollkommenen Zustand. Nach Nietzsches Meinung muss man ein höchstes Niveau der vorherigen kulturellen Entwicklung voraussetzen, nicht nur, damit ein solches Meisterwerk wie die *Ilias* entstehen könne, sondern auch, damit es geschätzt werden könne. Wenn wir eine solche vorherige kulturelle Entwicklung voraussetzen, sollte es nicht mehr problematisch erscheinen, dass die *Ilias* und die *Odyssee* das vollendetste Produkt der griechischen Kultur sind, und auch ihre kompositorische Einheit würde so begreiflich, weil sie die letzten Hervorbringungen der nichthistorischen Zeit der griechischen Welt wären, einer wahrscheinlich viel längeren Phase als die geschichtlich gewordenen Jahrhunderte der Blütezeit der griechischen Künste. Obwohl sie die *ersten* anerkannten Früchte der griechischen Literatur sind, gelten die homerischen Epen auch als die *reifsten*, weil sie den Vollbesitz der bildenden Kräfte des griechischen Volks enthalten, derjenigen Kräfte, die genau in der Zeit der homerischen Epen reif genug waren, um in die Geschichte einzutreten. Mit dem Ende der vorhistorischen Periode endet auch die Wirkung jener Kräfte und das historische Leben der kulturellen Phänomene ist im Vergleich nur Bewahrung, Wiederholung, Manier.

Kehren wir zu dem Punkt zurück, mit dem wir diese Diskussion angefangen haben: *Vom Nutzen und Nachteil der Historie für das Leben.* Wie schon

6 Das Zitat wird von Nietzsche auf Deutsch gebracht. Das lateinische Original lautet: „Id Homerus efficere non potuisset decem linguis, ferrea voce et aeneis lateribus; (...) Quid? quod, si forte his instructus, unus in saeculo suo, Iliada et Odysseam hoc tenore pertexuisset, in ceterarum opportunitatum penuria similes illae fuissent ingenti navigio, quod quis in prima ruditate navigationis fabricatus in loco mediterraneo, machinis et phalangis ad protrudendum, atque adeo mari careret, in quo experimentum suae artis capere" (Wolf 1795, S. 112). Das Deutsche Zitat aus Wolf (1795) findet sich in Nutzhorn (1869, S. 83), der eine wichtige Quelle Nietzsches für die homerische Frage in dieser Zeit ist.

früher angedeutet und wie jetzt, hoffe ich, offenbarer ist, spielt diese Idee des Konflikts zwischen „Historischem" und „Vorgeschichte", die sich jenem als „Nicht-Historisches" entgegenstellt, eine entscheidende Rolle in der *Zweiten Unzeitgemäßen Betrachtung, Vom Nutzen und Nachteil der Historie für das Leben*, in der ein Versuch impliziert ist, diese blühende und spontane Produktivität der unhistorischen Epochen in das aktive, praktische Leben des modernen Menschen einzuführen. Nietzsche behält diese Spannung zwischen historisch und unhistorisch, verstanden als eine Spannung zwischen Bewusstsein und Instinkt im Ablauf der Ereignisse, dauerhaft bei, und er überdenkt sie fortwährend und reinigt sie von ihrem vielleicht noch zu naiven Charakter. Naiv und romantisch ist nämlich die Versuchung, der Nietzsche zu oft erliegt, die Geschichte zu „benoten". Aber vielleicht ist es genau durch diese Überschätzung der unhistorischen Epochen und die Interpretation ihrer unbewussten Entwicklungen nach einem umgekehrten organizistischen Paradigma, d. h. nach einem anti-teleologischen Paradigma (umgekehrt organizistisch und anti-teleologisch, weil es der letzten Stufe der Entwicklung ihren endlichen, abschließenden Wert vorenthält), dass Nietzsche die Geschichte aus dem teleologisch-finalistischen System befreien kann. Gegen das télos erhebt sich der Prozess selbst zum Wert und alle Verwandlungsstufen werden gleichwertig in einer undifferenzierten Aufeinanderfolge. Dank der Methode der Historischen Schule und dank ihrer umgekehrten Teleologie wird es für Nietzsche zum Beispiel möglich, die genealogische Methode zu entwerfen, die die Geschichte von ihren falschen Zwecken erlöst. In der *Genealogie der Moral*, aber noch expliziter in den vorbereitenden Fragmenten, kehrt der Begriff der Vorgeschichte in den Mittelpunkt zurück. Dieser Begriff wird der genealogischen Methode zugrunde liegen, weil er die Totalität der Stadien zu denken erlaubt, die die Entstehung des Gedankens, der Handlung, des Urteils und der Werte vorbereiten und die deren einziger, historischer Grund sind.

Literaturverzeichnis

Behler, Ernst (1996): „Nietzsches Sprachtheorie und der Aussagecharakter seiner Schriften". In: *Nietzsche Studien* 25, S. 64–68.

Benfey, Theodor (1869): *Geschichte der Sprachwissenschaft und orientalischen Philologie in Deutschland*. München: Cotta.

Boetticher, Paulus (1851): *Arica*. Halle: J.F. Lippert.

Borsche, Tilmann (1994): „Natursprache. Herder – Humboldt – Nietzsche". In: Tilmann Borsche/Federico Gerratana/Aldo Venturelli (Hrsg.): *Centauren-Geburten. Wissenschaft, Kunst und Philosophie beim jungen Nietzsche*. Berlin, New York: De Gruyter, S. 109–130.

Crawford, Claudia, (1988): *The Beginnings of Nietzsche's Theory of Language*. Berlin, New York: De Gruyter.
Curtius, Georg (1845): *Die Sprachvergleichung in ihrem Verhältnis zur klassischen Philologie*. Dresden: Ernst Blochmann und Sohn
Curtius, Georg (1867): *Zur Chronologie der indogermanischen Sprachforschung*. Basel: Hirzel.
Geijsen, J. A. L. J. J. (1997): *Geschichte und Gerechtigkeit. Grundzüge einer Philosophie der Mitte im Frühwerk Nietzsches*. Berlin, New York: De Gruyter.
Gerratana, Federico, (1988): „Der Wahn jenseits des Menschen. Zur frühen E. v. Hartmann-Rezeption Nietzsches (1869–1874)“. In: *Nietzsche Studien* 17, S. 391–433.
Gödde, Günther (2002): „Nietzsches Perspektivierung des Unbewussten“. In: *Nietzsche Studien* 31, S. 154–194.
Hartmann, Eduard von (1869): *Philosophie des Unbewussten*. Berlin: Karl Duncker's Verlag, S. 227–231.
Nutzhorn, Frederik (1869: *Die Entstehungsweise der homerischen Gedichten*. Leibzig: Teubner.
Müller, Max (1863): *Vorlesungen über die Wissenschaft der Sprache, für das deutsche Publikum bearbeitet von Carl Böttger*. Leipzig: Gustav Mayer.
Schelling, Friedrich Wilhelm Joseph (1856 ff.): Sämtliche Werke. Stuttgart: Cotta.
Steinthal, Heymann (1863): *Geschichte der Sprachwissenschaft bei den Griechen und Römern*. Berlin: Dümmler.
Wolf, Friedrich August (1795): *Prolegomena ad Homerum*. Halle.

Rogério Lopes

Das politische Triebmodell Nietzsches als Gegenmodell zu Schopenhauers Metaphysik des blinden Willens

> „Die Dummheit des Willens ist der grösste Gedanke Schopenhauer's, wenn man Gedanken nach der Macht beurtheilt." (NL 1875, KSA 8, 5[23], S. 46)

In einer umfangreichen Arbeit über das Thema des Sammelbandes, versucht Günter Gödde die philosophische wie auch die psychologische Tradition, die sich vor der Entstehung der Psychoanalyse mit dem Begriff des Unbewussten beschäftigte, in drei Traditionslinien einzuordnen: (i) die Konzeptionen eines „kognitiven" Unbewussten, die ihre Wurzeln in der rationalistischen Philosophie haben; (ii) die Entwürfe eines „vitalen" Unbewussten, die in der Epoche der Romantik ihre Blütezeit erlebt haben; (iii) endlich, die Denktradition des „triebhaft-irrationalen" Willens, die von Schelling über Schopenhauer, v. Hartmann und Nietzsche zu Freud reiche. Im Fall Nietzsches argumentiert Gödde darüber hinaus für die These, er habe seine Lehre von Willen zur Macht strukturell nach dem Modell der Lehre Schopenhauers konzipiert. Als konstitutiv für den Willen zur Macht seien die folgenden Strukturmomente des Lebenswillen Schopenhauers zu erwähnen: (a) Der Aspekt des Kampfes zwischen den verschiedenen Erscheinungen des Willens; (b) das Prozesshafte der Willensaktionen; (c) die Entzweiung des Willens mit sich selbst; (d) die Ziellosigkeit des Willens (vgl. Gödde, 2009, S. 477 f.).

Nach Gödde besteht also der einzige wichtige Unterschied zwischen den beiden Lehren darin, dass Nietzsche diese Strukturmomente positiv, bzw. optimistisch interpretiert, während Schopenhauer sie völlig negativ eingeschätzt hat. So stellt sich unmittelbar die Frage, wie es denn möglich gewesen ist, dass diese gleichermaßen verständigen Philosophen, von einer und derselben Welt ausgehend, oder zumindest von einer Welt, die sie im Wesentlichen gleich konzipierten, zu entgegensetzten Einstellungen ihr gegenüber gekommen sind. Intuitiv scheint es wenig plausibel, wenn man zwei Philosophen ähnliche oder dieselben psychologischen und metaphysischen Grundannahmen unterstellt, und ihnen gleichzeitig nicht nur verschiedene, sondern vielmehr gegensätzliche evaluative Einstellungen zuschreibt. Wäre diese Zuschreibung aber richtig, dann müssten wir entweder eine vollkommene Unabhängigkeit zwischen deskriptiver und normativer Ebene von philosophischen Theorien voraussetzen – was zumindest prima facie nicht plausibel ist – oder einer von beiden Theorien eine logische Inkonsequenz unterstellen. In den folgenden Überlegungen soll gezeigt werden, dass sich weder die erste noch die letzte Interpretation als zutreffend erweisen, nicht zuletzt weil „die Ziellosigkeit des Willens", die von Schopenhauer als eines der wesentlichen Merkmale des Begriffes „Willen zum Leben" bestimmt wird, von Nietzsche dagegen als kein wesentliches Merkmal des Willensbegriffs, sondern vielmehr als ein Ergebnis kontingenter, pathologischer und auf Selbstbetrug basierender Lebensweise aufgefasst wird.

Im Hintergrund meines Vortrages steht also die generelle Frage, inwieweit die Philosophie Nietzsches sich in die Denktradition des „triebhaft-irrationalen" Willens einordnen lässt. Das Triebmodell Nietzsches lässt sich als ein durchgehender Versuch interpretieren, mit den begrifflichen Schwierigkeiten der Willensmetaphysik Schopenhauers umzugehen, die Nietzsche bereits im Jahre 1868 in den Leipziger Aufzeichnungen festgestellt hatte (vgl. NL 1867–1868, KGW I/4, 57[51–55], S. 418–427). Für höchst problematisch werden von dem jungen Nietzsche u. a. die folgenden Aspekte der Metaphysik Schopenhauers gehalten: erstens die monistische Auffassung des Willens; zweitens der Versuch die Hauptergebnisse der transzendentale Philosophie Kants mit einer evolutionären Theorie des Intellekts kompatibel zu machen, wobei der Intellekt als Werkzeug des Willens im Dienst des Organismus angesehen wird; drittens die Rede vom Ding an sich wieder aufzunehmen und seine vermutliche Unerkennbarkeit mithilfe poetischer Metaphern umgehen zu wollen, ohne das ganze Unterfangen in den Bereich der Begriffsdichtung zu setzen. Was Nietzsche aber für besonders verwerflich an Schopenhauers Projekt einer postkantischen Metaphysik hält, ist die Tatsache, dass er bei Durchführung dieses Projektes den alten Dualismus von Leib und Seele durch einen neuen, den Dualismus von Willen und Vorstellung, bzw. Willen und Verstand ersetzt habe. Dieser neue Dualismus Schopenhauers resultiert aus einer Reform unseres vorreflexiven Willensbegriffes. Bei dieser Reform habe Schopenhauer, so Nietzsche einige Jahre später, die intentionale Qualität des Wollens „heraus subtrahirt", sodass das, was „er ‚Wille' nennt", „ein blosses leeres Wort" (NL 1888, KSA 13, 14[121], S. 301) sei. Diese Kritik taucht immer wieder und in vielen verschiedenen Schattierungen bei Nietzsche auf. Im Kontrast dazu wird Nietzsche allmählich ein Triebmodell entwickeln, das von ihm wiederum als Leitfaden benutzt wird, um in der zweiten Hälfte der achtziger Jahre eine umfassende Interpretation allen Geschehens versuchsweise zu entwerfen. In diesem Sinn lässt sich die Triebpsychologie Nietzsches als eine vorbereitende Arbeit für das spekulative Projekt des späten Werks interpretieren. Der Rekurs auf den berühmten Ausdruck „Am Leitfaden des Leibes", der sich in den Nachgelassenen Fragmente von 1884 bis 1885 verstreut findet, fällt mit der Absicht Nietzsches zusammen, die Bedingungen zu identifizieren, unter welchen eine spekulative Orientierung in der Philosophie legitimiert werden könnte.

Durch Schopenhauer und Lange hatte sich Nietzsche mit zwei verschiedenen philosophischen Verwendungen von Leibmodellen vertraut gemacht. Unter dem Einfluss der Sinnesphysiologie wird das erste Modell im Kontext einer Erneuerung der Transzendentalphilosophie zuerst von Schopenhauer formuliert, dann später von Lange wieder aufgenommen, sodass dem Leib ein quasi transzendentaler Status zugeschrieben wird. Im Folgenden beschränke ich mich auf die Aufmerksamkeit, die Nietzsche nicht dieser ersten, sondern einer zweiten Verwendung des Leibmodells geschenkt hat. Bei seiner Skizzierung einer Ereignis-Ontologie der Willen zur Macht hat Nietzsche ausdrücklich auf das zum ersten Mal von Schopenhauer vorgeschlagene methodische Verfahren zurückgegriffen, demzufolge eine postkantische Metaphysik, d. h. eine Metaphysik der Erfahrung, nur „durch die gehörige und am rechten Punkt vollzogene Anknüpfung der äußeren Erfahrung an die innere und dadurch zustande gebrachte Verbindung dieser zwei so heterogenen Erkenntnisquellen die Lösung des Rätsels der Welt möglich ist" (Schopenhauer 2004b, S. 579). Auf dieses Verfahren hat Nietzsche sich im Aphorismus 36 von JBG, obgleich vorsichtig, bezogen:

> Gesetzt, dass nichts Anderes als real „gegeben" ist als unsre Welt der Begierden und Leidenschaften, dass wir zu keiner anderen „Realität" hinab oder hinauf können als gerade zur Realität unsrer Triebe – denn Denken ist nur ein Verhalten dieser Triebe zu einander – ist es nicht erlaubt, den Versuch zu machen und die Frage zu fragen, ob dies Gegeben nicht a u s r e i c h t, um aus Seines-Gleichen auch die sogenannte mechanistische (oder „materielle") Welt zu verstehen? (JGB 36, KSA 5, S. 54)

Nietzsche hat zwar den entscheidenden methodischen Anstoß für seine Ereignis-Ontologie von einer aus dem Gesichtspunkt ihres Inhaltes so unterschiedlichen monistischen Willensmetaphysik bekommen. Das bedeutet jedoch nicht, dass alle Unstimmigkeiten zwischen den beiden Projekten bloss inhaltlicher Natur sind, nicht zuletzt, weil methodische und inhaltliche Momente sich nicht so leicht voneinander isolieren lassen. In Nietzsches Augen gilt aber als Haupteinwand gegen Schopenhauer die Tatsache, dass er seinem methodischen Verfahren, sich bei der Spekulation am Leitfaden des Leibes zu orientieren, nicht treu geblieben sei. Treu zu bleiben, würde hierbei bedeuten, „sich der Analogie des Menschen zu Ende [zu] bedienen" (NL 1885, KSA 11, 36[31], S. 563), d.h. eine Anthropomorphisierungsstrategie zu verfolgen, und sie als eine solche anzuerkennen. Stattdessen hat Schopenhauer seinen Willensbegriff so drastisch revidiert, dass ihm nichts übriggeblieben sei als „ein blosses leeres Wort":

> Wenn Schopenhauer dem Willen das Primat zuertheilt und den Intellekt hinzukommen läßt, so ist doch das ganze Gemüth, so wie es uns jetzt bekannt ist, nicht mehr zu Demonstration zu benutzen. Denn es ist durch und durch intellektual geworden (so wie

unsere Tonempfindung in der Musik intellektual wurde). Ich meine: Lust und Schmerz und Begehren können wir gar nicht vom Intellekt mehr losgetrennt denken. (NL 1876, KSA 8, 23[80], S. 431)

Da die These des Phänomenalismus der inneren Erfahrung eine seiner erkenntnistheoretischen Verpflichtungen ausmacht, konnte Nietzsche selbstverständlich keinen privilegierten Zugang zu der inneren Welt der Affekte und Triebe postulieren. Dementsprechend hat er von vornherein darauf verzichtet, seine spekulative Prozedur durch epistemische Gründe zu untermauern. Stattdessen hat Nietzsche sich einerseits auf das pragmatische Prinzip der Sparsamkeit, andererseits auf das psychologische Kriterium der Stärke des Glaubens, bzw. auf den Grad der Einverleibung unseres Glaubens an die Kausalität des Willens zurückgezogen, um das methodische Primat des Leibes als Herrschaftsgebilde und dynamische Willen-zur-Macht-Organisationen konzipieren zu können. Ich zitiere noch einmal den Aphorismus 36 aus JGB:

Die Frage ist zuletzt, ob wir den Willen wirklich als wirkend anerkennen, ob wir an die Causalität des Willens glauben: thun wir das – und im Grunde ist der Glaube daran eben unser Glaube an Causalität selbst –, so müssen wir den Versuch machen, die Willens-Causalität hypothetisch als die einzige zu setzen. „Wille" kann natürlich nur auf „Wille" wirken – und nicht auf „Stoffe" (nicht auf „Nerven" zum Beispiel –): genug, man muss die Hypothese wagen, ob nicht überall, wo „Wirkungen" anerkannt werden, Wille auf Wille wirkt – und ob nicht alles mechanische Geschehen, insofern eine Kraft darin thätig wird, eben Willenskraft, Willens-Wirkung ist. (JGB 36, KSA 5, S. 55).

Im Vergleich dazu hat Schopenhauer mit seiner These nicht so vorsichtig argumentiert, zumindest nicht in seinem Hauptwerk, wo er die phänomenalistischen Implikationen seiner Transzendentalerkenntnistheorie nicht in Betracht zieht und seine Verteidigung des epistemischen Primats des Willens etwas plakativ formuliert:

Führen wir daher den Begriff der Kraft auf den des Willens, so haben wir in der Tat ein Unbekannteres auf ein unendlich Bekannteres, ja auf das einzige uns wirklich unmittelbar und ganz und gar Bekannte zurückgeführt und unsere Erkenntnis um ein sehr großes erweitert. Subsumieren wir hingegen, wie bisher geschah, den Begriff Wille unter den der Kraft; so begeben wir uns der einzigen unmittelbaren Erkenntnis, die wir vom innern Wesen der Welt haben, indem wir sie untergehn lassen in einen aus der Erscheinung abstrahierten Begriff, mit welchen wir daher nie über die Erscheinung hinauskönnen. (Schopenhauer 2004a, S. 173)

Was die inhaltlichen Divergenzen im Hinblick auf das Leibmodell angeht, das die beiden Philosophen auf das Gesamtgeschehen zu übertragen beabsichtigten, ist sich die Nietzscheforschung im Anschluss an Wolfgang Müller-Lauter und Günter Abel weitgehend darin einig, dass das Leibmodell Nietzsches auf einem Triebmodell beruht, das von der Idee der Organisation ausgeht und durch die folgenden Elemente charakterisiert werden kann: Pluralität, Relationalität, Prozessualität, Affektivität, Spontaneität, Konflikt, in Kontinuität mit den verschiedenen Ebenen des natürlichen und menschlichen Geschehens, sowie durch die an der Machtsteigerung orientierte Tendenz aller Bestandteile der gesamten Organisation, die deswegen in ständigen agonalen Verhältnissen zueinanderstehen.

Einige dieser Elemente sind schon in Nietzsches Vorbereitungsnotizen für die geplante Dissertation zum Thema *Die Teleologie seit Kant* verspürbar, wie die folgende Textstelle belegt:

> Das ewig Werdende ist das Leben; durch dir Natur unsres Intellekts erfassen wir Formen: unser Int<ellekt> ist zu stumpf, um die fortwährende Verwandlung wahrzunehmen: das ihm Erkennbare nennt er Form. In Wahrheit kann es keine Form geben, weil in jedem Punkte eine Unendlichkeit sitzt. [...] Ein ähnlicher Begriff wie die Form ist der Begriff Individuum. Man nennt Organismen so als Einheiten, als Zweckcentren. Aber es gibt nur Einheiten für unsren Intellekt. Jedes Individuum hat eine Unendlichkeit lebendiger Individ. in sich. Es ist nur eine grobe Anschauung, viell<eicht> von dem Körper des Menschen zuerst entnommen. (NL 1868, KGW I/4, S. 570)

Nietzsche wurde sicherlich durch seine Lektüre der *Geschichte des Materialismus* gut darüber belehrt, dass der Gegensatz von Vielheit und Einheit nicht als ein absoluter Gegensatz gedacht werden dürfe, sondern vielmehr als einer, der zwangsläufig aus unserer eigenen körperlichen Organisation resultiert und der auf keinen Fall metaphysisch stilisiert werden sollte, wie es bei Schopenhauer geschieht, sondern als bloßes fiktionales Konstrukt kritisch angenommen werden müsse (vgl. Lange 1866, S. 405 f.). Diese Unendlichkeit lebendiger Individuen, die allen Lebewesen innewohnen, wird von Nietzsche mithilfe seines Triebmodells beschrieben. Von Anfang an ist der philosophische Diskurs Nietzsches ein triebhaft geprägtes Idiom. Die Grenzen des Triebbegriffs sind aber nicht so einfach zu bestimmen. Mit der Akzentuierung der Pluralität und des Konflikts als Hauptmerkmale des Triebbegriffs, die Hand in Hand mit der Hypothese gehen, derzufolge alle Triebe nach einer Machtsteigerung tendieren, hat Nietzsche immer mehr der Versuchung widerstanden, die Triebe irgendwie theoretisch zu individualisieren. Stattdessen hat er auf die Plastizität und die besonders durch die soziale Zwangsjacke ermöglichte Umlenkung der Triebe großes Gewicht gelegt. Auf Ausdrücke wie ästhetische, metaphysische, erkennende und politische Triebe, die in den Werken der ersten Periode so oft auftreten, hat Nietzsche im Lauf der Jahre immer mehr verzichtet, und sogar Ausdrücke wie Selbsterhaltungs- und Geschlechtstrieb werden entweder zu bloßen Erdichtungen degradiert oder als „überflüssige teleologische Principien“ (JGB 13, KSA 5, S. 27 f.) betrachtet, die innerhalb des Reiches der Erkenntnis entbehrlich sind und manchmal noch einen hemmenden Effekt auf den Erkennende ausüben können. Plastizität und Umlenkung der Triebe sind Merkmale, die Nietzsche zumindest tendenziell auf den Totalbegriff des Triebes anwendet, anders als Freud, der diese Merkmale auf das Objekt des Triebes beschränkt und gleichzeitig das Ziel des Triebes mit einem in unserem Triebleben unveränderlichen Element identifiziert (vgl. Freud 2000, S. 86 f.). Noch verwirrender als die fast unendliche Plastizität, die Nietzsche mit seinem Triebmodell verknüpft, ist seine unleugbare Tendenz, die Arbeitsweise der Triebe durch eine geistige, d. h. völlig intentionale Sprache zu beschreiben. Jedem einzigen Trieb werden Eigenschaften und Tätigkeiten zugesprochen, die üblicherweise erst dem handelnden Subjekt zukommen. Nietzsche will das Fühlende, Wollende und Denkende als basale geistige Tätigkeiten holistisch auffassen, die begrifflichen Bedingungen ihrer Zuschreibungen aber von keiner Seelen-Atomistik abhängig machen. Wie schon gesagt, diese Tendenz hat sich durch eine fortwährende Auseinandersetzung mit dem Willensbegriff Schopenhauers durchgesetzt. Noch wichtiger als die Pluralität ist in Nietzsches Augen die Intentionalität, die als ein wesentliches Merkmal des Willensbegriffes gilt. Wollen und Vorstellen sind nicht „losgetrennt zu denken“; vom Wollen zu reden „ohne von vornherein einen Intellekt anzunehmen, der sich vorstellen konnte was man will“ macht keinen Sinn, weil „einen solchen Willen in's Blaue (oder in's Dasein!) giebt es nicht“ (NL 1880, KSA 9, 4[310], S. 178). Es reicht nicht aus, so Nietzsche, den Willen zum Leben zu pluralisieren, um die Unzulänglichkeit des Begriffs ausgleichen zu können:

> Auch Mainländers Reduktion dieses Begriffs auf viele individuelle „Willen zum Leben“ bringt uns nicht weiter, – man erhält dadurch statt einer universalen Lebenskraft (welche zugleich als außer, über und in den Dingen gedacht werden soll!) individuale Lebenskräfte, gegen welche dasselbe einzuwenden ist wie gegen jene universale. (NL 1876–1877, KSA 8, 23[12], S. 407)

Wenn Nietzsche im Aphorismus 19 von JGB auf das Thema zurückkommend sagt, das Wollen scheine ihm „vor allem etwas Complicirtes, Etwas das nur als Wort eine Einheit“ (JGB 19, KSA 5, S. 32) sei, dann hat er als Ziel seiner Kritik nicht die monistische Auffassung der Welt, d. h. das Endergebnis der Philosophie Schopenhauers, sondern seinen Ausgangspunkt; anders formuliert: nicht die sachliche Vielheit, sondern die begriffliche Komplexität, Verflechtung und holistische Natur unserer sogenannten mentalen Zustände und Tätigkeiten. Die in Frage stehende Tendenz, die Arbeitsweise der Triebe in die Sprache des handelnden Subjekts zu übersetzen, wird in der Nietzscheforschung unterschiedlich eingeschätzt. Von Günter Abel wird sie gefeiert als Ausdruck eines gesunden Adualismus, der auf dem Prinzip des Kontinuums basiert und „eine Naturalisierung jenseits der Dichotomie von transzendenter Metaphysik und reduktionistischem Physikalismus" (Abel 2001, S. 7) ermögliche. Wenn man aber eine Passage wie die folgende liest –

> Die Annahme des Einen Subjekts ist vielleicht nicht nothwendig; vielleicht ist es ebensogut erlaubt, eine Vielheit von Subjekten anzunehmen, deren Zusammenspiel und Kampf unserem Denken und überhaupt unserem Bewusstsein zu Grunde liegt? Eine Art Aristokratie von ‚Zellen', in denen die Herrschaft ruht? (NL 1885, KSA 11, 40[42], S. 650)

– dann stellt man sich unweigerlich die Frage, ob es sich dabei um einen Homunkular-Fehlschluss handelt. Unter diesem Ausdruck versteht man die Forderung

> menschenähnlicher Instanzen, die ausdrücklich oder unausdrücklich zur Erklärung der Arbeitsweise des menschlichen Geistes herangezogen werden. Daß ein geistbegabtes Wesen ein bestimmtes Vermögen besitzt, wird dadurch erklärt oder analysiert, daß einer seiner Teile oder ein Subsystem in ihm dieses Vermögen besitzt. (Keil 2003, S. 77)

Mit dieser Frage hat sich Katsafanas in einem noch nicht erschienenen Aufsatz konfrontiert. Gegen die homunkulare Lektüre des Triebbegriffes Nietzsches hat Katsafanas die folgenden Einwände erhoben: Erstens würde sie uns dazu zwingen, Fähigkeiten und Leistungen auf die Triebe zu übertragen, die die Existenz von bewussten Subjekten voraussetzen; zweitens würden solche Übertragungen keine Erklärungskraft besitzen, weil sie auf einen Regress hinauslaufen, indem das Explanandum als Teil des Explanans wieder auftauche; drittens sei Nietzsches Absicht die Überwindung des Begriffs des Subjektes gewesen und nicht allein seine Verschiebung auf irgendeine andere Instanz (vgl. Katsafanas 2011, S. 4–7). In einem berühmten Aufsatz aus dem Jahr 1979 hatte Müller-Lauter auf die Tatsache hingewiesen, dass Nietzsche unmittelbar nach der Lektüre von Roux auf seine Vorgehensweise mit Vorbehalt reagiert, weil sie in eine „Bilderrede" verstrickt sei: „Unsere Naturwissenschaft ist jetzt auf dem Wege, sich die kleinsten Vorgänge zu verdeutlichen durch unsere angelernten Affekt-Gefühle, kurz eine Sprechart zu schaffen für jene Vorgänge: sehr gut! Aber es bleibt eine Bilderrede." (NL 1881, KSA 9, 11[128], S. 487) „Dieser Vorbehalt", so kommentiert Müller-Lauter: „ist aber kein Einwand. [...] Daß die Erkenntnis des Menschen, auch die naturwissenschaftliche, notwendig in Bildersprachen eingebunden ist, gehört schon zu den frühen Überzeugungen Nietzsches. Bleibt die Frage, welche Art von Bildhaftigkeit den Vorrang verdient" (Müller-Lauter 1979, S. 196 f.). Dementsprechend soll dafür argumentiert werden, dass das Triebmodell Nietzsches zwar eine Version von Homunkulismus einschließt, die doch keinen Fehlschluss begeht – oder zumindest keinen, auf den ohne

Verlust verzichtet werden könnte. Diese Version des Homunkulismus kann insofern erklärungskräftig sein, als sie auf die Bildersprache der politischen Handlungen und Machtsorganisationen rekurriert, um neues Licht auf unsere geistigen Leistungen und Fähigkeiten zu werfen. Nietzsche schlägt uns vor, das Modell des moralisch handelnden Subjekts durch das Modell einer Pluralität von politischen, realistisch gerichteten und kompromissfähig handelnden Subjekten (die verschiedenen Triebe) zu ersetzen. Im Bereich der Philosophie des Geistes wird heutzutage heftig und kontrovers darüber diskutiert, ob und inwieweit Homunkulismus theoretisch legitimiert werden kann. Daniel Dennett ist vielleicht heute der wichtigste Autor, der für diese Position offensiv eintritt. Dennett zufolge ist es gerechtfertigt, Homunkuli zu postulieren, wenn sie (a) möglichst viele sind und wenn sie (b) möglichst dumm sind (vgl. Dennett 1978, S. 123). Seine Begründung dafür hat Geert Keil so zusammengefasst:

> Wenn es gelänge, einen Homunkulus, den man zur Erklärung einer bestimmten kognitiven Leistung postuliert hat, schrittweise durch Gruppen dümmerer Homunkuli zu ersetzen, durch eine absteigende Linie von Teams, die immer anspruchslosere Aufgaben erfüllen („Subroutinen"), dann könne man am Ende die allerdümmsten Homunkuli durch einen Mechanismus ersetzen. (Keil 2003, S. 99)

Es mögen wohl viele Berührungspunkte zwischen den beiden Philosophen bestehen: z. B. das sogenannte mehrfache Entwürfe-Modell des Bewussteins und die daraus folgende nicht-zentralisierte und nicht-einheitliche Auffassung des Ichs; darauf hat Abel uns schon aufmerksam gemacht (vgl. Abel 2001, S. 10). Was aber die Legitimierung einer homunkularen Strategie betrifft, scheinen die beiden Autoren weit voneinander entfernt zu sein. Ich würde sogar sagen, dass die Kritik Nietzsches an Schopenhauer gewissermaßen auch gegen Dennetts Strategie gerichtet werden könnte. Im Hinblick auf die rekursive Dekomposition Dennetts mit seinen allerdümmsten Homunkuli hätte Nietzsche vielleicht ähnlich wie bei dem blinden Willen Schopenhauers bemerkt, dass sie so viel bedeutet als wenn man durchaus den dummen Teufel zum Gotte haben wolle. Einige Aufzeichnungen scheinen aber nicht nur in der Nähe von Dennett zu stehen, sondern auch das Wesentliche dieser Sichtweise vorwegzunehmen. Beleg dafür ist z. B. die folgende Notiz aus dem Jahre 1883:

> Da jeder Trieb unintelligent ist, so ist „Nützlichkeit" gar kein Gesichtspunkt für ihn. Jeder Trieb, indem er thätig ist, opfert Kraft und andere Triebe: er wird endlich gehemmt; sonst würde er Alles zu Grunde richten, durch Verschwendung. Also: das „Unegoistische" Aufopfernde Unkluge ist nichts Besondres – es ist allen Trieben gemeinsam – sie denken nicht an den Nutzen des ganzen ego (weil sie nicht denken!) sie handeln „wider unseren Nutzen", gegen das ego und oft für das ego – unschuldig in Beidem! (NL 1883, KSA 10, 8[23], S. 342)

Möglicherweise ist die Übereinstimmung jedoch eher scheinbar als real. Das Ziel der Kritik Nietzsches an der oben zitierten Textstelle ist noch einmal die auf dem Selbsterhaltungsprinzip basierende Auffassung der Rationalität, die im Zweckmäßigkeits-Vorurteil gefangen geblieben sei. Aus einem agonalen Modell der Politik hat Nietzsche eine alternative Auffassung der Rationalität entworfen und gerade deswegen, würde ich hinzufügen, ist er auch zu einer nicht-teleologischen Auffassung der Intentionalität gekommen, die als minimal bezeichnet werden kann, da sie lediglich das orientiert sein der Triebe nach der Machtsteigerung impliziert: „Jeder Trieb ist eine Art Herrschsucht, jeder hat seine Perspektive, welche er als Norm allen übrigen Trieben aufzwingen möchte“ (NL 1886, KSA 12, 7[60], S. 315). Dieses basale Orientiertsein als Hauptmerkmal der Triebe hat Nietzsche den Griechen und ihrer agonalen Kultur entnommen. Die Philosophen machen hierbei keine Ausnahme; sie sind vielmehr als die Hauptvertreter dieser inneren Tendenz der Triebe zu betrachten:

> Sie waren [die griechischen Philosophen – RL] Tyrannen, also Das, was jeder Grieche sein wollte und was jeder war, wenn er es sein konnte. Vielleicht macht nur Solon eine Ausnahme; in seinen Gedichten sagt er es, wie er die persönliche Tyrannis verschmäht habe. Aber er that es aus Liebe zu seinem Werke, zu seiner Gesetzgebung; und Gesetzgeber sein ist eine sublimirtere Form des Tyrannenthums. (MA I 261, KSA 2, S. 215)

Wenn man, wie z. B. Claus Zittel, vertreten will, dass Nietzsche „eine für jede normative Ethik ruinöse Psychologie“ (Zittel 2003, S. 105) verfasst habe, so muss man vielleicht in Betracht ziehen, dass das Triebmodell Nietzsches durch eine Auseinandersetzung mit dem Willensbegriff Schopenhauers skizziert wurde, und zwar mit der deutlichen Absicht die schopenhauersche Schlussfolgerungen zu vermeiden, denen zufolge „wir [.] durch unsere Begierden gelenkt [werden]: nicht durch unsere nützlichen und vernünftigen Interessen, geschweige durch unsere Tugend und Weisheit“ (NL 1880, KSA 9, 5[27], S. 187). Während Schopenhauer seine Willensmetaphysik aus dem Modell des Begehrens konzipiert, basiert Nietzsche seine Ereignis-Ontologie, sowie sein Triebmodell auf die realistisch konzipierten politischen Überlegungs- und Handlungsprozesse.

Wenn wir behaupten, Nietzsche hat sich entschieden, „sich der Analogie des Menschen zu Ende [zu] bedienen“ (NL 1885, KSA 11, 36[31], S. 563), d. h., bei seiner theoretischen Philosophie eine Anthropomorphisierungsstrategie zu verfolgen, dann müssen wir die beschränkende Bedingung hinzufügen, dass diese Strategie nur insoweit legitimiert werden kann, als man fähig ist, unser menschliches Bild von moralischen Vorstellungen und Gefühle zu befreien und „den Menschen nämlich zurück[zu]übersetzen in die Natur; über die vielen eitlen und schwärmerischen Deutungen und Nebensinne Herr [zu]werden, welche bisher über jenen ewigen Grundtext homo natura gekritzelt und gemalt wurden [...]" (JGB 230, KSA 5, S. 169). Ein realistisch konzipiertes politisches Modell, wobei die Macht als Hauptbegriff auftritt, erlaubt Nietzsche unser triebhaftes Leben zu beschreiben, ohne unsere nützlichen und vernünftigen Interessen, unsere Tugend, Weisheit und Dummheit, unsere kompromiss- und vertragsfähige Natur ausklammern zu müssen.

Die hier vorgeschlagene Interpretation erlaubt es uns, den scheinbar enigmatischen Aphorismus 37 von JGB als einen ironischen Kommentar zu dem Willensmetaphysik Schopenhauers zu verstehen: „‚Wie? Heisst das nicht, populär geredet: Gott ist widerlegt, der Teufel aber nicht –?' Im Gegentheil! Im Gegentheil, meine Freunde! Und, zum Teufel auch, wer zwingt euch, populär zu reden! – " (JGB 37, KSA 5, S. 56).

Literaturverzeichnis

Abel, Günter (2001): „Bewusstsein – Sprache – Natur. Nietzsches Philosophie des Geistes". In: *Nietzsche-Studien* 30, S. 1–43.

Dennett, Daniel (1978): *Brainstorms*. Sussex: Hassocks.

Freud, Sigmund (2000): „Triebe und Triebschicksale". In: Sigmund Freud: *Studienausgabe. Bd. III: Psychologie des Unbewußten*. Hrsg. von Alexander Mitscherlich et al. Frankfurt am Main: Fischer, S. 75–102.

Gödde, Günter (2009): *Traditionslinien des „Unbewußten". Schopenhauer-Nietzsche-Freud*. Gießen: Psychosozial-Verlag.

Katsafanas, Paul: (2011) „Nietzsche's Philosophical Psychology". In: http://people.bu.edu/pkatsa/NPP.pdf.

Keil, Geert (2003): „Homunkulismus in den Kognitionswissenschaften". In: Wolfgang R. Köhler/Hans-Dieter Mutschler (Hrsg.): *Ist der Geist berechenbar?* Darmstadt: Wissenschaftliche Buchgesellschaft, S. 77–112.

Lange, Friedrich Albert (1866): *Geschichte des Materialismus und Kritik seiner Bedeutung in der Gegenwart*. Iserlohn: J. Baedeker.

Müller-Lauter, Wolfgang (1978): „Der Organismus als innerer Kampf: Der Einfluss von Wilhelm Roux auf Friedrich Nietzsche". In: *Nietzsche-Studien* 7, S. 189–223.

Schopenhauer, Arthur (2004a): „Die Welt als Wille und Vorstellung". In: Arthur Schopenhauer: *Sämtliche Werke*. Bd. I. Darmstadt: Wissenschaftliche Buchgesellschaft, S. 7–558.

Schopenhauer, Arthur (2004b): „Kritik der Kantischen Philosophie". In: Arthur Schopenhauer: *Sämtliche Werke*. Bd. I. Darmstadt: Wissenschaftliche Buchgesellschaft, S. 559–715.

Zittel, Claus (2003): „Ästhetisch Fundierte Ethiken und Nietzsches Philosophie". In: *Nietzsche-Studien* 32, S. 103–123.

Anthony Jensen

Das Unbewusste durch die Historie enthüllt: der bejahende Einfluss Hartmanns auf Nietzsche

Nur wenige Forschungsarbeiten haben sich mit der Beziehung zwischen Eduard von Hartmann und Nietzsche befasst (siehe Weyembergh 1977; Rahden 1984; Gerratana 1988; Wolf 2006 und Jensen 2006). Das erklärt sich teilweise durch das fehlende zeitgenössische Interesse an den Gedanken Hartmanns, teilweise aber auch durch die fast durchgehend negative Meinung Nietzsches über ihn. Dennoch hat Nietzsche Hartmann im Verlauf seiner theoretischen Arbeit immer wieder gelesen. Seine Nachgelassenen Fragmente und seine Korrespondenz beweisen, dass Nietzsche sich mit Hartmanns Gedanken intensiv auseinandergesetzt hat, mehr als seine ausschließlich negativen Äußerungen über ihn vermuten lassen. Hier möchte ich den positiven Einfluss Hartmanns auf Nietzsche insbesondere in Bezug auf seine Behauptung zeigen, dass die psychologische Beobachtung eine strenge und sorgfältige *historische* Methode erfordert.[1]

Weder die Methoden der empirischen Forschung noch die *a priori* – Spekulation können das Unbewusste als die treibende Kraft bewusster Aktivitäten nachweisen. Das Unbewusste ist nur teilweise durch eine phänomenologische Analyse seiner Funktionsweise *a posteriori* zu erkennen, am deutlichsten, wenn wir in einer *historischen Betrachtung* die verschiedenen teleologisch-progressiven Epochen in den dynamischen Prozessen des Lebens und der Welt herausarbeiten (ein Methodenaspekt, der Nietzsche beeinflusst hat). Die Abhängigkeit der Psychologie von der Geschichte ist Gegenstand von Hartmanns idiosynkratischer Ansicht des Unbewussten. In ähnlicher Weise wie Hegel beschreibt Hartmann den Aufstieg des Ichs von der naiven Entfaltung des „Selbstgefühls“ bis zum „reinen Selbstbewusstsein“ (Hartmann 1869, S. 455). Durch die Dialektik des andauernden ‚Zusichkommens‘ wollte Hartmann die geistigen Ursachen des Unbewussten in der Zweckmäßigkeit der Natur aufdecken: das metaphysische Unbewusste, das aus der Durchdringung der Göttlichkeit der christlichen Spiritualität und der mechanischen Gesetze

1 Nietzsche besaß die folgenden Bände: Hartmann (1868), (1869), (1872), (1874), (1875), (1879). Nur zwei dieser Bücher (1872 und 1879) aus seiner privaten Bibliothek konnten in der Herzogin Anna Amalia Bibliothek in Weimar erhalten werden. Von diesen ist der erste Band kaum markiert, jedoch ist der zweite von Nietzsche stark kommentiert worden.

der Natur folgen sollte (Hartmann 1869, S. 523). Die Wechselbeziehung des Bewusstseins als Beteiligung an der materiellen Welt mit der Beteiligung des individuellen Unbewussten am allgegenwärtigen metaphysischen Unbewussten (noch im Hegelschen Sinne) „sublimiert den radikalen Unterschied zwischen Geist und Materie [...] nicht durch die Aufhebung des Geistes, sondern durch die Kräftigung des Materials" (Hartmann 1923, Bd. I, S. 334). Die geistige Vorsehung bewirkt durch die Entfaltung des metaphysischen Unbewussten eine Verbesserung oder Verschlechterung ausgewählter materieller Eigenschaften des individuellen menschlichen Organismus und der Gattung Mensch in einer Weise, die nur durch die historische Analyse verständlich ist. „Was ist denn nun Schicksal oder Vorsehung sondern die Regel des Unbewussten, der historische Instinkt in die Handlungen der Menschen, solange ihr bewusstes Verständnis nicht reif genug, um die Ziele der Geschichte ihre eigenen zu machen!" (Hartmann 1923, Bd. I, S. 343)

Hartmann wurde nicht nur von Hegels Phänomenologie der Geschichte, sondern auch von Schopenhauers Begriff des Unbewussten stark beeinflusst.[2] Schopenhauers Fehler bestand nach Hartmann in seiner Unkenntnis des Manifests zur Zweckmäßigkeit der Natur. Da der Wille in seiner materiellen Objektivierung als gleichzeitige Anhäufung von unbewussten Wünschen, Trieben und Instinkten zu verstehen ist, die alle als „gerichtet auf ein Ziel" anerkannt werden müssen, wäre es unsinnig zu glauben, dies könnte durch einen Akt der *bewussten* Entscheidung oder Bedächtigkeit erreicht werden. Ist der Wille ohne eigene bewusste Anstrengungen gerichtet (wie Schopenhauer selbst behauptet), muss dies auf eine Ursache *außerhalb* des Individuums zurückgeführt werden. Schopenhauers Lösung bestand darin, den Charakter des Willens mit gerade solch einer Gerichtetheit zu erfüllen, einerseits als Zug hin zur Zufriedenheit, andererseits als Zug weg von Schmerzen. Aber das Bewusstsein darüber, welche Objekte befriedigen und welche schaden, setzt zumindest ein Minimum an Bewusstsein voraus, was Schopenhauer als das *Un*bewusstsein des menschlichen Handelns bezeichnet hat. Um das Problem zu umgehen, nimmt Hartmann einen „göttlichen Willen" als Kompromiss zwischen Hegels rationalgerichtetem Geist und dem unbewussten blinden Willen Schopenhauers an.

Hartmann setzt diesen göttlichen Willen durch das Medium des metaphysischen Unbewussten als Garanten für historische Ereignisse voraus, an dem alles Unbewusste teilnimmt (Hartmann 1923, Bd. I, S. 329). So wird verständlich, wie menschliches Handeln motiviert ist, um die Ziele der Natur zu ver-

---

2 Eine der Hauptkritiken Nietzsches an Hartmann betrifft seine Missdeutung Schopenhauers. In dieser Hinsicht folgte Nietzsche Bahnsen (1872). Nietzsche lieh das Buch zweimal aus der Universitätsbibliothek Basel im Februar 1871 und April 1872 aus.

wirklichen. Im Verlauf der Geschichte erkennen die Menschen zunehmend die inhärenten Ziele der Geschichte und entdecken so die eigenen Kräfte des Nachdenkens, die nötig sind, um diese Ziele zu erreichen, wodurch die Menschen sich vom Diktat des Unbewussten proportional zu den Erkenntnisfortschritten befreien konnten. Die Menschen versuchen jetzt bewusst zu erreichen, was sie vorher unbewusst getrieben hat: „Der vollendete Sieg des Logischen über das Unlogische" (UB II 9, KSA 1, S. 318).[3] Über die Verwendung bewusster, rationaler Überlegungen, anstelle des instinktiven, „blinden" Strebens manifestiert sich in der aktuellen Epoche die umfassendste Artikulation der Ziele des göttlichen Willens.

Als das vernünftigste Zeitalter ist die Gegenwart nicht nur als Vollendung der Geschichte zu betrachten, sondern auch der äußerste Höhepunkt erreicht. „[W]ir sind am Ziele, wir sind das Ziel, wir sind die vollendete Natur" (UB II 9, KSA 1, S. 313). Die Kraft des persönlichen Willens dient nur noch als ein Mittel, um die Ziele des göttlichen Willens zu rechtfertigen. Alles, was ist und wird, entsteht heute nicht mehr als Zufallsprodukt, sondern als das Ergebnis des Schicksals, als das Ziel der Natur. Was als Aufklärungsoptimismus erscheint, ist in Wirklichkeit Ausdruck von Hartmanns zynisch-pessimistischer Interpretation der menschlichen Tätigkeit. Nietzsche behauptet:

> Sichtbar steht es ganz erbärmlich, es wird aber noch viel erbärmlicher kommen, ‚sichtbar greift der Antichrist weiter und weiter um sich' – aber es muss so stehen, es muss so kommen, den mit dem Allen sind wir auf dem besten Wege – zum Ekel an allem Daseienden. ‚Darum rüstig vorwärts im Weltprozess als Arbeiter im Weinberge des Herrn, den der Prozess allein ist es, der zur Erlösung führen kann!' (UB II 9, KSA 1, S. 315)

Indem er Schopenhauer und Hegel auf diese Weise interpretiert, glaubt Hartmann, dass er den versteckten Schlüssel zum menschlichen Unbewussten gefunden hat. Die unbewusste Aufgabe jedes Menschen ist es, diese progressive historische Fraktionierung der bewussten Idee weg vom Unbewussten zu fördern. Dadurch schafft er die Bedingungen für das „glückliche Ende", d. h. den kulturellen Nihilismus. Indem das einzelne Bewusstsein immer mehr Einfluss gewinnt und die unbewussten Motivationen (z. B. Instinkte, Triebe, Motivationen) immer mehr Einfluss verlieren, weichen die „glücklichen Illusionen" der Willensfreiheit und der Selbstbestimmung. Wir verzweifeln dann aus der Erkenntnis heraus, dass wir nichts anderes als ein *Zahnrad im Weltprozess* sind. Die Gegenwart ist mit dem „Greisenalter" zu vergleichen, weil wir in ihr die Sinnlosigkeit unserer Anstrengungen verstehen (vgl. UB II 9, KSA 1,

3 Nietzsche ruft ihn in Parenthesen mit seinem Lieblingsspitznamen herbei: „oh Schelm der Schelme!"

S. 322). Wir erkennen letztendlich, dass der Fluss der Geschichte stetig und willkürlich ist. Und wir erkennen, dass unser Streben selbst sinnlos ist – eine Erkenntnis, die Nietzsche als „die volle Hingabe der Persönlichkeit an den Weltprozess" (UB II 9, KSA 1, S. 312) charakterisiert.[4]

Obwohl Hartmann und Nietzsche zugeben, dass die Geschichte die unbewussten Antriebe von Menschen und ganzen Gesellschaften offenbart, weichen sie an einem Punkte sehr stark voneinander ab, nämlich darin, was sie für die Lehre der Geschichte halten. Laut Hartmann offenbart sich in der Geschichte als teleologische Entfaltung des Bewusstseins ein transzendenter, göttlicher Plan. Weil wir in einem Zeitalter leben, das dazu fähig ist, diese Wahrheit intellektuell zu verstehen, stehen wir am erfolgreichen Ende dieses Prozesses. Der heutige Tag ist also der beste Tag; es macht wenig Sinn, weiter nach irgendetwas zu streben, selbst wenn wir es könnten. Jedoch ist nach Nietzsche der größte Wert der Geschichtsschreibung, der teleologischen Historismus und spekulative Metaphysik abgelehnt hat, ihre Fähigkeit, exemplarische Individuen hervorzubringen. Diese Individuen stehen immer in einem Wettkampf miteinander, in dem stärkere und einfallsreichere Willen entstehen. Auf einer unbewussten Ebene entstehen dabei ihre Willen zur Macht. Soweit die Geschichtsschreibung dem Leben und der Kultur dient, muss sie sich auf einen solchen Agon zwischen den einzelnen Willen konzentrieren – anstatt auf den letzten Mann am letzten Tag.

> Nur aus der höchsten Kraft der Gegenwart dürft ihr das Vergangene deuten: nur in der stärksten Anspannung eurer edelsten Eigenschaften werdet ihr errathen, was in dem Vergangnen wissens- und bewahrenswürdig und gross ist. Gleiches durch Gleiches! Sonst zieht ihr das Vergangene zu euch nieder. Glaubt einer Geschichtschreibung nicht, wenn sie nicht aus dem Haupte der seltensten Geister herausspringt. (UB II 6, KSA 1, S. 293 f.)

Nietzsche findet gerade das Gegenteil zur „Kraft der Gegenwart" im „Übermaß am historischen Sinn" in den Schriften von Hartmann, Strauss und den Hegelianern. Wegen ihres eigenen unbewussten Impulses, jede Stammeswanderung, jede nationalistische Revolution und jede technologische Entdeckung als Zeichen des allumfassenden Welt-Prozess zu interpretieren und den gegenwärtigen Tag als den letzten Tag zu sehen, offenbaren sie genau, welche Werte von ihren Autoren hoch gehalten werden. Nietzsche denkt nicht, dass dieser Ansatz „falsch" ist im Sinne von „sachlich falsch". Vielmehr verwendet er Hartmanns Methode der psychologisch-historischen Analyse gegen Hartmann selbst, indem Nietzsche die unbewussten Trieben des Historikers untersucht,

4 Hier zitiert Nietzsche aus Hartmann (1869, S. 638).

die ihn dazu veranlassen, die Geschichte in einer teleologischen Weise zu interpretieren. Und das, was Nietzsche im „historischen Sinn" Hartmanns entdeckt, ist sein Instinkt für den Nihilismus.

> Wollte man recht trocken heraussagen, was Hartmann von dem umrauchten Dreifusse der unbewussten Ironie her uns verkündet, so wäre zu sagen: er verkündet uns, dass unsere Zeit nur gerade so sein müsse, wie sie ist, wenn die Menschheit dieses Dasein einmal ernstlich satt bekommen soll: was wir von Herzen glauben. Jene erschreckende Verknöcherung der Zeit, jenes unruhige Klappern mit den Knochen – wie es uns David Strauss naiv als schönste Thatsächlichkeit geschildert hat – wird bei Hartmann nicht nur von hinten, ex causis efficientibus, sondern sogar von vorne, ex causa finali, gerechtfertigt; von dem jüngsten Tage her lässt der Schalk das Licht über unsere Zeit strahlen, und da findet sich, dass sie sehr gut ist, nämlich für den, der möglichst stark an Unverdaulichkeit des Lebens leiden will und jenen jüngsten Tag nicht rasch genug heranwünschen kann. (UB II 9, KSA 1, S. 314)

Nietzsche formuliert eine grundsätzliche und andauernde Kritik an Hartmann. Seine Sprache ist scheußlich. Trotz seiner Ablehnung hat Nietzsche ein Schlüsselelement von Hartmanns philosophischer Methode selbst angewendet. Der Einfluss Hartmanns auf Nietzsche ist sichtbar in ihrer gemeinsamen Überzeugung, dass unbewusste Trieben, heimliche Wünsche, und subkutane Willen bewussten und vernünftigen Tätigkeiten wie Entscheidungen, Überlegungen, und Urteilen zugrunde liegen. Sie stimmen auch darin überein, dass diese unbewussten Kräfte am besten durch das Medium der *historischen* Analyse statt durch empirische Beobachtung oder spekulativen Psychologismus offenbart werden sollten, in einer Art und Weise bei den Denkern vor Freud einzigartig ist. Die Explikation der Beziehungen zwischen dem Bewussten und Unbewussten, also den unbewussten Antrieben als Einflussfaktoren bewusster Entscheidungen und Handlungen, ist der Hintergrund der Psychologisierung der historiographischen Methode. Methodisch entspricht dieses Ergebnis der Kombination der Philosophien von Schopenhauer und Hegel bei Hartmann. Nietzsche schreibt 1877 offensichtlich unter dem Einfluss Hartmanns: „Die moralische Selbstbeobachtung genügt jetzt keineswegs, Historie und die Kenntniß der zurückgebliebenen Völkerschaften gehört dazu, um die verwickelten Motive unseres Handelns kennen zu lernen." (NL 1876–1877, KSA 8, 23[48], S. 421) Notwendig für seine eigenen genealogischen Untersuchungen, behauptet er, war „[e]twas historische und philologische Schulung, [dass hat in ihm] eingerechnet ein angeborner wählerischer Sinn in Hinsicht auf psychologische Fragen überhaupt..." (GM Vorrede 3, KSA 5, S. 249). Nietzsche – der die sogenannten „alten Psychologen und Rattenfänger" (GD Vorwort, KSA 6, S. 58), der die Psychologie als die „Herrin der Wissenschaften" (JGB 23, KSA 5, S. 39) lobte - verwendete eine spekulative Psychologie als kulturkritisches

Instrument und Wertmaßstab. Insoweit diese Werte historisch kontingent und von der komplizierten, unbewussten Dynamik der Triebe und Instinkte abhängig sind und die bewussten Überlegungen begründen, können sie nur durch eine psychologisch-historische Analyse offenbart werden. Der Hauptbezugspunkt für diese Tendenz waren tatsächlich die Arbeiten Hartmanns, dessen Bücher Nietzsche mit vielen Anmerkungen und Kommentaren versehen und genau in den Jahren gelesen hat, in denen er eine ähnliche methodische Richtung eingeschlagen hat.[5]

Literaturverzeichnis

Bahnsen, Julius (1872): *Zur Philosophie der Geschichte: Eine kritische Besprechung des Hegel-Hartmann'sche Evolutionismus aus Schopenhauer'schen Principien*. Berlin: Duncker.

Gerratana, Frederico (1988): „Der Wahn jenseits des Menschen: zur frühen E.v. Hartmann-Rezeption Nietzsches (1869–1874)". In: *Nietzsche-Studien* 17, S. 391–433.

Hartmann, Eduard von (1868): *Ueber die dialektische Methode: Historisch-kritische Untersuchungen*. Berlin: Carl Duncker.

Hartmann, Eduard von (1869): *Philosophie des Unbewussten: Versuch einer Weltanschauung*, Berlin: Carl Duncker.

Hartmann, Eduard von (1872): *Das Unbewusste vom Standpunkt der Physiologie und Descendenztheorie: eine kritische Beleuchtung des naturphilosophischen Theils der Philosophie des Unbewussten aus naturwissenschaftlichen Gesichtspunkten*. Berlin: Carl Duncker.

Hartmann, Eduard von (1874): *Shakespeare's ‚Romeo und Julia'*. Leipzig: Hartknoch.

Hartmann, Eduard von (1875): *Wahrheit und Irrthum im Darwinismus: Eine kritische Darstellung der organischen Entwicklungstheorie*. Berlin: Carl Duncker.

Hartmann, Eduard von (1879): *Phänomenologie des sittlichen Bewusstseins: Prolegomena zu jeder künftigen Ethik*. Berlin: Carl Duncker.

Hartmann, Eduard von (1923): *Philosophie des Unbewussten: Speculative Resultate nach inductiv-naturwissenschaftlicher Methode*. 12. Aufl. 3 Bde. Leipzig: Alfred Kröner.

Jensen, Anthony K. (2006): „The Rogue of All Rogues: Nietzsche's Presentation of Eduard von Hartmann's ‚Philosophie des Unbewussten' and Hartmann's Response to Nietzsche". In: *Journal of Nietzsche Studies* 32, S. 41–61.

Rahden, Wolfert von (1984): „Eduard von Hartmann ‚und' Nietzsche: zur Strategie der verzögerten Konterkritik Hartmanns an Nietzsche". In: *Nietzsche-Studien* 13, S. 481–502.

Weyembergh, Maurice (1977): *Nietzsche et E. von Hartmann*. Brussels: Vrije Universiteit.

Wolf, Jean-Claude (2006): *Eduard von Hartmann: Ein Philosoph der Gründerzeit*. Würzburg: Königshausen und Neumann.

---

5 Ich möchte mich bei Peter Lankes und Axel Pichler für das Korrektorat bedanken. Dieser Aufsatz wurde mit Unterstützung der Alexander von Humboldt – Stiftung geschrieben.

Jean Yhee

Spinozas „Maskerade"

Nietzsche über „Spinozas psychologischen Hintergrund"

1 Das Maskenspiel und die Einsamkeit bei Spinoza und Nietzsche

Spinoza war für Nietzsche ein Rätsel (vgl. Yovel 1989, S. 134). Nietzsches Schwierigkeit, eine endgültige Bewertung von Spinoza festzustellen, lässt sich in seinen unterschiedlichen Überlegungen zu diesem Frühneuzeitdenker wiedererkennen. „Merkwürdig Spinoza[!]" (NL 1886, KSA 12, 7[4], S. 261–262) musste Nietzsche zugestehen, denn jener Denker vermochte es offenbar, seine lebensbejahende Stellung mit seinen passiv-reaktiv erscheinenden Eigenschaften in Einklang zu bringen – man denke z. B. an die „Rachsucht" oder die „anämische" (NL 1886, KSA 12, 7[4]) Eigenschaft Spinozas in Nietzsches Worten. Nietzsches Auseinandersetzung mit dem Rätsel Spinoza beginnt mit seiner Beobachtung von Spinozas Umgang mit der Einsamkeit[1] und erstreckt sich bis zur Anerkennung seiner „bejahende[n] Stellung" (NL 1887, KSA 12, 5[71]) angesichts des europäischen Nihilismus im Lenzer-Heide-Entwurf 1887. Um dieses Rätsel zu lösen, verwendete Nietzsche verschiedene Strategien: Unter anderem bediente er sich eines psychologischen Enthüllungsversuches, der in diesem Beitrag thematisiert werden soll. Im Mittelpunkt meiner Überlegung steht Nietzsches Analyse von Spinozas „Maske" und „Maskerade", die in FW und JGB sowie in nachgelassenen Notizbüchern aus dieser Zeit auftaucht.

Zunächst gilt es, das verbreitete Vorurteil in der Forschung auszuräumen, wonach „Spinozas Maske" für Nietzsche nichts weiter als eine reine Rhetorik sei, was zeige, dass Nietzsche Spinoza entweder mit Recht kritisiert und theoretisch überwunden habe oder diesem Denker der Bejahung doch Unrecht getan habe. Gemeinsam ist beiden Deutungen, dass „Spinozas Maske" eine nur negative Bezeichnung sein soll. Sogar ein hervorragender Quellenforscher wie (Brobjer 2008, S. 77) zweifelt nicht, dass Nietzsches negative Einstellung zu Spinoza in diesem Zeitraum aufgrund dieser Maskenrhetorik zu erklären sei. Dasselbe gilt auch für Nietzsches andere scheinbar negativen Bezeichnungen zu Spinoza, also nicht nur „Maske", und „Maskerade" (JGB 5, KSA 5, S. 19 und

1 Man denke an den Suizid des Marraners Uriel da Costa, den der junge Spinoza in Amsterdam erlebt hat. Dieser Umstand war Nietzsche durch seine Kuno Fischer Lektüre 1881 auch bewusst.

JGB 25, KSA 5, S. 42 f.), sondern auch „Schauspiel“ (FW 372, KSA 3, S. 624), „List“ (NL 1888, KSA 13, 14[92], S. 268–269), und schließlich den „psychologischen Hintergrund“ (NL 1886–1887, KSA 12, 7[4]) Spinozas. Bis jetzt galten diese Termini zumindest in der Forschung von Nietzsches Spinozarezeption oft nur als Indizien, die auf Nietzsches esoterisch eingestellten Distanzierungsversuch hinzudeuten schienen. Dagegen möchte ich auf ihre theoretische Funktion in Nietzsches Spinozadeutung aufmerksam machen. Dabei ist besonders zu beachten, dass diese Bezeichnungen einen *Konflikt* zwischen Innen und Außen und zwischen dem Einzelnen und den Massen implizieren. Denn hier wird gegenübergestellt: die gezeigte Maske als eine zu spielende Theaterrolle („*persona*“; vgl. NL 1885, KSA 11, 36[17], S. 558) gegenüber dem verhüllten Gesicht hinter der Maske; dem gezeigten Schauspiel gegenüber dem tatsächlichen Sachverhalt; die vortäuschende und verharmloste Unschuld gegenüber der versteckten List und klugen Planung. Die Maskerade kann in diesem Sinne ein raffiniertes Maskenspiel bedeuten, wo diese Spaltung – bewusst oder unbewusst – zur Triebkraft weiterer Inszenierung werden kann. Hinsichtlich der Maskenrhetorik stellen sich nun zwei Fragen: Was hat einen derartigen Konflikt bei Spinoza verursacht? Und warum hat sich Nietzsche dafür interessiert?

Dabei kommt es nun darauf an, den Kontext der Maskenrhetorik bei Nietzsche kurz zu rekonstruieren. Die Metapher der Masken bei Nietzsche scheint mit der *Einsamkeitsthematik* eng verbunden zu sein. Dies zeigen z. B. zwei Stellen in JGB; dort wird die „Maskerade“ Spinozas in Verbindung mit seiner gezwungenen Einsamkeit dargestellt (JGB 5, KSA 5, S. 19 und JGB 25, KSA 5, S. 42 f.). Eine derartige Einsamkeit, die diesen „abnormste[n] Denker“ unausweichlich begleitet hat, konnte Nietzsche sehr gut nachvollziehen. Diese Einsamkeit im Denken und Leben sowie ihre Überwindung – Bejahung – sind gerade die ihnen gemeinsamen Merkmale, die Nietzsche in seinem „Vorgänger“ (Postkarte an Overbeck vom 30. Juli 1881, KGB III/1, Bf. 135) wieder erkannt hat. Denn der Umgang mit der Einsamkeit hat sowohl Nietzsches Denken als auch sein Leben geprägt. Spinozas eigener Umgang mit der Einsamkeit bringt ihn Nietzsche also nicht nur näher. Zudem spielt die Einsamkeitsthematik auch für Nietzsches ganze Spinozarezeption eine primäre Rolle, wie sein Interesse an Spinozas Einsamkeit seit ca. 1875 unter Beweis stellt. An Overbeck schreibt Nietzsche in diesem Sinne, dass seine eigene Einsamkeit mit seiner „Wiederentdeckung“ des „Einsiedler[s]“ Spinozas nun zur „Zweisamkeit“ geworden ist (Postkarte an Overbeck vom 30. Juli 1881, KGB III/1, Bf. 135). Diese Verwandtschaft bestimmt den *selbstkritischen* Charakter von Nietzsches Spinozarezeption. Was heißt es jedoch, dass Spinozas Einsamkeit mit seiner Maskerade eng verbunden ist? An dieser Stelle ist es sinnvoll, auf die andere Stelle im Sommer 1885 zu verweisen, wo Nietzsche angesichts „der freien Geister" über das Verhältnis zwischen der Maske und der Einsamkeit schreibt: „Es wird uns aus vielen Gründen nöthig sein, Einsiedler zu sein und selbst Masken vorzunehmen" (NL 1885, KSA 11, 36[17], S. 559). Hat diese Bemerkung für Spinoza auch eine Bedeutung? Zumindest wissen wir, dass Nietzsche kurz vor dieser Notiz (NL 1885, KSA 11, 36[17]) Spinozas *deus sive natura* in 36[15] (NL 1885, KSA 11, S. 556 f.) kritisiert. Kurz danach in 36[19] (NL 1885, KSA 11, S. 559 f.) wird die Abhängigkeit des Erkenntnisvermögens zu erkennen von der Selbsterhaltung (bei Spinozas?) erwogen. Weiterhin wird in 36[32] (NL 1885, KSA 11, S. 563 f.) die Einsamkeit Spinozas noch erwähnt. Es scheint also plausibel, anzunehmen, dass sich Nietzsche in diesen Monaten intensiv mit Spinoza auseinandergesetzt hat. „Die freien Geister" sind für Nietzsche diejenigen, die mithilfe ihrer Maskerade einen Umgang mit der feindlichen Außenwelt zu finden haben. Eine derartige „gute Einsamkeit" (JGB 25, KSA 5, S. 42 f.) ist zwar für die Existenz dieser souveränen Menschen erforderlich, aber zugleich von ihnen selbstbewusst gewählt und gestaltet, um ihre Souveränität zu bewahren. Zudem bedeutet sie kein isoliertes Eremitenleben in der menschenfreien Natur, das der gleichnamige Held in Hölderlins *Hyperion oder Der Eremit in Griechenland* oder der Einsiedler in der Vorrede von Za repräsentieren. Hier handelt es sich eher um eine aktive Entscheidung, seine Authentizität gegen die „nivellirende" „demokratische" (JGB 25, KSA 5, S. 42 f.; vgl. auch JGB 44, KSA 5, S. 60 ff.) Tendenz zu behaupten, ohne sich der Menschenwelt zu entziehen. In diesem Sinne kann man sogar sagen, dass die Einsamkeit – oder in der Einsamkeit zu leben – selbst den Kern des Maskenspiels ausmacht. Lässt sich dann Spinozas Maskerade auch aus dieser Perspektive neu interpretieren? Nietzsche zufolge spielt der Mensch sein Maskenspiel, der mit dem Konflikt zwischen dem Innen und dem Außen umzugehen zu lernen hat. Spinozas Maskerade impliziert zwar diesen Konflikt in sich, aber ist sie auch eine aktive Entscheidung? Noch ist zu fragen, ob Spinozas Maskerade als Umgang mit der Einsamkeit eine gesellschaftliche und politische Dimension genügend impleziert. Wenn beide Antworten positiv ausfallen würden, könnten wir schließen, dass Spinoza, ähnlich wie Nietzsches Entwurf für „die freien Geister", gerade kraft seines Maskenspiels einen Umgang mit seiner Einsamkeit gefunden hätte. Diese Überlegungen erlauben es, die Ambivalenz von Nietzsches Überlegungen zu Spinoza besser zu erklären. Sie kann nämlich die feinen aber wichtigen Unterschiede zwischen zwei Maskenspielen aufzeigen – d. h. dem spinozistischen und dem *nietzscheanischen*. Ihre Unterschiede im Umgang mit der Einsamkeit werden, so meine These, insbesondere in ihren verschiedenen und miteinander konkurrierenden Auffassungen von Politik und Demokratie ersichtlich.

2 Hinter der Maske Spinozas: Nietzsche über Spinozas psychologischen Hintergrund

Für Nietzsche kann eine „Maske" eigentlich mit der Entstehung und der Fortexistenz einer Tiefe zusammenhängen (JGB 40, KSA 5, S. 57 f.). Besaß Spinozas Maskerade auch eine produktive Tiefe? (vgl. NL 1885, KSA 11, 36[32]). Die Antwort auf diese Frage wäre jedoch nicht bei Spinoza selbst zu finden, wenn ihm sein innerer Konflikt und seine Maske – zumindest in Nietzsches Deutung – nicht bewusst wären. Im Herbst 1884 verfasste Nietzsche ein diesbezüglich interessantes Gedicht „An Spinoza" (NL 1884, KSA 11, 28[49]; vgl. Wurzer 1975, S. 92). In der letzten Zeile stellt Nietzsche Spinoza die Frage, ob er Spinoza richtig erkannt habe.[2] (Yovel 1989, S. 232) sieht darin einzig eine rhetorische Frage; Nietzsche glaubte im Grunde, er habe Spinoza tatsächlich richtig verstanden. Stattdessen interpretiere ich diese Stelle derart, dass Nietzsche tatsächlich eine ernsthaft gemeinte Frage stellt. Denn diese Frage vor dem Hintergrund von Spinozas Denken zu beantworten, ist schwierig, besonders deswegen, weil Spinozas einsiedlerische Lebensweise, also seine Maskerade, einer dritten Person einen normalen Zugang zu seinem Wesen blockiert. Nietzsche will daher die Position eines Arztes einnehmen und ein ernsthaftes Gespräch mit seinem Patienten durchführen, was auch in der medizinischen Wortwahl reflektiert wird; er stellt eine Frage an jenen anämischen (FW 372, KSA 3, S. 623 f.) und „einsiedlerischen Kranken" (JGB 5, KSA 5, S. 18 f.) und untersucht seinen psychologischen Hintergrund. Der Grund jedoch, warum ausgerechnet Nietzsche glaubte, Spinoza richtig erkennen zu können, lässt sich wohl dadurch erklären, dass er in Spinoza sein Spiegelbild gesehen hat; ein Spiegelbild, das zwar sehr ähnlich aussieht, aber im Wesentlichen umgekehrtes Verhältnis zwischen Elementen besitzt. Nietzsche untersucht somit *den Fall Spinoza*, um den psychologischen Hintergrund seiner Philosophie zu enthüllen. Dass sich Spinoza vermutlich darüber nicht bewusst war, bekräftigt Nietzsche durch Hinweise zur Einsamkeit von Giordano Bruno und Spinoza (JGB 25, KSA, S. 42 f.).

Es ist also ein psychologischer Blickwinkel, der es Nietzsche erlaubt, die Diskrepanz zwischen vordergründigen und hintergründigen Merkmalen nicht nur bei Spinoza, sondern auch bei sich selbst zu erkennen. Hier ist festzuhalten, dass dieser psychologische Eingriff eine stark philosophische Natur besitzt. Denn er betrachtet eben das *Denken* als den Wert und die Konsequenz des Maskenspiels, das einen Umgang mit der Einsamkeit gewährleisten soll

2 „ – Einsiedler, hab ich dich erkannt?" (NL 1884, KSA 11, 28[49], S. 319).

(MA I 157, KSA 2, S. 147 f.). In diesem Sinne macht Nietzsches scheinbar harte Wortwahl wie „diese Maskerade eines einsiedlerischen Kranken" oder „die List des Spinoza" wesentlich mehr als einen *ad hominem* Vorwurf. Vielmehr trägt sie ein theoretisches Gewicht, das eine sehr differente Position zwischen beiden Denkern ausmacht. Ich glaube, dass Nietzsche eine eingehende psychophilosophische Analyse des „Einzel-Fall[s]" (NL 1887, KSA 12, 5[71]: „Der europäische Nihilismus") Spinoza leistet, um die Ursache und die Konsequenz von derartigen Unterschieden einzuschätzen, wie es bis 1887 und 1888 hinein weiter festzustellen ist. In diesem Zusammenhang untersucht Nietzsche nun die beiden Seiten von Spinozas Maske. Also etwa: Unter welchen vordergründigen Merkmalen lässt sich die Philosophie Spinozas zusammenfassen? Wo liegen die Wurzeln seines Denkens? Was bildet die Hintergründe seines Denkens? Welche konstitutive Funktion hat die Einsamkeit eines Philosophen und seine dadurch bedingte Maskierung für die Entstehung seines Denkens?

Diese Fragen wurden bereits im fünften Buch von FW explizit gestellt, wobei Spinozas Philosophieren als ein „Schauspiel" gekennzeichnet wird. Im „Hintergrund" seines Schauspiels von „*amor intellectualis dei*" (FW 372, KSA 3, S. 623 f.) sei Nietzsche zufolge ein „Vampyrismus" versteckt, der Spinozas Überschätzung der „Ideen" und Unterschätzung der Leidenschaft („Blut") zum Ausdruck bringen soll. Das ist wohl Nietzsches ungerechteste Kritik an Spinozas Philosophie, worauf von vielen Interpreten, u. a. Wurzer (1975) und Stegmaier (2004) bereits hingewiesen wurde. Denn Spinoza ist auch für seine Stellungnahme gegen das vernunftszentristische Moralurteil bekannt, das er in jener berühmten „*non ridere non lugere*"-Stelle aus dem *Tractatus politicus*[3] stark kritisiert hat. Dennoch lassen sich Nietzsches Einwände gegenüber Spinoza von 1885 nicht so einfach verharmlosen. Denn Nietzsche kennzeichnet drei Jahre später genau denselben Aspekt Spinozas nochmals als seinen „Hintergrund". Mit dieser Frage nach dem Hintergrund von Spinozas Denken gelangt Nietzsches Auseinandersetzung mit Spinoza in eine spätere Phase. In dieser Hinsicht verrät Nietzsches Deutung von „Spinozas psychologischen Hintergrund" unter der Rubrik „die Metaphysiker" (NL 1886–1887, KSA 12, 7[4]) einen wichtigen Hinweis. Nietzsches eigener Standpunkt erfährt bekanntermaßen während dieser selbstkritischen Spinozaüberlegung einen ständigen Wandel, besonders im Hinblick seine Einsicht in den europäischen Nihilismus und auf dessen Überwindung. Die spinozistische Bejahung, die er später im „Euro-

3 *Tractatus politicus*, CAPUT I. Introductio 4.: „[...] sedulo curavi, humanas actiones non ridere, non lugere, neque detestari, sed intelligere [...]" („[...] habe ich mich sorgsam bemüht, menschliche Tätigkeiten nicht zu verlachen, nicht zu beklagen und auch nicht zu verdammen, sondern zu begreifen" (Spinoza 1994, § 4, S. 11)).

päischen Nihilismus" oder sogenannten Lenzer-Heide-Entwurf (1887) thematisieren wird, scheint Nietzsche immer noch ein Rätsel zu sein. Dieser ungeklärte Umstand verleitet ihm zu einem etwas milderen Urteil über Spinoza. Dabei scheint ihm der logische Aspekt von Spinozas Philosophie jedoch immer noch problematisch.

In jener nachgelassenen Notiz, die Nietzsche mit „Spinozas psychologischen Hintergrund" betitelt hat, wird Spinozas „hedonistische[r] Gesichtspunkt" (NL 1886–1887, KSA 12, 7[4]) als sein *erstes* vordergründiges Merkmal gekennzeichnet. Nietzsche vergleicht hier Spinoza mit dem altgriechischen Staatsmann und Philosophen Bias (6. Jh. v. Chr.), der Cicero zufolge bei seiner Flucht aus seiner Heimatstadt Priene anderen um ihn besorgten Flüchtlingen in aller Ruhe gesagt haben soll: „ich trage [bereits] alles Meinige mit mir (*omnia mea mecum porto*)", insofern er sein Selbst dabei habe, und brauche daher nichts weiteres mitzunehmen. Bei Spinoza ist eine solche Selbstgenügsamkeit noch mehr im Vordergrund. Denn laut Nietzsche kann Spinoza sein Selbst nicht nur als einen endlichen vergänglichen Modus, sondern auch als etwas betrachten, das auf der unveränderlichen absoluten Substanz, d. h. seiner eigenen Ursache (*causa sui*) – fest fundiert ist.[4] Für Nietzsche war rätselhaft, dass Spinozas persönliche Selbstgenügsamkeit durch ein *einträchtiges* Selbst- und Weltverhältnis verstärkt werden konnte, da Spinozas Einsamkeit genau ein derartiges harmonisches Weltbild hätte verhindern können. Oder zeigt diese Szene gerade den divergierenden Punkt für beide Denker? Es ist jedenfalls denkbar, dass ein ‚Eintrachtsdenken' eine derartige Bejahung des Lebens für einen einsamen Menschen ermöglichen kann. Denn diese Denkweise erkennt die Möglichkeit an, ein harmonisches Selbst- und Weltverhältnis wiederherzustellen. Ihr psychologischer Ausdruck, also Spinozas „beharrliche Freude" (NL 1886–1887, KSA 12, 7[4]), war für jedoch Nietzsche schwer zu akzeptieren. Denn Spinozas Eintracht stellte für Nietzsche als Denker *des Agonalen* eine sowohl theoretische als auch existenzielle Herausforderung dar. Aus jenem Erstaunen gegenüber Spinoza heraus, merkt Nietzsche seine Distanz gegenüber seinem Vorgänger. Statt von einer erhofften glücklichen Vereinbarkeit zwischen Einzelnen in der Gesellschaft – man denke an das letzte Kapitel über Demokratie in Spinozas *Tractatus Politicus*! – zu sprechen, bringt Nietzsche die komische Tragik zwischen dem einsamen Individuum und den Massen zum Ausdruck, u. a. in *Zarathustras Vorrede* im ersten Buch von Za. Es sei hinzugefügt, dass er im Nachlass das erste Buch von Za als „chaos sive natura" (NL 1881, KSA 9, 11[197]) bezeichnet hat, was uns an Spinozas *deus sive natura* erinnert.

---

4 Genau in dieser Hinsicht greift Nietzsche auf Zitate aus Spinozas Frühwerk *Tractatus de intellectus emendatione* („Abhandlung über die Verbesserung des Verstandes", 1662) zurück.

Genau aus diesem Welt-Verständnis Spinozas ergibt sich sein *zweites* Merkmal, also „der natürlich-egoistische Gesichtspunkt“; die Verwirklichung der Tugend eines Einzelnen wird dabei mit der Ausübung der Macht gleichgestellt. Zudem impliziert diese „egoistische“ Unschuld, mit sich selbst treu zu leben, zugleich ein Einklang mit der „Natur“ (NL 1886–1887, KSA 12, 7[4], S. 261). Diese Überlegung bezeugt seine Annäherung an Spinoza und Nietzsches eigene Selbstkritik über seine frühere Position, nachdem er die „unmoralischen“ Züge und den „isolierte[n] Subjektivismus“ Spinozas und sein „Reich des Egoismus“ (NL 1875, KSA 8, 9[1], S. 133 und S. 141–142) kritisiert hatte. Dieselben Züge wurden schon im Jahre 1881 in der bereits erwähnten Postkarte an Overbeck ganz unterschiedlich aufgefasst. Spinozas Ablehnung der *„sittliche[n] Weltordnung“* gilt nun als einer der „fünf Hauptpunkten“, die Nietzsche mit ihm gemeinsam hat. Nietzsches Annäherung an Spinoza ist jedoch beschränkt, da Spinozas Ethik in problematischer Weise auf jenem Eintrachtsgedanken beruht.

Schließlich wird Spinozas rationalistische Tendenz als eine psychologische Eigenschaft beobachtet, die die Dominanz der Erkenntnis als des „mächtigsten Affektes“ (NL 1886–1887, KSA 12, 7[4], S. 261) über alle anderen Affekte verraten soll. Alle diese Merkmale – die beharrliche Freude, das einträchtige Weltbild, das Machtgefühl der Erkenntnis und Tugend – lassen sich am deutlichsten an der anschließenden Stelle über Spinozas *Trieb* als Logiker erklären (NL 1886–1887, KSA 12, 7[4], S. 263).[5] Spinozas Selbstgenügsamkeit und (lebens-)bejahende Stellung werden nochmals im Lenzer-Heide-Entwurf vom 10. Juni 1887 im Zusammenhang mit den „logischen Grundinstinkte[n] über eine solche Weltbeschaffenheit“ (NL 1886, KSA 12, 5[71], S. 214) aufgegriffen. Diese logischen Grundinstinkte sind das verhüllte Gesicht Spinozas hinter seiner Maske, das Nietzsche durch den psychologischen Eingriff aufgezeigt zu haben glaubte.

3 Zwischen Konflikt und Eintracht: Zwei Maskenspiele und zwei Konsequenzen der Einsamkeitsthematik

Somit sehen wir, dass Nietzsche einen wichtigen Aspekt von Spinozas Philosophie in den Augen hatte, als er Spinozas Maskerade diskutierte, sei es im härte-

5 Vgl. FW 37, KSA 3, S. 406: „das Hauptmotiv in der Seele Spinoza's, der sich als Erkennender göttlich fühlte“.

ren Ton in FW oder im milderen Ton später. Denn ein derartiger logischer Trieb ist bei Spinoza unverkennbar, solange er weder eine unversöhnliche Spaltung zwischen dem Einzelnen und der Welt noch ontologisch genuine *Konflikte* anerkennt. Konflikte sind bei Spinoza nur Zufallserscheinungen, die durch das Erkennen der Notwendigkeit aufgehoben werden können. Seine Grundmotivation, die Zufälligkeit zu begreifen (*intelligere*), wird von Nietzsche stark kritisiert, auch wenn Spinoza keine flache rationalistische Dominanz der Vernunft über die Leidenschaft befürwortet hat. Zwar teilen Spinoza und Nietzsche dasselbe *ethische* Ziel, aus der Zufälligkeit der Welt ein notwendiges Selbst-Welt-Verhältnis zu stiften. Dennoch machen Spinozas „logisch[e] *Grundinstinkte* über eine solche Weltbeschaffenheit" eine vollkommene Übereinstimmung mit Nietzsche unmöglich, der die Gültigkeit einer einträchtigen Weltauffassung stark bezweifelt (vgl. FW 377, KSA 3, S. 629). Zwar gelingt es Spinoza dank seiner Maskerade, eine Lebensbejahung für sich zu erreichen, ohne dabei in der erzwungen Einsamkeit sein Selbst zu kompromittieren. Aber Nietzsche zufolge zieht er daraus einen unhaltbaren Schluss über die Weltbeschaffenheit im allgemeinen. Aus diesem Grund erkennt Nietzsche Spinozas Bejahung an, aber begrenzt ihre Bedeutung nur für den „Einzel-Fall" Spinozas (Lenzer-Heide-Entwurf, § 8: NL 1886–1887, KSA 12, 5[71], S. 214). *Amor fati* (Liebe zum Schicksal) statt *amor dei* (Liebe zu Gott): Es kommt nicht darauf an, den Zufall in allgemeiner und logischer Hinsicht zu begreifen, sondern seinen *eigenen* Zufall als das eigene Schicksal (*fatum*) zu bejahen und zu lieben. Das ist Nietzsches vorläufige Lösung des Rätsels Spinoza.[6]

Literaturverzeichnis

Brobjer, Thomas H. (2008): *Nietzsche's philosophical context. An intellectual biography.* Urbana [u. a.]: Univ. of Illinois Press.

Gawoll, Hans-Jürgen (2001): „Nietzsche und der Geist Spinozas. Die existenzielle Umwandlung einer affirmativen Ontologie". In: *Nietzsche-Studien* 30, S. 44–61.

Spinoza, Benedictus de (1994): *Politischer Traktat.* Lateinisch-deutsch. 6. Aufl. Hrsg. v. Wolfgang Bartuschat. Hamburg: Meiner.

6 Ihr Gespräch endet jedoch nicht hier, da Spinoza eigentlich selbst diese Problematik von Zufälligkeit und damit zusammenhängenden Konflikten unter Menschen erkannt und dies im *Tractatus Theologico-Politicus* und im *Tractatus Politicus* eingehend thematisiert hatte. Seine Überlegung zur Überwindung der Einsamkeit oder der Begrenztheit des Einzelnen (als eines endlichen Modus) ermöglicht sein radikales Denken über Politik und Demokratie. Nietzsche wird dementsprechend in einem späteren Nachlassfragment von 1888, das wohlmöglich in Anlehnung an Spinozas letzte Werk mit „*ein tractatus politicus*" betitelt wurde, genau diese Frage in Form der Gleichsetzung der Macht mit der Tugend sowie der Bewertung des Machiavellismus für die Moralität explizit thematisieren. Vgl. Gawoll (2001, S. 50–51, Anm.13).

Stegmaier, Werner (2004): „‚Philosophischer Idealismus' und die ‚Musik des Lebens'". In: *Nietzsche-Studien* 33, S. 90–128.
Wurzer, William Stefan (1975): *Nietzsche und Spinoza*. Meisenheim am Glan: Verlag Anton Hain.
Yovel, Yirmiyahu (1989): *Spinoza and Other Heretics. Bd. 2: The adventures of immanence*. Princeton: Princeton University Press.

William Mattioli

Das Unbewusste als transzendentaler Raum perspektivischer Weltbildung bei Nietzsche

I

In der Einleitung seiner *Philosophie des Unbewussten* führt Eduard von Hartmann den Leser in das Feld seiner Untersuchungen durch ein Zitat von Kant ein (Hartmann 1869, S. 1). Dass gerade Kant hier zum Ausgangspunkt einer Analyse des Unbewussten genommen wird, kann zunächst in denen Verwunderung erregen, die an den transzendentalen Rigorismus der der ersten *Kritik* zugrundeliegenden Selbstbewusstseinsphilosophie gewöhnt sind. Das von Hartmann als Eröffnungssatz seines Werks angeführte Zitat ist jedoch aus folgender Stelle von Kants *Anthropologie* entnommen:

> Vorstellungen zu haben und sich ihrer doch nicht bewußt zu sein, darin scheint ein Widerspruch zu liegen; denn wie können wir wissen, daß wir sie haben, wenn wir uns ihrer nicht bewußt sind? Diesen Vorwurf machte schon Locke, der darum auch das Dasein solcher Art Vorstellungen verwarf. – Allein wir können uns doch mittelbar bewußt sein, eine Vorstellung zu haben, ob wir unmittelbar uns ihrer nicht bewußt sind. (AA, Bd. VII, S. 135)

Obwohl die Anmerkung zu Locke in Hartmanns Text fehlt, ist sie für den Zusammenhang der vorliegenden Analyse von Bedeutung, wie noch zu zeigen sein wird. Es handelt sich hier um Kants Aufnahme der von Leibniz eingeführten und von seinen Nachfolgern weitergeführten Problematik der unbewussten oder dunklen Vorstellungen, wie aus der Folge des Texts zu ersehen ist, wo die leibnizsche Einteilung in dunkle, klare und deutliche Vorstellungen angeführt wird.

Ich werde mich hier nicht mit der Frage beschäftigen, ob die Termini „unbewusste" oder „dunkle Vorstellung" bei Leibniz wörtlich vorkommen. Leibniz spricht zwar eher von *petites perceptions* und *perceptions sans aperceptions*, wobei auch die Metapher des Lichts eine wichtige Rolle spielt: die *perceptions sans aperceptions* sind insofern *perceptiones obscurae*. Diese Begriffe werden jedoch in der Weiterentwicklung der vorliegenden Problematik durch „dunkle" und „unbewusste Vorstellungen" übersetzt (vgl. Grau 1916, S. 196–218; Adler 1988; Nicholls/Liebscher 2010, S. 4–13), und zu der Metapher des Lichts kommt noch die Metapher der *Tiefe* hinzu. Der eigentliche Ort der dunklen Vorstellungen, der *perceptiones obscurae*, ist nun das *fundus animae*, der Grund der Seele.[1]

Vermutlich im Anschluss an diese Tradition schreibt Kant in den *Prolegomena*:

> Mein Platz ist das fruchtbare Bathos der Erfahrung, und das Wort transscendental [...] bedeutet nicht etwas, das über alle Erfahrung hinausgeht, sondern was vor ihr (a priori) zwar vorhergeht, aber doch zu nichts mehrerem bestimmt ist, als lediglich Erfahrungserkenntniß möglich zu machen. (AA, Bd. IV, S. 373)

Das Wort Bathos, auf Griechisch: *Tiefe*, steht hier im Gegensatz zur Dimension des Hohen, mit der die Metaphysiker zu tun hätten. Das semantische Feld, das das Wort Bathos umfasst, ist insofern dasselbe wie das der Adjektive „tief", „dunkel", sowie der Ausdrücke „*fundus animae*" oder „Grund der Seele". Im *Kant-Lexikon* von Rudolf Eisler heißt Bathos: „Niederung der Erfahrung" (Eisler 1961, S. 56). Andere Ausdrücke, die bei Kant an verschiedenen Stellen vorkommen, aber auf denselben Zusammenhang hinweisen, lauten z. B.: „niedriger Boden der Erfahrung" (*Träume eines Geistersehers*, AA, Bd. II, S. 368), „tiefer Abgrund der menschlichen Erkenntnis" (*Metaphysik L1*, AA, Bd. XXVIII, S. 227), „dunkler Raum des Verstandes" (*Refl.* 5112, AA, Bd. XVIII, S. 93), usw. Alle diese Ausdrücke deuten auf die Unbewusstheit bestimmter intellektueller Tätigkeiten hin, die zugleich konstitutiv sind für das bewusste Denken. Nach Kant gibt es eine Menge Verstandesoperationen, die das Gemüt in der Dunkelheit vollzieht und die als Bedingung für die Gegenständlichkeit der Erfahrung fungieren.[2] Dadurch wird die Wichtigkeit dieser eher im Bereich der Erkenntnispsychologie und der Anthropologie durchgeführten Überlegungen zum Unbewussten auch für die eigentliche Transzendentalphilosophie klar.[3] Wenn nämlich festgestellt wird, dass „das Meiste [...] vom Verstande in der Dunkelheit [geschieht]" (AA, Bd. XV, S. 65), dann kann eine Philosophie, die von den

---

1 So bezeichnet Baumgarten den Komplex dunkler Vorstellungen in der Seele. Vgl. Grau (1916, S. 200), Adler (1988), Nicholls/Liebscher (2010, S. 9).

2 Ähnlich wie Leibniz, für den die dunklen Vorstellungen und die mit ihnen verbundene *cognitio obscura* das Fundament der klaren, bewussten Erkenntnis abgeben und für diese als eine Art notwendiger Vorbedingung fungieren, sieht Kant „im Feld der dunkeln Vorstellungen ein Schatz, der den tiefen Abgrund der menschlichen Erkenntnis ausmacht, den wir nicht erreichen können" (*Metaphysik L1*, AA, Bd. XXVIII, S. 227, zitiert nach Satura 1971, S. 54–55). Im Unterschied zu Leibniz und zur Tradition seiner Nachfolger aber zeichnet sich bei Kant jenes Feld dunkler Vorstellungen nicht durch eine verminderte Leistungsfähigkeit. Es gibt für ihn doch vollständige Verstandesoperationen, die das Gemüt in der Dunkelheit vollzieht.

3 Zur Bedeutsamkeit des Begriffs „dunkle Vorstellung" in der ersten *Kritik*, siehe La Rocca (2008, S. 461–468).

Verstandestätigkeiten handelt, von dieser Einsicht nicht unberührt bleiben. Indem Kant den Begriff „Bathos der Erfahrung“ mit dem des Transzendentalen in den *Prolegomena* verknüpft, weist er eben auf den engen Zusammenhang von unbewussten Geistestätigkeiten und transzendentalen Bedingungen der Erfahrung hin.

Gerade hierin liegt der Hauptpunkt der Kontroverse zwischen Empiristen und Rationalisten bezüglich der Herkunft der Vorstellungen. Wenn man nämlich von dem Ansatz ausgeht, dass Denken und Bewusstsein zusammenfallen, dass also die Seele nur denkt, solange sie Bewusstsein hat, was im Grunde die Ansicht sowohl von Descartes als auch von Locke war, dann folgt daraus, dass es keine unbewusste Verstandestätigkeit, ja überhaupt keine unbewusste Vorstellung geben kann. Nichts könne im Geiste enthalten sein, was nicht zugleich im Bewusstsein sei. Locke's Ablehnung angeborener Ideen hängt letztlich mit seiner Ablehnung unbewusster Inhalte des Geistes zusammen. Die Existenz angeborener Ideen kann nämlich nur dann konsequent angenommen werden, wenn man zugleich annimmt, dass sie prinzipiell nicht bewusst sind. Das ist klar im Fall eines kleinen Kindes, das zwar spricht, Urteile fällt und Gegenstände in der Welt identifiziert, aber über seine Anwendung der grammatischen Funktionen und der Begriffe von Subjekt, Prädikat und Objekt, sowie über die Gründe des eigenen Urteils gar nicht Rechenschaf geben kann.

Locke's Antwort auf die Frage, woher der Geist seine Vorstellungen habe, ist wiederum aus einer rationalistischen Perspektive insofern unbefriedigend, als die durch Wahrnehmung a posteriori bestimmten Assoziationsprinzipien allein nicht imstande sind, die logische Form des Urteils, die Grundsätze des Denkens und die ihm zugrundeliegenden kategorialen Regeln zu erklären. Es müssten also schon Prinzipien a priori, obgleich unbewusst, im Gemüt liegen, die die Artikulation von Wahrnehmungsinhalten selbst erst möglich machen und die logische Form des Denkens darlegen.

II

Im Aphorismus 20 aus JGB gilt es für Nietzsche, seine These der Bedingtheit des Denkens, insbesondere des philosophischen, durch unbewusste grammatische Funktionen darzustellen. Ihm zufolge laufen die Philosophen „unter einem unsichtbaren Banne“ und „Dank der unbewussten Herrschaft und Führung durch gleiche grammatische Funktionen“ immer dieselbe Kreisbahn. Sie erfüllen somit immer wieder ein gewisses Grundschema von möglichen Philosophien, was bedeutet, dass ihr Denken, trotz ihres Gefühls von Unabhängigkeit und ihres kritischen oder systematischen Willens, immer unbewusst durch die Sprache bedingt ist. Nietzsche beschließt dann den Aphorismus mit einem Satz, der vom Leser zunächst nicht ohne eine gewisse Überraschung empfangen wird: „So viel zur Zurückweisung von Locke's Oberflächlichkeit in Bezug auf die Herkunft der Ideen." (JGB 20, KSA 5, S. 34 f.)

Der Schluss des Textes zwingt den gewissermaßen überraschten Leser zu einem Rückblick auf den Aphorismus, wobei dann die Kritik an Locke und zugleich die Tragweite von Nietzsches These ans Licht kommen. Ist der Aphorismus einmal kontextualisiert, d. h., wird er auf die oben angesprochene Kontroverse bezogen, kann man einigen in ihm vorkommenden Ausdrücken wie „eingeborne Systematik und Verwandtschaft der Begriffe" oder „Philosophieren ist eine Art von Atavismus höchsten Ranges" eine greifbarere Bedeutung entnehmen. Nietzsches Atavismus ist hier seine Version der der empiristischen Auffassung des Geistes als *tabula rasa* entgegenstehenden These angeborener Ideen, die sich in diesem Zusammenhang in Form *historisch bedingter syntaktischer Sprachstrukturen* darstellen.

Dieser Gedanke war in gewisser Hinsicht schon beim jungen Nietzsche präsent, wenn auch in quasi metaphysischer Gestalt (und also nicht auf die historische und kulturelle Bedingtheit von Sprache bezogen). In der 1869 verfassten Schrift *Vom Ursprung der Sprache* (KGW II/2, S. 185–188) greift Nietzsche nämlich Eduard von Hartmanns These auf, die Sprache sei Resultat einer unbewussten, instinktiven und zweckmäßigen Aktivität (vgl. Hartmann 1869, S. 231–232). Wichtig ist in diesem Kontext die Ansicht, dass sich die Sprache auf der Grundlage einer im Geiste unbewusst wirkenden ursprünglichen *grammatischen Struktur* entwickelt (KGW II/2, S. 185–186). Diese unbewusste grammatische Struktur sei Bedingung für die Konstitution des bewussten Denkens und bedinge mithin *genetisch* alle philosophische Spekulation, indem sie der Reflexion ein Ensemble von vorherbestimmten Formen und Begriffen liefert. Wir haben hier demnach den Begriff eines sprachlichen Unbewussten *strukturell-syntaktischer Natur* vor uns, das unser bewusstes Denken und unsere kognitive Leistungen überhaupt durch grammatische Funktionen bedingt.

Einige Jahre später finden wir in Nietzsches Denken eine neue Konzeption der Sprache, die einen neuen Begriff von *sprachkognitivem Unbewussten* impliziert. Die Grundlage dieser neuen Konzeption des Unbewussten ist das im Umfeld von WL entwickelte tropologische Modell der Kognition, dessen Hauptbegriff der Metapher-Begriff ist. Nietzsche entwickelt dieses Modell vor dem Hintergrund einer Auseinandersetzung mit der These der unbewussten Schlüsse, der zufolge die sinnliche Wahrnehmung als eine Operation logischer Natur verstanden werden sollte (siehe dazu Reuter 2004 und Reuter 2009). Nach diesem Modell beruht die Wahrnehmung auf einer unbewussten Operation, die darin besteht, von der durch die Sinnesorgane empfundenen Wirkung auf die Ursache der Empfindung zu *schließen*, welche auf ein äußeres Objekt in der Welt bezogen wird. D.h.: unser Bild der sinnlichen Welt entsteht kraft eines in den Sinnesorganen wirkenden Prinzips, das demjenigen gleicht, das unsere logische Urteile leitet. Dieser These zufolge wirken die Sinnesorgane nach festen und unabänderlichen Gesetzen, sodass ihre Operationen von Allgemeinheit und Notwendigkeit begleitet werden (vgl. Helmholtz 1855, S. 20).

Allem Anschein nach ist dies der Hauptaspekt der in Frage stehenden These, gegen den Nietzsche sein tropologisches Modell wendet. Wenn er behauptet, dass es Tropen sind, „nicht unbewußte Schlüsse, auf denen unsre Sinneswahrnehmungen beruhen" (NL 1872, KSA 7, 19[217], S. 487), will er also darauf aufmerksam machen, dass Notwendigkeit, Allgemeinheit und Logizität zusammenhängende begriffliche Schemata sind, die strukturell einer Abstraktionsstufe angehören, die der Dynamik des unbewussten Bilderdenkens nicht entspricht. Jenes begriffliche Kolumbarium ist nämlich für den Nietzsche von WL ein spätes Produkt der Metapher-Bildung, deren Grundvorgänge dann als kontingent, individuell und unlogisch zu beschreiben wären (vgl. WL, KSA 1, S. 881–882 und S. 884; NL 1872, KSA 7, 19[78], S. 445). Ihm zufolge bedeutet das, dass wir „unter lauter Wirkungen des Unlogischen" (NL 1872, KSA 7, 19[242], S. 496) leben und denken, sofern wir uns nur aufgrund metaphorischer Vorgänge die Erscheinungswelt bilden. In diesem Sinne ist die Metapher-Bildung zugleich Weltbildung. Die physiologische Übertragung eines Nervenreizes in ein Bild, die Nietzsche gerade durch den Metapher-Begriff bezeichnet, ist nämlich die erste Stufe der Entstehung des *Bewusstseins* (siehe dazu Schlimgen 1999, S. 72). Dieses ist somit in einem kognitiven Unbewussten fundiert, dessen Funktionen durch bloße Metaphorizität vorgezeichnet sind.

Leider kann auf diese Problematik hier nicht tiefer eingegangen werden. Ich möchte nur darauf aufmerksam machen, dass Nietzsche hier, im Gegensatz zur vorher dargestellten Konzeption eines strukturell-syntaktischen Unbewussten, den Begriff eines sprachkognitiven Unbewussten *bildsemantischer Natur* im Sinne hat. Nach dieser Auffassung ist die Dynamik des unbewussten Denkens nicht auf ein strukturelles Schema bezogen, das das Verhältnis von Reiz und Bild und der Bilder zueinander gemäß festen, allgemeinen oder notwendigen Regeln orientierte.

Das Problem dieses etwa atomistischen Modells, in dem Bilder assimiliert und substituiert werden, ohne dass sie irgendeiner Art Logizität unterworfen wären, scheint dem jungen Nietzsche allerdings nicht verborgen geblieben zu sein. Wenn er in einem Fragment aus dieser Zeit schreibt, dass jenes Bilderdenken „nicht von vornherein streng logischer Natur, aber doch mehr oder weniger logisch" (NL 1872, KSA 7, 19[107], S. 454) ist, scheint er auf folgende Frage anzuspielen: Wie wäre es möglich, die dynamische Bilderkette unter die strukturelle und kategoriale Einheit eines Begriffs zu bringen, wenn nicht in dieser Kette schon ein logisches oder syntaktisches Element enthalten wäre, das diese Kategorisierung überhaupt erst ermöglichte?

Mit Hinblick auf diese Frage kann man dann feststellen, dass Nietzsche ab Ende der 70er Jahre unter dem Einfluss von Afrikan Spir die Ansicht vertritt, dass unsere grundlegenden kognitiven Operationen nicht bloß semantisch, sondern logisch-prädikativer Natur sind (vgl. MA I 18 und 19, KSA 2, S. 38–41). Sie vollziehen sich innerhalb eines logischen Zusammenhangs zwischen dem Satz der Identität als organischem Grundgesetz des Denkens und der Notwendigkeit, selbstexistierende und gleichbleibende Gegenstände in der empirischen Welt zu erkennen. Dieser logische Zusammenhang entspricht dem syntaktischen Rahmen, innerhalb dessen sich Erfahrung bildet.

Nietzsche entwickelt diesen Gedanken bis hin zu der These, dass unserem Glauben an Substanzen als Grundkategorie der erfahrungsmäßigen Erkenntnis das grammatische Subjekt-Prädikat-Schema korrespondiert, aufgrund dessen wir dem Werden den Charakter des Seins aufprägen und somit jedes Geschehen in Kausalverhältnisse *zerstückeln*. Hieraus ist der Gedanke einer unbewusst wirkenden Tiefengrammatik zu ersehen, die jedem intentionalen Inhalt des Bewusstseins und folglich jeder Erfahrung von Welt zugrunde liegt. Dieses grammatische Schema ist letztlich auch für die Feststellung der Einheit des Ich als Substanz verantwortlich. Sofern also jeder intentionale Inhalt des Bewusstseins auf Urteilsfunktionen beruht, ist zu fragen: „w a s ist das, was in jedem Urtheil *unbewußt* als wahr geglaubt wird? – Daß wir ein Recht haben, zwischen Subjekt und Prädikat, zwischen Ursache und Wirkung zu u n t e r s c h e i d e n – das ist unser stärkster Glaube." (NL 1886, KSA 12, 4[8], S. 182 – kursive Hervorhebung W. M.)

Wie erwähnt, ist dieser unbewusste urteilsmäßige Glaube nicht nur für die Erfahrung der Außenwelt als einer Ding-Welt überhaupt bestimmend, sondern auch für das Selbstbewusstsein, wie aus Nietzsches Kritik am cartesischen *cogito* ersichtlich ist. Das bedeutet, dass das Ich-Bewusstsein, welches in der Erste-Person-Perspektive als *denkend* „gegeben" ist, von vornherein sprachlich-grammatisch bedingt ist. Es kann sich nämlich, wie Joseph Simon behauptet, nur „an vorgezeichneten Formen der Grammatik reflektieren" und „sich damit als Identität seiner selbst" (Simon 1984, S. 32) setzen.

Dass das Bewusstsein mit der Sprache so eng verbunden ist, dass ohne die Bestimmung der Sprache überhaupt kein Bewusstsein möglich wäre, ist Nietzsches im Aphorismus 354 aus FW in Form einer „ausschweifenden Vermuthung" dargestellte Antwort auf die Frage nach dem „Wozu" des Bewusstseins. Nach ihm gewinnt diese Frage ihre eigentliche Bedeutsamkeit erst im Zusammenhang mit der Frage nach dem Unbewussten. Das ganze Leben wäre nämlich möglich, „ohne dass es sich gleichsam im Spiegel sähe“ (FW 354, KSA 3, S. 590). Nietzsche zieht Leibniz heran, dessen Ansicht im Aphorismus 357 desselben Werks folgendermaßen dargestellt wird: „die Bewusstheit ist nur ein Accidens der Vorstellung, nicht deren nothwendiges und wesentliches Attribut“; das, was wir Bewusstsein nennen, macht also „nur einen Zustand unsrer geistigen und seelischen Welt [...] und bei weitem nicht sie selbst“. Nietzsche zufolge habe Leibniz mit dieser Einsicht „nicht nur gegen Descartes, sondern gegen Alles, was bis zu ihm philosophirt hatte“ (FW 357, KSA 3, S. 598), Recht bekommen.

Wie Nikolaos Loukidelis nachgewiesen hat (Loukidelis 2006), greift der Verweis auf Leibniz in diesem Aphorismus auf den Artikel „Die Metamorphosen des Apriori“ von Otto Liebmann zurück. In diesem Artikel diskutiert Liebmann die Entwicklung der Problematik des Apriori seit Descartes bis zu Kant und widmet einige Seiten der Kontroverse zwischen Descartes und Locke. Der Hauptpunkt dieser Kontroverse besteht darin, dass sowohl Descartes als auch Locke davon ausgehen, dass „Vorstellungen haben“ und „sich ihrer bewusst sein“ dasselbe bedeute. Descartes nimmt aber die Existenz angeborener Ideen an, was für Locke gerade unhaltbar ist, da diese im Bewusstsein des neugeborenen Kindes gar nicht existieren. Liebmann zufolge wird diese Kontroverse gewissermaßen aufgelöst durch Leibniz’ Entdeckung des unbewussten Charakters der meisten unserer Vorstellungen und später dann konklusiv durch Kants Konzeption von transzendentalen Bedingungen der Erfahrung (vgl. Liebmann 1911, S. 212–224).

Was nun Nietzsches Konzeption des Unbewussten (oder zumindest eine seiner Notionen von kognitivem Unbewussten) anbelangt, ist anhand des Aphorismus 20 von JGB festzustellen, dass diese „unbewussten Vorstellungen“ zunächst mit den grammatischen Funktionen der Sprache assoziiert werden. Wir haben hier dann wieder den Begriff eines sprachlichen Unbewussten strukturell-syntaktischer Natur vor uns, das jede Welt-Auslegung als Bedingung von deren Möglichkeit notwendig vorherbestimmt. Dies verdankt sich der Tatsache, dass sich jedes Denken immer in einem grammatischen System entwickelt, das ihm *vorausliegt* und zu dem es also prinzipiell keinen epistemischen Zugang hat. Demnach liegt die Struktur der Sprache jedem Bewusstwerden, jedem Welt-Bewusstsein und vor allem jedem Selbstbewusstsein *unbewusst* zugrunde.

Nietzsche betrachtet die Sprache als etwas, das den Menschen *vererbt* wird. Darin liegt ein für die Entwicklung des Menschentums unentbehrlicher Schatz, sofern die Sprache der überkommene Horizont ist, innerhalb dessen sich der Mensch die Welt zurecht macht. Mit der Sprache und den ihr zugrundeliegenden syntaktischen Funktionen wird dem Menschen weiterhin der

Glaube an die Wahrheit bestimmter *prädikativer Strukturen* vererbt: ein Vermögen, kraft dessen das Individuum Erfahrungen auf Zeichen reduziert und somit eine Zeichenwelt bildet, welche allein ihm als *Welt überhaupt* gilt. Die Möglichkeit der Weltbildung gründet sich also zum einen auf die Zeichenhaftigkeit und Sprachgebundenheit menschlichen Daseins, da jeder denk- und welt-erfassende Akt durch die Grammatik formal geleitet wird. Sofern die Sprache ein *Erbstück* ist, mit dem unser ältester Glaube (der Glaube an wirkende Substanzen) verknotet ist, heißt Denken für Nietzsche (insbesondere das philosophische) „eine Rück- und Heimkehr in einen fernen uralten Gesammt-Haushalt der Seele" (JGB 20, KSA 5, S. 34). Mit dieser atavistischen These will er der empiristischen Vorstellung entgegentreten, der zufolge alle Inhalte des Geistes bloß aus der sinnlichen Erfahrung herkommen (vgl. auch GD Vernunft 5, KSA 6, S. 77).

Zum anderen verankert Nietzsche die unsere Welt-Ausdeutung bestimmenden grammatischen Funktionen in der Physiologie. Und hier erfährt die Argumentation im Aphorismus 20 von JGB eine Perspektivenverschiebung. Während die Aufdeckung der unbewussten Bedingtheit des Denkens durch die Grammatik vor allem aus der Erste-Person-Perspektive zu erfolgen scheint, indem das bewusste Ich als *sprachbegabtes* die Strukturen und somit die Bedingungen seines eigenen Denkens etwa *transzendental* hinterfragt, scheint die Verankerung der grammatischen Funktionen in der Physiologie von einer Dritte-Person-Perspektive abhängig zu sein. Diese betrifft die von Nietzsche hochgeschätzte Untersuchung *am Leitfaden des Leibes*. Dadurch gewinnen wir nämlich einen Begriff von der hochkomplexen Einheit, die in unserem Organismus herrscht, und angesichts derer die grammatisch bedingte Einheit des Bewusstseins nichts als eine Funktion ist. Zu dieser komplexen Leiborganisation haben wir von der Erste-Person-Perspektive, d.h. von der Perspektive jener syntaktischen Einheit des Bewusstseins aus, gar keinen Zugang. Sie bildet insofern eine vor-kognitive Dimension unseres Selbst, die wir als *dynamisch-triebhaftes Unbewusstes* bezeichnen können und die sprachlich eigentlich nicht fassbar ist (vgl. NL 1885, KSA 11, S. 434; NL 1885, KSA 11, S. 576–578; NL 1885, KSA 11, S. 595–596; NL 1885, KSA 11, S. 638–639).

Im Gegensatz zum transzendentalphilosophischen Bewusstseinsbegriff, der die Einheit des Denkens von der Einheit des Selbstbewusstseins abhängig macht, versteht Nietzsche in diesem Zusammenhang das Bewusstsein als eine *grammatische Fiktion*, die eine funktionale Rolle für die Erhaltung der dynamischen Einheit des Organismus spielt. Das kantische transzendentale Subjekt wird somit, wie Erwin Schlimgen sagt, „zu einem psychologischen, biologischen und physiologischen System dynamischer Prozesse. [...] Selbstbewusstsein ist nicht transzendentaler Grund der Subjektivität, sondern *eine* Funktion unter vielen“ (Schlimgen 1999, S. 42), die an einer genetisch ursprünglicheren Stufe unter der Direktion des Leibes steht. Man könnte dann sagen: nicht das Selbstbewusstsein, sondern der Leib nimmt in diesem Kontext die Rolle des Transzendentalen ein.

Wir stehen hier also zwei verschiedenen Modi des Unbewussten gegenüber: dem *dynamisch-triebhaften* Unbewussten einerseits, das als Leibgeschehen einen vor-rationalen, vor-kognitiven und prä-reflexiven Charakter aufweist, und dem *strukturell-syntaktischen* Unbewussten andererseits, das im Auftreten von Bewusstsein stets vorausgesetzt ist und somit auf jeden Vorgang des Übersetzens von etwas ins Bewusstsein von vornherein präformierend wirk (siehe Abel 2004, S. 271 f.). Demnach teilt die Grammatik, als axiomatische Grundstruktur all dessen, was ins Bewusstsein tritt, der Erfahrung Notwendigkeit mit, sofern sie die Erfahrung stets an das Subjekt-Prädikat-Schema zurückbindet (siehe Simon 1972, S. 11). Dennoch sind die Funktionen dieser Grammatik, auf denen die syntaktische Einheit des Bewusstseins beruht, wiederum in einer genetisch ursprünglicheren *dynamischen* Einheit verankert, die der *unbewussten Selbstheit* des Organismus entspricht. Die Rolle des Unbewussten, sowohl des dynamisch-triebhaften als auch des strukturell-syntaktischen, lässt sich also insofern als *transzendental* bezeichnen, als es jeder Weltbildung als Bedingung von deren Möglichkeit notwendig zugrunde liegt.

Literaturverzeichnis

Abel, Günther (2004): *Zeichen der Wirklichkeit*. Frankfurt am Main: Suhrkamp.

Adler, H. (1988): „Fundus animae – der Grund der Seele. Zur Gnoseologie des Dunklen in der Aufklärung“. In: *Deutsche Vierteljahrschrift für Literatur und Geistesgeschichte* 62, S. 197–220.

Eisler, Rudolf (1961): *Kant-Lexikon. Nachschlagewerk zu Kants sämtlichen Schriften, Briefen und handschriftlichem Nachlass*. Unveränderte reprograf. Nachdruck der Ausgabe Berlin 1930. Hildesheim: Olms.

Grau, K. J. (1916): *Die Entwicklung des Bewusstseinsbegriffes im XVII und XVIII Jahrhundert*. Halle: Max Niemeyer Verlag.

Hartmann, Eduard von (1869): *Philosophie des Unbewußten. Versuch einer Weltanschauung*. Berlin: Carl Duncker's Verlag.

Helmholtz, H. von (1855): *Ueber das Sehen des Menschen. Ein populärer wissenschaftlicher Vortrag*. Leipzig: Leopold Voss.

Kant, Immanuel (1901 ff.): *Kants gesammelte Schriften*. Akademie-Ausgabe [= AA]. Berlin, Leipzig: De Gruyter. Texte online: http://www.korpora.org/kant.

La Rocca, C. (2008): „Der dunkle Verstand. Unbewusste Vorstellungen und Selbstbewusstsein bei Kant". In: V. Rohden/R. Terra/G. Almeida/M. de e Ruffing (Hrsg.): *Law and Peace in Kant's Philosophy/Recht und Frieden in der Philosophie Kants. Akten des X. Internationalen Kant-Kongresses*. Berlin, New York: De Gruyter, S. 458–468.
Liebmann, Otto (1911): „Die Metamorphosen des Apriori". In: Otto Liebmann: *Zur Analysis der Wirklichkeit. Eine Erörterung der Grundprobleme der Philosophie*. Straßburg: Karl J. Trübner.
Loukidelis, Nikos (2006): „Nachweis aus Otto Liebmann ‚Zur Analysis der Wirklichkeit'". In: *Nietzsche-Studien* 35, S. 302–303.
Nicholls, A./Liebscher, M. (Hrsg.) (2010): *Thinking the Unconscious. Nineteenth-Century German Thought*. Cambridge: Cambridge University Press.
Reuter, Sören (2004): „Reiz. Bild. Unbewusste Anschauung. Nietzsches Auseinandersetzung mit Hermann Helmholtz' Theorie der unbewussten Schlüsse in ‚Über Wahrheit und Lüge im aussermoralischen Sinn'". In: *Nietzsche-Studien* 33, S. 351–372.
Reuter, Sören (2009): *An der „Begräbnisstätte der Anschauung". Nietzsches Bild- und Wahrnehmungstheorie in „Ueber Wahrheit und Lüge im aussermoralischen Sinne"*. Basel: Schwabe.
Schlimgen, Erwin (1999): *Nietzsches Theorie des Bewußtseins*. Berlin, New York: De Gruyter.
Simon, Josef (1972): „Grammatik und Wahrheit. Über das Verhältnis Nietzsches zur spekulativen Satzgrammatik der metaphysischen Tradition". In: *Nietzsche-Studien* 1, S. 1–26.
Simon, Josef (1984): „Das Problem des Bewußtseins bei Nietzsche und der traditionelle Bewußtseinsbegriff". In: M. Djurić/J. Simon (Hrsg.): *Zur Aktualität Nietzsches. Bd. II*. Würzburg: Königshausen und Neumann, S. 17–33.
Satura, V. (1971): *Kants Erkenntnispsychologie in den Nachschriften seiner Vorlesungen über empirische Psychologie*. Bonn: Bouvier.

III. Sprachen des Unbewussten

Axel Pichler

Performativer Bruch oder kritisches Narrativ? Intratextuelle Konsequenzen von Nietzsches ‚Theorie' des Bewusstseins im Lichte seiner späten Sprachphilosophie

Am Ende eines „Zur Erkenntnistheorie" betitelten Notats aus dem Frühjahr 1888 (d.i. das Notat 14[122] aus dem Arbeitsheft W II 5, S. 97), in dem die Erkenntnis als bloßes „Werkzeug der Macht" bzw. des Willens zur Macht ausgewiesen wird, schreibt Nietzsche:

> Es steht nicht in unserem Belieben, unser Ausdrucksmittel zu verändern: es ist möglich, zu begreifen, in wiefern es bloße Semiotik ist. Die Forderung einer adäquaten Ausdrucksweise ist unsinnig: es liegt im Wesen einer Sprache, eines Ausdrucksmittels, eine bloße Relation ~~u. kein~~ auszudrücken ... {Der Begriff „Wahrheit" ist widersinnig ...} {das ganze Reich von „wahr" „falsch" bezieht sich nur auf Relationen~~, nicht~~ zwischen Wesen, nicht auf deren „An sich" ...} Unsinn: es giebt keine „~~Welt~~ {Wesen} an sich", ~~weil~~ {die Relationen constituiren erst Wesen}, {so wenig} es ~~keine~~ {eine} „Erkenntniß an sich" geben kann ... (KGW IX/8, W II 5, S. 97)

Diese nur gering überarbeitete Aufzeichnung enthält in nucleo Nietzsches späte Überlegungen zur Erkenntnisproblematik und zeigt zugleich die enge Verknüpfung derselben mit seinen späten Sprachreflexionen. Letztere lassen sich mit folgenden drei Schlagworten charakterisieren: Sie sind anti-repräsentationalistisch, anti-essentialistisch und relationalistisch und korrelieren somit mit Nietzsches Verabschiedung der traditionellen Erkenntnistheorie auf dem Boden des von ihm so genannten, „extremsten Nihilismus".[1]

Höchst signifikant ist dabei die Tatsache, dass besagte sprachphilosophische Überlegungen nicht mehr um die im Frühwerk so bedeutende ‚Metapher', sondern um das, seit Anfang der achtziger Jahre in Nietzsches Notaten immer

---

1 Nietzsches Reflexionen über den Nihilismus finden sich zu einem Grossteil in den nachgelassenen Notaten. Zum extremsten Nihilismus siehe: NL Herbst 1887, KSA 12, 9[35], S. 350 und NL Herbst 1887, KSA 12, 9[41], S. 354. Für einen zum gängigen methodologischen Vorgehen alternativen Umgang mit der daraus folgenden, paradox anmutenden Parallelität vom Verschwinden der traditionellen Erkenntnistheorie und den dennoch gegebenen, ‚postiven' Wissensformationen in Nietzsches Post-*Zarathustra*-Schriften siehe: Pichler (2010, S. 67–107 und insbesondere S. 151–157).

mehr Beachtung findende ‚Zeichen' kreisen.[2] In Nietzsches späten veröffentlichten Schriften wird der Terminus ‚Metapher' dementsprechend nur mehr ein einziges Mal verwendet (vgl. JGB 22, KSA 5, S. 37).[3]

Die diesen Wandel bedingenden semiotischen Reflexionen Nietzsches setzen bereits in den Notaten vom Herbst 1880 ein, verdichten sich erstmals während der Arbeit an *Also sprach Zarathustra* und kulminieren in den letzten Schaffensjahren in einer regelrecht universellen Semiotik.[4] So schreibt Nietzsche schon im Notat 6[253] (NL 1880, KSA 9, S. 263) vom Herbst 1880: „Der Gedanke ist ebensowohl wie das Wort, nur ein Zeichen: von irgend einer Congruenz des Gedankens und des Wirklichen kann nicht die Rede sein"[5].

Der in diesem ebenso wie in dem eingangs zitierten Notat ausgedrückte Antirepräsentationalismus bedeutet die Zurückweisung der Auffassung, dass sprachliche Zeichen in einem Abbildungsverhältnis zur Wirklichkeit stehen. Dies führt dazu, dass in den späten Schriften und Aufzeichnungen Nietzsches traditionell metaphysisch-ontologische Fragen verabschiedet werden. Wenn

---

2 Auf die Bedeutung der Unterschiede zwischen Nietzsches frühen und späten Sprachreflexionen verweist zum Beispiel Claus Zittel. Er beruft sich dabei auf Benjamin Biebuyck, der bereits 1994 die Überzeugung äußerte, dass Nietzsches späte Sprachreflexionen den frühen in systematischer Hinsicht überlegen sind. Vgl. Zittel (2011, S. 84, Fußnote 173) und Biebuyck (1994, S. 121–151).
Erst in jüngster Zeit scheinen die Arbeiten, welche dieser Verschiebung stärkere Beachtung schenken, zuzunehmen. Ein gutes Beispiel dafür sind die Beiträge in dem vor Kurzem erschienen Kongressband *Nietzsche on Instinct and Language*. Vgl. Mayer Branco/Constâncio (2011).
Die erste vollständige Darstellung von Nietzsches späten Zeichenreflexionen jenseits eines gegenwartsphilosophischen systematisierenden Ansatzes stammt von Werner Stegmaier. Vgl. Stegmaier (2000, S. 41–69).

3 An diesem Punkte ist es wichtig, zwischen der terminologischen Verwendung und der schriftstellerischen Praxis Nietzsches zu unterscheiden: Die Tatsache, dass die Metapher im Spätwerk vollständig aus dem ‚theoretischen' Diskurs verschwindet, bedeutet nicht zugleich, dass Nietzsche sie auch als Stilmittel nicht mehr verwendet. Der das Spätwerk inaugurierende Za ist das beste Beispiel dafür, dass in Nietzsches poetischer Praxis genau das Gegenteil der Fall ist. Vgl. Zittel (2011).

4 Zu den bedeutendsten Stellen im Nachlass, die Nietzsches ‚Zeichen' verhandeln, siehe: Stegmaier (2000, S. 60–64, und dort insbesondere die Fußnote 41).

5 Stegmaier kommentiert die Stelle folgendermaßen: „Gedanken [...] sind nicht Zeichen *für* etwas, das außer den Zeichen gegeben und erkennbar wäre, sondern Zeichen *von* etwas im Sinne eines bloßen ‚Anzeichens', eines ‚andeutenden Zeichens'" (Stegmaier 2000, S. 51). Stegmaier geht in seinem Aufsatz jedoch nirgendwo auf den durch den Übergang von der Metapher zum Zeichen hier als Verschiebung in Nietzsches Sprachdenken gedeuteten Wandel näher ein, sondern konzentriert sich primär auf den philologischen Nachweis der Zeichen-relevanten Stellen sowie auf die Suche nach der in diesen gegebenen kontextuellen Bedeutung derselben.

Zeichen nicht mehr direkt referieren, sondern im beständigen Verweis auf andere Zeichen nur mehr potentielle Deutungsspielräume öffnen, dann ist es nicht mehr möglich, nach deren eigentlichem Ursprung bzw. dem hinter ihnen liegenden Sein zu fragen. Nietzsches spätes Denken betritt somit einen virtuellen Raum, dessen metaphysisch-ontologische Schließung als Konsequenz des ihn bedingenden Zeichenbegriffes nicht mehr möglich ist. Aufgrund dieser Virtualisierung erscheint es sinnvoll, jegliche interpretative Zusammenfassung nietzschescher Reflexionen zu einem bestimmten Themenkomplex nicht als Lehren bzw. Theorien, sondern als kritische Narrativa zu bezeichnen, unterscheiden sich Letztere doch von Ersteren insbesondere dadurch, dass sie gängige ontologische Verpflichtungen suspendieren: Narrativa folgen häufig einer eigenen inferentialistischen Logik, wodurch sie sich nicht selten in Opposition zu der an herkömmliche Lehren und Theorien gestellten Konsistenzforderung begeben. Des Weiteren besitzen Narrativa im Gegensatz zu Lehren/Theorien oftmals eine selbstreferentielle Zirkelstruktur. Kritisch sind diese Erzählungen im Falle Nietzsches, da sie zumeist dazu dienen ihnen oppositionelle Lehren zu destruieren.[6]

Eine weitere bedeutende Folge, der in und durch Nietzsches späte Semiotik sich vollziehenden Virtualisierungen ist, dass sich ein von der Nietzsche-Forschung vor allem in Nietzsches frühen Schriften festgemachtes Problem auflöst. Bei diesem handelt es sich um die sogenannte universelle Verfälschungsthese, die auf folgendem Argument basiert: Wir können Dinge nur erkennen, wenn sie in einem Verhältnis zu uns stehen bzw. insoweit sie unter unsere begriffliche Schemata fallen. Die Wirklichkeit entgeht unseren begrifflichen Schemata. Folglich können wir die Dinge per se nicht erkennen, sondern verfälschen sie, indem wir unseren begrifflichen Schemata folgen.

Abgesehen von der viel diskutierten Tatsache, dass besagtes Argument selbst eine *petitio principii* birgt – um feststellen zu können, dass wir die Welt per se nicht erkennen können, müssen wir bereits von der Existenz einer solchen Welt wissen (vgl. z. B. Diéguez 2007) –, kommt es in Nietzsches Schriften, wenn überhaupt, nur im Frühwerk zur Anwendung. Die Einführung des Zeichenbegriffs und die mit diesem einhergehende Virtualisierung wirkt sich auch auf die in den späteren Schriften noch hin und wieder artikulierte These von der Verfälschung durch die Sprache aus. Dort bezeichnet ‚Fälschung' nämlich nicht mehr – wie noch an manchen Stellen in WL – einen unüberbrückbaren

6 Für eine genauere Darstellung der kritischen Funktion von Nietzsches ‚virtuellen Ontologien' siehe: Pichler (2010, 169–177). Dort wird auch ein weiterer Punkt verhandelt, der hier aufgrund seiner Komplexität nur gestriffen werden kann, die Bedeutung der Selbstbezüglichkeiten in Nietzsches Texten: vgl. Pichler (2010, 83 ff.).

epistemologischen Bruch zwischen Sprache und Welt, sondern in Übereinstimmung mit Nietzsches Zeichenreflexionen ‚Simplifikation'. Dies bestätigt ein im Umfeld des Willens zur Macht stehendes Notat (1[28]) aus dem Herbst 1885/ Frühjahr 1886. Dort heißt es: „Der Gegensatz ist nicht ‚falsch' u. ‚wahr', sondern ‚Abkürzungen der Zeichen' im Gegensatz zur den Zeichen selber. Das Wesentliche ist: die Bildung von Formen, welche viele Bewegungen repräsentieren, die Erfindung von Zeichen für ganze Arten von Zeichen." (KGW IX/1–3, N VII 2b, S. 157)

Insofern übernimmt der Zeichenbegriff in Nietzsches spätem Werk sprachtheoretisch dieselbe Funktion, die im Frühwerk die Metapher innehatte. Dabei kommt es jedoch zu gravierenden Unterschieden in den epistemologischen Implikationen dieser Funktion: Während nämlich in WL die Metapher von der Metapher dazu herangezogen wird, die horizontalen Brüche am Weg von der Wahrnehmung zum Begriff zu artikulieren, verschwindet mit dem Zeichen das ‚Überspringen von einer Sphäre in die nächste'. Die innersemiotischen Relationen von Zeichen zu Zeichen als ‚Anzeichen' bzw. ‚Symptom' führen zwar auch zu dem bereits in WL gegebenen Antirepräsentationalismus. Dieser entbehrt jedoch im Spätwerk der epistemologischen These von einer permanenten Verfälschung der Wirklichkeit. An die Stelle des Verhältnisses von Sprache zur Wirklichkeit, tritt das innersemiotische Verhältnis zwischen Zeichen, die andere Zeichen durch Vereinfachung in sich zusammenfassen.[7]

Auf einem deratigen Verständnis von Nietzsches später ‚Semiotik' aufbauende Lesarten von Nietzsches Philosophie – eine Lesart, die man im deutschsprachigen Raum als ‚Interpretationismus' bezeichnet hat, als deren zentrale Repräsentanten Josef Simon und Günter Abel gelten – stehen bald vor einem Problem, wenn sie den Anspruch erheben, nicht nur eine an die Gegenwartsphilosophie anknüpfende, systematisierende Auslegung von Nietzsche zu sein, sondern behaupten, dessen Werk auch in einer philologisch adäquaten Weise zu erfassen.[8]

---

7 Auf eine ausführliche Erörterung der weiteren Differenzen zwischen Nietzsches frühem und spätem Sprachdenken muss hier aus Platzgründen verzichtet werden. Siehe dazu jedoch Pichler (2010, S. 121–125) sowie die dort angegebene weiterführende Literatur.

8 An diesem Punkt ist strikt zwischen der ein ‚besseres' Verständnis Nietzsches anstrebenden Nietzsche-Exegese und der Nietzsche für ihre eigenen systematischen Interessen inanspruchnehmenden Gegenwartsphilosophie zu unterscheiden. Nur für Erstere stellt der quantitative Mangel besagter Zeichenreflexionen im veröffentlichten Werk ein Manko dar. Letztere kann auf diese getrost verzichten, würde aus einer methodologischen Perspektive jedoch an Wert gewinnen, wenn sie ihren systematischen und nicht hermeneutischen Zugang stärker explizierte. Ein Beispiel für einen diese beiden Ansätze glücklich vereinigenden Zugang bieten im deutschen Sprachraum die jüngsten Veröffentlichungen Günter Abels. Vgl. Abel (2001, S. 1–43) und Abel (2010, S. 17–38).

Dieser Anspruch hat nämlich mit der Tatsache zu kämpfen, dass die Mehrheit von Nietzsches späten sprachtheoretischen Reflexionen im Nachlass, d.h. als persönliche Notate, zurückgeblieben sind. In den veröffentlichten Schriften finden sich nur einige wenige Stellen, die an entscheidenden Punkten den ‚Zeichenbegriff' reflektieren.[9] Mit Ausnahme von GM II 12 kommt es jedoch nirgendwo zu einer Metareflexion über diesen ‚Zeichenbegriff', wie dies im Nachlass der Fall ist.

Dieser Sachverhalt ist bei einem Denken wie demjenigen Nietzsches, das sich an seinen komplexesten und wichtigsten Stellen zumeist durch eine sprachlich-stilistisch vermittelte poetische Indexikalität auszeichnet, nicht zu vernachlässigen. Poetische Indexikalität bezeichnet hier eine Form der Selbstbezüglichkeit, die sich darin äußert, dass manche von Nietzsches Texten die in ihnen vertretenen ‚theoretischen' Positionen auch vollziehen.[10] Nimmt man zu diesem Faktum die Tatsache hinzu, dass der jeweilige Kontext – d.h. das jeweilige Textsegment und die aus diesem mit anderen Textsegmenten interpretativ gebildete Reihe – für die jeweilige Bedeutung von Nietzsches Begriffen konstitutiv ist (vgl. Siemens/Van Tongeren, 2011), wird die hier angesprochene Seltenheit der Verwendung und Reflexion des ‚Zeichenbegriffs' in Nietzsches veröffentlichten Schriften zu einem immensen hermeneutischen Problem. Bedeutet dies, dass man aufgrund dieser Seltenheit einen performativen Bruch zwischen den eigentlichen – d.h. ‚zeichentheoretisch' fundierten – Textsegmenten Nietzsches und denjenigen, deren Form und Inhalt eine asemiotische Lektüre nahe legen, konstatieren soll? Oder soll man dieses Problem einem ‚principle of charity' folgend umgehen, indem man die Forderung nach Kohärenz über die faktische Textualität stellt?

Es ist hier nicht der Ort diese Fragen im Detail zu verhandeln. Ihre Möglichkeit zeitigt jedoch auch Folgen für das hier im Zentrum stehende Thema: Nietzsches Überlegungen zum Bewusstsein/Unbewussten. In Betreff des Umgangs mit dieser Thematik in Nietzsches Spätwerk eröffnen sich aus dieser Perspektive zwei Deutungsmöglichkeiten: Entweder (1.) man geht von der universellen Applizierbarkeit von Nietzsches ‚Zeichen' aus; wie soeben gezeigt wurde, verbieten sich dann jedoch sämtliche metaphysischen und ontologischen Lesarten seiner ‚Lehren/Theorien'. Diese werden zu bloß heuristischen Orientierungspunkten in seiner Experimentalphilosophie.[11] Eine solche univer-

9 Vgl. JGB 21, JGB 32, JGB 268, GM II 12, FW 354, GD Vernunft 3, GD Alten 1, EH Bücher 4.
10 Zwei der bekanntesten Textsegmente, die diese Praxis eindeutig umsetzen sind: FW 344 und JGB 22. Vgl. zu Letzterem sowie zur Selbstebzüglichkeit als Vollzug Dellinger (2012).
11 Dies scheint insbesondere Erwin Schlimgen entgangen zu sein, wenn er in seiner, im deutschen Sprachraum insgeheim als Referenztext in Bezug auf Nietzsches Auseinandersetzung mit dem Bewusstsein/Unbewussten fungierenden Monographie, mit dem bezeichnenden Titel *Nietzsches Theorie des Bewusstseins* dennoch glaubt von einer Theorie, d.h.

selle Applikation hat allerdings die hohe quantitative Differenz zwischen Zeichen-relevanten Stellen in Nietzsches veröffentlichten Schriften und den nachgelassenen Notaten zu erklären. Bekannterweise ist die dieser Klärung zugrunde liegende Auseinandersetzung um das Verhältnis von veröffentlichtem Werk und Nachlass noch in vollem Gange. Oder (2.) man appliziert die ‚Zeichentheorie' bloß dort, wo sie tatsächlich erwähnt wird. Wie die hier nun einsetzende Auseinadersetzung mit dem Aphorismus FW 354 zeigen wird, bringt ein solcher Ansatz die Konstruktion von Nietzsches vermeintlichen ‚Lehren/Theorien' jedoch in ebenso große Schwierigkeiten.

Der Aphorismus FW 354 gilt der Nietzsche-Forschung gemeinhin als der Schlüsseltext zu Nietzsches Verständnis des Bewusstseins bzw. des Unbewussten. Ausgehend von seiner Deutung hat man sich mehr oder weniger erfolgreich an die Erarbeitung einer nietzscheschen Theorie des Bewusstseins und des mit diesem eng verknüpften Unbewussten gewagt. Dass eine solche Theorie jedoch im Falle der universellen Gültigkeit von Nietzsches Zeichenreflexionen mit einigen Vorbehalten zu betrachten ist, ja, dass sie bei einer derartig semiotischen Zugangsweise zu Nietzsches späten Schriften eigentlich nicht mehr den Anspruch einer Theorie, sondern nur mehr den eines kritisch-heuristischen Narrativs erheben kann, hoffe ich zuvor gezeigt zu haben.

Wie verhält es sich aber, wenn man den angesprochenen semiotischen Ansatz nicht teilt? Um diese Frage zu beantworten, wollen wir uns dem Text selbst zuwenden.[12] Der Aphorismus kreist um die Frage nach dem ‚Wozu' des Bewusstseins und liefert als Antwort auf diese eine, primär auf den sozialen Zwang und die soziale – Nietzsche spricht von „Heerden" – Nützlichkeit des Bewusstseins hinauslaufende Genealogie. In dieser wird die Entwicklung desselben aus der „Noth", die „die Menschen gezwungen hat, sich mitzuteilen" nachgezeichnet. Dem aus dieser entstandenen Bewusstsein, ein „thierische[s] Bewusstsein" dessen Welt, „nur eine Oberflächen- und Zeichenwelt ist", wird bereits am Anfang des Aphorismus ein Unbewusstes gegenübergestellt, das den „überwiegenden Theil [...] unseres denkenden, fühlenden, wollenden Lebens" umfasst. Der Text schließt, nachdem er das Bewusstsein bereits zuvor als „eine Gefahr" und „eine Krankheit" charakterisiert hat, mit der Vermutung, dass letztendlich auch die zuvor die Argumentation tragende „Nützlichkeit",

einer systematischen Einheitlichkeit im traditionellen Sinne, sprechen zu können. Vgl. Schlimgen (1999). Dies verwundert, ist Schlimgen doch mit seiner Charakterisierung von Nietzsches ‚Bewusstseinsbegriff' als Ausdruck eines „dynamischen Kritizismus" (Schlimgen 1999, S. 164) am richtigen Weg, vermeidet jedoch letztendlich aus diesem die vollen Konsequenzen zu ziehen.

12 Die hier gegebene Lektüre von FW 354 erfolgt ausschließlich aus dem Kontext der dieses Paper leitenden Fragestellungen und erhebt keinen Anspruch auf Vollständigkeit.

„nur ein Glaube, eine Einbildung und vielleicht gerade jene verhängnissvollste Dummheit [ist], an der wir einst zu Grunde gehn" (FW 354, KSA 3, S. 593).

Als Paradigma der Auslegungspraxis dieses Aphorismus seien hier die einleitenden Sätze aus Erwin Schlimgens ‚Bewusstseins'-Artikel aus dem *Nietzsche Handbuch* wiedergegeben:

> N[ietzsche]s Bewußtseinstheorie [...] verdankt sich im wesentlichen einem biologistischen Modell, wonach sich Bewußtsein evolutionär entwickelt hat, um größere und leistungsstärkere ‚Makroorganismen', wie Gesellschaften [...], bilden zu können, die durch arbeitsteilige Strategien für Einzelsubjekte einen entlastenden, existenzsichernden Zweck erfüllen und im Ganzen eine machtsteigernde Funktion ausüben. Die Genese sozialer Verbände ist wesentlich über die Kommunikation vermittelt, und damit prinzipiell an Sprache gebunden: alles, was überhaupt bewußt werden kann, ist zeichen-/sprachvermittelt. (Schlimgen 2000, S. 203)

Roma locuta, causa finita? Mitnichten. Der tatsächliche Textbestand von FW 354 erlaubt einem die philologisch-texthermeneutische Argumentation gegen die Auffassung, dass in besagtem Text die Kurzfassung einer nietzscheschen Theorie des Bewusstseins im strengen Sinne zu finden ist, also einer Theorie verstanden als eine „wissenschaftliche Erklärung bestimmter Erscheinungen aus einem Prinzip und die Zusammenfassung der Einzelerkenntnisse unter allgemeine Gesetze sowie ihre Ordnung nach Prinzipien, aus denen sich Gesetzmäßigkeiten und Einzelfälle ableiten lassen" (Regenbogen/Meyer 1998, S. 663).

Hier soll insbesondere auf zwei Punkte aufmerksam gemacht werden, die die Konstruktion einer solchen Theorie des Bewusstseins fragwürdig erscheinen lassen. Gegen eine solche spricht: (1.) Der genealogische Charakter des Aphorismus. FW 354 liefert auf die Frage „W o z u überhaupt Bewusstsein" keine wissenschaftstheoretisch fundierbare These, sondern eine historische Spekulation, als deren Auslöser jedoch „Physiologie und Thiergeschichte" (FW 354, KSA 3, S. 590) ausgewiesen werden. Die Antwort auf die leitende Frage wird im Text selbst durch einen eingeschobenen Nebensatz, der den Leser dazu auffordert, Nietzsche bei (s)einem Gedankenexperiment zu folgen – „wenn man meiner Antwort auf diese Frage und ihrer vielleicht ausschweifenden Vermuthung Gehöhr geben will" (FW 354, KSA 3, S. 590) –, von Anfang an in Anführungszeichen gesetzt. Zu dieser Einklammerung tragen auch weitere, den Aphorismus prägende sprachlich-stilistische Elemente bei. Dazu gehören die ab dem zweiten Satz zur eigentlichen Frage hinleitenden Konjunktive: So beginnt der zweite Satz mit „Wir könnten" und der dritte mit „Das ganze Leben wäre möglich". Die beiden auf die eigentliche Frage anschließenden Sätze werden eröffnet mit „Nun scheint mir" und „Wohl aber scheint es mir so". Und auch die aus diesen genealogischen Spekulationen folgende erste

Formulierung einer der zentralen Thesen des Textes entbehrt jeglichen dogmatischen Gestus: „Gesetzt, diese Beobachtung ist richtig, so darf ich zu der Vermuthung weitergehen, dass Bewusstsein überhaupt sich nur unter dem Druck des Mitheilungs-Bedürfnisses entwickelt hat" (FW 354, KSA 3, S. 591). Erst daran schließt die Darlegung der auch in der zuvor zitierten Schlimgen'schen Synopse des Textes wieder zu findenden und den Text insgeheim leitenden, zentralen Funktion des Bewussteins, seine „Heerden-Nützlichhkeit" (FW 354, KSA 3, S. 592).

Dieser spezifische Sprachgebrauch bestärkt die Vermutung, dass es sich bei FW 354 sowohl aufgrund der darin gegebenen, sprachlich-grammatischen Kennzeichnungen als auch aufgrund seines Gegenstandes – der Text bietet eine Erzählung vom Ursprung des Bewusstseins – um dieselbe Textgattung handelt, welche seinem Vorläufertext aus dem Frühwerk von manchen Interpreten zugeschrieben worden ist. Über das damit gemeinte WL schreibt Andrea Bertino: „Als Theorie genommen sind Erzählungen über den Ursprung der Sprache und des Begriffsdiskurses weder empirisch noch historisch begründbar. [...] Wenn ein Sprachursprungsdiskurs nicht mehr davon ausgeht, dass die Sprache eine äußere Wirklichkeit repräsentiert, ist es konsequent, ihn als philosophischen *Mythos* zu betrachten." (Bertino 2010, S. 79)

Da FW 354 alle von Bertino angeführten Kriterien erfüllt, kann man von ihm also auch als von einem philosophischen Mythos bzw. einem kritisch-heuristischen Narrativ, nicht jedoch von einer Theorie im strengen Wortsinn, sprechen.[13]

(2.) ist FW 354 neben JGB 268 der einzige Aphorismus in Nietzsches späten veröffentlichten Schriften der in einem Textsegment die Rede vom Bewusstsein und den Zeichen miteinander verknüpft. Mit sehr gutem Willen könnte man diesen beiden Textsegmenten noch das zweite Buch aus GM an die Seite stellen, das in seiner Genealogie des Gewissens bekannterweise auch auf den Bewusstseinsbegriff rekurriert und in dessen Zentrum – dem Abschnitt GM II 12 – die umfangreichste Metareflexion des Zeichenbegriffs in Nietzsches veröf-

---

13 Dies zeigt sich auch in einer Vorstufe von JGB 11, dem Notat 30[10] vom Herbst 1884. Eindeutiger als in dieser Stelle kann man die Zurückweisung einer Antwort auf die Frage ‚Wie ist diese Bewußtheit möglich?' durch eine metaphysische Theorie nicht markieren. Die Antwort im Text lautet: „Ich bin fern davon, auf solche Fragen Antworten (d.h. Worte und nicht mehr!) auszudenken; zur rechten Zeit fällt mir der alte Kant ein, welcher einmal sich die Frage stellte: ‚wie sind synthetische Urtheile a priori möglich?' Er antwortete endlich, mit wunderbarem ‚deutschem Tiefsinn': ‚durch ein Vermögen dazu'. – Wie kommt es doch, daß das Opium schlafen macht? Jener Arzt bei Molière antwortete: es ist dies die vis soporifica. Auch in jener Kantischen Antwort vom ‚Vermögen' lag Opium, mindestens vis soporifica: wie viele deutsche ‚Philosophen' sind darüber eingeschlafen!" (NL 1884, KSA 11, 30[10], S. 356).

fentlichten Schriften zu finden ist. Auch im Nachlass finden sich nur *acht* Notate, die das Bewusstsein mit dem Zeichenbegriff zusammenführen.[14] Dieser geringen Anzahl an die Zeichen- und Bewusstseinsthematik miteinander verknüpfenden Stellen steht allein in den späten veröffentlichten Schriften eine zweistellige Zahl an Textsegmenten gegenüber[15], die zwar das Bewusstsein, nicht jedoch den Zeichenbegriff zum Gegenstand haben.

Gegen die Hypostasierung einer nietzscheschen Bewusstseinstheorie spricht auch noch ein weiteres Faktum: Der soeben skizzierte empirische Textbestand in Nietzsches späten Schriften bringt nämlich auch Deutungsansätze, die – angeregt durch die quantitativ niedrige faktische Präsenz des Zeichenbegriffs im veröffentlichten Werk – eine universelle Gültigkeit von Nietzsches ‚Begriff' des Zeichens zurückweisen, in enorme Schwierigkeiten, wenn sie dennoch versuchen sollten eine kohärente nietzschesche Theorie des Bewusstseins zu rekonstruieren. Solche Lesarten laufen durch ihre vorschnellen Synthetisierungen des in separaten Textsegmenten Ausgedrückten in Gefahr, relativ bald an intratextuellen Spannungen zu scheitern.

Als Beispiel sei hier nur der Auftritt des Bewusstseins im *Antichristen* dessen Darstellung aus FW 354 gegenübergestellt. In AC 14 betritt das Bewusstsein den Textkosmos in einem regelrechten Stechschritt:

> Ehemals sah man im Bewusstsein des Menschen, im „Geist", den Beweis seiner höheren Abkunft, seiner Göttlichkeit; [...] Wir haben uns auch hierüber besser besonnen: das Bewusstwerden, der „Geist", gilt uns gerade als Symptom einer relativen Unvollkommenheit des Organismus, als ein Versuchen, Tasten, Fehlgreifen, als eine Mühsal, bei der unnöthig viel Nervenkraft verbraucht wird, – wir leugnen, dass irgend Etwas vollkommen gemacht werden kann, so lange es noch bewusst gemacht wird. Der „reine Geist" ist eine reine Dummheit: rechnen wir das Nervensystem und die Sinne ab, die „sterbliche Hülle", so verrechnen wir uns – weiter nichts! ... (AC 14, KSA 6, S. 180 f.)

Der dem Gesamtziel von AC – der Umwertung – geschuldete apodiktische Gestus der hier gegebenen Skizze des Bewusstseins sowie die nur minimale sprachliche Brechung des Mitgeteilten – sie beschränkt sich auf das an den Leser appellierende und diesen inkludierende „wir" –, stellen das solcherart

---

14 Das sind die Notate 24[16] (NL 1883–1884, KSA 10, S. 653–655), 26[92] (NL 1884, KSA 11, S. 173 f.) 26[114] (NL 1884, KSA 11, S. 179 ff.), 30[10] (NL 1884–1885, KSA 11, S. 356), 34[131] (NL 1885, KSA 11, S. 465), 38[1] (NL 1885, KSA 11, S. 595 f.), 1[61] (NL 1885–1886, KSA 12, S. 26) und 7[9] (NL 1886–1887, KSA 12, S. 294 ff.).

15 JGB 3, GM II (insbesondere: GM II 1, GM II 2, GM II 4, GM II 14, GM II 15, GM II 16, GM II 18, GM II 19, GM II 20), GM III 17, EH klug 9. Hier ist zu betonen, dass in GM II 12 zwar der Zeichenbegriff ausführlich reflektiert wird, dies aber primär durch eine Zusammenführung der historiographischen Perspektive mit dem Willen zur Macht erfolgt. Eine direkte textuelle Anbindung an das Bewusstsein findet hingegen nicht statt.

präsentierte Bewusstseinskonzept in direkte Opposition zum Bewusstseinsursprungsmythos aus FW 354. Man könnte sogar dazu geneigt sein, zwischen den dortigen Äußerungen und denjenigen aus AC 14 einen performativen Bruch zu entdecken. Bewegt man sich nämlich in FW 354 ausschließlich in einem durch literarische Inszenierungsstrategien virtualisierten, sozio-semiotischen Kontext, erinnert der Verweis auf das „Nervensystem und die Sinne" aus AC 14 stark an den neopositivistischen Mythos des Gegebenen. Wie man weiß, haben bekannte Nietzsche-Interpreten wie Arthur C. Danto (vgl. Danto 1998) und jüngst Pirmin Stekeler-Weithofer (vgl. Stekeler-Weithofer 2011, S. 175–193) eine derartig neopositivistisches Lesart Nietzsches vorgelegt und dabei offensichtlich die strategische Verwendung vermeintlich universell gültiger empiristischer Thesen im Kampf gegen die „Hinterweltler" (vgl. VM 17, Za Tafeln 14 und Za Tafeln 15) übersehen. Im Gegensatz zu solchen stets vereindeutigenden Interpretationen kann man die starke Spannung zwischen der Darstellung der Bewusstseinsthematik in FW 354 und AC 14 jedoch auch als Beleg für eine These deuten, die in letzter Zeit in der Nietzsche-Forschung immer häufiger propagiert wird, nämlich dass bei Nietzsche vor dem Gesamtwerk stets der einzelne Text und dessen intratextuelles Geflecht interpretativ zu bevorzugen sind.

Eingedenk des hier Erörterten bedeutet dies aber auch, dass weder eine Nietzsches späte Zeichenreflexionen universalisierende, noch eine diese Universalisierung nicht mitvollziehende Lesart die Hypostasierung einer nietzscheschen Theorie des Bewusseins im klassischen Sinne erlaubt.[16] Die faktische Textualität sowie die von Nietzsche verwendete Sprache unterlaufen offensichtlich die Grundvoraussetzungen einer solchen Theorie. Bei den hier untersuchten Reflexionen scheint es sich vielmehr um kritisch-heuristische Narrativa zu handeln, d.h. um gegen traditionelle Vorstellungen gerichtete,

16 Die in diesem Paper vollzogene Problematisierung der Hypostasierung einer nietzscheschen Theorie des Bewusstseins stellt keine Novität in der Nietzsche-Forschung dar. Sie ist in der semiotischen Lesart von Nietzsches Spätwerk mitangelegt. So spricht zum Beispiel Josef Simon in seinem Lexikon-Eintrag zum Bewusstsein zwar von Nietzsches Theorie des Bewusstsein, weist aber nachdrücklich daraufhin, dass diese „ebenso wie seine Erörterung anderer Grundbegriffe auf die Zirkelstruktur aller gegenständliche Erkenntnisse [verweist]. Sie ist wesentlich selbstbezüglich" (Simon 2009, S. 47) und dadurch auch für Simon bloße Hypothese.
Simons Ansatz entgehen allerdings die offensichtlichen Spannungen, die sich aus einer Gegenüberstellung der eindeutig semiotisch zu lesenden Texte zum Bewusstsein mit denjenigen ergeben, die vollständig auf ein derartig semiotisches Vokabular verzichten und so den Eindruck der Positivität erwecken. Dies ist eine Folge der in Simons Lesart von Nietzsche gegebenen systematischen Vorrangstellung des Zeichens, also seiner zentralen Präsuppostion. Diese verhindert, dass die tatsächliche Textur in den Blick gerät.

dadurch primär reaktive Hypothesen, die keinen Anspruch auf irgendeine Form der Letztgültigkeit erheben.

Es ist mir hier leider nicht mehr möglich einen alternativen Vorschlag zum Umgang mit der bei Nietzsche so exklusiv gegebenen Textualität zu liefern. Dass diese bei jedem ernst zu nehmenden Versuch der Nietzsche-Auslegung eine herausragende Bedeutung zu spielen hat, hoffe ich in diesem Aufsatz unterstrichen zu haben. Wie mit ihr tatsächlich umzugehen ist, ist eine andere Geschichte. Und auch diese wird mit Sicherheit nicht die letzte Erzählung vom richtigen Umgang mit Nietzsche sein ...

Literaturverzeichnis

Abel, Günter (2001): „Bewußtsein – Sprache – Natur. Nietzsches Philosophie des Geistes". In: *Nietzsche-Studien* 30, S. 1–43.

Abel, Günter (2010): „Zeichen der Wahrheit – Wahrheit der Zeichen". In: *Nietzsche-Studien* 39, S. 17–38.

Bertino, Andrea (2010): „Sprache und Instinkt bei Herder und Nietzsche". In: *Nietzsche-Studien* 39, S. 70–99.

Biebuyck, Benjamin (1994): „‚Eine Zeichen- und Gleichnisssprache, mit der sich vieles verschweigen lässt.' Figurations- und Metapherntheorie des späten Nietzsche". In: Roland Duhamel/Eric Oger (Hrsg.): *Die Sprache der Kunst und die Kunst der Sprache*. Würzburg: Königshausen und Neumann, S. 121–151.

Danto, Arthur C. (1998): *Nietzsche als Philosoph*. München: Fink.

Dellinger, Jakob (2012): „Zwischen ‚Meinung' und ‚Maske'. Überlegungen zum Umgang mit Nietzsches Techniken der Subervsion". In: *Nietzscheforschung* 19, in Vorbereitung.

Diéguez, Antonio (2008): „¿Usó Nietzsche el peor argumento del mundo? Una indagación sobre las bases evolucionistas del antirrealismo nietzscheano". In: *Estudios Nietzsche* 8, S. 65–90.

Mayer Branco, Jose Maria/Constâncio, Joao (Hrsg.) (2011): *Nietzsche on Instinct and Language*. Berlin, Boston: De Gruyter.

Pichler, Axel (2010): *Nietzsche, die Orchestikologie und das dissipative Denken*. Wien: Passagen.

Regenbogen, Arnim/Meyer, Uwe (Hrsg.) (1998): *Wörterbuch der philosophischen Begriffe*. Begr. v. Friedrich Kirchner und Carl Michaelis. Fortges. v. Johannes Hofmeister. Hamburg: Meiner.

Siemens, Herman/Van Tongeren, Paul (2011): „Das Nietzsche Wörterbuch. Anatomy of a ‚großes Projekt'". In: Volker Caysa/Konstanze Schwarzwald (Hrsg.): *Nietzsche – Macht – Größe*. Berlin, Boston: De Gruyter, S. 451–465.

Schlimgen, Erwin (1999): *Nietzsches Theorie des Bewußtseins*. Berlin, New York: De Gruyter.

Schlimgen, Erwin (2000): „Bewusstsein". In: Heinning Ottmann (Hrsg.): *Nietzsche Handbuch*. Stuttgart: Metzler, S. 203–205.

Simon, Josef (2009): „Bewusstsein". In: Christian Niemeyer (Hrsg.): *Nietzsche-Lexikon*. Darmstadt: WBG, S. 45–46.

Stegmaier, Werner (2000): „Nietzsches Zeichen". In: *Nietzsche-Studien* 29, S. 41–69.

Stekeler-Weithofer, Pirmin (2011): *Sinn*. Berlin, Boston: De Gruyter.
Zittel, Claus (1995): *Selbstaufhebungsfiguren bei Nietzsche*. Würzburg: Königshausen und Neumann.
Zittel, Claus (2011): *Das ästhetische Kalkül von Friedrich Nietzsches „Also sprach Zarathustra"*. 2., durchgesehene Aufl. Würzburg: Königshausen und Neumann.

Marcus Andreas Born

Nietzsches rhetorische Inszenierung der Psychologie

Zum ersten Hauptstück von *Jenseits von Gut und Böse*

Wenn Friedrich Nietzsche den mangelnden psychologischen Blick der Philosophen kritisiert und sich dabei selbst keineswegs unbescheiden als Psychologen präsentiert, „der nicht seines Gleichen hat" (EH Bücher 5, KSA 6, S. 305), so wirft dies Fragen nach seinem Verständnis von Psychologie auf, denen im Folgenden nachgegangen werden soll.[1] In den drei Abschnitten des vorliegenden Textes werden ausgehend vom ersten Hauptstück von *Jenseits von Gut und Böse* drei interpretatorische Schichten von Nietzsches Konzept der Psychologie untersucht: *Erstens* wird der Vorwurf gegen die philosophische Tradition herausgearbeitet, an den eigentlichen philosophischen Problemen nicht nur vorbeizusehen, sondern diese zudem mit fehlgeleiteten Interpretationen zu überdecken. Dann soll *zweitens* Nietzsches Verständnis einer Physio-Psychologie skizziert werden. *Drittens* wird auf selbstreflexive Momente eingegangen, mit denen der Leser dazu aufgefordert wird, auch die Inszenierung der Psychologie in JGB psychologisch zu hinterfragen.[2]

---

1 Vgl. EH Schicksal 6, KSA 6, S. 371: „Es gab vor mir noch gar keine Psychologie". Bereits in MA I wird der christliche Glaube auf „eine bestimmte falsche Psychologie, eine gewisse Art von Phantastik in der Ausdeutung der Motive und Ereignisse" (MA I 135, KSA 2, S. 129) zurückgeführt. In JGB, in dem die Psychologie stärker in den Vordergrund tritt, betont Nietzsche u. a., die „bisherige Psychologie" (JGB 48, KSA 5, S. 69) sei nicht dazu in der Lage, Probleme des Glaubens zu fassen, und man müsse „die tölpelhafte Psychologie von Ehedem davon jagen" (JGB 229, KSA 5, S. 166).

2 Zu einer derartigen Textauswahl muss man möglicherweise Stellung nehmen, da es seit den Anfängen der Nietzscherezeption legitim zu sein scheint, den Status der Werke zu marginalisieren und aus Nachlass, Briefen und Werken Systeme oder Antisysteme zu konstruieren. Trotz berechtigter Kritik an dieser Arbeitsweise und der Auseinandersetzung einiger Autoren mit Nietzsches Werken als solchen (z. B. Stegmaier 1994, Zittel 2000), scheint sich in diesem Punkt nicht viel geändert zu haben. Der kollagierende Exeget befindet sich mit Karl Jaspers in prominenter Gesellschaft. Dieser behauptete: „Jede Niederschrift, jeder Augenblickseinfall gehören bei Nietzsche zum Werk" (Jaspers 1938, S. 80). Er wurde hierin von Martin Heidegger übertroffen: „Was Nietzsche zeit seines Schaffens selbst veröffentlicht hat, ist immer Vordergrund [...]. Die eigentliche Philosophie bleibt als ‚Nachlaß' zurück" (Heidegger 1961, S. 17). Auch Günter Abel bestätigt dies, wenn er betont, „daß dem Nachlaß im Verhältnis zum veröffentlichten Werk eine eminente Bedeutung zukommt, ja daß, wie Heidegger zu Recht betont hat, bei Nietzsche die ‚eigentliche Philosophie ... als Nachlaß zurück(bleibt)'" (Abel 1984, S. 194).

Die traditionelle Verflachung des Denkens

Das erste Hauptstück von JGB handelt „von den Vorurtheilen der Philosophen“. Schon in der Vorrede werden die Philosophen als Dogmatiker beschrieben, die „irgend ein Volks-Aberglaube aus unvordenklicher Zeit [...], irgend ein Wortspiel vielleicht, eine Verführung von Seiten der Grammatik her oder eine verwegene Verallgemeinerung von sehr engen, sehr persönlichen, sehr menschlich-allzumenschlichen Thatsachen“ (JGB Vorrede, KSA 5, S. 11 f.) zu Irrtümern verleitet. Insbesondere der dritte Aspekt drückt die Tendenz der Erkenntnis aus, Unterschiede einzuebnen. Hierbei dominiert ein vorgegebener, moralischer Rahmen den sogenannten „Willen zur Wahrheit“, der das philosophische Fragen unhinterfragt bestimmt. Das Bild der Sphinx im ersten Aphorismus, erweist sich als gut gewählt, weil es die Gefahr einer Antwort für beide Seiten aufzeigt – bei richtiger Antwort ist das Leben der Sphinx, bei falscher das des Gefragten dahin.[3] Nietzsche löst das im Mythos ausgedrückte Machtgefälle auf, indem er fragt: „Wer von uns ist hier Oedipus? Wer Sphinx?“ (JGB 1, KSA 5, S. 15). Unter einer derartig verschobenen Frageperspektive stellt es sich als philosophisch weniger relevant heraus, auf die Frage des Fabelwesens zu antworten, als auf die Frage, warum der Mensch derartige Antworten benötigt. Für Nietzsche zeigt sich hier das Problem vom Wert der Wahrheit.

Die Philosophie hat sich Nietzsche zufolge stets damit begnügt, vorgegebene Fragen zu untersuchen, wobei die Werte, die dem Fragen zugrunde lagen, nicht in den Blick rückten. Als das Grundproblem stellt sich hierbei das Vorurteil der Philosophen heraus, die opponierenden Begriffe „gut“ und „böse“ oder „wahr“ und „falsch“ würden einen tatsächlichen Gegensatz benennen: „Der Grundglaube der Metaphysiker ist der Glaube an die Gegensätze der Werthe“ (JGB 2, KSA 5, S. 16). Damit erweist sich der Philosoph als Agent und Hüter der bestehenden Moral, weshalb Nietzsche ihn später mit einer Gouvernante vergleicht (vgl. JGB 34, KSA 5, S. 54). Der (alltägliche) Irrglaube an absolute Wertunterschiede drückt sich für ihn z. B. darin aus, dass eine geistige von einer leiblichen Sphäre getrennt wird, während erstere für Nietzsche eine sublimierte Form der zweiten darstellt, was sich im Konzept einer „Physio-Psychologie“ (JGB 23, KSA 5, S. 38) ausdrückt. Auch der Philosoph, der seiner denkenden Tätigkeit vermeintlich bewusst nachgeht, stellt sich – psychologisch hinterfragt – als affektgeleitet heraus.

Die Positionen, die im ersten Hauptstück von JGB in diesem Sinne auf- und angegriffen werden, reichen von der Antike bis ins 19. Jahrhundert. Insbe-

---

3 Letztlich ist es die Erkenntnis, die nicht nur der Sphinx, sondern auch Iokaste und Ödipus zum Verhängnis wird.

sondere wendet sich Nietzsche Descartes' „Ich denke" zu, das als Ausdruck der kritisierten metaphysischen Grundhaltung angegriffen wird und eine doppelte Simplifizierung darstellen soll: Zum einen wird anhand der Leitidee der Kausalität vom Denken als Attribut auf eine dahinter stehende Substanz geschlossen und zum anderen erscheinen Denken und Ich als Einheiten, während Nietzsche sie als unverfügbare Pluralitäten auffasst. Descartes wird in diesem Zuge vorgeworfen, dass er seinen Zweifel nicht auch auf das „Ich denke" ausdehnte, das Nietzsche als eine grobe Verallgemeinerung diverser unbewusster Elemente auffasst. Diese Verfestigung moralischer Vorurteile macht er auch für Schopenhauers Willensmetaphysik und die Stoiker geltend. An diesen kritisiert er, dass sie zu ihren eigenen Gunsten eine Verflachung des Naturbegriffs in Kauf nehmen, wenn sie der Natur ihr „Ideal vorschreiben und einverleiben" (JGB 9, KSA 5, S. 22). Alle portraitierten Positionen folgen demzufolge eigenen bewussten oder unbewussten Macht- bzw. Lebensinteressen, wenn sie Komplexitäten unterschlagen. Philosophen rechtfertigen allgemeine Vorurteile auf elaborierte Weise und verbleiben im moralisch vorgegebenen Rahmen, womit sie eine lebensdienliche Funktion für die Gesellschaft erfüllen. Der Mensch, der nicht danach fragt, ob seine Werte einen absoluten Grund haben, muss nicht verzweifeln, solange er sich als Teil einer geordneten Welt wahrnehmen kann, die von einer höheren Sinn- und Wertsphäre gerechtfertigt wird. Die Urteile der philosophischen Tradition werden Nietzsche zufolge nicht von einem höheren Erkenntnisstreben motiviert, sondern davon, „dass zum Zweck der Erhaltung von Wesen unsrer Art solche Urtheile als wahr geglaubt werden müssen; weshalb sie natürlich noch falsche Urtheile sein könnten!" (JGB 11, KSA 5, S. 25). Die Frage nach dem Wert der Wahrheit, der für wahr gehaltenen Täuschung, die eingangs an die Sphinx gerichtet wurde, scheint mit der Lebensdienlichkeit von Urteilen eine Antwort erhalten zu haben. Dabei kritisiert Nietzsche nicht, dass etwas für wahr gehalten wurde, sondern dass die bisherigen Werte dazu dienten, den bisherigen Lebenstypus zu erhalten, während sie sich für eine Steigerung des Menschen (vgl. JGB 23, KSA 5, 38) als unbrauchbar erwiesen haben.

Zur Kritik der Psychologie

Ist die Psychologie Nietzsche zufolge „bisher an moralischen Vorurtheilen und Befürchtungen hängen geblieben" (JGB 23, KSA 5, S. 38), soll ihre neue, kritische Ausrichtung durch die oberflächlichen Schichten hindurchgehen und den tiefer liegenden Wertehorizont freilegen, der das alltägliche Denken ebenso wie dessen philosophische Variante geleitet hat.[4] Das erste Hauptstück von JGB erweist sich mit Blick auf die Frage nach einer adäquaten Psychologie als durchkomponiert.[5] Das Problem vom Wert der Wahrheit gibt den Ausgangspunkt für die Frage nach einer adäquaten Psychologie ab, die das erste Hauptstück trägt. In diesem werden Thesen versuchend in teils überlappenden und teils konkurrierenden Gedankenfeldern angeordnet, gegeneinander ausgespielt, gesteigert, überspitzt, ad absurdum geführt etc. Der 23. Aphorismus stellt nicht nur den Abschluss- und Höhepunkt des ersten Hauptstückes dar, sondern komprimiert dessen Probleme, die in der abschließenden These kulminieren, die Psychologie sei „wieder der Weg zu den Grundproblemen" (JGB 23, KSA 5, S. 39). Dass an dieser Stelle nicht nur von einer Psychologie, sondern von einer „Physio-Psychologie" die Rede ist, lässt sich zunächst daher verstehen, dass nach Nietzsche jegliches bewusste Denken mitsamt der Begriffsbildung und der Sprache auf einem unbewussten – und leiblichen – Grund fußt. Der sprachbildende Charakter menschlicher Gemeinschaft sitzt Phänomenen wie Furcht und Leid auf, die kommunizierbar und beherrschbar gemacht werden. Dem Psychologen wird die Aufgabe zuteil, anhand der bewussten Oberfläche (z. B. anhand von Texten) auf den unbewussten Unter-

4 Barbara Neymeyr verfolgt das Motiv der Psychologie durch Nietzsches Werk und den Nachlass und sieht „Nietzsches Perspektiven auf Philosophie und Psychologie gleichermaßen durch einen aufklärerischen Anspruch auf Desillusionierung bestimmt" (Neymeyr 2012, S. 89). Für Patrick Wotling zeugt die Psychologie Nietzsches von seiner radikalen antimetaphysischen, antimoralischen und antiidealistischen Orientierung. Er wendet sich berechtigt gegen Eugen Fink, der die Psychologie als irrelevant für Nietzsches Werk betrachtete: „le refus de la psychologie conduit en effet, envers et contre tout, à faire de Nietzsche un métaphysicien malgré lui" (Wotling 1997, S. 2). Ob es nur die Psychologie erlaubt, Nietzsches Denken als nicht-metaphysisch zu begreifen, mag dahingestellt sein, sie erweist sich jedoch sicherlich als ein Aspekt, der eine antimetaphysische Lesart von JGB bestärkt. Eine Begrenzung der psychologischen Kritik scheint im neunten Hauptstück von JGB angesprochen zu werden, wenn es heißt, „dass es zur feineren Menschlichkeit gehört, Ehrfurcht ‚vor der Maske' zu haben und nicht an falscher Stelle Psychologie und Neugierde zu treiben" (JGB 270, KSA 5, S. 22). Zu „Nietzsches Überführung der Metaphysik in die Psychologie des Unbewußten" siehe auch Gasser (1997, S. 257 ff.).

5 Es soll an dieser Stelle nicht der Eindruck entstehen, die hier vorgebrachte Interpretation ginge einem stringent durch den Text gelegten Faden nach. Auch sie kann unter den Verdacht gestellt werden, als eine interessierte Deutung bestimmten Textsignalen nachzugehen und andere auszublenden, um anhand einer Konzeption von Psychologie selbstreflexive Aspekte von JGB zu präsentieren. Obwohl das Wort „Psychologie" außerhalb vom letzten Aphorismus im ersten Hauptstück nur selten verwendet wird, spricht einiges dafür, die Psychologie nicht nur als Kern desselben, sondern auch als leitend für das zweite und das dritte Hauptstück zu interpretieren, in dem „das religiöse Wesen" als psychologisches Probestück analysiert wird (vgl. JGB 45, KSA 5, S. 65).

grund zu schließen und diesen zu exponieren. Vor diesem Hintergrund kritisiert Nietzsche die Philosophen als Schauspieler, die aus ihrem Machtstreben heraus ihre wirklichen Beweggründe verschleiern bzw. nicht um sie wissen.[6] Die Psychologie wird im zwölften Aphorismus folgendermaßen eingeführt:

> Indem der neue Psycholog dem Aberglauben ein Ende bereitet, der bisher um die Seelen-Vorstellung mit einer fast tropischen Üppigkeit wucherte, hat er sich freilich selbst gleichsam in eine neue Oede und ein neues Misstrauen hinaus gestossen – es mag sein, dass die älteren Psychologen es bequemer und lustiger hatten. (JGB 12, KSA 5, S. 27)

Offensichtlich wird hier die Front zu einer Psychologie eröffnet, die einen inadäquaten Seelenbegriff vertreten hat und „die Seele als etwas Unvertilgbares, Ewiges, Untheilbares“ (JGB 12, KSA 5, S. 27) verstand. Nietzsche will den Begriff „Seele“ für neue Bedeutungen befreien und die „Seelen-Atomistik“ (JGB 12, KSA 5, S. 27) analog zu der als bereits widerlegt dargestellten materialistischen Atomistik suspendieren. Damit soll es möglich werden, den groben traditionellen Seelenbegriff zu verfeinern, die Seele als sterblich, als „Subjekts-Vielheit“ und als „Gesellschaftsbau der Triebe und Affecte“ (JGB 12, KSA 5, S. 27) aufzufassen. Somit greift Nietzsche den in der Vorrede angesprochenen „Seelen-Aberglauben“ und den lebensdienlichen Willen zur Täuschung auf, der als Wille zur Macht gedeutet wird. Hierin zeigt sich der antimetaphysische Impetus einer Psychologie, die die vermeintliche Einheit der einem Leib gegenüberstehenden Seele in eine leiblich fundierte Vielheit überführt. Mit den Begriffen aus der Wissenschaftssprache propagiert Nietzsche keinen physikalistisch-materialistischen Reduktionismus als Gegenmonismus zu idealistischen Positionen, worauf er explizit hinweist, wenn er betont, dass „Physik auch nur eine Welt-Auslegung und -Zurechtlegung (nach uns! mit Verlaub gesagt) und nicht eine Welt-Erklärung ist“ (JGB 14, KSA 5, S. 28).

Somit verfolgt Nietzsche eine doppelte Strategie: Auf der einen Seite werden sowohl idealistische als auch materialistische Erklärungen als zu einseitig zurückgewiesen. Auf der anderen Seite wird experimentierend auf Versatzstücke aus den beiden kritisierten Erklärungsmodellen zurückgegriffen.[7] Nietz-

---

6 Martin Stingelin untersucht Nietzsches Auseinandersetzung mit der zeitgenössischen Psychologie und kommt zu dem Fazit: „Seine Physiologie war Buchwissen und konzentrierte sich auf Konzepte und Erkenntnisstrategien, die er philosophisch instrumentalisieren konnte. Dem auf Wiederholbarkeit und Überprüfbarkeit beschränkten Begriff der physiologischen Experimente steht Nietzsches Versuch gegenüber, ihre Ergebnisse zu entgrenzen“ (Stingelin 1997, S. 43).

7 Patrick Wotling bezeichnet Psychologie und Physiologie in dieser Hinsicht im Sinne Nietzsches nicht als Wissenschaften, sondern als „langues symboliques“ (Wotling 1997, S. 14 f.).

sche bringt den Gedanken einer Psychologie hierbei nicht ohne Umwege hervor, sondern entwickelt ihn in Auseinandersetzung mit Gegenpositionen, die er als Ausdruck einer allgemeinen philosophischen Tendenz präsentiert. Doch lehnt Nietzsche nicht alle Elemente der Tradition ab. So greift er z. B. auf Lichtenbergs „Es denkt" zurück, um Descartes' Glauben an ein „cogito" zu kritisieren. Dabei wird jedoch das Zweifelsargument nicht zurückgewiesen, sondern es wird gefordert, seinen Anwendungsbereich auszuweiten. Generell scheint die philosophische Tradition zusammen mit der Entwicklung der Wissenschaften die Mittel zur Verfügung zu stellen, mit denen der enge Rahmen der herkömmlichen Psychologie gesprengt werden kann.

Wenn sich Nietzsche im letzten Aphorismus des ersten Hauptstücks darum bemüht, die Psychologie als „Morphologie und Entwicklungslehre des Willens zur Macht zu fassen" (JGB 23, KSA 5, S. 38), so greift er auf zuvor angesprochene Gedanken zurück. Die Kritik am unzureichenden psychologischen Vermögen der Philosophen drückt sich auch im 19. Aphorismus aus: „Drittens ist der Wille nicht nur ein Complex von Fühlen und Denken, sondern vor Allem noch ein Affekt: und zwar jener Affekt des Commando's" (JGB 19, KSA 5, S. 32). Diese Aspekte laufen drei Aphorismen später in die These vom Willen zur Macht ein, die deutlich als eine Interpretation markiert wird. Der Affekt der Macht, der das Gelingen einer Handlung begleitet, lässt den „Akteur" im Nachhinein in einem psychologischen Fehlschluss davon ausgehen, dass er auf diese Art handeln wollte. Wille stellt sich somit als eine Interpretation post festum dar, mit der jemand die Autorschaft einer „eigenen" Tat für sich reklamiert. Ebenso wie die Seele stellt der psychologisch analysierte Wille eine Pluralität dar, in der sich temporär Hierarchien herausbilden, die eine Identifikation ermöglichen: „[E]s begiebt sich hier, was sich in jedem gut gebauten und glücklichen Gemeinwesen begiebt, dass die regierende Klasse sich mit den Erfolgen des Gemeinwesens identificirt" (JGB 19, KSA 5, S. 33).[8] In diesem agonalen Widerspiel wird der Wille zur Macht als so unbedingt interpretiert, dass in der Beschreibung „fast jedes Wort und selbst das Wort ‚Tyrannei' schliesslich unbrauchbar oder schon als schwächende und mildernde Metapher – als zu menschlich – erschiene" (JGB 22, KSA 5, S. 37). Statt sich aber diesen möglicherweise unangenehmen Aspekten zuzuwenden, hat sich die bisherige Psychologie und mit ihr die Philosophie damit zufriedengegeben, ausgehend von lebensdienlich-moralischen Grundentscheidungen ein schützendes Gedankengebäude zu errichten, das auf Fiktionen basiert. Mit der Hypothese vom Willen zur Macht versucht Nietzsche nun tiefer zu fassen,

8 Hierbei sollte beachtet werden, dass diese „Instanzen" nicht in die Position von neuen feststehenden Elementen rücken sollten, sondern eine heuristische Funktion übernehmen.

wobei er zum einen auf anthropologisch-historische Deutungen anspielt, („Entwicklungslehre“) und zum anderen die Ausgestaltungen, die der Wille zur Macht entfaltet hat, berücksichtigt („Morphologie“). Auch die unterschiedlichen philosophischen Positionen lassen sich hierbei als Ausdruck eines bemächtigenden Willens zur Macht und nicht als Streben nach einer höheren Wahrheit verstehen.[9]

Auf der Suche nach der vergessenen Moral

Nietzsches Generalverdacht bleibt jedoch nicht bei einer Kritik der philosophischen Tradition, sondern wird auf sein eigenes Projekt ausgeweitet. Ausgehend von der Entwicklung des Gedankens der Physio-Psychologie über deren Anwendung auf philosophische „Vorurtheile“ kann zu selbstreflexiven Aspekten von Nietzsches Philosophie übergegangen werden. Eine kritische Psychologie zeichnet sich nach Nietzsche dadurch aus, dass sie der Oberfläche misstraut und zu verborgenen Beweggründen durchstößt. Der Vorwurf gegen die Philosophen ist, dass sie sich nur scheinbar auf philosophische Probleme einlassen, während sie diese nicht einmal berühren. Nietzsche zufolge stellt dies einen Schutz vor unliebsamen Folgen der Erkenntnis dar. Dem befangenen Philosophen ist dasselbe Vertrauen entgegenzubringen wie einem Dieb oder Trickbetrüger: „Nachdem ich lange genug den Philosophen zwischen die Zeilen und auf die Finger gesehn habe, sage ich mir: man muss noch den grössten Theil des bewussten Denkens unter die Instinkt-Thätigkeiten rechnen, und sogar im Falle des philosophischen Denkens“ (JGB 3, KSA 5, S. 17; vgl. JGB 4, KSA 5, S. 18).

Wenn dem Zweifel ohne einen Außenstandpunkt der Erkenntnis kein Einhalt geboten werden kann, kennt auch das Misstrauen keine Stoppregel. Die Annahme, dass „jede grosse Philosophie bisher [...] das Selbstbekenntnis ihres

---

9 Der Wille zur Macht zeigt sich hierbei wiederum als Interpretationsparadigma eines psychologisierenden Umgangs mit philosophischen Kontrahenten. So wird im zweiten Hauptstück auf die Wandlung des namentlich nicht genannten Paulus angespielt, wobei die übliche Deutung unterlaufen wird, dass bei diesem „aus einem ‚schlechten Menschen‘ mit Einem Male ein ‚Heiliger‘, ein guter Mensch werde. Die bisherige Psychologie litt an dieser Stelle Schiffbruch: sollte es nicht vornehmlich darum geschehen sein, weil sie sich unter die Herrschaft der Moral gestellt hatte, weil sie an die moralischen Werth-Gegensätze selbst g l a u b t e“ (JGB 47, KSA 5, S. 69). Nietzsche stellt die wesentliche Umkehr des Kirchengründers infrage und deutet Paulus exemplarisch für die „Heiligen“ als jemanden, der unentwegt nach Macht strebte und von der Zuwendung zum Christentum profitierte (vgl. hierzu Born 2010, S. 310–329).

Urhebers und eine Art ungewollter und unvermerkter mémoires“ (JGB 6, KSA 5, S. 19) war (und sein soll), lässt Nietzsche auch für sein eigenes Denken gelten. Er geht weder beim Willen zur Macht noch bei der Physio-Psychologie davon aus, eine letzte Wahrheit erreicht zu haben, sondern strebt die Auflösung eigener Dogmatisierungen an, um sich davor zu bewahren, selbst unter die „harmlose[n] Selbst-Beobachter, welche glauben, dass es ‚unmittelbare Gewissheiten‘ gebe“ (JGB 16, KSA 5, S. 29), gerechnet zu werden. Implizit lässt sich dies daran festmachen, dass Nietzsche thetische Setzungen zwar entschieden vorbringt, sie dann aber durch Gegen-Setzungen in Frage stellt. Die überspitzten und widersprüchlich erscheinenden Angriffe gegen andere Philosophen markieren eine Sprecherposition, die sich zuweilen deutlich bemerkbar macht. So identifiziert sich der „Sprecher“, der nicht voreilig mit Nietzsche gleichgesetzt werden sollte, im extensiven Gebrauch der Personalpronomina „ich“ und des sehr offenen „wir“ mit unterschiedlichen Positionen und spricht auch den Leser direkt an. Es braucht jedoch nicht nur auf implizite Signale des Textes rekurriert zu werden, mit denen Nietzsche den Verdacht weckt, dass seine Philosophie in der kritisierten Tradition stehen könnte, da es in JGB nicht an diesbezüglichen expliziten Verweisen mangelt. Auch der psychologisch geübte Philosoph, der die leibliche Bedingtheit seines Denkens reflektiert, hat zu befürchten, bloß zu neuen Fehlurteilen durchgedrungen zu sein. Aus diesem Grunde beschreibt Nietzsche sich selbst als der moralischen Periode zugehörig, konzediert sich einen „eignen Rest Moralität“ (JGB 23, KSA 5, S. 38) und bezieht sich im weiteren Verlauf des Textes sogar identifizierend auf die im ersten Hauptstück heftig angegriffene Stoa: „bleiben wir h a r t, wir letzten Stoiker!“ (JGB 227, KSA 5, S. 162). Gerade das Widerspruchsangebot, mit dem der Wille zur Macht als widerlegbare Interpretation markiert wird, ohne ihn zu relativieren, kann hier exemplarisch angebracht werden. Der 22. Aphorismus, in dem sich Nietzsche als einen Denker darstellt, der die „Ausnahmslosigkeit und Unbedingtheit in allem ‚Willen zur Macht‘“ (JGB 22, KSA 5, S. 37) postuliert, schließt mit einer direkten Adresse an die Leser: „Gesetzt, dass auch dies nur Interpretation ist – und ihr werdet eifrig genug sein, dies einzuwenden? – nun, um so besser. –“ Auch die bereits angesprochene Wiederaufnahme des Willens zur Macht in Bezug auf die Psychologie im folgenden Aphorismus ist eindeutig als Hypothese gekennzeichnet: „Dieselbe als Morphologie und E n t w i c k l u n g s l e h r e d e s W i l l e n s z u r M a c h t zu fassen, wie ich sie fasse“ (JGB 23, KSA 5, S. 38).

Das erste Hauptstück von JGB konstatiert, dass auch das Wissen um eigene blinde Flecken der unbewussten Denkantriebe diese nicht vollständig in Bewusstheit überführen kann, weil es immer wieder zu Sinnesdementierungen kommt, die neue (Fehl-)Urteile darstellen. Somit weist Nietzsche darauf hin, dass sich auch sein Text einer unter künftigen psychologisierenden Lektüre als Zeugnis eines Denkers herausstellen kann, der von einer ihm unbewussten Moral geleitet wurde. Dies gilt konsequenterweise auch für den Leser, der nun wiederum davor gewarnt sein sollte, selbst zum Dogmatiker zu werden, indem er Nietzsche auf bestimmte Thesen oder Systeme festlegt. JGB bietet sich in diesem Punkt als ein Pol an, von dem sich etwaige „Philosophen der Zukunft" abstoßen sollen. Nachdem die philosophische Tradition zurückgewiesen wurde, weil sie die eigenen Antriebe unzureichend reflektierte, öffnet sich Nietzsches Philosophie für den Verdacht, selbst auf einen unverfügbaren Grund aufzubauen. Der unentwegte Verweis auf den perspektivischen Erkenntnisstandpunkt der philosophischen Kontrahenten wird auf die eigene Position übertragen, die in einem identifizierend-distanzierenden Verhältnis zur kritisierten Tradition steht. Damit inszeniert das erste Hauptstück eine Paradoxie, in der die Pole unbewusst-bewusst oszillieren: Auch wenn unbewusste Gehalte bewusst werden, findet eine Sublimierung statt, als deren Motor sich unbewusste Elemente erweisen, die über den Leser angesteuert werden sollen. Die bewusste Erkenntnis schiebt somit die Grenze des Unbewussten vor sich her, ohne sie zu überschreiten. Das erste Hauptstück von *Jenseits von Gut und Böse* zielt strategisch darauf ab, die Leser psychologisch dahingehend zu sensibilisieren, im Text Spuren von unerkannten und unbewussten Tiefenschichten nachzugehen. Damit ergeht die Aufforderung an sie, das an der philosophischen Tradition demonstrierte Verfahren auch an diesem Text zu praktizieren.

Literaturverzeichnis

Abel, Günter (1984): *Nietzsche. Die Dynamik der Willen zur Macht und die ewige Wiederkehr.* Berlin, New York: De Gruyter.

Born, Marcus Andreas (2010): *Nihilistisches Geschichtsdenken. Nietzsches perspektivische Genealogie.* Paderborn, München: Fink.

Gasser, Reinhard (1997): *Nietzsche und Freud.* Berlin, New York: De Gruyter.

Heidegger, Martin (1961): *Nietzsche.* Bd. I. Pfullingen: Günther Neske.

Jaspers, Karl (1938): *Nietzsche und das Christentum.* Hameln: Fritz Seifert.

Neymeyr, Barbara (2012): „‚Psychologie' ist ‚der Weg zu den Grundproblemen'. Nietzsche als Aufklärer". In: Barbara Neymeyr/Andreas Urs Sommer (Hrsg.): *Nietzsche als Philosoph der Moderne.* Heidelberg: Universitätsverlag Winter, S. 73–98.

Stegmaier, Werner (1994): *Nietzsches „Genealogie der Moral".* Darmstadt: Wissenschaftliche Buchgesellschaft.

Stingelin, Martin (1999): „Friedrich Nietzsches Psychophysiologie der Philosophie". In: Sven Dierig/Henning Schmidgen (Hrsg.): *Physiologische und psychologische Praktiken im 19. Jahrhundert.* Berlin: Max-Planck-Institut für Wissenschaftsgeschichte, S. 33–43.

Wotling, Patrick (1997): „‚Der Weg zu den Grundproblemen'. Statut et structure de la psychologie dans la pensée de Nietzsche". In: *Nietzsche-Studien* 26, S. 1–33.
Zittel, Claus (2000): *Das ästhetische Kalkül von Friedrich Nietzsches „Also sprach Zarathustra"*. Würzburg: Königshausen und Neumann.

Martin Endres

La vérité menteuse

Nietzsches *Ueber Wahrheit und Lüge im aussermoralischen Sinne* im Horizont von Lacans Wahrheitsdenken

In seiner frühen Schrift *Ueber Wahrheit und Lüge im aussermoralischen Sinne* konzipiert Friedrich Nietzsche ein Wahrheitsverständnis, das sowohl auf die poststrukturalistische Sprachphilosophie als auch die psychoanalytischen Theorieansätze von Sigmund Freud und Jacques Lacan maßgeblichen Einfluss hatte. Was Nietzsche in seiner *Morgenröthe* als konstitutive Selbsttäuschung jeder Vorstellung ‚objektiver' Wahrheit bezeichnen wird, ist in *Ueber Wahrheit und Lüge im aussermoralischen Sinne* sprachkritisch ebenso vorformuliert wie die entscheidende ‚Wende zur Subjektivität', die schließlich jede psychoanalytische Diskussion über den Wahrheitsbegriff ab Freud fundiert.

Ziel meines Textes ist, nach einer kurzen Nachzeichnung der argumentativen Entwicklung in *Ueber Wahrheit und Lüge im aussermoralischen Sinne* die zentralen Gedanken in Nietzsches Text mit Theorieansätzen der strukturalen Psychoanalyse in Beziehung zu setzen – dies besonders im Blick auf die Position Jacques Lacans und dessen eingehender Auseinandersetzung mit dem Begriff der ‚Wahrheit'. Ausgehend von Jacques-Alain Millers Ausdruck „vérité menteuse" (Miller 2009, S. 67), der die Unablösbarkeit von Wahrheit, Lüge und Unbewusstem bei Lacan formuliert, möchte ich zum einen die Wahrheitskonzeption Nietzsches von einem psychoanalytischen Standpunkt aus neu in den Blick nehmen und sie auf eine darin angelegte ‚Philosophie des Unbewussten' hin befragen. Zum anderen gilt es mir, Lacans Wahrheitsdenken mit Nietzsches Forderung nach einer Reflexion der Wahrheit als ‚Illusion der Illusion' und des Unbewussten *als* Unbewusstem zu konfrontieren, um so entscheidende Aspekte der Lacanschen Psychoanalyse sichtbar zu machen.

Nach der kurzen „Fabel" über die Vergänglichkeit des Menschen in der Weltgeschichte und den Hochmut, den dieses „kluge Tier" angesichts seiner ‚Erfindung' der Erkenntnis entwickle, kommt Nietzsche gleich zu Anfang von *Ueber Wahrheit und Lüge im aussermoralischen Sinne* auf die ‚Verstellung' und „Täuschung" zu sprechen, in der der „Intellekt, als Mittel zur Erhaltung des Individuums" (WL, KSA 1, S. 876), seinen stärksten Ausdruck finde. Dieser animalische Selbsterhaltungstrieb als konstitutive Selbst- und Fremdtäuschung zeitigt zugleich eine für Nietzsche befremdliche Gegenkraft: den „Trieb zu Wahrheit" (WL, KSA 1, S. 876). Aus dem Bedürfnis der Sozialität, die dem „bellum omnium contra omnes" (WL, KSA 1, S. 877) entgegenwirken soll, entwickle der Mensch eine „Gesetzgebung der Sprache“, die gleichzeitig die „Gesetze der Wahrheit“ (WL, KSA 1, S. 877) bestimme: Wahrheit als die Einhaltung einer für verbindlich erklärten Sprachkonvention in der Bezeichnung der Dinge.

Der „Vergesslichkeit“ schreibt Nietzsche es zu, dass der Mensch sich dieses Sprachgebrauchs nicht bewusst ist, der auf einer zweifachen Metaphorisierung aufruht: „Ein Nervenreiz zuerst übertragen in ein Bild! erste Metapher. Das Bild wird nachgeformt in einem Laut! Zweite Metapher.“ (WL, KSA 1, S. 879) Der „Fundamentaltrieb“ (WL, KSA 1, S. 887) dieser „aussermoralischen Sprachlüge“ soll darüber hinwegtäuschen, dass „das räthselhafte X des Dings an sich“ (WL, KSA 1, S. 879) unberührt bleibt. Die Folge ist für Nietzsche eine verstellende Verkehrung der Relation von Sprache und Welt: Die Wahrheit der Rede bemisst sich fälschlicherweise nicht an einem adäquaten Ausdruck des Individuellen und Wirklichen, sondern an der Einhaltung des von der Sprachgemeinschaft konventionalisierten ‚usuellen‘ Gebrauchs eines für allgemeingültig erklärten Begriffs. Diese „Herrschaft der Abstractionen“ (WL, KSA 1, S. 881), die jede Anschauung in ein Schema überführt, ist Nietzsche zufolge aber zugleich das Moment, das „den Menschen gegen das Thier abhebt“ (WL, KSA 1, S. 881) und letztlich dessen „Selbstbewusstsein“ (WL, KSA 1, S. 883) fundiert. Entscheidend ist, dass der Mensch in der Konstitution dieses ‚Selbstbewusstseins‘ durch täuschende Abstraktion *unbewusst* lügt, und sich „eben durch diese Unbewusstheit“ ein „Gefühl der Wahrheit“ (WL, KSA 1, S. 881) erzeugt.

Ausgehend von diesen Überlegungen entwickelt Nietzsche seine bekannte Definition, die diese *illusorische* Wahrheit der Begriffe unterläuft: Wahrheit als ein „bewegliches Heer von Metaphern, Metonymien, Anthropomorphismen“ (WL, KSA 1, S. 880). Diese Definition enthält jedoch zwei Momente, die auseinandergehalten werden müssen: Nicht die für die Sprache fundamentale „Anschauungsmetapher“ (d. h. die Übertragung eines Nervenreizes in ein Bild) wird von Nietzsche gegen den falschen Wahrheitsbegriff abgesetzt, insofern auch für ihn die Vorstellung einer absolut singulären Bezeichnung eines Objekts ein „widerspruchsvolles Unding“ darstellt. Das Problem stellt sich für Nietzsche erst auf zweiter Ebene: Erst der „grosse Bau der Begriffe“ und deren „starre Regelmässigkeit“ (WL, KSA 1, S. 882) ist es, der die grundsätzlich produktive, „frei dichtende[] und frei erfindende[] Mittel-Sphäre und Mittelkraft“ (WL, KSA 1, S. 884) der Metaphorisierung überdeckt und das abstrakte Schema als objektiv Gegebenes setzt.

Für Nietzsche heißt dies in der Konsequenz, dass „Wahrheit“ im *eigentlichen Sinne* nur möglich ist, wenn – wie in der Kunst – die Täuschung *als* Täuschung, die Metapher *als* Metapher, und damit: das Unbewusste *als* Unbewusstes sichtbar wird.

Nicht zuletzt aufgrund der zahlreichen Motive in *Ueber Wahrheit und Lüge im aussermoralischen Sinne* – wie das Motiv des ‚Triebs', des ‚Traums', der Funktion der ‚Wiederholung' und der ‚Erinnerung', der ‚Entstellung', der ‚Reizübertragung' oder der Frage des ‚Selbstbewusstseins' – sind Nietzsches Überlegungen meines Erachtens in direkte Beziehung zur strukturalen Psychoanalyse zu setzen und von hier aus neu zu begreifen. Diese Aspekte würden eine eingehendere Analyse erfordern, die in diesem Rahmen nicht geleistet werden kann. Daher möchte ich Nietzsches Wahrheitsdenken heute hauptsächlich von der Position Jacques Lacans her reflektieren und dessen Konzeption einer ‚Wahrheit des Unbewusste'. Folgt man Lacans Grundeinsicht, dass ‚das Unbewusste wie eine Sprache strukturiert ist', dann sind es exakt die von Nietzsche genannten Mechanismen ‚Metapher' und ‚Metonymie', die dabei für die Signifikantenlogik der symbolischen Ordnung bestimmend sind.

Insofern Lacan die eindeutige Relation von Signifikat und Signifikant im Sinne de Saussures aufbricht, radikalisiert er die von Nietzsches vollzogene Abkehr von einer Wahrheitskonzeption als *adaequatio verbi et rei*. Lässt sich Nietzsches Gedanke der zweifachen Metaphorisierung eines Nervenreizes in ein Bild und schließlich in einen Laut noch mit de Saussures Theorie einer eindeutigen Relation einer *image mentale* eines Gegenstandes (dem Signifikat) und einer *image acoustique* (dem Signifkanten) in Beziehung setzen, bricht Lacan dieses Korrespondenzverhältnis auf und verkehrt die Hierarchie der beiden Seiten: Zum einen existiert für ihn kein schlechthin von der Sprache *unabhängiges* Signifikat, dem in einem zweiten Schritt nur noch ein adäquates Zeichen bzw. ein adäquater Sinn zugeordnet werden kann – im Gegenteil: der Signifikant geht dem Signifikat logisch voraus, das Signifkat ist Produkt der Signifikantenordnung. Zum anderen ist für Lacan keine monovalente Relation von Signifikant und Signifikat denkbar – die Signifikanten haben nicht schon eine Bedeutung an sich, sondern konstituieren Bedeutung erst auf der Ebene einer konkreten Zeichenkette. Der Bruchstrich zwischen beiden steht dementsprechend auch nicht mehr für den Rand einer (auch bei Nietzsche so genannten) ‚Sprachmünze', sondern ist die *barre*, die die radikale Trennung der beiden Bereiche voneinander markiert.

Was bedeutet dies nun für Lacans Theorie, dass das ‚Unbewusste wie eine Sprache strukturiert ist' und diese Sprachstruktur von den beiden Mechanismen ‚Metapher' und ‚Metonymie' bestimmt wird? Entscheidend für das Verständnis dieser Konzeption ist Lacans Gedanke, dass ein Signifikant kein Objekt bezeichnet, sondern immer nur differenziell auf einen anderen Signifikanten verweist und verweisen muss, um auch sich selbst wiederum erst differenziell von diesem her als solcher bestimmen zu können. In Anlehnung an Roman Jakobsons Verwendung des Terminus, fasst Lacan diese *spezifische Ver-*

knüpfung von Signifikanten innerhalb einer konkreten signifikanten Kette als *Metonymie*. Die Metonymie ist das ‚Wort zu Wort', das in der horizontalen Verwiesenheit und Angewiesenheit der Signifikanten aufeinander den Mangel des Signifikats mitartikuliert und zugleich das Begehren nach diesem Objekt, das im Signifikationsprozess ausgegrenzt wird.

Die *Metapher* ruht auf diesem ersten Mechanismus der Sprache auf, insofern sie die *Substitution eines Signifikanten durch einen anderen* beschreibt. Das Metaphorische der Sprache ist nach Lacan als *Verdrängung* zu begreifen: Das in der Metonymie Nicht-Signifizierbare wird nun auf der Ebene der Signifikanten wiederholt, insofern der substituierte Signifikant als der Abwesende-Anwesende zu verstehen ist. Dieser rückt in die Position des Signifikats, bleibt aber zugleich als Signifikant in einer metonymischen Relation zu der Zeichenkette, die ihn verdrängt hat. Der Bedeutungseffekt dieses Mechanismus der Sprache ist darin zu sehen, dass er die konstitutive Exklusion, die notwendigerweise in jedem Sprechen in Form einer metonymisch organisierten Signifikantenkette und des Nicht-Signifizierbaren des Realen statt hat, an einem konkreten *Signifikanten* als Verdrängung realisiert. Kurz gesagt: Die Metapher realisiert die Verdrängung *als* Verdrängung.

Genau an dieser Stelle setzt Lacans Denken des Unbewussten ein, sofern er das Unbewusste bestimmt als die „Summe der Wirkungen, die das Sprechen auf das Subjekt übt, auf jener Ebene, wo das Subjekt sich aus den Wirkungen des Signifikanten konstituiert" (Lacan 1996a, S. 132). Jedes Sprechen auf der Ebene des Bewusstseins generiert für Lacan aufgrund der metonymisch-metaphorischen Struktur der Sprache einen Überschuss an Bedeutung bzw. eine Nicht-Eindeutigkeit in der Signifikantenlogik. Die metaphorische Verdrängung, die sich aufgrund dessen vollzieht, ist zugleich die Konstitution des Unbewussten. Das Unbewusste existiert folglich nicht *jenseits* oder *vor* dieser Verdrängung, und umgekehrt – und das ist entscheidend – zeigt es sich nur in Form von Signifikanten: „Das Unbewusste erfassen wir letztlich nur in seiner Explikation, in dem, was von ihm in Wortereignissen artikuliert ist" (Lacan 1996b, 43).

Auf Basis dieser Konzeption des Unbewussten, entwirft Lacan nun einen Wahrheitsbegriff, der nicht mehr in Opposition zu ‚Falschheit' oder ‚Lüge' gedacht werden kann. Im Gegenteil: Lacans Wahrheitsdenken kondensiert sich in Jacques-Alain Millers paradoxem Ausdruck ‚vérité menteuse' – der ‚lügenden Wahrheit'. Ausgehend von der sprachlichen Struktur des Unbewussten definiert Lacan ‚Wahrheit' als den Effekt eines Signifikationsprozesses, in dem die metonymisch-metaphorische Logik der Signifikanten, *als* die er sich aktualisiert, *als solche* sichtbar wird. Kurz gesagt: An einer konkreten Äußerung zeigt sich die strukturelle Verfasstheit sowie die Bedingung der Möglichkeit des Sprechens überhaupt. Die Wahrheit manifestiert sich, Lacan zufolge, als Unterbrechung und Irritation des kontinuierlichen Signifikationsprozesses: im „Versehen“ und „Stocken“ der Rede, in sprachlichen „Fehlhandlungen“, „im Traum, in der Provokation“, im „Nonsens“, im „Zufall, nicht in seinem Gesetz, sondern in seiner Banalität“ (Lacan 2005, S. 24 f.). Das Wahrheitsgeschehen ist folglich das Sichtbarwerden des Verdrängten *als* Verdrängtem, was letztlich nichts anderes heißt als: das Sichtbarwerden des Unbewussten *als* Unbewusstem.

So lässt sich einerseits sagen, dass die Wahrheit allein zum Unbewussten gehört und sich nur in der sprachlichen Manifestation *an* einer Äußerung zeigt. Andererseits liegt in der Konsequenz dieses Gedankens, dass sie sich *an* diesem Sprechen nur als Täuschung und in einem immer schon verfehlend-verdrängenden Sprechen realisiert – das Wahre sich also nur *als* und *an* einer Lüge findet. Entsprechend wird für Lacan „keine Sprache je das Wahre über das Wahre sagen“ (Lacan 1975, S. 246) können, in der Weise, das Wahre als Wahres zu *bezeichnen*. Es gibt keine ‚Metasprache‘, die nicht der metaphorisch-metonymischen Signifikantenlogik des Unbewussten und der Verdrängung unterworfen wäre, die wiederum Sprechen allgemein erst ermöglicht.

Ich möchte nun zusammenfassend die bei Nietzsche und Lacan entwickelten Hauptmomente des jeweiligen Wahrheitsdenkens aufeinander beziehen und deren konzeptuelle Spannung herausstellen. Wie vielleicht bereits im Verlauf meiner bisherigen Ausführungen sichtbar wurde, versuche ich dabei dem Lacanschen Theorieansatz als eine Radikalisierung Nietzsches zu begreifen, die sich für mich an folgenden Punkten zeigt:

1. … in der Konzeption und Deutung des Metaphorischen und Metonymischen: Nietzsches Ansatz beruht auf der Annahme eines der Sprache vorausliegenden ‚Dings an sich‘, das sich infolge einer (notwendigen) doppelten Übertragung und Verbildlichung aufsteigender Abstraktion als ‚Metapher‘ bzw. als ‚Metonymie‘ wiederfindet. Meines Erachtens lässt sich – wie bereits oben ausgeführt – das Verhältnis von erster und zweiter Metapher (d.h. von Anschauungsmetapher und begrifflicher Schematisierung) als die de Saussuresche Sprachmünze in der Korrespondenz ihrer beiden Seiten denken: der *image mentale* und der *image acoustique*.

Man kann Lacans Position nun so nachzeichnen, dass er genau an diesem Strukturmoment der Sprache ansetzt, jedoch die bei Nietzsche indirekt vorgezeichnete differentielle Relation der metaphorischen Sprachmünzen strukturell zu Ende denkt. Dies hat zur Folge, dass Lacan den gesamten Ansatz Nietzsches von diesem neuralgischen Punkt aus invertiert: Weil für ihn keine Korrespondenz von Lautbild und Anschauungsmetapher in Form von Signifikant und Signifikat besteht und letzteres nur in Form eines anderen Signifikanten gedacht werden kann, ist Nietzsches Gedanke umzukehren: Das Signifikat geht dem Sprechen nicht voraus, in der Weise, dass es schrittweise verbildlicht und defizitär wird, sondern das Sprechen muss infolge seiner Signifikantenlogik das Signifikat immer schon ausschließen (genauer gesagt: ausgeschlossen haben), um sich *als* Sprechen zu realisieren. Die metaphorische Substitution besteht daher nicht in der *Über*-Setzung eines „rätselhaften X" in die Sprache, sondern ist die *Er*-Setzung und Verdrängung auf der Ebene der *Signifikanten*, nämlich die Substitution eines Signifikanten durch einen anderen.

2. ... in der Bestimmung des Unbewussten: Für Nietzsche zeigt sich das Unbewusste des Sprechens daran, dass der Mensch den grundsätzlich illusorischen Charakter der Metaphern infolge des usuellen Gebrauchs derselben innerhalb der Sprachgemeinschaft „vergessen" hat. Die „hundertjährige Gewöhnung" der schematisierten Erstarrung in Form der Begriffe zur Konstitution und Erhaltung einer friedlichen Sozialität und des Intellekts lässt kein Bewusstsein des ursprünglichen Metaphorisierungsgeschehens mehr zu, sodass man hier gewissermaßen von einer ‚kollektiven Verdrängung' infolge der instrumentellen Sprachpraxis sprechen könnte. Ob und inwieweit die „Erfindung der verbindlichen Bezeichnungen der Dinge" ebenfalls einen unbewussten Vorgang der Sprachbildung darstellt, bleibt offen. Allein Nietzsches Charakterisierung der Sprachentstehung als „unlogisch", des Dings an sich als fundamental „unfaßlich" und der Metaphernbildung als derjenigen, „mit der in uns jede Empfindung beginnt" (WL, KSA 1, S. 886), lassen eine Vermutung in diese Richtung zu.

Lacans Ansatz ist in diesem Punkt erneut als eine Radikalisierung von Nietzsches Position zu lesen, insofern das Unbewusste nicht einfach ein ‚Vergessen' darstellt. Für Lacan *ist* das Unbewusste einerseits nicht ohne die Sprache, andererseits realisiert die Sprache in jeder Äußerung nichts anderes als die metonymisch-metaphorische Struktur des Unbewussten selbst. Diese wechselseitige Konstitution reicht für Lacan bis in die Urszene des Sprechens zurück: Die erste Lautäußerung ist zugleich die erste und fundamentale Metaphorisierung des Begehrten – d. h. die strukturelle Realisierung der Sprache überhaupt *ist* die Realisierung des Unbewussten: Vom Augenblick des Sprechens an, „von diesem Augenblick an ganz genau, nicht vorher, verstehe ich, daß es Verdrängung gibt" (Lacan 1991, 62).

3. ... bezüglich des Wahrheitsdenkens: Nietzsches Wahrheitsdenken ist eng an die Konzeption des Unbewussten als Vergessen des Fundamentaltriebs der Metaphorisierung gebunden, insofern er die Wahrheit als eben diesen unumgänglichen und irreversiblen Täuschungs-Mechanismus der Sprache konzipiert: Wahrheit als ein „bewegliches Heer von Metaphern, Metonymien, Anthropomorphismen" (WL, KSA 1, S. 880). Wahrheit *als* Wahrheit in den Blick zu nehmen ist für Nietzsche damit gleichbedeutend mit der Einsicht, dass die Wahrheit immer – um hier Millers Begriff zu entlehnen – als *vérité menteuse* zu begreifen ist. Das aktive Verhalten zu dieser Einsicht und eine produktive Realisierung von Wahrheit ist für Nietzsche daher nur in einer ästhetischen Praxis gegeben: in Form der Kunst, die fortwährend die „Rubriken und Zellen der Begriffe dadurch [verwirrt], dass [sie] neue Uebertragungen, Metaphern, Metonymien hinstellt" (WL, KSA 1, S. 887) mit dem Ziel, die Täuschung *als* Täuschung sichtbar werden zu lassen.

Lacans Position scheint sich auf den ersten Blick mit Nietzsches Ansicht zu decken, weicht jedoch erneut in entscheidenden strukturellen Aspekten von dessen Konzeption ab. Die Wahrheit *als* Wahrheit – d.h. die Wahrheit der Sprache als *vérité menteuse* – wird für Lacan nicht dadurch verfehlt, dass sie infolge einer gesellschaftlich normierten Sprachpraxis schlicht verstellt würde und infolge dessen unbewusst *wurde*. Was Nietzsche im Rücken seines Narratives der Sprachbildung dabei zu suggerieren scheint ist die Utopie eines prinzipiell denkbaren „wahren Sprechens" jenseits der sozialen Konvention und damit jenseits der Verfestigung der metaphorischen Wahrheit zum Begriff. Für Lacan ist dieser Gedanke nicht haltbar: Die Wahrheit ist für ihn demgegenüber immer schon die trans*individuelle* und zugleich trans*kollektive* Wahrheit *des Unbewussten*, sie ist *notwendigerweise* verstellend und verdrängend aufgrund der metonymisch-metaphorischen Signifikantenlogik. Nur so würde Lacan dem Wahrheitsbegriff Nietzsches als ‚Täuschung der Täuschung' stattgeben, nämlich als eine in Form von Irritationen und Fehlern sich manifestierende Rückkehr des Verdrängten *als* Verdrängtem – als eine an und in sich selbst realisierende Struktur des Unbewussten.

Literaturverzeichnis

Lacan, Jacques (1975): „Die Wissenschaft und die Wahrheit". In: Jacques Lacan: *Schriften II*. Hrsg. von Norbert Haas. Olten, Freiburg: Walter Verlag, S. 231–257.

Lacan, Jacques (1991): *Encore*. Textherstellung durch Jacques-Alain Miller. Übersetzt von Norbert Haas, Vreni Haas und Hans-Joachim Metzger. 2. Aufl. Berlin: Quadriga Verlag.

Lacan, Jacques (1996a): *Die vier Grundbegriffe der Psychoanalyse*. Textherstellung durch Jacques-Alain Miller. Übersetzt von Norbert Haas. 4. Aufl. Berlin: Quadriga Verlag.

Lacan, Jacques (1996b): *Die Ethik der Psychoanalyse*. Textherstellung durch Jacques-Alain Miller. Übersetzt von Norbert Haas. Berlin: Quadriga Verlag.

Lacan, Jacques (2005): *Das Freudsche Ding oder der Sinn einer Rückkehr zu Freud in der Psychoanalyse*. Aus dem Französischen übersetzt und mit Anmerkungen versehen von Monika Mager. Wien: Turia + Kant.

Miller, Jacques-Alain (2009): „Choses de finesse en psychanalyse". In: *La Cause freudienne* 71, S. 63–79.

Henry Kerger

Sprache des Willens

Zum Verhältnis der psychischen und physischen Prozesse im Denken Nietzsches

Aufgabe dieses Beitrages ist es, anhand von Nietzsches Äußerungen zur Sprache, das Verhältnis zwischen Bewusstem und Unbewusstem, psychischen und physischen Prozessen sowie die Grundlagen, für die im Bewusstsein als Einheit erscheinende Konstruktion des Willens, sichtbar werden zu lassen. Sprache ist nach Nietzsche durch das Verhältnis von Empfinden und Nichtempfinden geprägt und basiert darauf: „Unser Sprechen ist ein Mischmasch zweier Sphären" (NL 1883, KSA 10, 7[25], S. 250; vgl. Kerger 2004, S. 86 und S. 145 ff.). Die Sprache dient vor allem dazu, das Unbewusste bewusst werden zu lassen: „‚Trieb' ist nur eine Übersetzung in die Sprache des Gefühls aus dem Nichtfühlenden: ‚Wille': das ist das, was in Folge jenes Vorgangs unserem Gefühle sich mittheilt – also bereits eine Wirkung, und nicht der Anfang und die Ursache" (NL 1883, KSA 10, 7[25], S. 250). Die Sprache ist die Vermittlerin zwischen Bewusstem und Unbewusstem, zwischen Gefühl und Nichtfühlendem, zwischen organischer und anorganischer Welt. Sie dient der Projektion subjektiver Empfindungen, um dadurch eine Außenwelt zu (konstruieren) schaffen, in der Eigenschaften, Dinge, Substanzen, Kräfte als objektiv seiende und kausale Vorstellungen erscheinen. Nietzsche erkennt daher die „Wurzel der Substanzvorstellung in der Sprache, nicht im Außer-uns-Seienden! [...] Das Seiende wird als Empfindung zu denken sein, welcher nichts Empfindungsloses mehr zugrunde liegt" (NL 1883–1884, KSA 10, 24[13], S. 650). Das gilt sowohl im Verhältnis des Ich-Bewusstseins zum eigenen Körper (Leib) als auch im Verhältnis zur Außenwelt anhand der Unterscheidung Ich/Nicht-Ich. Sprache schafft aus der Differenz zwischen Bewusstem und Unbewusstem, zwischen Gefühl und Nichtfühlendem eine Außenwelt. Die bewusst gewordene „Übersetzung in die Sprache des Gefühls aus dem Nichtfühlenden" dient nun dazu, die Empfindung des Subjekts als objektiv feststellbaren Bestandteil der Umwelt zu erfahren.[1] Durch diese sprachlich vermittelte Projektion subjektiver Empfindungen gelingt erst die Vorstellung kausaler Wirkungen der empfunde-

1 „Das Ganze der organischen Welt ist die Aneinanderfädelung von Wesen mit erdichteten kleinen Welten um sich: indem sie ihre Kraft, ihre Begierden, ihre Gewohnheiten in den Erfahrungen außer sich heraus setzen, als ihre Außenwelt" (NL April-Juni 1885, KSA 11, 34[247], S. 503).

nen Außenwelt, „als ob die Gefühle Ursachen wären und Ursachen sein **könnten** im Reich des Nicht-Fühlenden" (NL 1883, KSA 10, 7[29], S. 252). Hierauf gründet sich die metaphysische Begriffssprache wirkender Kräfte, Atome usw., worauf später einzugehen ist.

Die Vermittlung zwischen Bewusstem und Unbewusstem, zwischen Gefühl und „Nicht-Fühlendem" setzt eine Analogiebildung, ein analoges Verstehen (der verschiedenen Intellekte des bewussten und des unbewussten Denkens des Organismus, des einzelnen Organs, jeder Zelle) voraus, die Nietzsche in der Sprachhandlung selbst, im Verhältnis der psychischen Prozesse des Denkens/Vorstellens sowie der physischen Lautbildung erkennt, wobei die Sprache selbst als Metapher dient:

> Vielleicht ein Künstler der Sprache: das Zurückrechnen mit der Schwere und Leichtigkeit der Silben, das Vorausrechnen, zugleich das Analogie-Suchen von der Schwere des Gedankens mit den lautlichen, resp. physiologischen Kehlkopf-Bedingungen geschieht zugleich – aber freilich nicht als bewußt. NL 1885, KSA 11, 34[124], S. 462)

In der Sprache gehen also die psychischen und die physischen Prozesse eine bestimmte Verbindung ein in Form einer Analogie-Bildung zwischen den gedanklich-abstrakten Vorstellungen und den physischen Bedingungen ihrer Äußerung durch Laute, Worte, insofern eben „die Logik unseres bewußten Denkens nur eine grobe und erleichterte Form jenes Denkens ist, welches unser Organismus, ja die einzelnen Organe desselben, nöthig hat" (NL April-Juni 1885, KSA 11, 34[124], S. 462).

Das bewusste Denken und jenes unbewusste „Analogie-suchen" auf physischer Grundlage geschehen zugleich, ein „Zugleichdenken" der bewussten und der unbewussten Prozesse ist erforderlich. Das „Analogie-suchen" beim Sprechen zwischen bewusstem Denken und unbewussten Bedingungen für eine [Artikulation durch Laute] lautliche Artikulation kennzeichnet das grundsätzliche Verhältnis zwischen den psychischen und den physischen Prozessen, welches Nietzsche bereits als einen „Parallelismus" beschreibt.[2]

---

2 Vgl.: „Es läßt sich eine vollkommene Analogie führen zwischen dem Vereinfachen und Zusammendrängen zahlloser Erfahrungen auf Generalsätze und dem Werden der Samenzelle, welche die ganze Vergangenheit verkürzt in sich trägt: und ebenso zwischen dem künstlerischen Herausbilden aus zeugenden Grundgedanken bis zum ‚System' und dem Werden des Organismus als einem Aus- und Fortdenken, als einer Rückerinnerung des ganzen vorherigen Lebens, der Rück-Vergegenwärtigung, Verleiblichung.
Kurz: das sichtbare organische Leben und das unsichtbare schöpferische seelische Walten und Denken enthalten einen Parallelismus: am ‚Kunstwerk' kann man diese zwei Seiten am deutlichsten als parallel demonstriren. – Inwiefern Denken, Schließen und alles Logische als Außenseite angesehen werden kann: als Symptom viel innerlicheren und gründlicheren Geschehens?" (NL 1885–1886, KSA 12, 2[146], S. 139) Jene „vollkommene Analogie" zwischen bewusstem Denken (– dem „Sein, dem nichts Empfindungsloses mehr zugrunde liegt" –) und

Das bewusste Denken (und Empfinden) ist daher „nur eine Zeichensprache für den Machtausgleich von Affekten", also eine analoge Leistung auf physischer Basis und soz. niemals die Sache selbst. Das bewusste Denken (und Empfinden) offenbart keine Wahrheit, kein „Ding an sich", sondern stets nur eine Wahrheit für uns anhand einer „Vermenschlichung der Natur", das ist die „Auslegung nach uns" (NL 1886, KSA 12, 1[29], S. 17; vgl. dazu Müller-Lauter 1988, S. 23 f.). Weil Denken nur in sprachlicher Form möglich ist (NL 1886–1887, KSA 12, 5[22], S. 193) und weil Sprache die Analogie zwischen bewusstem (Denken) und unbewusstem (Werden) verkörpert, sind die Vorstellungen über Kausalität, Sein und Substanz in der Sprache begründet und „ist das Ding an sich gar kein Problem" (NL 1883–1884, KSA 10, 24[13], S. 650). Hierin liegt eine grundsätzliche Abkehr von der metaphysischen Begriffs-Psychologie Aristoteles', worauf noch einzugehen ist.

Das bewusste Denken (und Empfinden), welches nur die eine Seite jenes „Zugleich-Denkens" ist, „von dem wir kaum eine Ahnung haben", ist dazu da, um Gesetzmäßigkeiten zu entwerfen, die einer anderen, dem bewussten Denken und Wollen nicht zugänglichen Entwicklung dienen. Aus diesen Einblicken in den Prozess des „Analogie-Suchens", jenem „Parallelismus" zwischen psychischen und physischen Prozessen in der Sprache, entwirft Nietzsche den Gedanken von der „Entwicklung des Geistes um den Leib" und der Überwindung des Menschen.[3] Mit den Zusammenhängen der psychischen und der physischen/physiologischen Prozesse hat sich allgemein die Gestaltpsychologie seit Wilhelm Wundt und im Hinblick auf die Sprache insbesondere Sigmund Freud befasst. Wundt war wohl der Erste, der im Anschluss an frühe Untersuchungen Theodor Fechners ein „heuristisches Prinzip des psychophysischen Parallelismus" entworfen hat, in Abkehr von den bis dahin vertretenen Annahmen einer „Substanz" der Seele, welche Wundt als „metaphysischen Parallelis-

unbewusstem Werden, wie sie in der Sprache zum Ausdruck gelangt (wofür Sprache Symbol und Metapher ist) bestimmt nach Nietzsche die allgemeine Entwicklung des Lebens: „Alles organische Leben ist als sichtbare Bewegung coordinirt einem geistigen Geschehen. Ein organisches Wesen ist der sichtbare Ausdruck eines Geistes" (NL Frühjahr 1884, KSA 11, 26[35], S. 157).

3 „Und kurz gesagt: es handelt sich vielleicht bei der ganzen Entwicklung des Geistes um den Leib: es ist die **fühlbar** werdende Geschichte davon, daß ein höherer Leib sich bildet. Das Organische steigt noch auf höhere Stufen, unsere Gier nach Erkenntniß der Natur ist ein Mittel, wodurch der Leib sich vervollkommnen will. Oder vielmehr: es werden hunderttausende von Experimenten gemacht, die Ernährung, Wohnart, Lebensweise des Leibes zu verändern: das Bewußtsein und die Werthschätzungen in ihm, alle Arten von Lust und Unlust sind Anzeichen dieser Veränderungen und Experimente. Zuletzt handelt es sich gar nicht um den Menschen: er soll überwunden werden." (NL Winter 1883–1884, KSA 10, 24[16], 655 f.)

mus“ charakterisiert (Wundt 1903, S. 768 ff.; vgl. dazu Kerger 2004, S. 275 f.). Im Jahre 1891 – also zwei Jahre nach dem Zusammenbruch Nietzsches und damit der Beendigung seines Schaffens – äußert Freud in einer frühen Schrift, welche heute als sein erstes Hauptwerk angesehen wird, ausgehend von Untersuchungen über die Entstehung und Funktion der Sprache die Annahme, dass die physiologischen Vorgänge im Nervensystem nicht im Verhältnis der Kausalität zu den psychischen Vorgängen stehen: „Das Psychische ist somit ein Parallelvorgang des Physiologischen“ (Freud 1992, S. 98). Auf dieser Einsicht (NL 1885–1886, KSA 12, 2[146], S. 139) beruht insbesondere die wiederholt geäußerte Feststellung Nietzsches, dass es sich bei den Erscheinungen des Bewusstseins, vor allem bei den Empfindungen wie Lust/Unlust, der Vorstellung vom Sinn und Zweck einer Handlung sowie dem Prozess des Vorstellens und Denkens jeweils um bloße Begleiterscheinungen, die Außenseite, das Symptom physischer Vorgänge handelt (NL 1886–1887, KSA 12, 7[1], S. 248; NL 1883–1884, KSA 10, 24[16], S. 654).

Ausgehend von der Einsicht, dass „aus den psychischen und physischen Phänomenen“ nicht auf zwei Erscheinungsformen einer Einheit, einer Substanz geschlossen werden kann, äußert Nietzsche die Hypothese, dass das Bewusstsein dazu bestimmt ist, „vielleicht zu verschwinden und einem vollkommenen Automatismus Platz zu machen“ (NL Frühjahr 1888, KSA 13, 14[144], S. 329). Im Einklang mit der Analyse Freuds, wonach sich „die Denkarbeit wesentlich mit Hilfe dieser optischen Bilder vollzieht“ (Freud 1992, S. 125), verweist Nietzsche bereits darauf, „wie Gedanken nur Bilder, wie Worte nur Zeichen von Gedanken sind“, weshalb jede Handlung für das Denken letztlich unergründlich ist (NL Winter 1883–1884, KSA 10, 24[16], S. 654). Der Glaube an die Vernunft und an die Begriffe bleibt daher notwendig an der Oberfläche des Geschehens und ist den sprachlich-kausalen Fiktionen verhaftet. Das von der Gestaltpsychologie so benannte Prinzip des psycho-physischen Isomorphismus (Köhler 1971, S. 62 f.) sowie das von Nietzsche und Freud als „Parallelismus“ erkannte Prinzip des Verhältnisses zwischen psychischen und physiologischen Vorgängen (NL Herbst 1885-Herbst 1886, KSA 12, 2[146], S. 139; Freud 1992, S. 98), entwirft und beschreibt Nietzsche bereits insoweit, als alles Denken und Fühlen sowie die Vorstellung von Logizität und Kausalität als „Außenseite“ eines „viel innerlicheren“ und umfänglicheren Geschehens anzusehen ist – also im Sinne einer funktionellen Projektion der „Körperperipherie“, wie Freud vermutet (Freud 1992, S. 95 f.). Demnach haben die in der Hirnrinde anlangenden Fasern „zwar noch eine Beziehung zur Körperperipherie“, vermögen aber „kein topisch ähnliches Bild derselben“ mehr zu geben: „Sie enthalten die Körperperipherie, wie [...] ein Gedicht das Alphabet enthält, in einer Umordnung, die anderen Zwecken dient, in mannigfacher Verknüpfung der einzelnen topischen Elemente, wobei die einen davon mehrfach, die anderen gar nicht vertreten sein mögen“ (Freud 1992, S. 95).

Diese Umordnung der Körperperipherie nach anderen Zwecken geschieht nach der Hypothese Freuds gemäß einem rein funktionellen Prinzip, wonach die „topischen Momente nur insoweit beibehalten werden, als sie mit den Anforderungen der Funktion zusammenfallen“ (Freud 1992, S. 96). Hiermit vergleichbar erkennt Nietzsche das bewusste Denken und Fühlen im Verhältnis zu den viel umfänglicheren, komplexeren und dem Bewusstsein unerklärbaren physiologischen leiblichen Vorgängen, wobei das Bewusstsein nur eine Funktion, ein „Werkzeug“ ist (NL 1885, KSA 11, 37[4], S. 576 f.). Jener „psycho-physische Parallelismus“ findet in diesem Kontext eine augenfällige Ausprägung darin, dass bei den Störungen der Objektassoziationen der asymbolischen, agnostischen sowie der verbalen Aphasie das Sprechvermögen als solches erhalten bleibt – und die fehlende Objektassoziation durch Vermittlung anderer, vor allem Tastassoziationen hergestellt werden kann (Freud 1992, S. 129). Die Differenz zwischen psychischen und physiologischen Vorgängen und Erscheinungen ist daher weder als „die zwei Offenbarungen einer und derselben Substanz“ (NL 1888, KSA 13, 14[144], S. 329) im Sinne einer Identität noch als ein kausaler Zurechnungsgrund zu begreifen. Der psycho-physische Isomorphismus im Sinne der Gestaltpsychologie bedeutet unter keinem Gesichtspunkt „Identität“. Gefühle sind „keine Ursachen im Reich des Nicht-Fühlenden“, es besteht insoweit ein bestimmtes, jedoch kein notwendiges, kausales Verhältnis (NL 1883, KSA 10, 7[25], S. 250; NL 1883, KSA 10, 7[29], S. 251 f.; NL 1883–1884, KSA 10, 24[10], S. 648 f.; NL 1883–1884, KSA 10, 24[13], S. 649 f.). zwischen diesen Bildern, Symptomen des Geschehens.

Nietzsche erkennt in den Empfindungen und in dem bewusst gewordenen Denken die „Eigenschaften“ wahrgenommener „Dinge“, das Bild, die Vorstellung des Seins, der Substanz, des Subjekts.[4] Darum liegt die „Wurzel der Substanzvorstellung in der Sprache“ und nicht in einem „Außer-uns-seienden“. Es besteht eben „kein nothwendiges Verhältniß zwischen Geist und Materie, als ob sie irgendwie die Darstellungsformen erschöpften und allein repräsentirten“; vielmehr gilt: „‚Geist an sich‘ ist nichts, so wie ‚Bewegung an sich‘ nichts

4 Vgl.: „‚Es mußte in der Ausbildung des Denkens der Punkt eintreten, wo es zum Bewußtsein kam, daß das, was man als Eigenschaften der Dinge bezeichnete, Empfindungen des empfindenden Subjekts seien: damit hörten die Eigenschaften auf, dem Dinge anzugehören‘. Es blieb ‚das Ding an sich‘ übrig. Die Unterscheidung zwischen Dinge an sich und des Dings für uns basiert auf der älteren naiven Wahrnehmung, die dem Dinge Energie beilegte: aber die Analyse ergab, daß auch die Kraft hineingedichtet worden ist, und ebenso – die Substanz. ‚Das Ding afficirt ein Subjekt?‘“ (NL Winter 1883–1884, KSA 10, 24[13], S. 649 f.)

ist" (NL 1885–1886, KSA 12, 1[59], S. 25). Geist wie Bewegung sind bloße Symptome, Zeichen des Geschehens, welche auf ein „Sein", auf eine „Substanz" nur als jenes „Zugleich-Denken" und „Analogie-Suchen" der Sprachkunst verweisen. „Geist", Denken und Bewegung als Zeichensprache vermögen keinen „neuen Inhalt der Empfindung" hervorzubringen (NL 1883–1884, KSA 10, 24[13], S. 649 f.), „als ob die Gefühle Ursachen wären und Ursachen sein **könnten** im Reich des Nicht-Fühlenden". D. h.: psychische Vorgänge können nicht kausal für physische Prozesse sein.

Die physikalische Interpretation des Geschehens auf der Grundlage „bewußter Zwecke", Gedanken, Wertschätzungen und Empfindungen infolge „einverleibter" Informationen, „Urtheile" eines phylogenetischen „Gedächtnisses" erlaubt es nicht, Empfindungen und Gedanken – etwa des Gehirns als „empfindender Substanz" – als Ursache oder Zweck von Empfindungen und Gedanken zu setzen.[5]

Aufgrund der gebotenen strikten Trennung zwischen der teleologischen und der physikalischen Interpretation des Geschehens ist es „unmöglich, die Empfindung aus der nicht empfindenden Substanz abzuleiten" (NL Winter 1883–1884, KSA 10, 24[10], S. 649). „Die Vermenschlichung der Natur – die Auslegung nach uns" (NL 1885–1886, KSA 12, 1[29], S. 17), wie sie etwa noch vollkommen bei Hegel zu finden ist, ist zwar grundsätzlich als eine „Analogie" im Sinne des oben dargelegten „Parallelismus" erforderlich, damit „ein höherer Leib sich bildet"; auch hierin liegt jedoch nur eine Zeichensprache.[6]

Die Vorstellung, dass menschliches Handeln durch ein „zwecksetzendes Bewußtsein" verursacht werde, ist daher ein Ausfluss „unserer Gier nach

---

5 Vgl.: „NB. Die Erklärung des Geschehens kann versucht werden einmal: durch Vorstellung von Bildern des Geschehens, die ihm voranlaufen (Zwecke); zweitens: durch Vorstellung von Bildern, die ihm nachlaufen (die mathematisch-physikalische Erklärung). Beide soll man nicht durch einander werfen. Also: die physische Erklärung, welche die Verbildlichung der Welt ist aus Empfindung und Denken, kann nicht selber wieder das Empfinden und Denken ableiten und entstehen machen: vielmehr muß die Physik auch die empfindende Welt consequent **als ohne Empfindung und Zwecke** construiren – bis hinauf zum höchsten Menschen. Und die teleologische ist nur eine Geschichte der Zwecke und nie physikalisch!" (NL Winter 1883–1884, KSA 10, 24[13], S. 650)

6 Vgl.: „Wir können uns unsern Leib räumlich auseinanderlegen, und dann erhalten wir ganz dieselbe Vorstellung davon wie vom Sternensysteme, und der Unterschied von organisch und unorganisch fällt nicht mehr in die Augen [...] Ehemals erklärte man die Sternbewegungen als Wirkungen zweckbewußter Wesen: man braucht dies nicht mehr, und auch in Betreff des leiblichen Bewegens und sich-Veränderns glaubt man lange nicht mehr mit dem zwecksetzenden Bewußtsein auszukommen. Die allergrößte Menge der Bewegungen hat gar nichts mit Bewußtsein zu thun: auch nicht mit Empfindung." (NL Winter 1883–1884, KSA 10, 24[16], S. 653)

Erkenntniß der Natur [...], wodurch der Leib sich vervollkommnen will". Die Ausbildung und Vervollkommnung des Leibes erfordert es jedoch, gemäß dem erwähnten „Parallelismus" ein „Bild" der Handlung als ein zum Bewusstsein gelangendes „Wollen" vorzuentwerfen, auch wenn man nur „wenig [...] von dem weiß, was einer Handlung vorhergeht: wie phantastisch unsere Gefühle ‚Freiheit des Willens', ‚Ursache und Wirkung' sind: wie Gedanken nur Bilder, wie Worte nur Zeichen von Gedanken sind" (NL 1883–1884, KSA 10, 24[16], S. 654). Gedanken bedeuten ebenfalls wie Bewegungen nur eine „Zeichensprache" für den Machtausgleich von Affekten und beruhen daher auf einer „Vermenschlichung der Natur", einer Auslegung „nach uns", d. h. den menschlichen Sinnesorganen (NL 1885–1886, KSA 12, 1[29], S. 17). Diese Zeichensprache nach der Vermenschlichung der Natur ist jedoch notwendig, um ein nur anhand von „Symptomen" zu erratendes „Zugleich-Denken" des organischen Prozesses „bis in die Zelle" (NL Herbst 1880, KSA 9, 6[297], S. 273 f.) – „Das Ich Geistige selber ist mit der Zelle schon gegeben" (NL Sommer-Herbst 1884, KSA 11, 26[36], S. 157) – und damit eine Gesamtentwicklung des Menschen fortzusetzen, welche nicht gewollt, sondern als ein „Nicht-Wollendes" erreicht wird.[7] Hieraus ist deutlich zu entnehmen, dass Nietzsche die Annahme eines tradierten Dualismus von Körper und Geist ablehnt. Soweit es sich beim Denken und Empfinden als Erscheinungen des Bewusstseins um bloße „Symptome" des Geschehens handelt, ist daraus nicht auf einen Epiphänomenalismus im Denken Nietzsches zu schließen. Es handelt sich insbesondere bei den Erscheinungen des Bewusstseins um keine Begleiterscheinungen in dem Sinne, dass sie bloß ein Spiegelbild unbewusst-physischer Prozesse wären und dadurch kausal determiniert würden. Ohne die bewussten Irrtümer, Fiktionen und Empfindungen ist organisches Leben nicht möglich. Das Verhältnis ist jedoch ein anderes, was hier zuvor anhand des Modells einer „Umordnung der Körperperipherie zu anderen Zwecken", wie es Freud zur Erklärung der Aphasien entworfen hat, deutlich zu machen versucht worden ist.

---

7 Vgl. „Kurz: gesetzt, es gelänge, das Zweckmäßige im Wirken der Natur zu erklären ohne die Annahme eines zwecksetzenden Ich's: könnte zuletzt vielleicht auch unser Zweckesetzen, unser Wollen usw. nur eine Zeichensprache sein für etwas Wesentlich-Anderes, nämlich Nicht-Wollendes und Unbewußtes? nur der feinste Anschein jener natürlichen Zweckmäßigkeit des Organischen, aber nichts Verschiedenes davon?". Anstatt einer auf der Trennung nach Ursache und Wirkung, Seele und Körper, Geist und Materie beruhenden Kausalität könnte es sich bei dem Geschehen um eine „Entwicklung des Geistes um den Leib" handeln, da „alles bewußte Wollen, alle bewußten Zwecke [...] nur Mittel sind, mit denen etwas wesentlich Verschiedenes erreicht werden soll, als es innerhalb des Bewußtseins scheint" (NL Winter 1883–1884, KSA 10, 24[16], S. 654 f.).

Anstelle einer kausalen (und teleologischen) Auslegung des Geschehens anhand von Ursache und Wirkung, Absicht und Zweck sowie der Trennung zwischen „einem Sitz der treibenden Kraft und ihr selber“, zwischen Täter und Tun, der Annahme eines Seienden in einer werdenden Welt entsprechend einer herkömmlichen aristotelischen „Psychologie der Metaphysik“ (Aristoteles 1995, S. 50 f., S. 102, S. 103, S. 105, S. 107) ergeben sich für Nietzsche „fiktive Einheiten“ auf der Grundlage einer perspektivischen Vielheit.[8] Statt einer fiktiven Einheit, wozu auch der Wille nach gemeinem Verständnis und nach der „bisherigen Psychologie“ zu rechnen ist, ist ein anderer Wille als Grundlage allen Geschehens zu begreifen.[9]

Der Wille im Denken Nietzsches eröffnet somit zum ersten Mal die Möglichkeit, sich von den herkömmlichen Kausalitäts-Fiktionen zu lösen, wie dies etwa die moderne Physik längst getan hat. Das Erkenntnisphänomen, die „physische Erklärung, welche die Verbildlichung der Welt ist aus Empfindung und Denken“, selbst wieder als Ursache von Empfinden und Denken zu nehmen und daraus abzuleiten, stellt sich Nietzsche vor allem in der Vorstellung der „Seele“ dar. Ebenso wie dasjenige, „was von den verschiedenen Grundtrieben her als gleichartig ins Bewußtsein tritt, synthetisch zu einem ‚Wesen‘ oder ‚Vermögen‘ [...] zusammengedichtet wird“, erkennt Nietzsche in der „‚Seele‘ selber einen Ausdruck für alle Phänomene des Bewußtseins [...]: den wir aber als Ursache aller dieser Phänomene auslegen (das ‚Selbstbewußtsein‘ ist fiktiv!)“ (NL 1885–1886, KSA 12, 1[58], S. 25). Insofern stellt sich die Frage nach der Annahme „empfindender Substanzen“, denen die Eigenschaft zugesprochen wird, Ursache zu sein (NL Winter 1883–1884, KSA 10, 24[10], S. 648 f.). Nietzsche verwirft jedoch diesen ersten Erklärungs-

---

8 „Von jedem unserer Grundtriebe aus giebt es eine verschiedene perspektivische Abschätzung alles Geschehens und Erlebens. [...] Der Mensch als eine Vielfalt von ‚Willen zur Macht‘: jeder mit einer Vielheit von Ausdrucksmitteln und Formen. Die einzelnen angeblichen ‚Leidenschaften‘ (z. B. der Mensch ist grausam) sind nur fiktive Einheiten, insofern das, was von den verschiedenen Grundtrieben her als gleichartig ins Bewußtsein tritt, synthetisch zu einem ‚Wesen‘ oder ‚Vermögen‘, zu einer Leidenschaft zusammengedichtet wird“ (NL Herbst 1885-Frühjahr 1886, KSA 12, 1[59], S. 25).

9 „Psychologisch nachgerechnet: so ist ein Begriff ‚Ursache‘ unser Machtgefühl vom sogenannten Wollen – unser Begriff ‚Wirkung‘ der Aberglaube, daß das Machtgefühl die Macht selbst ist, welche bewegt ...
ein Zustand, der ein Geschehen begleitet, und schon eine Wirkung des Geschehens ist, wird projicirt als ‚zureichender Grund‘ desselben [...]. übersetzen wir den Begriff ‚Ursache‘ wieder zurück in die uns einzig bekannte Sphäre, woraus wir ihn genommen haben: so ist uns keine Veränderung vorstellbar, bei der es nicht einen Willen zur Macht giebt“ (NL Frühjahr 1888, KSA 13, 14 [81], S. 260).

versuch und verneint insbesondere die Vorstellung einer „Seele als Substanz" und als „‚Subjektbegriff'" (NL 1885–1886, KSA 12, 1[11], S. 13), denn „die Bewegungen sind nicht ‚bewirkt' von einer ‚Ursache': das wäre wieder der alte Seelen-Begriff!" (NL 1885–1886, KSA 12, 1[37], S. 19). Nietzsche entscheidet sich vielmehr für den anderen Erklärungsversuch: „‚Erfahren wir von gewissen Substanzen, daß sie Empfindung nicht haben? Nein, wir erfahren nur nicht, daß sie welche haben. Es ist unmöglich, die Empfindung aus der nicht empfindenden Substanz abzuleiten'" (NL 1883–1884, KSA 10, 24[10], S. 649).

Ohne die überholten psychischen Fiktionen wie Seele und Subjekt ist es endlich möglich, „auch in betreff des leiblichen Bewegens und Sich-Veränderns" ohne den Glauben an ein zwecksetzendes Bewusstsein auszukommen, so wie man schließlich die Erklärung der „Sternbewegungen als Wirkungen zweckbewußter Wesen" aufgegeben hat (NL 1883–1884, KSA 10, 24[16], S. 653). Dies gilt auch im Hinblick auf das bewusste Wollen.[10] Die „Affekte, Begehrungen, Willen usw." werden daher entweder teleologisch als Empfindung und Zweck gedeutet – „als ob die Gefühle Ursachen wären und Ursachen sein könnten im Reich des Nicht-Fühlenden" – oder aber sie werden „denkbar" gemacht, d. h. geleugnet und „als Irrthümer des Intellekts" behandelt. Darin sieht Nietzsche auch das Problem der Wissenschaft.[11]

Am Beispiel der Schmerzempfindung hat Nietzsche sehr anschaulich nachgewiesen, dass die Annahme unhaltbar ist, wonach „die Gefühle Ursachen wären und Ursachen sein könnten im Reich des Nicht-Fühlenden" (NL 1883, KSA 10, 7[29], S. 252).[12] Empfindungen und Gedanken sind eine Zeichensprache

10 Vgl.: „Der Glaube an das Wollen. Es ist Wunder-Glaube, einen Glauben als Ursache einer mechanischen Bewegung zu setzen. Die Consequenz der Wissenschaft verlangt, daß, nachdem wir die Welt in Bildchen uns denkbar gemacht haben, wir auch die Affekte, Begehrungen, Willen usw. uns denkbar machen, d.h. sie **leugnen** und als Irrthümer des Intellekts behandeln" (NL Winter 1883–1884, KSA 10, 24[21], S. 658).

11 Vgl.: „Die Wissenschaft fragt nicht, was uns zu diesem Wollen trieb: sie leugnet vielmehr, daß gewollt worden ist, und meint, daß etwas ganz Anderes geschehen sei – kurz daß der Glaube an Wille und Zwecke eine Illusion sei. [...] sie zerlegt erst die Handlung in eine mechanische Gruppe von Erscheinungen und sucht die Vorgeschichte dieser mechanischen Bewegung – aber nicht im Fühlen, Empfinden, Denken [...] Ihr Problem ist eben: die Welt zu erklären ohne zu Empfindungen als Ursachen zu greifen: denn das hieße ja: als Ursachen der Empfindungen die Empfindungen ansehen. Ihre Aufgabe ist schlechterdings nicht gelöst.
Also: entweder kein Wille – die Hypothese der Wissenschaft – oder freier Wille. Letztere Annahme das herrschende Gefühl, von dem wir uns nicht losmachen können" (NL Winter 1883–1884, KSA 10, 24[15], S. 651 f.).

12 Nietzsches Analyse der Schmerzempfindung wird von der Forschung bestätigt: „Der Schmerz ist ein intellectueller Vorgang [...] Daß der Schmerz die Ursache ist zu Gegenbewegungen, hat zwar den Augenschein und sogar das Philosophen-Vorurtheil für sich; aber in

für „etwas Wesentlich-Anderes, nämlich Nicht-Wollendes" (NL 1883–1884, KSA 10, 24[16], S. 655) und Nicht-Zwecksetzendes, dem sie nicht angehören und nicht in einem kausalen Sinne zugrunde gelegt werden können. Daher fordert Nietzsche: „vielmehr muß die Physik auch die empfindende Welt consequent **als ohne Empfindung und Zwecke** construiren – bis hinauf zum höchsten Menschen" (NL 1883–1884, KSA 10, 24[13], S. 650). Ebenso wie man ehemals „die Sternbewegungen als Wirkungen zweckbewußter Wesen" erklärte, braucht man diese Vorstellung nicht mehr, „und auch in Betreff des leiblichen Bewegens und sich-Veränderns glaubt man lange nicht mehr mit dem zwecksetzenden Bewußtsein auszukommen"; auch die leiblichen Bewegungen sind nicht mit Empfindung erklärbar (NL 1883–1884, KSA 10, 24[16], S. 653 ff.). Die „Entwicklung des Geistes um den Leib" findet daher „ohne Empfindung und Zweck" im Bereich des „Nicht-Fühlenden" statt und kann nur so „physikalisch" konstruiert, erklärt werden – „bis hinauf zum höchsten Menschen" (NL 1883–1884, KSA 10, 24[16], S. 655). Denn „zuletzt handelt es sich gar nicht um den Menschen: er soll überwunden werden". Dieser Ansatz bildet die Grundlage für Nietzsches oftmals populistisch missverstandenes Postulat des Übermenschen.

Literaturverzeichnis

Freud, Sigmund (1992): *Zur Auffassung der Aphasien. Eine kritische Studie*. Frankfurt am Main: Fischer.

Kerger, Henry (2004): *Wille als Sprechakt und Entscheidung. Die psycho-physischen Grundlagen des Handelns bei Nietzsche*. Würzburg: Königshausen und Neumann.

Köhler, Wolfgang (1971): *Die Aufgabe der Gestaltpsychologie*. Berlin: De Gruyter.

Müller-Lauter, Wolfgang (1988): „Auf-Lösung des Problems der Willensfreiheit". In: Sigrid Bauschinger/Susan L. Cocalis/Sara Lennox (Hrsg.): *Nietzsche heute: Die Rezeption seines Werks nach 1968*. Bern, Stuttgart: Francke, S. 23–73.

Pieper, Annemarie (1995) (Hrsg.:): *Aristoteles*. München: Diederichs.

Wundt, Wilhelm (1903): *Grundzüge der physiologischen Psychologie*. Bd. 3. 5. Aufl. Leipzig: Engelmann.

Wundt, Wilhelm (1906): *Essays*. 2. Aufl. Leipzig: Engelmann.

---

plötzlichen Fällen kommt, wenn man genau beobachtet, die Gegenbewegung ersichtlich früher als die Schmerzempfindung. Es stünde schlimm um mich, wenn ich bei einem Fehltritt zu warten hätte, bis das Faktum an die Glocke des Bewußtseins schlüge [...] Man reagirt also nicht auf den Schmerz. Der Schmerz wird nachher projizirt in die verwundete Stelle" (NL 1888, KSA 13, 14[173], S. 359).

Annamaria Lossi

Den Menschen durch die Sprache verkennen: zum fragwürdigen Verhältnis zwischen Bewusstem und Unbewusstem im § 354 der *Fröhlichen Wissenschaft*

1

Die philosophische Frage nach der konstitutiven Rolle der Sprache ist heute selbstverständliche Grundlage allen Philosophierens.[1] Ja, die Sprache spielt im philosophischen Diskurs eine so zentrale Rolle, dass es eine Voraussetzung für jede philosophische Untersuchung zu sein scheint, sich mit der Sprache ausdrücklich zu befassen.

Die Aufmerksamkeit gegenüber der Rolle der Sprache wird dort relevant, wo die sprachlichen Ausdrücke nicht mehr als zuverlässiges Instrument des Fragens gelten können, d.h., wo die Sprache *als* Instrument aufgewiesen wird und ihre bis dahin unhinterfragte, ja als selbstverständlich angenommene „Objektivität" verliert. Die Unzuverlässigkeit der Sprache kommt zum Vorschein, wo das Verhältnis zwischen Sprache und Welt einer Verschiebung unterliegt derart, dass, wie Habermas schreibt, die konstitutiven Weltleistungen von einer transzendentalen Subjektivität her in die Grammatikstrukturen übergehen (Habermas 1989, S. 11). Anders formuliert richtet sich der übliche Fokus im Erkenntnisprozess eines Subjekt-Objekt-Verhältnisses nun auf die Sprache selbst und deren Grammatik.

Unter einem psychologisch-anthropologischen Blickwinkel erweist sich in diesem Zusammenhang Nietzsches Sprachverständnis als besonders interessant. Er zieht die Sprache nicht nur in Bezug auf philosophische Formulierungen bzw. auf antike und moderne Denksysteme in Betracht, sondern betrachtet sie als ein komplexes, Instinkte wie natürliche Triebe einbeziehendes Phänomen. Seine Sprachkritik richtet sich nicht nur gegen die vermutliche Rationalität in der Sprache, sondern weist sie als mitverantwortlich für den Gedankenaufbau selbst aus. Die Sprache ist, mit anderen Worten, ein basales Mittel des menschlichen Umgangs mit dem Leben. Von diesem Ausgangspunkt her, der die Sprache nicht als Nullpunkt der philosophischen Analyse fasst, sondern

1 Die sogenannte *Linguistic Turn* hat schon gezeigt, dass die Fragen der Philosophie zuletzt Fragen der Sprache sind. Vgl. hierzu Rorty (1967).

von ihrer kulturellen, in verschiedenen Impulsen und natürlichen Trieben wurzelnden Wirkung ausgeht, eröffnet die Sprachanalyse Nietzsches ein Verständnis des Menschen, das ihn nicht als ein bewusstes, vom Intellekt beherrschtes und handelndes Lebewesen betrachtet, sondern als wehrloses, den instinktiven, bewusst und unbewusst wirkenden Kräften ausgeliefertes Individuum. Unter diesem Blickwinkel lässt sich die sprachphilosophisch begründete Subjektkritik Nietzsches auch als ein theoretisches Prisma betrachten, dessen Lichtbrechungen zur Gestalt eines vielschichtigen „Ich" beitragen können.

Der breite theoretische Zusammenhang, von dem Nietzsche ausgeht, umfasst anthropologische sowie kulturkritische Gedanken: Nietzsche geht nämlich vom kulturellen Ungleichgewicht des modernen Menschen in der Epoche der Décadence aus, um die Grundzüge des modernen Menschentypus kritisch zu bestimmen. Diese Gedanken gehören in die späten 1880er Jahre, stammen jedoch bereits aus der sogenannten Basler Zeit, in der die ersten Schritte hin zu dieser Auffassung vollzogen werden. In diese Zeit gehört auch die Lektüre von Eduard von Hartmanns Buch *Die Philosophie des Unbewussten.* Nietzsche nähert sich hier nach und nach Gedanken an, die er später wieder aufnehmen wird, bezüglich derer er jedoch bereits in einer Notiz des Jahres 1870 festhält:

> Hartmann: p. 200.
> „Nur soweit die Gefühle und Gedanken übersetzt werden können, nur so weit sind sie mittheilbar, wenn man von der immerhin höchst dürftigen instinktiven Geberdensprache absieht: denn nur so weit die Gefühle und Gedanken zu übersetzen sind, sind sie in Worten wieder zu geben."
> Wirklich?
> Geberde und Ton!
> Mitgetheilte Lust ist Kunst.
> Was bedeutet die Geberdensprache: es ist Sprache durch allgemein verständliche Symbole, Formen von Reflexbewegungen. Das Auge schließt sofort auf den Zustand, der die Geberde erzeugt.
> So steht es mit den instinktiven Tönen. Das Ohr schließt sofort. Diese Töne sind Symbole. (NL 1870, KSA 7, 3[18], S. 65)

Hartmann versteht das Unbewusste nicht psychologisch-dynamisch, sondern als Schlüssel zur ganzen Wirklichkeit. Der Einfluss Schopenhauer auf diesen Gedanken wird Nietzsche nicht unberührt gelassen haben. Dennoch ist es Hartmanns psychologisierende Sprachauffassung, die Nietzsche hier besonders interessiert (vgl. Jensen 2006). Sie besteht darin, die philosophischen, aus einer unbewussten Schicht gewonnenen Begriffe wie Subjekt und Objekt von ihrer Grammatik her aufzuschlüsseln. Durch von Hartmann entdeckt Nietzsche das Unbewusste als Quelle der Sprache und damit des Bewusstseins.

2

Grob ausgedrückt lautet Nietzsches These zum Verhältnis von Sprache und Unbewusstem folgendermaßen: Sprache bzw. Bewusstwerden verhält sich zum Unbewussten umkehrt proportional. Dieser Gedanke steht im Zentrum der Argumentation des im fünften Buch der *Fröhlichen Wissenschaft* formulierten Paragrafen 354. Hier finden wir die Frage nach dem Bewusstsein oder genauer: nach dem „Sich-Bewusst-Werden“ als eines steigenden Prozesses formuliert, die mit der Sprachfähigkeit bzw. mit der Mitteilungsfähigkeit des Menschen zusammenhängt, welche umgekehrt proportional zum Unbewussten zunimmt: „Das Bewusstsein“, schreibt Nietzsche, hat „überhaupt sich nur unter dem Druck des Mittheilungs-Bedürfnisses entwickelt – “ (FW 354, KSA 3, S. 590) und wird langsam überflüssig. Durch diese Analyse zielt Nietzsche darauf, das menschlich, allzumenschliche Bedürfnis einer durch die Sprache vermittelten Wahrheit zu enthüllen: Der Mensch hat eine logische bzw. in den Regeln der Sprache ausgedrückte Welt erkannt, eben weil er diese Welt so errichtet hat, dass sie ihm erlaubt, Dinge als Objekte in ihr zu entdecken. Die vernunftgeleitete Methode der Sprache mit ihrer Grammatik vergisst ihre „innere Motivation“ und wird damit bloße Mitteilung.

Dass die aus einer „Mittheilungs-Bedürftigkeit“ entspringende Fähigkeit zur Sprache und ein entsprechend zunehmendes Bewusstwerden des Menschen miteinander zusammenhängen, zeigt sich in einer ersten Bemerkung über die Bedeutung der Sprache für den Menschen: Zum einen ist es wahr, dass, „wo das Bedürfniss, die Noth die Menschen lange gezwungen hat, sich mitzutheilen, sich gegenseitig rasch und fein zu verstehen, da ist endlich ein Ueberschuss dieser Kraft und Kunst der Mittheilung da“ (FW 354, KSA 3, S. 591).

Zum anderen bedeutet dies auch, dass das Sich-Bewusst-Werden zu nivellierenden Verallgemeinerungen geführt hat, die dem Menschen eine eigentliche Selbsterkenntnis versagen. Das aus der Mitteilungsfähigkeit entspringende Bewusstwerden des Menschen markiert so einerseits einen Erfolg für den Menschen: die auf der Ebene der Gattung mit den Mitmenschen tätig hergestellten Beziehungen. Andererseits zeigt das Bewusstwerden auf der Ebene des Individuums, dass die Zeichen, Worte, Bilder als fiktive und damit verfälschende Denkmodelle der Selbsterkenntnis fungieren. So hat bereits das Wort „Ich“ in Bezug auf die Selbsterkenntnis einen verfälschenden Charakter.[2] Denn „Ich“

2 Nietzsche bemerkt 1887 in der Vorrede zur *Genealogie der Moral*: „Wir sind uns unbekannt, wir Erkennenden, wir selbst uns selbst: das hat seinen guten Grund. Wir haben nie nach uns gesucht – wie sollte es geschehn, dass wir eines Tags uns fänden?“ (GM Vorrede 1, KSA 5, 247)

kommt zunächst als Instrument der auf kommunikativer Ebene angesiedelten Einzelheit zur Geltung und nicht als eigentliche, auf das Individuum zentrierte Erkenntnis.

Als Konsequenz dieser ersten Bemerkung folgt unmittelbar eine zweite, welche das Verhältnis Unbewusstes-Bewusstwerden im Hinblick auf das im § 354 sich herausschälende Verhältnis Individuum-Gattung betrifft. Die Nuancierung, die die psychologisch-anthropologische Auffassung Nietzsches im Blick auf das Verhältnis zwischen einem durch das Werden gekennzeichneten Bewusstsein und einem durch das Sein charakterisierten Unbewussten erfährt, betrifft analog die allmähliche Entwicklung des Sprach- bzw. Kommunikationsbewusstseins mit dem steigenden „Sich-Bewusst-Werden“ des Menschen, das zwar seinem Kommunikationsbedürfnis zugute kommt, jedoch das Unbewusste bzw. den *individuellen* Menschen sukzessive abdrängt.

Warum jedoch schadet das Bewusste dem individuellen Menschen? Inwiefern kommt das Individuelle erst durch das Unbewusste, das Gemeinsame jedoch durch das Bewusste zum Ausdruck? *Ist* das Unbewusste und *wird* nur das Bewusste?

Um diese Fragen in einen überzeugenden Rahmen stellen zu können, ziehen wir die ersten Zeilen des oben genannten Paragrafen heran. Nietzsche behauptet hier:

> Das Problem des Bewusstseins (richtiger: des Sich-Bewusst-Werdens) tritt erst dann vor uns hin, wenn wir zu begreifen anfangen, inwiefern wir seiner entrathen könnten. [...] Das ganze Leben wäre möglich, ohne dass es sich gleichsam im Spiegel sähe: wie ja thatsächlich auch jetzt noch bei uns der bei weitem überwiegende Theil dieses Lebens sich ohne diese Spiegelung abspielt. (FW 354, KSA 5, S. 590)

Deshalb fragt sich Nietzsche weiter: „Wozu überhaupt Bewusstsein, wenn es in der Hauptsache überflüssig ist?“ Wir kennen die Antwort, die eigene Zeilen später genannt wird: „Bewusstsein [hat sich] überhaupt nur unter dem Druck des Mittheilungs-Bedürfnisses entwickelt“ (FW 354, KSA 3, S. 591). Die Notwendigkeit des Bewusstseins ist zunächst eine *werdende*, d. h., das Bewusstsein ist ursprünglich die Antwort auf eine Not des sozialen Menschen, und als solche kommt sie dem Menschen zugute. Sie ist keine statische Notwendigkeit, sondern geworden, und kann aus diesem Grund auch wieder unnötig werden. Nur in einer geteilten, sozialen Welt verlangt der Mensch danach, seine Gedanken mitzuteilen, wenn auch nur der kleinste Teil dieser Gedanken bewusst wird. Mit der Zeit jedoch verliert das Bewusstwerden seinen prozessualen Charakter: Es verwandelt sich vom Mitteilungsbedürfnis zum Wissen, zu einem festen und bestimmten Wissensschatz, mit dessen Hilfe sich der Mensch zurechtfinden kann.

Wie verhält es sich mit diesem Wissen in Bezug auf das Unbewusste? Handelt es sich hier ausschließlich um eine Beziehung der Entgegensetzung? Dass Wissen und Unbewusstes nahe beieinander liegen, wird in einer langen Notiz der Jahre 1880/81 bestätigt, in der Nietzsche schreibt: „die gewöhnlichste Form des Wissens ist die ohne Bewußtheit. Bewusstheit ist Wissen um ein Wissen" (NL 1880–1881, KSA 9, 10 [F101], S. 438). Denn der Mensch denkt immer, auch ohne sich dessen bewusst zu werden. Die Gefahr bzw. das pathologische Verhalten des modernen Menschen gegenüber Bewusstsein und Wissen, von dem Nietzsche im fünften Buch der *Fröhlichen Wissenschaft* spricht, liegt nicht nur im Bewusstwerden selbst, sondern eben auch darin, zu verkennen, dass und inwiefern das Bewusstsein aus dem Unbewussten aufgestiegen ist. Nietzsches Antwort lautet: Die Not des sozialen Menschen entspricht dem, „was an [dem Menschen] Gemeinschafts- und Heerden-Natur ist" (FW 354, KSA 3, S. 592). Das Zeichen symbolisiert somit die Not, sich seiner im gegenseitigen Austausch mit den Mitmenschen bewusst zu werden. Aus diesem Grund kann Nietzsche sagen, dass das Bewusstsein nicht unmittelbar zur „Individual-Existenz" gehört.

Damit kommen wir zum letzten und wichtigsten Punkt: Die bewusste Welt wird nur durch eine gemeinsame Beteiligung an den Zeichen bzw. einem gemeinsamen Teilen von bestimmten Zeichen möglich. Eben diese Beteiligung an geteilten Zeichen verkennt jedoch das einzelne Individuum. Das Individuum als denkendes und mit Vernunft ausgestattetes Lebewesen lebt wie eingetaucht in ein umfangreiches Unbewusstes. Laut Nietzsches Überlegungen in der *Fröhlichen Wissenschaft* scheint es darüber hinaus in einem Paradox befangen zu sein: Zum einen kommt das Individuum als solches nicht ohne Zeichen zur Sprache: nur durch Symbole und Gebärden, Mimik und Worte lässt es sich *als Individuum* bestimmen. Zum anderen bedarf es keiner Mitteilungsfähigkeit, keines Wortes, um Individuum zu sein. Es benötigt überhaupt keine Mitteilungsfähigkeit, um Individuum bleiben zu wollen. Unter diesem Gesichtspunkt hat das Wort „Ich" in Bezug auf die Selbsterkenntnis einen verfälschenden Charakter, insofern es auf die Einzelheit auf kommunikativer Ebene zielt und nicht auf die individuelle Selbsterkenntnis. In die gleichen Jahre, in denen Nietzsche das fünfte Buch der *Fröhlichen Wissenschaft* schreibt, fällt auch eine Notiz, in der er sich über das Wort „Ich" ausspricht: „Wir stellen ein Wort hin, wo unsere Unwissenheit anhebt, – wo wir nicht mehr weiter sehn können z. B. das Wort ‚ich', das Wort ‚thun', das Wort ‚leiden': das sind vielleicht Horizontlinien unsrer Erkenntniß, aber keine ‚Wahrheiten'" (NL 1886–1887, KSA 12, 5[3], S. 185).

Danach ist also das, was die Sprache ausmacht, eine solche „Horizontlinie" – und möglicherweise ließe sich auch das Bewusstsein als eine solche

Horizontlinie verstehen. Und doch stellt Nietzsche das Bewusstsein eher als einen „Glauben“, eine „Einbildung“, kurz als „Nützlichkeit“ heraus, die uns der Gefahr aussetzt, sie allzu ernst zu nehmen, so dass sie sich auf Dauer als „jene verhängnisvollste Dummheit“ erweist, „an der wir einst zu Grunde gehen“ werden (FW 354, KSA 3, S. 593).

Literaturverzeichnis

Habermas, Jürgen (1989): *Postmetaphysisches Denken*. Frankfurt am Main: Suhrkamp.

Jensen, Anthony K. (2006): „The Rogue of All Rogues: Nietzsche's Presentation of Eduard von Hartmann's Philosophie des Unbewussten and Hartmann's Response to Nietzsche“. In: *The Journal of Nietzsche Studies* 32, S. 41–61.

Rorty, Richard (Hrsg.) (1967): *The Linguistic Turn. Recent Essays in philosophical Methode*. Chicago: Chicago University Press.

IV. Kulturen des Unbewussten

Jakob Dellinger

Vernichtung, Grausamkeit, Gefahr

Nietzsche und die Krankheit des Bewusstseins

Ein frühes Notat Nietzsches beginnt mit den Worten: „Alle Erweiterung unsrer Erkenntniß entsteht aus dem Bewußtmachen des Unbewußten. Nun fragt es sich, welche Zeichensprache wir dazu haben." (NL 1870–1871, KSA 7, 5[89], S. 116) Eine Interpretation dieser Wendungen als Antizipation Freudscher Leitmotive liegt nahe. Im Folgenden sollen jedoch zwei Aspekte akzentuiert werden, durch die sich eine für Nietzsches Denkhorizont charakteristische, vom Früh- bis ins Spätwerk immer wieder auftretende Figuration des Motivs der Erkenntnis als Bewusstmachung[1] von Freuds Ansatz zu unterscheiden scheint: Erstens birgt jenes Motiv bei Nietzsche – und darin läge eine Differenz zur Psychoanalyse als therapeutischem Verfahren – vielfach ein Moment des Gefährlichen, Grausamen und Destruktiven.[2] Zweitens zeigen sich Bestrebungen nach Erkenntnis als Bewusstmachung bei ihm wiederholt auf teils prekäre Weise als an die unbewussten, bewusst zu machenden Bedingungskomplexe rückgebunden und führen so zu unterschiedlichen Formen selbstbezüglicher Konstellationen. Diese Dimension von Nietzsches „Bewusstmachungen" lässt sich nicht nur als Hintergrund der im zitierten Notat anklingenden Notwendigkeit einer speziellen „Zeichensprache" begreifen, sondern bildet ebenfalls eine zentrale methodische Differenz zu der von Freud vorausgesetzten Trennbarkeit der Objektebene des unbewussten Triebgeschehens und der Metaebene der sie analysierenden Wissenschaft.[3]

---

1 Trotz seiner vehementen Kritik an idealistischen Überschätzungen des Bewussteins lassen sich auch zentrale Philosopheme des späteren Nietzsche als Formen von ‚Bewusstmachung' verstehen. Prägnant zeigt sich dies etwa anhand der der Bewusstmachung der „unbewussten Herrschaft und Führung durch gleiche grammatische Funktionen" (JGB 20, KSA 5, S. 34) oder der Frage „[W]elchen Sinn hätte u n s e r ganzes Sein, wenn nicht den, dass in uns jener Wille zur Wahrheit sich selbst a l s P r o b l e m zum Bewusstsein gekommen wäre?" (GM III 27, KSA 5, S. 410). Marcus Andreas Born (2010, S. 297) hat in dieser Hinsicht erklärt, dass Nietzsche „letztlich nicht aus dem Bereich des an Sokrates verurteilten Intellektualismus heraustritt, sondern sich tiefer in ihn einlässt, indem er den Willen zur Bewusstwerdung [...] weiterführt".

2 Mit Bezug auf das eingangs zitierte Notat, hat dies jüngst bereits Martin Liebscher (2010, S. 251f.) betont.

3 „Im Gegensatz zu Freuds Zäsur zwischen den triebpsychologischen Bedingungen des Wissens und der Metaebene Wissenschaft stößt man bei Nietzsche auf eine Verflüssigung der beiden Ebenen" (Gasser 1997, S. 342).

Dem Spannungsverhältnis dieser beiden Aspekte soll im Folgenden zunächst anhand einer knappen Kontextualisierung des zitierten Notats in Texten aus Nietzsches früher Baseler Zeit, in denen die vernichtende Dimension von Erkenntnis mehrfach anklingt, sowie in weiterer Folge anhand eines Bezugs auf die Charakterisierung von Erkenntnis als Grausamkeit in JGB 229/230 und des Bewusstseins als Gefahr und Krankheit in FW 354 nachgespürt werden.

Erkenntnis als Vernichtung

Einen ersten Ansatzpunkt zur Veranschaulichung der prekären Konsequenzen, die sich bereits in Nietzsches Denkhorizont der späten Sechziger- und frühen Siebzigerjahre für eine Ambition von Erkenntnis als ‚Bewusstmachen des Unbewussten' ergeben, bietet ein später in ST und GT aufgegriffenes[4] Notat aus dem Jahr 1869, in dem das Daimonion des Sokrates als „das Unbewusste" bezeichnet wird, „das aber nur hindernd dem Bewußten hier und da entgegentritt" und insofern „nicht produktiv, sondern nur kritisch [wirkt]" (NL 1869, KSA 7,1[43], S. 21). Sokrates ist damit für Nietzsche jedoch ein höchst atypischer Fall: „Sonderbarste verkehrte Welt! Sonst ist das Unbewußte immer das Produktive, das Bewußte das Kritische." (NL 1869, KSA 7, 1[43], S. 21) Diese Fassung des Unbewussten als schöpferisches, produktives und affirmatives sowie des Bewussten als antagonistisches, ihm kritisch, negierend und hindernd entgegentretendes Moment bleibt für Nietzsche bestimmend.[5]

Ein gutes Beispiel für die produktiv-affirmative Funktion des Unbewussten bildet die berühmte Erklärung aus WL, der Mensch lüge „in der bezeichneten Weise unbewusst und nach hundertjährigen Gewöhnungen – und kommt eben durch diese Unbewusstheit, eben durch dies Vergessen zum Gefühl der Wahrheit" (WL 1, KSA 1, S. 881). Aus der grundlegenden Bestimmung des Bewussten als der unbewussten Produktivität hindernd entgegentretendes Moment lässt sich auch bereits jener destruktive Zug erahnen, welcher der Erkenntnis als Bewusstmachung zukommen muss und der in einem weiteren frühen Notat prägnant zum Ausdruck kommt: „Weltvernichtung durch

4 Vgl. ST, KSA 1, S. 542 und GT 13, KSA 1, S. 90.

5 Zur Genese dieser Konstellation im Frühwerk und terminologischen Variationen siehe Gödde (2002, S. 160–165.)

Erkenntniß! Neuschaffung durch Stärkung des Unbewußten!“ (NL 1869–1870, KSA 7, 3[55], S. 75)[6]

Im Detail lässt sich jener Zug in CV 1 beobachten, wenn von der „verhängnißvollen Neubegier des Philosophen, der durch eine Spalte einmal aus dem Bewußtheits-Zimmer hinaus und hinab zu sehen verlangt“ (CV 1, KSA 1, S. 760) die Rede ist. Seine Erkenntnis der „Wahrheit, ewig zur Unwahrheit verdammt zu sein“ würde den Menschen „zur Verzweiflung und zur Vernichtung treiben“. Wenn der Mensch „eigentlich durch ein fortwährendes Getäuschtwerden [lebt]“ und „die zutrauensvoll sich nahende Illusion“ dergestalt lebensnotwendig ist, muss sich die jenes Zutrauen zur Illusion untergrabende Bewusstmachung der Beschränktheit menschlicher Erkenntnis und der Eitelkeit des „Pathos der Wahrheit“ zwangsläufig als lebensfeindlich erweisen. Das dem „in der Gleichgültigkeit seines Nichtswissens und gleichsam auf dem Rücken eines Tigers in Träumen hängend[en]“ Menschen zugerufene „‚Weckt ihn auf‘“ des Philosophen birgt somit eine – im Gegensatz zur „Kunst“, die ihn schlafen lassen und dergestalt „das Leben [will]“ – distinkt destruktive Tendenz, seine „Erkenntniß […] erreicht als letztes Ziel nur – die Vernichtung“ (CV 1, KSA 1, S. 760).

Zugleich zeigt sich in CV 1 bereits deutlich jene zirkuläre Selbstbezüglichkeitsproblematik, die sich bei diesem Projekt der Erkenntnis als Bewusstmachung des Unbewussten einstellt und deren Kommunikation in Formen einer ungebrochenen, direkten Mitteilung zusehends unmöglich macht: Das Motiv der Beschränktheit der menschlichen Erkenntnis wird zunächst vom „quasi imaginierten ‚Standpunkt außerhalb‘“ (Hödl 1997, S. 62) des „gefühllose[n] Dämon[s]“ (CV 1, KSA 1, S. 759) eingeführt. Erst nachdem die Rede wieder an den menschlichen Erzähler übergeht, tritt die paradox-selbstbezügliche Formulierung der „Wahrheit, ewig zur Unwahrheit verdammt zu sein“, auf. Auch die vernichtende, zu dieser prekären ‚Wahrheit‘ führende Erkenntnisambition entspringt also offenbar ihrerseits dem „[s]chwärmerische[n] Wahn“ (CV 1, KSA 1, S. 759) des Pathos der Wahrheit: „‚Weckt ihn auf‘ ruft der Philosoph, im Pathos der Wahrheit. Doch er selbst versinkt, während er den Schlafenden zu rütteln glaubt, in einen noch tieferen magischen Schlummer“ (CV 1, KSA 1, S. 760). Auch die zerstörerische Bewusstmachungsambition erweist sich dergestalt als an die Dimension des unbewussten ‚Getäuschtwerdens‘ rückgebunden. Sie kann sich keiner einfachen, ungebrochenen Sprache mehr bedienen,

6 Vgl. dazu auch die Formel „fiat veritas, pereat mundus“ (NL 1873, KSA 7, 29[8], S. 623), die wenig später als „fiat veritas pereat vita“ (UB II 4, KSA 1, S. 272) und schließlich in GM als „pereat mundus, fiat philosophia“ (GM III 7, KSA 5, S. 351) aufgegriffen wird und so die Kontinuität dieser Motivik zwischen Früh- und Spätwerk veranschaulicht.

die von einem stabilen Außen- oder Metastandpunkt aus operiert, sondern bedarf einer „Zeichensprache“, welche die Uneinholbarkeit ihrer eigenen Bedingtheit reflektiert und das „Unbewusste“ nur noch vermittels der Entlarvung ihres eigenen Pathos anzeigen kann.[7]

Erkenntnis als Grausamkeit

Die skizzierte Spannung, die durch das aufgrund der Lebensnotwendigkeit des Unbewussten und der Illusion entstehende destruktive Moment der Erkenntnis als Bewusstmachung des Unbewussten einerseits und die zu unterschiedlichen selbstbezüglichen Konstellationen führende Rückbindung von Erkenntnisvollzügen an Dimensionen des Unbewussten andererseits entsteht, bleibt für zentrale Aspekte des Erkenntnismotivs bis ins Spätwerk prägend.[8]

Die durch diese Rückbindungen entstehende zirkuläre Selbstbezüglichkeitsproblematik zeigt sich etwa in FW 54, wenn Erkenntnis als „Bewusstsein vom Scheine“ (FW 54, KSA 3, S. 416) begriffen wird, das selbst dem Schein entspringt:

> Schein ist für mich das Wirkende und Lebende selber, das soweit in seiner Selbstverspottung geht, mich fühlen zu lassen, dass hier Schein und Irrlicht und Geistertanz und nichts Mehr ist, – dass unter allen diesen Träumenden auch ich, der ‚Erkennende‘, meinen Tanz tanze. (FW 54, KSA 3, S. 417)

Ähnlich wie in CV 1 ist die den Traum bewusst machende Erkenntnis hier selbst Teil des Traums. Das destruktive Moment klingt an dieser Stelle nur in der prekären Erklärung an, weiterträumen zu müssen, um nicht zugrunde zu gehen,[9] tritt aber etwa in FW 107 wieder deutlich zutage, wenn es heißt, dass

---

7 Schon hier zeigt sich somit die von Gasser (1997, S. 345) herausgearbeitete „Subversion der Freudschen Voraussetzungen“, insofern Nietzsche „die von Freud supponierte Grenze zwischen *Trieb* zum Wissen und *Metaebene* Wissenschaft schon dem Prinzip nach unterminiert“. Für Freud stand „außer Diskussion, daß die gewonnenen Einsichten sich als Resultate einer *wissenschaftlichen* Haltung begreifen ließen, in der sich das Erkenntnissubjekt von den Einflüssen seines eigenen Forschungsgegenstandes freigemacht habe.“ (Gasser 1997, S. 340)

8 Vgl. Dellinger (2011) sowie Claus Zittels (1995, S. 57–73) Darstellung der Selbstaufhebungsdynamik des Erkennens.

9 „[I]ch bin plötzlich mitten in diesem Traume erwacht, aber nur zum Bewusstsein, dass ich eben träume und dass ich weiterträumen muss, um nicht zu Grunde zu gehen: wie der Nachtwandler weiterträumen muss, um nicht hinabzustürzen“ (FW 54, KSA 3, S. 417). Die einerseits als Erwachen geschilderte, andererseits aber auf ein Bewusstsein des Träumens eingeschränkte Situation scheint bezüglich der Gefahr des Zugrundegehens eigentümlich zu

die „Einsicht in die allgemeine Unwahrheit und Verlogenheit" sowie „in den Wahn und Irrthum als in eine Bedingung des erkennenden und empfindenden Daseins" ohne die Kompensation durch den Schein der Kunst „den Ekel und den Selbstmord im Gefolge haben" (FW 107, KSA 3, S. 464) müssten.[10]

Noch weitaus expliziter wird die hemmende, dem ‚Produktiven' entgegengesetzte Stellung der Erkenntnis in JGB 229/230: Der „Erkennende" betreibe „eine Vergewaltigung, ein Wehe-thun-wollen am Grundwillen des Geistes, welcher unablässig zum Scheine und zu den Oberflächen hin will" und walte als „Künstler und Verklärer der Grausamkeit" (JGB 229, KSA 5, S. 167), wenn er sich gegen die unbewusste Produktivität des ‚Grundwillens' und sein Streben nach Herrschaft, Vereinfachung oder Zurechtfälschung stellt:

> Diesem Willen zum Schein, zur Vereinfachung, zur Maske, zum Mantel, kurz zur Oberfläche – denn jede Oberfläche ist ein Mantel – wirkt jener sublime Hang des Erkennenden entgegen, der die Dinge tief, vielfach, gründlich nimmt und nehmen will: als eine Art Grausamkeit des intellektuellen Gewissens und Geschmacks. (JGB 230, KSA 5, S. 168)

Auch hier erweist sich der Erkenntnisvollzug jedoch als latent an das gebunden, wogegen er sich kehrt: Nietzsche hebt hervor, dass auch der Erkennende „will", es sich auch bei der dem Grundwillen entgegengesetzten Grausamkeit um ein „Erkennen-*Wollen* [meine Hervorhebung, J.D.]" handelt. Der Erkennende, der „seinen Geist zwingt, wider den Hang des Geistes und oft genug auch wider die Wünsche seines Herzens zu erkennen" (JGB 229, KSA 5, S. 167) folgt seinerseits dem „Hange [s]eines Geistes" (JGB 230, KSA 5, S. 168). Auch der ‚Wille zur Wahrheit' des Erkennenden lässt sich als Spielform des „Willens zur Macht" verstehen, sodass man die grausame Stellung des „Erkenntniswillens" gegen den „Grundwillen" als Stellung des Willens zur Macht gegen sich selbst bzw. mit einem Notat aus dem Spätsommer 1885 als Wendung des Lebens gegen das Leben begreifen kann:

> gesetzt, wir leben in Folge des Irrthums, was kann denn da der ‚Wille zur Wahrheit' sein? Sollte er nicht ein ‚Wille zum Tode' sein müssen? – Wäre das Bestreben der Philosophen

schwanken, insofern das Bewusstsein, weiterträumen zu *müssen*, bereits eine eminente Gefahr suggeriert, dass dies nicht gelingen könnte.

10 Vgl. dazu auch die Schilderung der Genese des Triebs zur Wahrheit als Lebensphänomen und seiner Stellung gegen die lebensnotwenige Irrtümlichkeit in FW 110. Zittel (1995, S. 63) erklärt demgemäß die „Leidenschaft der Erkenntnis als grundsätzlich gegen das Leben gerichtete Strategie des Lebens selber".

und wissenschaftlichen Menschen vielleicht ein Symptom entartenden absterbenden Lebens, eine Art Lebens-Überdruß des Lebens selber? (NL 1885, KSA 11, 40[39], S. 649)[11]

Der Erkennende, der sich nicht mehr auf „Redlichkeit, Liebe zur Wahrheit, Liebe zur Weisheit, Aufopferung für die Erkenntniss, Heroismus des Wahrhaftigen“ berufen kann, weil dergleichen als „Lügen-Putz, -Plunder und -Goldstaub der unbewussten[12] menschlichen Eitelkeit“ entlarvt wurde, kann die Frage „‚warum überhaupt Erkenntnis?‘“ (JGB 230, KSA 5, S. 169) nur noch durch den Verweis auf seinen Hang zur Grausamkeit beantworten, der sich seinerseits als Zeichensprache, als ‚Symptom entartenden absterbenden Lebens‘ dechiffrieren lässt: „[W]ir fanden und finden keine bessere Antwort ...“ (JGB 230, KSA 5, S. 170).[13]

Bewusstsein als Gefahr und Krankheit

Als pointierte, weiter zugespitzte Reflexion dieser Problematik lässt sich die Fassung des Bewusstseins als Gefahr und Krankheit in FW 354 interpretieren: „Zuletzt ist das wachsende Bewusstsein eine Gefahr; und wer unter den bewusstesten Europäern lebt, weiss sogar, dass es eine Krankheit ist.“ (FW 354, KSA 3, S. 593) Dass das Wissen um die Krankhaftigkeit des Bewusstseins den unter den „bewusstesten Europäern“ Lebenden attestiert wird, könnte eine Anspielung auf Dostojewskij darstellen, dessen „Kellermensch“ in den sich beständig selbst unterminierenden Reflexionen seiner Krankhaftigkeit so weit

11 Nietzsche fügt die Worte „des Lebens“ nachträglich ein und hebt so gezielt diese prekäre Konstellation hervor (vgl. KGW IX, W I 7, S. 54). Vgl. dazu auch Dellinger (2012a) sowie das Notat auf der W I 7 vorhergehenden S. 53: „Daß man schädigt, indem man nicht die Wahrheit sagt, ist der Glaube der Naiven, eine Art Frosch-Perspektive der Moral. Wenn das Leben und der Werth des Lebens auf gut geglaubten Irrthümern ruht, so könnte gerade der Wahrheit-Redende, Wahrheit-Wollende der Schädigende sein (als der Aufdröseler der Illusionen.“ (NL 1885, KSA 11, 40[44], S. 651f)

12 In der Erstfassung (vgl. KGW IX, N VII 1, S. 21) fügt Nietzsche zunächst das Wort „unbewußten“ und anschließend den die Dichotomie von Bewusstem und Unbewusstem noch stärker akzentuierenden Zusatz ein, dass der Erkennende im Gegensatz dazu „ja sich selber bewußt ist“. Gestrichen wurde die prägnante selbstbezügliche Wendung, dass er „zu eitel ist“, um sich derartige „Befriedigungen der Eitelkeit zu gestatten“.

13 In der Erstfassung hieß es am Ende demgemäß: „Ein solcher Mensch, {eine solche Arbeit, eine solche Aufgabe – das alles} ist ein Problem.“ (KGW IX, N VII 1, S. 21) Einen pointierten Hinweis, inwiefern diese Lust an der Grausamkeit für Nietzsches Aufdeckungskalkül prägend bleibt, birgt der antichristliche Schluss „Der Glaube macht selig: folglich lügt er...“ (AC 50, KSA 6, 230).

geht, zunächst das übermäßige Bewusstsein – aufgrund dessen er im Gegensatz zu den „hommes d'action" sogar „incapable d'être même un goujat" (Dostojewskij 1886, S. 162) sei – und schließlich das Bewusstsein als solches als Krankheit zu erklären: „[N]on-seulement un excès de conscience est maladif, mais que la conscience elle-même, en soi et en principe, est une maladie" (Dostojewskij 1886, S. 163).[14] Jedenfalls darf aber wohl Nietzsche selbst zu jenen gezählt werden, die unter den „bewusstesten Europäern" leben, sodass nach den reflexiv-selbstbezüglichen Implikationen gefragt werden kann, die sich aus der Bezeichnung des Bewusstseins als Krankheit für Nietzsches Programm der Bewusstmachung im allgemeinen und sowie jener Krankheit im speziellen ergeben: Müssen, wenn das Bewusstsein eine Krankheit ist, nicht auch die „bewusstesten Europäer" krank sein, ja könnte sich die Bewusstmachung jener Krankheit nicht als auf ausgezeichnete Weise krankhaft erweisen? Tatsächlich kann die Art und Weise, wie sich Nietzsches Aphorismus selbst in die von ihm beschriebene Problematik verstrickt, genau dahingehend verstanden werden. Schon wenn Nietzsche im ersten Satz erklärt, dass „[d]as Problem des Bewusstseins (richtiger: des Sich-Bewusst-Werdens) erst dann vor uns hin[tritt], wenn wir zu begreifen anfangen, inwiefern wir seiner entrathen könnten" (FW 354, KSA 3, S. 590), situiert er seinen dieses Problem aufwerfenden Text innerhalb eines Prozesses des Begreifens, bei dem es sich selbst um einen Prozess der Bewusstwerdung zu handeln scheint. Wenn es anschließend im Hinblick auf das fortschreitende Sich-Bewusst-Werden des Menschen heißt „er thut es noch, er thut es immer mehr" (FW 354, KSA 3, S. 592), schreibt sich der Text selbst in jenen Prozess des „immer mehr" ein, insofern er durch ein Sich-Bewusst-Werden des Sich-Bewusst-Werdens der fortschreitenden Bewusstwerdung zuarbeitet. Prekär wird diese reflexiv-selbstbezügliche Dimension, wenn Nietzsche zunächst den Gedanken der Zugehörigkeit des Bewusstseins zur „Heerden-Natur" des Menschen mit den Worten „Mein Gedanke ist [...]" einführt, und kurz darauf erklärt, „dass unser Gedanke selbst fortwährend durch den Charakter des Bewusstseins – durch den in ihm gebietenden ‚Genius der Gattung' – gleichsam m a j o r i s i r t und in die Heerden-Perspektive zurückübersetzt wird" (FW 354, KSA 3, S. 592). Auch Nietzsches eigener „Gedanke" scheint demgemäß von jenem „Phänomenalismus und Perspektivismus" betroffen, dass „die Welt, deren wir bewusst werden können, nur eine Oberflächen- und Zeichenwelt ist, eine verallgemeinerte, eine vergemeinerte Welt" (FW 354, KSA 3, S. 593). Die ironische Hervorhebung des „ich" in der Formulierung „Phänomenalismus und Perspektivismus, wie i c h ihn verstehe" provoziert die kritische Gegenreflexion, dass kurz zuvor die Möglichkeit ‚individuel-

---

14 Zu philologischen Details und quellenkritischen Hintergründen siehe Dellinger (2012b).

len' Verstehens zurückgewiesen wurde, der Text also selbst an die perspektivische „Oberflächen- und Zeichenwelt" und ihre Problematik gebunden bleibt, „dass Alles, was bewusst wird, ebendamit flach, dünn, relativdumm, generell, Zeichen, Heerden-Merkzeichen wird". Schließlich scheint Nietzsche die Krankheit des Bewusstseins nicht einfach nur zu beschreiben oder zu diagnostizieren, sondern regelrecht vorzuführen, wenn es am Ende des Aphorismus heißt:

> wir ‚wissen' (oder glauben oder bilden uns ein) gerade so viel als es im Interesse der Menschen-Heerde, der Gattung, nützlich sein mag: und selbst, was hier ‚Nützlichkeit' genannt wird, ist zuletzt auch nur ein Glaube, eine Einbildung und vielleicht gerade jene verhängnissvollste Dummheit, an der wir einst zu Grunde gehn. (FW 354, KSA 3, S. 593)

Indem die für die gesamte Argumentation leitende Kategorie der „Nützlichkeit" selbst als Effekt der perspektivischen „Oberflächen- und Zeichenwelt" entlarvt und radikal in Frage gestellt wird, desavouiert der Text die Verbindlichkeit seiner eigenen Sprache. Er demonstriert damit an sich selbst jene ‚hindernde', der produktiv-affirmativen Wirkung des Unbewusstheit oder Instinktiven entgegengesetzte Funktion des Bewusstseins, die Nietzsche bereits in den frühen Siebzigerjahren umreißt und an der er auch noch 1888 festhält: „das Bewußtwerden ist ein Zeichen davon, daß die eigentliche Moralität, d.h. Instinkt-Gewißheit des Handelns, zum Teufel geht..." (NL 1888, KSA 13, 14[142], S. 327).[15] Die Rückbindung der Leitkategorie der „Nützlichkeit" an die „grosse gründliche Verderbniss, Fälschung, Veroberflächlichung und Generalisation" (FW 354, KSA 3, S. 593) bewusst zu machen und dergestalt die „Instinkt-Gewißheit" des operativen Begriffsapparates zu unterminieren, erscheint in der Diktion dieses Notats als „eine gewisse Krankhaftigkeit", denn „starke Zeiten und Völker reflektiren nicht über ihr Recht" (NL Frühjahr 1888, KSA 13, 14[142], S. 327).

Am Ende von FW 354 erfüllt sich somit die letzte Konsequenz der zitierten Eingangsthese des Aphorismus: Der angekündigte Prozess des Begreifens ist selbst ein Vollzug des „Sich-Bewusst-Werdens", der sich am Ende als eine „Spiegelung" erweist, derer wir entraten könnten, als „in der Hauptsache überflüssig" (FW 354, KSA 3, S. 590). Indem der Text die Überflüssigkeit des Sich-Bewusst-Werdens bewusst werden lässt, erweist er sich als Extremfall jener „Krankhaftigkeit": Wenn das Bewusstsein eine Krankheit ist, müssen die „bewusstesten Europäer" nicht einfach nur krank, sondern *am kränksten* sein. Ähnlich wie Nietzsche Sokrates als den „extreme[n] Fall" (GD Sokrates 9,

15 Für weitere um diese Thematik kreisende Notate aus dem Jahr 1888 vgl. Gödde (2002, 187 f.).

KSA 6, S. 71) der Instinktanarchie pathologisiert, könnte es sich beim Bewusstsein der Krankheit um den „extremsten Fall" der Krankheit des Bewusstseins handeln.[16] Indem Nietzsche das Bewusstsein der Krankheit als Form der Krankheit des Bewusstseins vorführt, stellt sich jene Konstellation ein, die er in einem weiteren Notat aus dem Frühjahr 1888 als „die extremste Bewußtheit, die Selbstdurchschauung des Menschen und der Geschichte" bezeichnet: „damit sind wir praktisch am fernsten von der Vollkommenheit in Sein, Thun und Wollen: unsere Begierde, unser Wille selbst zur Erkenntniß ist ein Symptom einer ungeheuren décadence... Wir streben nach dem Gegentheil von dem, was starke Rassen, starke Naturen – wollen" (NL 1888, KSA 13, 14[226], S. 398).

Fazit: Autodeixis der Krankheit

Erkenntnis qua „Bewusstmachung des Unbewussten" erweist sich in den diskutieren Beispielen nicht nur als vernichtend, grausam und gefährlich, sondern auch stets als rückgebunden an die jeweilige Figuration des unbewussten Bedingungskomplexes bzw. als parasitärer Vollzug desselben: Die Bewusstmachung des „Pathos der Wahrheit" und der „Wahrheit, ewig zur Unwahrheit verdammt zu sein" entspringt selbst einem „Pathos der Wahrheit", jene des „Grundwillens des Geistes" einem umgekehrten, gegen sich selbst gekehrten „Hang des Geistes" und jene der Perspektivität der „Oberflächen- und Zeichenwelt" des Bewusstseins einem verschwenderischen, letztlich krankhaften Exzesses der ihr entspringenden „Kraft und Kunst der Mittheilung" (FW 354, KSA 3, S. 591). Nietzsches selbstbezügliche, ihre eigene „Instinkt-Gewissheit" torpedierenden Schreibstrategien zeigen diese Rückbindungen an und arbeiten damit jener „extremsten Bewusstheit" zu, die sich von seinen Voraussetzungen als äußerstes Dekadenzsymptom dechiffriert. Das frühe Desiderat einer „Zeichensprache" zur Bewusstmachung des Unbewussten kulminiert dergestalt im semiotischen Strategem einer Autodeixis der Krankheit des Bewusstseins als Bewusstsein der Krankheit.

16 „Dies ist der subversive Zusammenhang, in den Nietzsche den Philosophen und damit auch sich selbst verstrickt: Der schärfste Diagnostiker ist stets auch exemplarischer Ausdruck der jeweils diagnostizierten Krise." (Müller 2009, S. 147) Demgemäß kann, „[s]o wie Hegels Reflexion auf die entstehenden Wissenschaften sich als Teil dessen versteht, was sie beschreibt, [...] auch Nietzsches Kritik zugleich als Diagnose *und* Symptom jener ‚Krankheit' gedeutet werden, die sie in der Moderne ausmacht" (Purtschert 2006, S. 123).

Literaturverzeichnis

Born, Marcus Andreas (2010): *Nihilistisches Geschichtsdenken. Nietzsches perspektivische Genealogie*. Paderborn: Fink.

Dellinger, Jakob (2011): „Erkenntnis". In: Christian Niemeyer (Hrsg.): *Nietzsche-Lexikon*. 2., durchgesehene und erweiterte Auflage. Darmstadt: WBG, S. 96–97.

Dellinger, Jakob (2012a): „‚In summa bereitet die Wissenschaft eine souveräne Unwissenheit vor'. Nietzsches Wissenschaftsbegriff zwischen Selbstaufhebung und Wille zur Macht". In: Helmut Heit/Günter Abel/Marco Brusotti (Hrsg.): *Nietzsches Wissenschaftsphilosophie*. Berlin, Boston: De Gruyter, S. 149–160.

Dellinger, Jakob (2012b): „Bewusstsein als Krankheit. Eine Anspielung auf Dostojewskij in ‚Die fröhliche Wissenschaft' 354?". In: *Nietzsche-Studien* 41, im Erscheinen.

Dostojewskij, Fjodor Michailowitsch (1886): *L'esprit souterrain*. Übers. von E. Halpérine und Ch. Morice. Paris: Plon-Nourrit.

Gasser, Reinhard (1997): *Nietzsche und Freud*. Berlin, New York: De Gruyter.

Gödde, Günter (2002): „Nietzsches Perspektivierung des Unbewussten". In: *Nietzsche-Studien* 31, S. 154–194.

Hödl, Hans Gerald (1997): *Nietzsches frühe Sprachkritik. Lektüren zu „Ueber Wahrheit und Lüge im aussermoralischen Sinne" (1873)*. Wien: WUV.

Liebscher, Martin (2010): „Friedrich Nietzsche's Perspectives on the Unconscious". In: Angus Nicholls/Martin Liebscher (Hrsg.): *Thinking the Unconscious. Nineteenth-Century German Thought*. Cambridge: Cambridge Univ. Press, S. 241–260.

Müller, Enrico (2009): „Von der ‚Umwertung' zur Autogenealogie. Die ‚Götzen-Dämmerung' im Kontext des Spätwerks". In: *Nietzscheforschung* 16, S. 146–149.

Purtschert, Patricia (2006): *Grenzfiguren. Kultur, Geschlecht und Subjekt bei Hegel und Nietzsche*. Frankfurt am Main: Campus.

Zittel, Claus (1995): *Selbstaufhebungsfiguren bei Nietzsche*. Würzburg: Königshausen und Neumann.

Cathrin Nielsen

Der „unendlich kleine Augenblick“.

Zum ‚Unbewussten‘ bei Nietzsche

1

Die Rede vom Unbewussten als einem Bereich der menschlichen Psyche, der sich dem Zugriff des Bewusstseins entzieht und doch zugleich maßgeblich an seiner untergründigen Konstitution beteiligt ist, ist heute ebenso selbstverständlich wie vage. Seine „Entdeckung“ hing, wie Ellenberger (2005) in seiner berühmten gleichnamigen Studie gezeigt hat, mit der Übersetzung und Umdeutung ‚irrationaler‘ Phänomene in dynamische innerseelische Sachverhalte zusammen. So scheint sich das, was sich früheren Kulturen noch als eine (im weitesten Sinne) fremde Einwirkung von außen darbot, rückstandslos auf den, zum Teil verborgenen, zum Teil öffentlichen Schauplatz des menschlichen Inneren zurückführen zu lassen. So eingängig diese Erklärung auf den ersten Blick anmutet, so verworren und vielschichtig ist jedoch der Komplex an Voraussetzungen, der dieser Übersetzung und damit der Genese des „Unbewussten“, oder genauer: des heutigen Begriffs von ihm, zugrunde liegt.

Schopenhauer, dem eine zentrale Rolle für die moderne Psychologie im Sinne einer Psychologie des Unbewussten zugeschrieben wird, verbindet seine Einsicht in den blinden, drängenden *Willen* als den Kern der erscheinenden Welt, vor allem mit der transzendentalen Wende im Denken Kants. Bis zu Kant hätte es der Mensch „noch nicht gelernt, die Spekulation auf die geheimnißvollen Tiefen seines eigenen Innern zu richten; sondern er suchte Alles außer sich“ (WN, S. 294). Kants Entdeckung war, dass dieses „außer uns“ dem menschlichen Vorstellungsvermögen entspringt; es gibt kein Außen, oder dieses entzieht sich uns zumindest als „Ding an sich“ oder ist stets Objekt für ein Subjekt. Aber nicht nur die Erkenntnis äußerer Gegenstände unterliegt der Einschränkung durch unser Vorstellungsvermögen, sondern auch die Erkenntnis unseres Inneren: Was die *Seele* ist, so Kant, wissen wir nicht. Gleichwohl sind wir mittels des inneren Sinnes, dessen Form die *Zeit* ist, unserem inneren Zustand zugewandt, wenn auch der Stoff dieses inneren Sinnes wiederum die Vorstellungen der äußeren Sinne sind, mit denen „wir unser Gemüt besetzen“.[1]

1 Vgl. Kant, KrV, B 67: „Mit der inneren Anschauung ist es ebenso bewandt. Nicht allein, daß darin die Vorstellungen *äußerer Sinne* den eigentlichen Stoff ausmachen, womit wir unser Gemüt besetzen, sondern die Zeit, in die wir diese Vorstellungen setzen, die selbst dem Bewußtsein derselben in der Erfahrung vorhergeht, und als formale Bedingung der Art,

Wir befinden uns somit in der Situation, unser Inneres stets und notwendig in Analogie zu äußeren Vorstellungen zu begreifen, so zuallererst darin, uns die Zeit anhand einer Linie bewusst zu machen; sie fungiert als „Analogie" für etwas, für das uns die innere Anschauung eigentlich „keine Gestalt giebt" (KrV, B 50). Auch für Schopenhauer entspringt die empirische Welt allein unserer Verstandestätigkeit, ist also ebenfalls Objekt für ein Subjekt. Andererseits, und dies macht ihn zum Vorläufer moderner Psychologie, ist uns das Ding an sich weder nach Außen noch nach Innen ein vollständig dunkles X, sondern als *Wille* in einer intimen Weise bekannt und vertraut. Es stehen sich also nun nicht mehr nach Art des „kindlichen" Realismus, wie Schopenhauer sagt, menschliche Vernunft und eine ihr äußere *res* gegenüber, noch, wie bei Kant, Erscheinung und Ding an sich, sondern die sich in jedem Individuum gewissermaßen vor den Kopf stoßende Welt als Wille *und* Vorstellung. So spricht Schopenhauer vom Menschen als einem *„animal compositum"*: Während „der Kopftheil jedes einzelne Thier isolirt", ist der „unbewußte Theil [...] ein gemeinsames Leben Aller" (WWV II, S. 382). Oder er bringt die bewusste Welt, die (in Anlehnung an Kant) Raum, Zeit und Kausalität unterworfen ist, mit der Oberfläche einer Kugel in Verbindung, deren Formen verschwimmen, je mehr sie in das Innere der Kugel, also den Willen, absinken. Je weiter es ins distinkte Außen gelangt, desto heller und klarer ist unser Bewusstsein; je mehr es sich dem Innern zuwendet, desto dunkler wird es. Insofern jedes Individuum eine solche Kugel darstellt, die zugleich die ganze Welt ist,[2] lassen sich das Verhältnis zwischen Zentrum und Oberfläche, Wesen und Erscheinung, Wille und Vorstellung auch als das Verhältnis zwischen „bewusst" und „unbewusst" beschreiben. Schopenhauer ordnet ihm zwei Erkenntnisweisen zu: Eine auf die empirische Welt gerichtete Erkenntnis und eine auf die innere Welt, den Willen selbst gerichtete. Wie Kant weist auch Schopenhauer diesem *„inneren* Sinn", dessen „alleinige[r] Gegenstand [...] der eigene *Wille* des Erkennenden" (WWV II, S. 49) sein soll, als Form die *Zeit* zu. Indem sie den einen, an sich erkenntnislosen Willen in ein Nacheinander auseinanderziehe, erlaube sie eine Erkenntnis dieses Willens in seinen einzelnen Akten, als Kette, Lebenslauf oder

---

wie wir sie im Gemüte setzen, zum Grunde liegt, enthält schon Verhältnisse des Nacheinander-, des Zugleichseins, und dessen, was mit dem Nacheinander zugleich ist (des Beharrlichen)."

2 „Jeder findet sich selbst als diesen Willen, in welchem das innere Wesen der Welt besteht, so wie er sich auch als das erkennende Subjekt findet, dessen Vorstellung die ganze Welt ist, welche insofern nur in Bezug auf sein Bewußtseyn, als ihren nothwendigen Träger, ein Daseyn hat. Jeder ist also in diesem doppelten Betracht die ganze Welt selbst, der Mikrokosmos, findet beide Seiten derselben ganz und vollständig in sich selbst." (WWV I, S. 227)

Linie. Da die Zeit selbst aber reine Sukzession ist, aus lauter Bewegung bestehend, ohne *etwas*, das sich bewegt (vgl. WWV II, S. 45), ist ihr Charakter als in sich gegründete Linie wiederum der ursprünglichen Identität des *Willens* verschuldet, der das in die Zeit Auseinandergezogene (und darin „Bewusste“) steuert und für das Individuum als *eines* erfahrbar macht. Der Einblick in den Willen selbst eröffne freilich einen „Abgrund der Betrachtung“, dessen Tiefe keine klare Einsicht mehr gestatte, „sondern nur einzelne Blicke“ (WWV II, S. 378) sowie eine Rede in „Bild und Gleichniß“ (WWV II, S. 380).[3]

Nietzsche greift das bei Schopenhauer vorgebildete Verhältnis zwischen Wille und Vorstellung auf, modifiziert es jedoch in einer entscheidenden Hinsicht. Statt des *einen*, im Kern aller Erscheinung wirkenden Willens, spricht er nun von einer Vielheit gegensätzlich aufeinander bezogener Willen: „[...] es giebt keinen Willen: es giebt Willens-Punktationen, die beständig ihre Macht mehren oder verlieren“ (NL 1887–1888, KSA 13, 11[73], S. 36 f.).[4] Schopenhauer habe mit der Auffassung von der Einfachheit, Zeitlosigkeit und unmittelbaren Verständlichkeit des Willens ein Vorurteil aufgegriffen; tatsächlich sei das Wollen „etwas Complicirtes“ (JGB 19, KSA 5, S. 32), etwas, das wir „zu gewissen Erscheinungen des Bewußtseins [...] hinzugedichtet“ haben, ja: „Es giebt nicht mehr ‚Wille‘ als was uns davon bewußt wird“ (NL 1883, KSA 10, 12[30], S. 406). Nietzsche gewichtet also die Dichotomie zwischen Ding an sich und Erscheinung, Wille und Vorstellung neu, indem er den Willen pluralisiert und selbst durch Vielheit, Gegensätzlichkeit und Bewusstsein charakterisiert sein lässt. ‚Bewusst‘ und ‚unbewusst‘ beschreiben nicht mehr ein (sich in seiner Erkennbarkeit ausschließendes) Verhältnis von Außen und

3 Schopenhauer spricht damit eine grundsätzliche Problematik für das Thema des Unbewussten an, nämlich, wie sich dieses als etwas von der empirischen Welt Verschiedenes überhaupt als *Gegenstand der Erkenntnis* verstehen lässt. Freud nimmt die Schopenhauerische Betonung der transzendentalphilosophischen Wende wieder auf, wenn er schreibt: „Die psychoanalytische Annahme der unbewußten Seelentätigkeit erscheint uns einerseits als eine weitere Fortbildung des primitiven Animismus, der uns überall Ebenbilder unseres Bewußtseins vorspiegelte, und andererseits als die Fortsetzung der Korrektur, die *Kant* an unserer Auffassung der äußeren Wahrnehmung vorgenommen hat. Wie *Kant* uns gewarnt hat, die subjektive Bedingtheit unserer Wahrnehmung nicht zu übersehen und unsere Wahrnehmung nicht für identisch mit dem unerkennbaren Wahrgenommenen zu halten, so mahnt uns die Psychoanalyse, die Bewußtseinswahrnehmung nicht an die Stelle des unbewußten psychischen Vorganges zu setzen, welcher ihr Objekt ist. Wie das Physische, so braucht auch das Psychische nicht in Wirklichkeit so zu sein, wie es uns erscheint.“ (Freud 1963, S. 12) Vgl. auch die Diskussion der *Wiener Psychoanalytischen Vereinigung* vom 8. November 1911 zum Thema „Über die angebliche Zeitlosigkeit des Unbewußten“ (in: Nunberg/Federn 1979, S. 288–296).

4 Vgl. hierzu maßgeblich Müller-Lauter (1999).

Innen, Oberfläche und Zentrum, Vorstellung und Wille, sondern ein antagonistisches Drängen nach Macht, dem unzählige einander bekämpfende Erkenntnisweisen, Intellekte und ‚Bewusstseins' entsprechen: „Es muß eine Menge Bewußtseins und Willen's in jedem complicirten organischen Wesen geben: unser oberstes Bewußtsein hält für gewöhnlich die anderen geschlossen. Das kleinste organ<ische> Geschöpf muß Bewußtsein und Willen haben" (NL 1884, KSA 11, 25[401], S. 116). Statt der Kugel Schopenhauers, an deren Oberfläche sich das „Wesen" in die bewusste Erscheinung ausläuft, haben wir nun ein Innen und Außen umschließendes Geschehen an „geistigen" Assimilierungs-, Verdrängungs- und Übersetzungsvorgängen, wobei das, was wir geläufigerweise unter „Bewusstsein" verstehen (der Umgang mit Dingen, Linien, Körpern, Distinktheit, Kausalität usw.), auch für Nietzsche ein Oberflächenphänomen bleibt. Der „uns bekannte Geist" ist, wie er sagt,

> völlig unvermögend, irgend etwas zu thun. Wie armselig ist jedes Bewußtseins-Bild! Es wird wohl selber nur Wirkung sein von einer Veränderung, welche nun eine weitere Veränderung (Handlung) nach sich zieht. Jede Handlung, die wir ‚wollen', ist ja durchaus nur als Schein der Erscheinung, von uns vorgestellt. – (NL 1883, KSA 10, 12[34], S. 406)

2

Ich möchte nun in einem zweiten Schritt diese Engführung Nietzsches in der gebotenen Kürze präzisieren, und zwar im Zusammenhang der Frage, wie Nietzsche das Verhältnis von Wille und Vorstellung unter der Perspektive der *Zeit* als dem bei Kant und Schopenhauer mit dem „inneren Sinn" in Verbindung gebrachten Urphänomen unbewusster Selbsterfahrung aufbricht und neu bestimmt. Die Zeit oder gar der „innere Sinn" scheinen auf den ersten Blick kein originäres Thema Nietzsches zu sein. Ich möchte in diesem Zusammenhang jedoch eine Nachlassnotiz in Spiel bringen, die seit einigen Jahren unter dem von Nietzsche selbst verwendeten Begriff einer „Zeitatomenlehre" (NL 1873, KSA 7, 26[12], S. 575–580) zunehmend mehr ins Licht der Forschung rückt.[5] Nach ihr soll es, so Nietzsche, möglich sein,

> 1) die vorhandene Welt auf punktuelle Raumatomistik zurückzuführen, 2) diese wieder auf Zeitatomistik zurückzuführen, 3) die Zeitatomistik fällt endlich zusammen mit einer Empfindungslehre. Der dynamische Zeitpunkt ist identisch mit dem Empfin-

5 Zur Forschung vgl. Whitlock (1997 und 2000), Miller (1999), Ansell-Pearson (2000).

dungspunkt. Denn es giebt keine Gleichzeitigkeit der Empfindung. (NL 1873, KSA 7, 26[12], S. 579)

Wie Karl Schlechta und Anni Anders, die dem Fragment erstmals Aufmerksamkeit zukommen ließen, schreiben, sollen diese Aufzeichnungen Nietzsches den Versuch darstellen, seine eigenen, vor allem durch Kant und Schopenhauer angeregten erkenntnistheoretischen Fragen mit Resultaten seiner Lektüre naturwissenschaftlicher Autoren zusammenzudenken (vgl. Schlechta/Anders 1962, S. 148).[6] Ich werde hier auf den naturwissenschaftlichen Hintergrund nicht eingehen, sondern beschränke mich ausschließlich auf die Frage, wie Nietzsche das aufgeworfene Problem der „Erkennbarkeit“ des Willens (in den Worten dieser Zeit: der *Empfindung*) im Zusammenhang der *Zeit* angeht, und welche Konsequenzen dies für die Frage nach dem ‚Unbewussten‘ in seinem Denken hat.

Nietzsche spielt im Zeitatomenlehre-Fragment in wenigen Schritten den Gedanken durch, dass die Welt der Vorstellung, und das bedeutet zugleich: die Welt des *Oberflächenbewusstseins*, auf lebendige Zeit- bzw. Empfindungsmomente zurückgeführt werden müsse. Die empirische Wirklichkeit erweist sich als bis in ihre atomaren Strukturen hinein durchströmt von einer dynamischen, überschüssigen Offenheit. Jedes Atom (als Inbegriff der kleinsten Form von „Substanz“) ist, zieht man seine räumliche Verschalung von ihm ab, nichts anderes, als ein offener, unwiederholbarer Moment der *Zeit*, oder auch, wie Nietzsche sagt, ein offener Moment des Leidens, der reinen Empfindung. Was sich uns auf der Oberfläche als durch das Kausalitätsprinzip zusammengehaltene Welt der Vielheit darbietet, erweist sich von Innen her als ein Aufeinanderwirken dynamischer „Zeitatome“, die zugleich „Empfindungsatome“ sein sollen, denn – „es giebt keine Gleichzeitigkeit der Empfindung“ (NL 1873, KSA 7, 26[12], S. 579).

Im Gegensatz zu Schopenhauer, der die empirische Welt zwar in letzter Konsequenz durch den Willen dirigiert, aber doch in ihrem „formalen“ Aufbau als in sich, genauer: in unseren Gehirnfunktionen, gegründet sein lässt, bezieht Nietzsche die auf die Oberfläche getretenen bewussten Erscheinungen und ihre Relationen zueinander auf ein untergründiges Geschehen zurück, das hier als Empfindung, und zwar genauer: als ein Durcheinander zahlloser „Zeit-“ oder „Empfindungsatome“ gefasst wird. Nietzsche bestimmt sie auch

6 Es ist nicht unerheblich, dass Nietzsche seine Fragen in kritischer Auseinandersetzung mit den aufstrebenden Naturwissenschaften entwickelt, insofern diese im 19. Jahrhundert eine „Faktenaußenwelt“ etabliert, der (in Analogie) eine (psychische) „Fakteninnenwelt“ zur Seite gestellt werden soll. Was sich dem „Faktischen“ entzieht, versinkt in der unvermittelbaren Sprachlosigkeit der sogenannten „1. Person-Perspektive“. Vgl. auch Anm. 12.

als „wirkende" oder „punktuelle Kraft" (NL 1873, KSA 7, 26[12], S. 577), die sich im Unterschied zum damals vorherrschenden physikalischen Kraftbegriff dadurch auszeichnen soll, dass sie sich in ihrem Wirken unablässig von sich unterscheidet und also zu keinem Zeitpunkt „dieselbe" ist (vgl. NL Frühjahr 1873, KSA 7, 26[12], S. 575). Insofern sich die Kraftpunkte in jedem Moment von sich selbst unterscheiden (sie würden ohne einen Verlust ihres Beisichelbstseins, so Nietzsche, nicht *wirken* können), erweist sich das formale (räumliche) Gerüst der Vorstellungswelt tiefer besehen als ein „Zeitphänomen": Die „Raumatomistik" wird zur „Zeitatomistik", insofern sich die (zeitlosen) Raumgesetze der ersten in die (raumlosen) Zeitgesetze der zweiten auflösen, wobei der Begriff des „Gesetzes" in Bezug auf die Zeit als „unendlich theilbar[er]" (NL 1873, KSA 7, 26[12], S. 576) selbst einen dynamischen Charakter gewinnt. Die Zeit in Analogie zum Raum, die Zeit, die wir, wie Kant schrieb, notwendig in Analogie zur „Linie"[7] vorstellen, die (verräumlichte) Zeit als ein „Nacheinander", erweist sich als nachträglich, als „erschlossen und vorgestellt" (NL 1873, KSA 7, 26[12], S. 577), wie überhaupt sich „die Gesetze des Raumes [...] [als] sämmtlich construirt" herausstellen. Die Radikalisierung gegenüber der transzendentalen Auffassung von den im Subjekt liegenden reinen Formen der Anschauung liegt darin, dass Nietzsche noch einen Schritt hinter ihre – „Erkennbarkeit" verbürgende – Verbindlichkeit zurückgeht: Die Zeit, um die es ihm nach Abzug des Raumes zu tun ist, ist der „Zeitpunkt"[8], genauer: der „dynamische Zeitpunkt [...] identisch mit dem Empfindungspunkt" (NL 1873, KSA 7, 26[12], S. 579). Um das Chaos der dynamischen Zeit- oder Empfindungspunkte als eine – somit notwendig „unterbrochene" (NL 1873, KSA 7, 26[12], S. 576) – Zeit*linie* vorzustellen, ist, so Nietzsche, allererst „ein reproduzierendes Wesen nöthig, welches frühere Zeitmomente neben den gegenwärtigen hält. Darin sind unsere Körper imaginirt" (NL 1873, KSA 7, 26[12], S. 577).

Wenn wir uns nun daran erinnern, dass Schopenhauer die Zeit, deren Wesen die reine Sukzession sein soll, nur im *Willen* des Individuums versammelt und von ihm her in ein Zentrum und sodann in eine Linie gewendet findet,[9] ist auch hier eine Radikalisierung durch Nietzsche geltend zu machen.

7 Vgl. Kant, KrV, B 50: „Und, eben weil diese innre Anschauung keine Gestalt giebt, suchen wir auch diesen Mangel durch Analogien zu ersetzen, und stellen die Zeitfolge durch eine ins Unendliche fortgehende Linie vor, in welcher das Mannigfaltige eine Reihe ausmacht, die nur von einer Dimension ist, und schließen aus den Eigenschaften dieser Linie auf alle Eigenschaften der Zeit [...]".

8 „Die Zeit ist aber gar kein continuum, sondern es giebt nur total verschiedene Zeitpunkte, keine Linie." (NL 1873, KSA 7, 26[12], S. 579)

9 Schopenhauer schreibt: „Unsre Erkenntnis zieht nicht sowohl Linien von einem Ding zum andern, [...] als vielmehr Linien von allen Dingen zum eignen Willen, wodurch eine Kugel mit

Insofern nämlich der Zeitpunkt mit einem Empfindungspunkt „identisch" sein, und es zugleich „keine Gleichzeitigkeit der Empfindung" geben soll (vgl. NL 1873, KSA 7, 26[12], S. 579), ist auch der *eine* Wille als etwas Konstruiertes und Vorgestelltes aufzufassen. Wir haben weder die *eine* Welt der Vorstellung noch die *eine* Welt des Willens (noch die *eine* Welt des Individuums als dem „Indifferenzpunkt", wie Schopenhauer sagt). Beide fallen vielmehr zusammen in

> unendliche Willen: jeder projicirt sich in jedem Momente und bleibt sich ewig gleich. Somit giebt es für jeden Willen eine verschiedene Zeit. Es giebt keine L e e r e, die g a n z e W e l t i s t E r s c h e i n u n g, durch und durch, Atom an Atom, ohne Zwischenraum. (NL 1870–1871, KSA 7, 7[168], S. 204)

Statt zwischen Wille resp. Empfindung und Vorstellung zu trennen, nimmt Nietzsche sie zusammen in dem wirkenden, d. h. sich von sich unterscheidenden Zeit- und Empfindungspunkt, dessen „Reproduktion" gewissermaßen zur innersten Urtätigkeit dessen wird, was ‚wir' *dann* als bewusste Welt erfahren:

> „Die Vielheit entstünde dadurch, daß es vorstellende Wesen gäbe, welche diesen Punkt in den kleinsten Zeitmomenten wiederholt dächten: Wesen, welche den Punkt auf verschiedenen Zeitpunkten als nicht identisch annehmen und jetzt diese Punkt gleichzeitig nehmen." (NL 1873, KSA 7, 26[12], S. 577)

Darin, in diesem Reproduzieren und Nebeneinanderhalten, „sind unsere Körper imaginiert". Das Imaginieren (Ins-Bild-Setzen) beschreibt Nietzsche als eine „actio in distans" (NL 1873, KSA 7, 26[12], S. 579), also einen bezüglich seiner „Ursache" nicht mehr weiter erklärbaren schöpferischen Akt, der die Überwindung einer Distanz in sich birgt, das heißt einen jedesmaligen Sprung, der sich tiefer genommen als *schöpferische Organisation der von sich her unendlich diskreten Zeitmomente* erweist. Denn zwischen den Zeitmomenten gibt es keine objektive Identität, was impliziert: der *An*nahme einer solchen Identität

---

vielen Radien entsteht, deren Centrum der eigene Wille, der Eigenwille ist: [...] oder eigentlich und ohne Bild, der ängstliche Antheil am eignen Ich ist das Vermittelnde aller unsrer Erkenntniß der Dinge." (HN III, 167 f.) Indem der Wille dem Erkennen diesen „ängstlichen Antheil" aufzwingt und es dadurch nötigt, die in sich ganz indifferente Welt objektiver Vorstellungen auf diesen einen „Punkt" zurückzubeziehen, wird er zum „Centrum ihres Horizonts" oder „*Brennpunkt* der gesammten *Vorstellungskraft*" (HN III, 125). Die Zeit als Form des Intellektes entspringt somit allererst mit dem Intellekt, der wiederum im Willen zusammenlaufend diesen gleichsam „aus sich hinaus projicirt", um *mit ihm* „die Linie der Zeit auf[,] der daher alles was sie vorstellt, stehn muß", zu beschreiben (HN III, 125). Auch bei Schopenhauer ist also streng genommen die Zeit bereits *in uns* als *Individuum* (nicht als Erkenntnissubjekt), insofern es der „ängstliche Antheil" ist, der die „Linie der Zeit" beschreibt.

geht das aktive und Als-gleich-und-gleichzeitig-*Nehmen* voraus. Oder mit anderen Worten: Zwei Punkte sind nicht für sich in ihrer (konstanten) Wirkung messbar, sondern werden erst durch den „Sprung" lokalisiert und begrenzt, d. h. in ihrer momentanen Bestimmtheit fassbar. Alle Erscheinungen wären somit ihrem Wesen nach Zeitmaße bzw. Zeitproportionen bzw. Organisationen von Zeit oder auch Bildungen von *Rhythmen*.[10]

Im Zeitatomenfragment fasst Nietzsche zusammen:

> Wir hätten dann eine punktuelle Kraft, welche zu jedem späteren Zeitmomente ihrer Existenz eine Relation hätte, d. h. deren Kräfte in jenen Figuren und Relationen bestünden. In jedem kleinsten Moment müßte die Kraft verschieden sein: aber die Aufeinanderfolge wäre in irgendwelchen Proportionen und die vorhandene Welt bestünde in der Sichtbarwerdung dieser Kraft-Proportionen, d. h. Übersetzung ins Räumliche. (NL 1873, KSA 7, 26[12], S. 577 f.)

Das bedeutet, dass jedes Raumatom auf einen Zeit-Punkt als punktuelle Kraft zurückgeführt werden kann, welcher aber niemals rein für sich bleibt, sondern sich, als Empfindung, sogleich in den Raum übersetzt. Zwar wandelt sich die Kraft unablässig; dieser Wandel bleibt uns jedoch unzugänglich bzw. ist für uns sichtbar nur als im Räumlichen anschaubar gewordene, *bestimmte* Kraft-Proportion. Die tiefste Ebene der Entstehung dieser „Logik der Zeit", die uns eine konstante Kraft als Entstehungsherd suggeriert, bleibt uns aufgrund der mit der Empfindung unauflöslich verbundenen Übersetzungsleistung verborgen:

> Zeit, Raum und Kausalität sind nur Erkenntnismetaphern [also Sprünge! – CN], mit denen wir die Dinge uns deuten. Reiz und Thätigkeit verbunden: wie das ist, wissen wir nicht, wir verstehn keine einzige Kausalität, *aber wir haben unmittelbare Erfahrung von ihnen*. Jedes Leiden ruft ein Thun hervor, jedes Thun ein Leiden – dies das allgemeinste Gefühl bereits schon Metapher. (NL 1872–1873, KSA 7, 19[210], S. 484; Kursiv: CN)[11]

Wir können hinter das „Zwischen" von Zeit und Raum, Empfindung und Vorstellung, Leiden und Tun nicht zurück. Jeder Versuch, das „Zwischen" als den Moment des Springens selbst zu veräußern, macht sich einer „ungeheuren petitio principii" schuldig: „plötzlich zeigt sich das letzte Glied als der Ausgangspunkt..." (PHG, KSA 1, S. 829).

Kommen wir von hier noch einmal zurück auf den mit der Zeit verbundenen „inneren Sinn", den Kant und (anders) Schopenhauer mit der, „unbewuss-

---

10 Vgl. hierzu Günther (2008) und Miller (1999).

11 „Also ist jede Wirkung actio in distans, d. h. durch Springen. 2.) Wie eine Wirkung dieser Art in distans möglich ist, wissen wir nicht." (NL 1873, KSA 7, 26[12], S. 578)

ten" Erkenntnisleistung in Zusammenhang bringen, wobei beide auf die im Grunde unangemessene Analogie hinweisen, die uns das „Innere" stets in Formen des „Äußeren" zuführt (wie die Zeit in Form einer Linie oder die Wirkung in Form eines Kausalitätsverhältnisses). Auch Nietzsche schreibt: „Die ‚innere Welt' und ihr berühmter ‚innerer Sinn'. Der innere Sinn verwechselt die Folge mit der Ursache | die ‚Ursache' wird projicirt, nachdem die Wirkung erfolgt ist: Grundthatsache der ‚inneren Erfahrung'." (NL 1888, KSA 13, 15[85], S. 457) Danach ist der „berühmte ‚innere Sinn'" dadurch ausgezeichnet, dass der Wirkung, jener momentanen, zwischen Tun und Leiden aufbrechenden Kraftäußerung, nachträglich eine Ursache zugesprochen wird, die das Verhältnis feststellt, ein „Thäter", der dem „Thun" zugrunde liegt, und sei es ein unbewusster „Thäter", ja das Unbewusste als „Thäter" schlechthin (vgl. NL 1888, KSA 13, 14[98]). Das eigentümliche „Bewusstsein" jedoch, dass wir nach Nietzsche vom Willen haben, jene lebendige Rangordnung und Hierarchie zwischen den zahllosen „Bewußtseins und Willen's" (NL 1888, KSA 13, 14[98]), jene „plötzlichen Explosionen" werden „damit verdunkelt und unklar gemacht wenn man sie mit einer solchen ‚Innenwelt' versieht" (NL 1883, KSA 10, 12[35], S. 407). Gerade die Sicherheit, mit der die wissenschaftliche Moderne auf ein solches (natürliches) ‚Innen', eine objektivierbare „Psyche", zugreift, verbindet Nietzsche bekanntlich mit einer Selbstverkleinerung des Menschen im Sinne einer Domestizierung seiner Abgründigkeit.[12] Mit anderen Worten: Obwohl, oder gerade *weil* Nietzsche die „reine" Zeit (in seinen späteren Worten den „absoluten Fluss" oder das „reine Werden", *das wir sind*) als nicht lebbar erkennt, weil er die ‚reine' Empfindung als schon immer *sich verräumlichende*, d. h. in Beziehung setzende, vorstellende begreift, kann er

12 Ein späterer scharfer Kritiker einer solchen „Fakteninnenwelt" ist – nicht zuletzt vor dem Hintergrund Nietzsches – Arnold Gehlen; er erkennt sie als „ganz analog zur Faktenaußenwelt" etabliert, und zwar „einmal als *Gegenstand* einer analytischen, empirischen Psychologie, und sodann als der unbefangen hingenommene innere Vorgangsbereich, in dem man lebt" (Gehlen 1956, S. 121). Wie Nietzsche verbindet er mit ihrem Aufkommen eine „‚Verkleinerung' des Menschenbildes" (Gehlen 1956, S. 122): Die Psyche wird zum *Objekt* einer Wissenschaft. Die Notwendigkeit einer Bändigung und Formung jener im Inneren des Menschen aufbrechenden überschüssigen Subjektivität dagegen, auf die Nietzsche ein so großes Augenmerk gelegt hat – da es, wie er sagt, im Fluss der Zeit eigentlich gar „kein Individuum giebt", da es immer erst im „Irrthum des schöpferischen Augenblicks" (NL, 1881, KSA 9, 11[156], S. 502) beginnt –, ist im selben Zuge verloren gegangen und hat die unbefangene Auffassung freigesetzt, in einer „‚natürlichen' Innenwelt [zu] leben, wie in der ‚natürlichen' Außenwelt, und zwar ohne das Bedürfnis, jene Innenwelt einer Deutung oder gar Norm zu unterstellen, und dennoch keineswegs unmoralisch, in dem spannungslosen und domestizierten Sinne von Moral, den die Gegenwart entwickelt hat" (Gehlen 1956, S. 121).

umgekehrt das, was als „sichtbare Kraft-Proportion" an die Oberfläche des Bewusstseins tritt – in Form von Linie, Substanz, Ursache, Körper, als ‚organische' oder ‚unorganische' ‚Außen'- oder ‚Innen-', bewusste oder unbewusste Welt – von innen her als ein Geschehen deuten, das einen unendlichen Spielraum freilässt (FW 374, KSA 3, S. 626 f.), und damit zugleich ein unendliches Maß an Verfeinerungsfähigkeit des Erkennens, Vertiefens und Sichannäherns: „Das Bewußtsein – ganz äußerlich beginnend, als Coordination und Bewußtwerden der ‚Eindrücke' [ist] anfänglich am weitesten entfernt vom biologischen Centrum des Individuums, aber ein Proceß, der sich vertieft, verinnerlicht, jenem Centrum beständig annähert" (NL 1886–1887, KSA 12, 7[9], S. 294). Das „Geheimniß", das das Individuum dabei entdeckt, ist keine „Innenwelt", auch keine „unbewusste Innenwelt". Das „Geheimniß" ist vielmehr,

> daß es kein Individuum giebt, daß im kleinsten Augenblick es etwas Anderes ist als im nächsten und daß seine Existenzbedingungen die einer Unzahl Individuen sind: der unendlich kleine Augenblick ist die höhere Realität und Wahrheit, ein Blitzbild aus dem ewigen Flusse. (NL 1881, KSA 9, 11[156], S. 502)

Literaturverzeichnis

Ansell-Pearson, Keith (2000): „Nietzsche's Brave New World of Force: On Nietzsche's 1873 ‚Time Atom Theory' Fragment and the Matter of Boscovich's Influence on Nietzsche". In: *The Journal of Nietzsche Studies* 20, S. 5–33.

Ellenberger, Henri F. (2005): *Die Entdeckung des Unbewußten. Geschichte und Entwicklung der dynamischen Psychiatrie von den Anfängen bis zu Janet, Freud, Adler und Jung.* Zürich: Diogenes.

Freud, Sigmund (1963): „Das Unbewusste [1915]". In: Alexander Mitscherlich (Hrsg.): *Das Unbewußte. Schriften zur Psychoanalyse.* Frankfurt am Main: Deutsche Buch-Gemeinschaft.

Gehlen, Arnold (1956): *Urmensch und Spätkultur.* Bonn: Athenäum.

Günther, Friederike Felicitas (2008): *Rhythmus beim frühen Nietzsche.* Berlin, New York: De Gruyter.

Kant, Immanuel (1998): „Kritik der reinen Vernunft [1787]". In: Immanuel Kant: *Werke in sechs Bänden.* Bd. II. Hrsg. von Wilhelm Weischedel. Darmstadt: Wissenschaftliche Buchgesellschaft. [= KrV]

Miller, Eliane P. (1999), „Harnessing Dionysos: Nietzsche on Rhythm, Time, and Restraint". In: *Journal of Nietzsche Studies* 19, S. 1–31.

Müller-Lauter, Wolfgang (1999): *Nietzsche-Interpretationen. Bd. 1: Über Werden und Wille zur Macht.* Berlin, New York: De Gruyter.

Nunberg, Herman/Federn, Ernst (Hrsg.) (1979): *Protokolle der Wiener Psychoanalytischen Vereinigung. Bd. III: 1910–1911.* Frankfurt am Main: S. Fischer.

Schlechta, Karl/Anni Anders (1962): *Friedrich Nietzsche. Von den verborgenen Anfängen seines Philosophierens*. Stuttgart, Bad Cannstatt: Frommann.

Schopenhauer, Arthur (2006): „Die Welt als Wille und Vorstellung. Erster Band [1. Aufl. 1819]“. In: Arthur Schopenhauer: *Werke in fünf Bänden*. Hrsg. v. Ludger Lüdkehaus. Nach den Ausgaben letzter Hand. Bd. 1. Zürich: Haffmans Verlag. [= WWV I]

Schopenhauer, Arthur (2006): „Die Welt als Wille und Vorstellung. Zweiter Band [1. Aufl. 1844]“. In: Arthur Schopenhauer: *Werke in fünf Bänden*. Hrsg. v. Ludger Lüdkehaus. Nach den Ausgaben letzter Hand. Bd. 2. Zürich: Haffmans Verlag. [= WWV II]

Schopenhauer, Arthur (2006): „Über den Willen in der Natur [1. Aufl. 1836]“. In: Arthur Schopenhauer: *Werke in fünf Bänden*. Hrsg. v. Ludger Lüdkehaus. Nach den Ausgaben letzter Hand. Bd. 3: Kleinere Schriften. Zürich: Haffmans Verlag, S. 169–321. [= WN]

Schopenhauer, Arthur (1985): *Der handschriftliche Nachlass. Bd. II: Kritische Auseinandersetzungen*. Hg. von Arthur Hübscher. München: dtv. [= HN II]

Schopenhauer, Arthur (1985): *Der handschriftliche Nachlass. Band III: Berliner Manuskripte (1818–1830)*. Hg. von Arthur Hübscher. München: dtv. [= HN III]

Whitlock, Greg (1997): „Examining Nietzsche's ‚Time Atom Theory‘ Fragment from 1873“. In: *Nietzsche-Studien* 26, S. 350–360.

Whitlock, Greg (2000): „Investigations in Time Atomism and Eternal Recurrence“. In: *Journal of Nietzsche Studies* 20, S. 34–57.

Hans-Gerd von Seggern

Von „Leidenschaft der Erkenntnis“ und „Wissbegierde“

Zu einigen Topoi in Hermeneutik und Philosophie des Unbewussten

„Nietzsches Philosophie des Unbewussten“ ist ein Thema, das kontroverse Diskussionen provozieren muss. Schon die auf den Eröffnungsvortrag zur hierzu veranstalteten Naumburger Tagung der Nietzsche-Gesellschaft folgende Diskussion brachte das Unbehagen am Thema zutage. Gegen den Titel von Eduard von Hartmanns „Philosophie des Unbewussten“ brachte ein Diskutant vor, eine „Philosophie *des* Unbewussten“ könne es keinesfalls geben, allenfalls eine Philosophie *über* das Unbewusste sei denkbar. Harsch formulierte der Teilnehmer damit das Dilemma, welches der Titel einer der Sektionen dieser Tagung – „Politik des Unbewussten“ – noch weiter zuspitzt: „Politik des Unbewussten“ ist ein Paradoxon, vereint es doch das prima facie schlechthin Intentionale – Politik – mit dem scheinbar schlechthin Nicht-Intentionalen – dem Unbewussten. Ebenso wenig, so ließe sich naiv formulieren, wie das unbewusste Philosophieren kann, wird es wohl Politik machen können, widerspricht dies doch unserer Vorstellung vom Unbewussten als dem per definitionem dem Bewussten sich Entziehenden.

Unser Verständnis vom Unbewussten ist präformiert; zum einen durch eine aufklärerische philosophische Tradition, die der Vernunft die unbedingte Dominanz gegenüber dem Körper einräumt, zum anderen aber durch die Schriften Sigmund Freuds und seine Definition, nach der das Unbewusste sich in unserem Bewusstsein zwar manifestiere, wir aber den Rückschluss aufs Unbewusste selbst nur durch eine erhebliche hermeneutische Anstrengung vollbringen, die im Prozess der Psychoanalyse vollzogen werde: Das Unbewusste speise sich aus gesellschaftlich tabuierten und daher abgewehrten – „verdrängten“ – Bewusstseinsinhalten, die sich im psychischen Apparat des Individuums anstauen zu einer Art reaktiver Energie, die das Ich in seinen Handlungen steuere oder doch erheblich in seiner Freiheit einenge. Die verdrängten Wünsche manifestieren sich in Träumen, in Zwangshandlungen und Fehlleistungen und können allenfalls mithilfe der gemeinsamen hermeneutischen Anstrengung des Analytikers und des Analysanden ins Licht des Bewusstseins gehoben werden. Die Einsicht des Individuums in die ihm eigene unbewusste Triebstruktur gebe diesem eine Freiheit zurück, die ihm die Determinierung durch das Unbewusste nahm. So sagt Freud in den *Vorlesungen zur*

Einführung in die Psychoanalyse in Hinblick auf das „kathartische Verfahren" des Kollegen Josef Breuer in der Behandlung eines Falles von „Hysterie", dass „die Symptome verschwinden, wenn man ihre unbewußten Vorbedingungen bewußt gemacht hat" (Freud 1999, Bd. IX, S. 289): Wo Es war, soll Ich werden, lautet die aufklärerische Devise. „Der Breuersche Fund ist noch heute Grundlage der psychoanalytischen Therapie." (Freud 1999, Bd. IX, S. 289)

Damit stehen Breuer und Freud in der Tradition einer Kritik an der Vorstellung von sturer Antithese von Bewusstem und Unbewusstem. Die Skeptiker der Aufklärung, die Skeptiker des Primats des menschlichen Vernunftvermögens, haben sich in der Geschichte dieser Tradition immer wieder am ausführlichsten mit dem Unbewussten auseinandergesetzt. Verwirft der Vernunftkritiker Kant alle „Vorstellungen ohne Bewußtsein" als „blinde Anschauung", so erachtet ein Jahrhundert nach ihm Eduard von Hartmann das „Bewusstsein" nurmehr als eine „lückenhafte, discontinuirliche, unproductive, passive und receptive Begleiterscheinung des stetigen productiven und activen Weltprocesses" (Hartmann o.J., S. 201) – das Bewusstsein als Akzidens des Unbewussten.

Die Prämissen von Freuds Wissenschaft kommunizieren untergründig mit der philosophischen Tradition des Monismus, in der, jeder auf seine Weise, Schopenhauer und von Hartmann stehen, und in die – gewissermaßen als ruheloser Renegat – sich auch Nietzsche einreiht. In der philosophiegeschichtlichen Schilderung dieser Tradition wird Spinoza immer wieder genannt, doch immer wieder auch nur summarisch und gewissermaßen *en passant*. Dies gilt auch für wirklich wichtige Arbeiten wie der Reinhard Gassers über „Nietzsche und Freud" (Gasser 1997) oder der Günter Göddes zu den „Traditionslinien des Unbewußten" (Gödde 1999). So wird betont, Spinozas Skepsis gegenüber der Macht des Verstandes und sein Axiom des Strebens nach Selbsterhaltung als Essenz jedes existierenden Dinges verbinde ihn mit den Philosophen des Willens sowie der Freudschen Trieblehre. Dies betont bereits beispielsweise auch Paul Ricœur in seinem Werk *De l'interprétation* (1965), in dem er eine Linie von Spinoza und Leibniz, Schopenhauer und Nietzsche bis hin zur Genese der Psychoanalyse zieht. Freud als Glied in einer Kette von Fußnoten zu Spinoza:

> Freud est de la lignée des penseurs pour qui l'homme est désir avant d'être parole: l'homme est parole parce que la première sémantique du désir est délire et qu'il n'a jamais fini de redresser cette distorsion initiale. [...] Nous proposerons [...] de rapprocher la *libido* freudienne du *conatus* spinoziste de l'appétition leibnizienne, voire de la volonté selon Schopenhauer et de la volonté de puissance chez Nietzsche. (Ricœur 1965, S. 307)

Auch Frank Burbage und Nathalie Chouchan haben im Rahmen einer Tagung der Pariser Sorbonne diese Traditionslinie skizziert: *Freud et Spinoza. La question de la transformation et le devenir actif du sujet*. Zutreffend halten sie fest:

Es geht Spinoza wie Freud um die Reflexion der Transformation unbewusster Triebimpulse im mal mehr, mal minder erfolgreichen Management des Affekthaushalts des Subjekts: „Il s’agit bien pour l’un et pour l’autre de réfléchir à la transformation de l’affectivité: comme passage des affects passifs aux affects actifs chez Spinoza, de la *libido* fixée et répétitive à la *libido* mobile et disponible chez Freud.“ (Burbage/Chouchan 1992, S. 534)

Das Beispiel der Libido ist mit Bedacht gewählt, versteht Freud sie doch als eine Art imaginäre Flüssigkeit und prägt er doch – in diesem Kontext – die Metapher der „Klebrigkeit der Libido“, die sich mit einer mehr oder minder großen Zähigkeit oder auch in verschiedenen Graden der Viskosität an ein Objekt und dessen mentale Vorstellung hefte: „Ein Mustervorbild einer affektiven Fixierung an etwas Vergangenes ist die Trauer, die selbst die vollste Abwendung von Gegenwart und Zukunft mit sich bringt.“ (Freud 1999, Bd. IX, S. 285)

Die Idee einer psychischen Bedeutung der „Vorstellungsbilder“ oder Phantasmen, die für das Subjekt mindestens von gleicher Bedeutung sind wie die physische Realität, findet sich in der Tat bereits in Spinozas *Ethik*: „Der Mensch wird von dem Vorstellungsbild eines vergangenen oder zukünftigen Dinges mit demselben Affekt der Freude und Trauer affiziert wie von dem Vorstellungsbild eines gegenwärtigen Dinges.“ (Spinoza 1999, S. 257)

Hierbei „klebt“ die Libido vorzugsweise an den lustvollen Erinnerungen: „Wer sich eines Dinges erinnert, an dem er sich einmal erfreut hat, begehrt es unter denselben Gegebenheiten zu besitzen wie damals, als er sich zum ersten Mal an ihm erfreute.“ (Spinoza 1999, S. 287) Eifersucht hingegen ist bekanntlich die Leidenschaft, die mit Eifer sucht, was Leiden schafft – und auch der Einsiedler Spinoza zollt ihr im Kontext seiner Auseinandersetzung mit den „Vorstellungsbildern“ Tribut:

> [W]er sich [...] vorstellt, daß die von ihm geliebte Frau sich einem anderen hingibt, wird nicht nur traurig sein, weil sein eigenes Verlangen gehemmt wird, sondern auch die Frau verabscheuen, weil er gezwungen wird, das Bild der Geliebten mit dem Bild der Schamteile und Ausscheidungen des anderen zu verbinden. (Spinoza 1999, S. 285)

Diese negativen „Vorstellungsbilder“ erscheinen Spinoza insbesondere deshalb so peinigend, da sie dem *conatus* widerstreben: Grundsätzlich nämlich strebt „der Geist [...], sich nur das vorzustellen, was seine eigene Wirkungsmacht setzt“ (Spinoza 1999, S. 317).

Was kann nun der von der Eifersucht Getriebene tun, um nicht „dem blinden Geschick“ zu unterliegen, wie etwa Don José in Bizets Oper *Carmen*? Welche Schritte führen vom Toren zum Weisen, vom Neurotiker zum glücklich Sublimierenden? In der Tat wirken in der von Spinoza beschriebenen höchsten

Erkenntnisgattung, der *scientia intuitiva*, Unbewusstes und Bewusstes, Triebimpulse und Vernunft zusammen. So benennt er als simpelste Form der Erkenntnis diejenige aus „unbestimmter Erfahrung", auf die als zweite Stufe die Erkenntnis aus allgemeinen Begriffen und adäquaten Ideen der Eigenschaften von Dingen folgt. Sie ordnet er der Vernunft zu. Die dritte Gattung hingegen hebt Unbewusstes und vernunftgemäße Erkenntnis in einer Bewegung der „Wissbegierde" auf. Dies benennt Goethes Brief an den Spinoza-Skeptiker Jacobi, mit den Worten: „Man lernt nichts kennen, als was man liebt, und je tiefer und vollständiger die Kenntniß werden soll, desto stärker, kräftiger und lebendiger muß Liebe, ja Leidenschaft seyn" (An F.H. Jacobi, 10. Mai 1812, WA IV, Bd. 23, S. 7). Den Trieb zur Selbsterhaltung definiert bereits Spinoza als subkutan unser Denken strukturierendes Stimulans. In diesem Kontext formuliert auch er schon eine „Umwertung aller Werte": Wir begehren nicht „das Gute", sondern nennen „gut", was wir begehren, lehrt Spinozas „Ethik".

Schon der frühe Nietzsche stellt sich in die Tradition der Kritik an der Vorstellung der Antithese von Bewusstem und Unbewusstem, impliziert diese doch für ihn die positivistische Chimäre einer subjektfreien „Objektivität". Dies geht bereits etwa aus der zweiten Unzeitgemäßen Betrachtung *Vom Nutzen und Nachtheil der Historie für das Leben* hervor: Hier speist sich Nietzsches Kulturkritik am Unbehagen an der zeitgenössischen Geschichtswissenschaft, um sich schließlich an der von dieser verabreichten Kost „einer ungeheuren Menge von unverdaulichen Wissenssteinen" (UB II, KSA 1, S. 272) zu entzünden. Es ist ein „Wissen, das im Uebermaasse ohne Hunger, ja wider das Bedürfniss aufgenommen wird" (UB II, KSA 1, S. 272). Somit münde diese Form von Wissenschaft in einer „Austreibung der Instincte" (UB II, KSA 1, S. 280), weshalb sich angesichts ihrer Befürworter frage: „Sind das noch Menschen" oder „vielleicht nur Denk-, Schreib- und Redemaschinen?" (UB II, KSA 1, S. 282)

Dagegen setzt Nietzsche die Einsicht in das subjektive Interesse, das ebenso notwendig wie subkutan jeder Erkenntnis zugrunde liege:

Thatsachen giebt es nicht, nur Interpretationen„, heißt es apodiktisch in einem nachgelassenen Fragment aus dem Frühjahr 1887. Auch bei ihm wird das Bewusstsein zum Akzidens des Unbewussten. Aus dem intrasubjektiven Chaos divergierender Triebe emergiert auf der Ebene des Bewusstseins ein Konflikt der Interpretationen:

> „Unsre Bedürfnisse sind es, die die Welt auslegen: unsre Triebe und deren Für und Wider. Jeder Trieb ist eine Art Herrschsucht, jeder hat seine Perspektive, welche er als Norm allen übrigen Trieben aufzwingen möchte. (NL Ende 1886-Frühjahr 1887, 7 [60], KSA 12, S. 315)

Provokativ stellt Nietzsche das Bewusstsein vom Kopf auf die Füße, wenn er den Affekt an den Beginn der Genese der Schimäre „Objektivität" stellt: Je

„m e h r Affekte wir über eine Sache zu Worte kommen lassen, [...] um so vollständiger wird unser ‚Begriff‘ dieser Sache, unsre ‚Objektivität‘ sein“ (GM III 12, KSA 5, S. 364). In diesem Kontext erscheint Nietzsches Topos der „Leidenschaft der Erkenntnis“ als eine Maske des Instinkts der Selbsterhaltung, den er wiederum als „eine der indirekten und häufigsten F o l g e n“ (JGB 13, KSA 5, S. 27) des Willens zur Macht versteht.

In *Also sprach Zarathustra* findet sich ein Hinweis, der im Hinblick auf die Transformation der Triebimpulse im Affekthaushalt des Subjekts wie auch auf Breuers „kathartisches Verfahren“ bedeutsam ist: Nachdem Nietzsche schon in „Der Wanderer und sein Schatten“ die Philosophen der „Untugend“ geziehen hatte, die Leidenschaften zu „ewigen Fatalitäten“ aufzublasen und sie zu „verheerenden Wildwassern“ wuchern zu lassen, anstatt ihrer durch „Selbstbeobachtung“ Herr zu werden (MA II, WS 37, KSA 2, S. 569), kehrt das Thema in der Rede „Von den Freuden- und Leidenschaften“ wieder. Triebunterdrückung nach der Devise der Bergpredigt „Wenn dich dein Auge ärgert, so reisse es aus“, so lautete die radikalste Konsequenz der Tugendlehre der christlichen Tradition. In „Also sprach Zarathustra“ propagiert Zarathustra eine Metamorphose der Leidenschaften in – „Freudenschaften“:

> Einst hattest du Leidenschaften und nanntest sie böse. Aber jetzt hast du nur noch deine Tugenden: die wuchsen aus deinen Leidenschaften. Du legtest dein höchstes Ziel diesen Leidenschaften an’s Herz: da wurden sie deine Tugenden und Freudenschaften. Und ob du aus dem Geschlechte der Jähzornigen wärest oder aus dem der Wollüstigen oder der Glaubens-Wüthigen oder Rachsüchtigen:
> Am Ende wurden alle deine Leidenschaften zu Tugenden und alle deine Teufel zu Engeln. Einst hattest du wilde Hunde in deinem Keller: aber am Ende verwandelten sie sich zu Vögeln und lieblichen Sängerinnen. Aus deinen Giften brautest du dir deinen Balsam; deine Kuh Trübsal melktest du,– nun trinkst du die süsse Milch ihres Euters. (Za I Leidenschaften, KSA 4, S. 43)

Die Vorstellung der Transformation von Leidenschaften in „Tugenden und Freudenschaften“ ähnelt dem in Spinozas *Ethik* beschriebenem Weg von der Knechtschaft zur Freiheit. Denn genau hier findet sich die verwandte Vorstellung, Freude sei nicht „Lohn“ der Tugend, sondern mit der Tugend selbst identisch. Die „Verwandlung der Leidenschaften in tugendhafte Fertigkeiten“ wiederum, das ist nach der berühmten Formel aus Lessings *Hamburgischer Dramaturgie* die Definition der Katharsis. Zarathustras Rede lässt Lessings Wirkungsästhetik mit ihrer inhaltlichen Bestimmung der Tugend als Mitleid beiseite und benutzt statt dessen die Katharsisformel zur Begründung eines individualethischen Ansatzes – auch das ein Stück „Umwertung aller Werte“ – mit spinozistischem Hintergrund. Die Transformation der Affekte als Katharsis: Hier zeigt sich Nietzsches Nähe zu Spinoza wie zur Genese der Psychoanalyse aus dem „kathartischen Verfahren“.

Wir begehren nicht „das Gute" –, dies konnte Nietzsche von Spinoza lernen. Wenn dem so ist, so fragt Nietzsche weiter, dass unser Intellekt „gut" heißt, was unsere Triebe begehren, wenn, so ließe sich formulieren, unser unbewusstes Sein unser Bewusstsein determiniert, können wir dann gar die Inhalte von Religion und Moralphilosophie auf ihr Fundament in der menschlichen Triebstruktur zurückführen? Tatsächlich findet sich ein regelrechtes Programm einer solchen Hermeneutik des Unbewussten an prominentem Ort, nämlich in der „Vorrede" zur zweiten Ausgabe der *Fröhlichen Wissenschaft*. Hier heißt es:

> Die unbewusste Verkleidung physiologischer Bedürfnisse unter die Mäntel des Objektiven Ideellen, Rein-Geistigen geht bis zum Erschrecken weit, – und oft genug habe ich mich gefragt, ob nicht, im Grossen gerechnet, Philosophie bisher überhaupt nur eine Auslegung des Leibes und ein Missverständniss des Leibes gewesen ist. Hinter den höchsten Werthurteilen, von denen bisher die Geschichte des Gedankens geleitet wurde, liegen Missverständnisse der leiblichen Beschaffenheit verborgen, sei es von einzelnen, sei es von Ständen oder ganzen Rassen. Man darf alle jene kühnen Tollheiten der Metaphysik, sonderlich deren Antworten auf die Frage nach dem Werth des Daseins, zunächst immer als Symptome bestimmter Leiber ansehn; und wenn derartigen Welt-Bejahungen oder Welt-Verneinungen in Bausch und Bogen, wissenschaftlich gemessen, nicht ein Korn von Bedeutung innewohnt, so geben sie doch dem Historiker und Psychologen umso werthvollere Winke, als Symptome, wie gesagt, des Leibes, seines Geratens und Missratens, seiner Fülle, Mächtigkeit, Selbstherrlichkeit in der Geschichte, oder aber seiner Hemmungen, Ermüdungen, Verarmungen, seines Vorgefühls vom Ende, seines Willens zum Ende. Ich erwarte immer noch, daß ein philosophischer Arzt im ausnahmsweisen Sinne des Wortes – ein solcher, der dem Problem der Gesamt-Gesundheit von Volk, Zeit, Rasse, Menschheit nachzugehn hat – einmal den Mut haben wird, meinen Verdacht auf die Spitze zu bringen und den Satz zu wagen: bei allem Philosophiren handelte es sich bisher gar nicht um ‚Wahrheit', sondern um etwas anderes, sagen wir um Gesundheit, Zukunft, Wachstum, Macht, Leben ... (FW Vorrede 2, KSA 3, S. 348 f.)

Eine „Philosophie des Unbewussten" könne es nicht geben, hatte der Teilnehmer aus dem Publikum eingewandt. Hat es bisher überhaupt etwas anderes geben können als Philosophien des Unbewussten, so ließe sich mit der oben angeführten Passage zurückfragen. Viel ist im 20. Jahrhundert geschehen, um Nietzsches Fragen einer Antwort näherzubringen: In ihren kulturkritischen Schriften ist etwa die psychoanalytische Bewegung diesen Fragen nachgegangen. Diesen folgend waren *écriture automatique* der Surrealisten oder auch die Frottagen eines Max Ernst Wege, die Revolution der psychoanalytischen Bewegung auf ästhetischem Gebiet nachzuvollziehen. Sind wir 150 Jahre nach Hartmanns „Philosophie des Unbewußten", 130 Jahre nach Nietzsches und 100 Jahre nach Freuds Hermeneutik des Unbewussten so weit mit der Aufklärung, dass wir von Hermeneutik und Philosophie zu einer Politik des Unbewussten fortschreiten können?

Literaturverzeichnis

Brusotti, Marco (1997): *Die Leidenschaft der Erkenntnis. Philosophie und ästhetische Lebensgestaltung bei Nietzsche von „Morgenröthe“ bis „Also sprach Zarathustra“.* Berlin, New York: De Gruyter.

Burbage, Frank/Chouchan, Nathalie (1992): „Freud et Spinoza. La question de la transformation et le devenir actif du sujet“. In: Olivier Bloch (Hrsg.): *Spinoza au XX siècle*. Paris: Les presses universitaires de France (PUF).

Freud, Sigmund (1999): „Vorlesungen zur Einführung in die Psychoanalyse“. In: Sigmund Freud: *Gesammelte Werke*. Bd. XI. Londoner Ausgabe. Frankfurt am Main: Fischer Verlag.

Gasser, Reinhard (1997): *Nietzsche und Freud*. Berlin, New York: De Gruyter.

Gödde, Günter (1999): *Traditionslinien des „Unbewußten“: Schopenhauer, Nietzsche, Freud*. Tübingen: Edition Discord.

Goethe, Johann Wolfgang (1987): „An Friedrich Heinrich Jacobi, 10. Mai 1812“. In: Johann Wolfgang Goethe: *Weimarer Ausgabe*. Abtlg. IV, Bd. 23. München: Deutscher Taschenbuch Verlag 1987.

Hartmann, Eduard von (o.J.): *Philosophie des Unbewußten*. Leipzig: Wilhelm Friedrich.

Montinari, Mazzino (1982): „Nietzsches Philosophie als ‚Leidenschaft der Erkenntnis‘“. In: Mazzino Montinari: *Nietzsche lesen*. Berlin, New York: De Gruyter.

Ricœur, Paul (1965): *De l’interprétation*. Paris: Édition du Seuil.

Spinoza, Baruch de (1999): „Ethik in geometrischer Ordnung dargestellt [1. Aufl. 1677]“. In: Baruch de Spinoza: *Sämtliche Werke*. Bd. 2. Lateinisch – deutsch. Neu übersetzt, herausgegeben und mit einer Einleitung versehen von Wolfgang Bartuschat. Hamburg: Felix Meiner Velag.

Sören Reuter

Wozu überhaupt Bewusstsein? Nietzsches Begegnung mit dem Physiologen Josef Paneth

Den Winter 1883/84 verbringt Nietzsche erstmalig in Nizza, wo er den 3. Teil des *Zarathustra* vollendet.[1] Am zweiten Weihnachtsfeiertag trifft er sich mit dem sechsundzwanzigjährigen Josef Paneth, der ein paar Jahre zuvor bei Ernst Ritter von Brücke am Physiologischen Institut in Wien promoviert hatte, und über den Winter an der Zoologischen Station in Villefranche den Flossenbau einiger Meeresschneckenarten untersucht.[2] Paneth hatte als Student einem Wiener Nietzschekreis angehört und sich kritisch mit Nietzsche auseinandergesetzt. Nun bot sich die Gelegenheit, Nietzsche kennenzulernen. Man verabredet und trifft sich, und auch Nietzsche ist an weiteren Zusammenkünften interessiert. Man spricht über den Zarathustra, über Wagner, über den Antisemitismus und das Erstarken deutschnationaler Tendenzen, über Fragen der Religion und über Bewusstsein und das Unbewusste. Die These meines Beitrages lautet, dass sich der Aph. 354 der *Fröhlichen Wissenschaft* als eine kritische Reminiszenz dieser Gespräche Nietzsches mit Paneth über Bewusstseins- und Gesellschaftsfragen deuten lässt. Bevor ich dies darlege, gehe ich kurz auf die Umstände unserer Kenntnisse von dieser Begegnung sowie auf Paneths eigene Auffassung über das Bewusstsein ein.

Das Wissen um diese Begegnung

Unser Wissen von dem Zusammentreffen zwischen Nietzsche und Paneth, der bereits 1890 an den Folgen eines schweren Lungenleidens verstarb, beruht ausschließlich auf dem Briefwechsel zwischen Josef Paneth und seiner Braut Sofie Schwab. Elisabeth Förster-Nietzsche veröffentlichte 1904 Auszüge der Briefe Paneths, die ihr die Witwe zur Verfügung gestellt hatte, wobei sie die ihr gestellten Bedingungen für eine Veröffentlichung ignorierte.[3] Es entsteht ein vollkommen einseitiges Bild dieser Begegnung, das Paneth als Verehrer Nietzsches ausweist, ein Trugschluss, dem auch noch Curt Paul Janz in seiner

1 Vgl. den Brief an Overbeck vom 25. Januar 1884, KGB III/1, Bf. 480.
2 Vgl. Paneth (1885).
3 Vgl. Förster-Nietzsche (1904, S. 481–492) und Paneth (2007, S. 284 f.).

Nietzschebiografie aufsitzt (vgl. Janz 1981, S. 254 f.). Im Zuge seiner Beschäftigung mit der ersten Nietzsche-Rezeption in Wien kommt Aldo Venturelli auch auf Nietzsches Begegnung mit dem Brücke-Schüler in Nizza zu sprechen (Venturelli 1984). Die Kritische Gesamtausgabe ediert 1886 das Material vollständig, das Frau Paneth der Schwester Nietzsches zur Verfügung gestellt hatte. (KGW VII/4.2, S. 7–28). Richard Krummel ist es gelungen, den gesamten Briefverkehr zwischen Paneth und seiner Verlobten bei den Nachfahren ausfindig zu machen, der allerdings nur noch in handschriftlichen bzw. maschinenschriftlichen, unvollständigen Abschriften vorliegt. Die Passagen, die Nietzsche betreffen, wurden von ihm 1988 zusammengestellt (Krummel 1988). Meine Deutung dieser Begegnung zwischen Nietzsche und Paneth geht auf die textkritische Edition des Materials von Wilhelm W. Hemeker aus dem Jahr 2007 zurück (Paneth 2007), die nicht nur alle existierenden Briefe Paneths im Zeitraum seines Aufenthaltes in Villefranche (mit einer Ausnahme) beinhaltet, sondern darüber hinaus eine Autobiografie, den Sterbebericht aus der Feder seiner Frau, sowie zwei Essays: zur Frage, ob das Energieerhaltungsgesetz auf das psychische Gebiet anwendbar ist und über das Judentum, mit dem der Jude Paneth kompromisslos abrechnet.

Missverständnisse im Hinblick auf die Begegnung zwischen Nietzsche und Paneth

In der Nietzsche Forschung bestimmen in der Regel zwei Missverständnisse die Begegnung zwischen Nietzsche und Paneth. Das erste betrifft die Ausgangskonstellation der Gespräche. Die Treffen mit Nietzsche sind in der Tat für Paneth aufregend, aber sie haben für ihn keineswegs die Bedeutung, die ihnen z. B. von Elisabeth Förster-Nietzsche oder Curt Paul Janz unterstellt wird. Das hängt damit zusammen, dass Paneth und seine Braut Sofie einen intensiven philosophischen Diskurs miteinander führten und diesen mit der Ankunft von Paneth in Villefranche brieflich fortsetzen. Nietzsche tritt gewissermaßen in einen bereits bestehenden Diskurs ein; er ist weder dessen Initiator, noch dessen Schwerpunkt, sondern eher dessen Profiteur. Den Briefen an die Verlobte ist zu entnehmen, dass Paneth sehr anregende und lebhafte Gespräche mit Nietzsche führte, dass er aber sein Unverständnis gegenüber dem Autor des *Zarathustra*, den er für einen Mystiker und dessen Übermenschen er für eine gefährliche Verirrung hält, nicht zurückzuhalten vermag. Paneth empfand gegenüber Nietzsche ein immer wieder aufbrechendes Unbehagen. Das könnte auch daran gelegen haben, dass Nietzsche ihn wohl eher „zugetextet" hat, als ihn wirklich ernst zu nehmen und ihm zuzuhören. Es hätte ein gewinnbringender Dialog für beide werden können. Denn Anknüpfungspunkte gab es genug: Paneths kantischer Standpunkt im Hinblick auf das Apriori der Kategorien, den er zugleich Helmholtz, Brücke und du Bois-Reymond unterstellt, die Frage nach dem Bewusstsein und dem Fremdpsychischen, die nach der Unvergänglichkeit der Materie, die nach dem Verhältnis zwischen den Naturwissenschaften und der Philosophie sowie das Problem der Willensfreiheit. Das sind die Fragen, die Paneth mit seiner Verlobten diskutiert hatte, und die für Nietzsche von gleich großer Bedeutung gewesen sind. Inwieweit philosophische Fragen nicht nur angesprochen, sondern wirklich ausdiskutiert wurden, geht aus den Berichten Paneths nicht hervor, darf aber mit einem Fragezeichen versehen werden.

Das zweite Missverständnis betrifft Nietzsches Behauptung, Paneth sei ein „Bewunderer und Anbeter" seiner Philosophie gewesen und gehöre zu der Sorte von „mittelmäßigen Schwarmgeistern", die er von sich weisen müsse, um nicht eine „neue Art von Nohl, Pohl und ‚Kohl' um [s]ich aufwachsen zu lassen" (vgl. den Brief an Overbeck vom 22. Dezember 1884, KGB III/1, Bf. 566). Eine etwas längere Passage aus Paneths Autobiografie aus dem September 1885 dürfte Nietzsches Sichtweise etwas zurechtrücken. Paneth schreibt:

> Ich habe Nietzsche später in Villefranche kennengelernt. Er war halb blind, auch sonst nicht sehr gesund, mißbrauchte Chloral[4], war ganz einsam. Er hatte seine skeptische Zeit bereits überwunden, und schrieb an einem Zarathustra, worin gänzlich mystische und verworrene Prophezeiungen und Betrachtungen in einer Art biblischer Sprache vorgetragen werden – ein ganz ungenießbares Ding, mit gelegentlichen Spuren der früheren Schärfe. Er war aber von seiner Mission überzeugt, und sosehr ich vermied, darauf einzugehen, er konnte nicht übersehen, wie wenig ich von seinem „Übermenschen" hielt. Ich fand in ihm einen Menschen, von der größten Ehrenhaftigkeit, von aller Religion gänzlich frei, ohne Spur naturwissenschaftlicher Bildung und die einfachsten Dinge auf diesem Gebiete als Meerwunder anstaunend, von sehr richtigem Urteil in Bezug auf Konkretes und einer unheimlichen Verbohrtheit in seinem Prophetenberuf. Er schickte mir den 3. Teil Zarathustra mit einem Brief, worin er mich bat, Nichts über ihn zu schreiben, denn es würde nach fünfzig Jahren eines Genies bedürfen, um ihm gerecht zu werden etc.[5] Meine Antwort mag zu kühl ausgefallen sein, oder ihm bei seinem Wanderleben nicht zugekommen sein – ich habe Nichts mehr von ihm gehört. Während meiner Studentenjahre war er von größtem Einfluß auf mich. Seine skeptische Art entsprach meinem Grübeln, und die Schönheit seiner Diktion kam meiner Neigung entgegen, mich am Klang

4 Gemeint ist Chloralhydrat, ein seiner Zeit beliebtes Schlafmittel, das Nietzsche einnahm, wie er gegenüber Paneth eingestand, um sich etwas ‚dumm zu machen', da er sein Nachdenken auf andere Art glaubte, nicht stoppen zu können. Vgl. Paneth (2007, S. 147).

5 Vgl. den Brief an Paneth von Anfang Mai 1884, KGB III/1, Bf. 511. Der Brief enthält unwesentliche Abschreibfehler, vgl. Paneth (2007, S. 233).

> von Worten gelegentlich zu berauschen. Ein Buch ganz anderer Art, ruhig und besonnen und gar nicht aphoristisch, das mich viel beschäftigte, und mein Denken in manchen Fragen ganz beherrschte, ist die Geschichte des Materialismus von F. A. Lange. (Paneth 2007, S. 53 f.) [6]

Paneths Bewusstseinstheorie

Sofie Schwab richtet an ihren zukünftigen Mann eine spannende Frage: Wie wirkt der Wille auf die Bewegungsnerven? (vgl. Paneth 2007, S. 177 f.) Diese Frage aufgreifend, setzt Paneth wiederholt dazu an, seine Vorstellungen über das Bewusstsein zu entwickeln. Diese bewegen sich im Umfeld des physiologischen bzw. neurophysiologischen Wissens seiner Zeit, seiner kritischen Auseinandersetzungen mit John Locke, mit Thomas Huxley, dessen Aufsatz *On Sensation and the Unity of Structure of the Sensiferous Organs* er zeitgleich übersetzt (vgl. Huxley 1881), und der Referenzen an den bereits erwähnten Friedrich Albert Lange. Zu Recht weist Paneth darauf hin, dass dies eine sehr komplexe Frage sei und die Lösung anderer, ebenso komplexer Fragen voraussetze. Wollen wir etwa wissen, wie der Wille auf die Bewegungsnerven wirken könne, stellen wir, so Paneth, die Frage wie ein mentales Phänomen, das nicht dem Energieerhaltungsgesetz unterworfen ist, auf Kräfte wirken kann, für die letzteres gilt. Paneth hält dieses Problem für identisch mit der Frage, wie ein Reiz zu einer bewussten Empfindung werden kann. Seine Vorstellung, wie Bewusstsein physiologisch zu erklären wäre, kann an dieser Stelle nur grob umrissen werden. Paneth geht davon aus, dass eine Erklärung am Begriff des Organischen ansetzen müsse, und zwar an seiner einfachsten Form. Diese unterscheide sich von einer Maschine durch das Vermögen der Reizbarkeit. Diesem entspricht die Auslösbarkeit von Kraft.[7] Damit dieser „auslösbare Arbeitsvorrat" nicht von alleine verschwendet oder durch einen beliebigen Reiz vollständig entäußert wird, bedarf es der Hemmungen, die verhindern, dass potenzielle Energie unnötig freigesetzt wird. Mit der Komplexität der organischen Systeme werden die Formen der Hemmung immer differenzierter. Im Rahmen dieses theoretischen Ansatzes könnte man die Funktion von Bewusst-

6 Der Brief an Nietzsche, von dem Paneth spricht, ist nicht überliefert oder hat Nietzsche tatsächlich nicht erreicht. Dass Nietzsches Brief von Anfang Mai (vgl. Anm. 5) laut den Herausgebern die Antwort auf einen nicht überlieferten Brief Paneths sein soll, scheint mir hingegen nicht belegt zu sein.

7 Das ist nur eine etwas andere Formulierung für Brückes Primärdefinition des Organischen als „Assimilationsvermögen". Vgl. Brücke (1875, S. 2 f.).

sein als eine physiologische, immer weiter ausdifferenziertere Form der Willens- und Handlungssteuerung bezeichnen. Die Frage seiner zukünftigen Frau, ob nicht auch allen Tieren Bewusstsein zuzusprechen wäre, ist der Anknüpfungspunkt für eine weitere Unterscheidung, nämlich der zwischen bewusst und zweckmäßig. Viele Handlungen und Verhaltensweisen im Bereich des Organischen erwecken den Eindruck der Zweckmäßigkeit, ohne bewusst zu sein, obgleich das Bewusstsein im Begriff der Zweckmäßigkeit enthalten zu sein scheint. Als Physiologe denkt Paneth in diesem Zusammenhang an Eduard Pflügers These über die „Rückenmarksseele" (vgl. Paneth 2007, S. 202). Durch seine vorwiegend an enthaupteten Fröschen und abgeschnittenen Salamanderschwänzen durchgeführten Experimente wollte der junge Pflüger beweisen, dass es im Verhalten der Wirbeltiere so etwas wie reine Reflexbewegungen nicht gibt, sondern dass jede zweckmäßig erscheinende Reaktion Empfindungsfähigkeit voraussetzt und an eine willkürliche Handlungsoption zurückgebunden bleibt.[8] Pflügers Theorie über die „sensorische Function des Rückenmarks" musste jedoch stark modifiziert werden (vgl. Goltz 1868), was Paneth nicht daran hindert, immer wieder auf den Kern von Pflügers Beobachtungen zurückzukommen. In diesem Sinne ist auch sein Erklärungsversuch zu verstehen:

> In demselben Moment, wo das Zentrum der Bewegung [...] diese Bewegung auslöst, gibt es auch ein Signal an das Bewußtsein – so wirkt der „Wille" auf die Nerven. Du siehst nun, dass sich die „vernünftige menschliche Überlegung" sehr wohl mit dem Stückchen Salz vergleichen läßt, daß die Hemmungen eines Frosches in Wirksamkeit versetzt. Denn jeder Nerv hat „spezifische Energie", ist für einen bestimmten Zweck differenziert [...]. (Paneth 2007, S. 184 f.)

Das Bemühen, Bewusstsein auf eine physiologische Reaktion zu reduzieren, scheitert, wenn an der Prämisse, Bewusstsein unterliege nicht dem Energieerhaltungsgesetz, festgehalten wird. Denn damit behauptet Paneth implizit dessen Nichterklärbarkeit und nimmt den agnostizistischen Standpunkt ein, den bereits Emil du Bois-Reymond 1872 auf der Naturforscherversammlung in Leipzig vorgetragen hatte (vgl. du Bois-Reymond 1974). Paneth versteht die agnostizistische These allerdings so, als würde sie den Raum für etwas Unerkennbares, wie dem Nirvana, dem er selbst sehr nahe steht, eröffnen. An dieser Stelle ist ansatzweise zu ermessen, wie sehr Paneth der Deutung von Friedrich Albert Langes Ignorabimus-These du Bois-Reymonds verhaftet ist, mit der er sich in

---

8 Das Gehirn war für Pflüger nicht der alleinige Sitz des Bewusstseins. Er ging zudem davon aus, dass das Bewusstsein weder eine Einheit noch eine Substanz darstellt, sondern sich eher aus ‚Bewusstseinszentren' zusammensetzt. Vgl. Pflüger (1853, S. 33 und S. 119 f.).

der Zweitauflage seiner *Geschichte des Materialismus* von 1875 auseinandergesetzt hatte (Lange 1974, S. 596 f.). Dabei spielt für Lange der Gedanke der Determiniertheit allen Geschehens, den du Bois-Reymond von La Place aufgreift, eine große Rolle. Um die Aussagekraft dieses Gedankens im Hinblick auf das Bewusstseinsproblem zu explizieren, entwickelt Lange ein – für Paneth bedeutungsvolles – Gedankenexperiment. Er erwägt, dass die uns bekannte Welt identisch sein könnte mit derselben Welt, in der es aber kein Bewusstsein gäbe (vgl. Lange 1974, S. 603 f.). Lange zielt darauf, dass der Anspruch auf Prognostizierbarkeit unabhängig davon ist, ob die zu erklärenden Ereignisse mit Bewusstsein begleitet sind oder nicht. Wenn nun Bewusstsein etwas ist, das Zustände begleiten kann, aber nicht begleiten muss, gibt es zwischen den physiologisch-physikalischen Ereignissen und den mentalen Zuständen keine logisch notwendige Beziehung. Paneth resümiert diese Position auf seine Weise, wenn er Lange sagen lässt:

> die ganze Welt könnte ebenso sein, wie sie ist, die Musik könnte ebenso seelenvoll sein, alle Gefühlsäußerungen in Freude und Schmerz könnten existieren, ja ein Geist von viel höherer Ordnung als der unserige könnte das Ganze in eine physikalische Formel bringen, und dabei brauchte bei dem Ganzen noch kein Selbstbewußtsein vorhanden zu sein. (Paneth 2007, S. 186)

Es hat den Anschein, als habe Paneth das Gedankenexperiment Langes, das die Möglichkeit von Zombies erwägt, die wie Menschen handeln, aber keine Menschen sind, vollkommen missverstanden, indem er etwas als real behauptet, was eigentlich nur den Status eines Gedankenexperiments besitzt. Vom Standpunkt eines externen Beobachters ist für Lange nicht entscheidbar, ob menschliches Verhalten mit oder ohne Bewußtsein vollzogen wird. Aus der Innenperspektive jedoch ergibt sich eine selbstwidersprüchliche Situation, wenn das Subjekt vom eigenen Bewusstsein und vom Bewusstsein der eigenen Willensfreiheit abstrahieren zu können glaubt. Tatsächlich gehen Paneths Überlegungen in eine andere Richtung, wenn er seiner Verlobten eine Analogie vorschlägt, die als Vorwegnahme der Idee von künstlicher Intelligenz durchgehen könnte:

> Du könntest Dir z. B. ein Telephon so eingerichtet denken, daß es mit dem andern Ende einen Froschmuskel berührt, dann zuckt der Frosch, wenn man „Zuck" ruft, und bleibt liegen, wenn man „lieg" in das Telephon hineinruft. Ich sage natürlich nicht, daß in einem Menschen irgend etwas einem Telephon Ähnliches existiere, es ist nur ein Beispiel, daß man sich derartige Einrichtungen getroffen denken kann. Und so könnte sich das ganze Getriebe der Welt abspielen ohne eine Spur von Selbstbewußtsein darin. (Paneth 2007, S. 193)

Was macht für Nietzsche das Bewusstsein überflüssig?

Thema von Aph. 354 der *Fröhlichen Wissenschaft* ist das Verhältnis zwischen Bewusstsein und Sprache. Bezeichnender Weise läutet Nietzsche den Aphorismus mit der These ein, dass das Problem des Bewusstseins „(richtiger: des Sich-Bewusst-Werdens)“ erst dann auftritt, wenn wir

> zu begreifen anfangen, inwiefern wir seiner entrathen könnten [...]. Wir könnten nämlich denken, fühlen, wollen, uns erinnern, wir könnten ebenfalls „handeln“ in jedem Sinne des Wortes: und trotzdem brauchte das Alles nicht uns „in's Bewusstsein zu treten“ [...]. Das ganze Leben wäre möglich, ohne dass es sich gleichsam im Spiegel sähe [...]. Wozu überhaupt Bewusstsein, wenn es in der Hauptsache überflüssig ist? (FW 354, KSA 3, S. 590)

Es drängt sich ein unmittelbarer Bezug zu Paneths oben zitierten Überlegungen auf.[9] Nietzsche schreibt dieser These, Bewusstsein könne prinzipiell fehlen, nicht nur dem „vorausfliegenden Argwohn Leibnitzens“ zu, sondern sieht sie zudem durch die „Physiologie und Thiergeschichte“ bestätigt. Auch dieser Bezug erschließt sich keineswegs von selbst. Eine Anspielung auf Pflügers Froschexperimente und dessen These vom „Rückenmarksbewusstsein“ könnte insofern vorliegen, als Pflüger die Vorstellung von Substanzialität und Einheit des Bewusstseins radikal abgelehnt und sich für die These eines dezentralisierten Bewusstseins stark gemacht hat. Evident scheint nur, dass Nietzsche sich offenbar in diesem Aphorismus zunächst auf einen Begriff von Bewusstsein bezieht, der im physiologischen bzw. psycho-physiologischen Diskurs begründet ist, sodass es sinnvoll erscheint, eine Standarddefinition von Bewusstsein im Rahmen dieses Diskurses heranzuziehen. In seinen *psychologischen Analysen auf physiologischer Grundlage* stellt der heute eher unbekannte Philosoph Adolf Horwicz (1831–1894) drei Kernaspekte von Bewusstsein heraus: a) das Gerichtetsein auf etwas, b) die prinzipielle Enge und Beschränktheit des Bewusstseins, da immer nur ein Teil ins Bewusstsein kommt[10], und c) eine gewisse Klarheit und Deutlichkeit dessen, was ins Bewusstsein kommt. Letzteres ist in erster Linie durch das psychologische Moment der Aufmerksamkeit

---

9 Als direkte Quelle scheidet du Bois-Reymonds Vortrag *Über die Grenzen des Naturerkennens* aus, da Langes Gedankenexperiment dort nicht vorkommt.

10 Vgl. Paneths Bild vom Geist als „glimmendes Kohlenbecken [...], in dem nur wenige Punkte hell aufleuchten“ (Paneth 2007, S. 125).

bedingt (Horwicz 1872, S. 156 f.). Horwicz glaubt, dass der Bewusstseinsbegriff physiologisch begründet werden müsse, Bewusstsein beginnt irgendwo im zentralen Nervensystem. Bewusstsein ist weder eine Substanz noch fällt es mit dem Begriff der Seele, als Inbegriff des Mentalen zusammen. Wäre letzteres der Fall, müsste der Begriff des Unbewussten, als Vermittlungsort des Physischen und Psychischen, preisgegeben werden. Zudem ist sich Horwicz mit Wundt darin einig, dass Bewusstsein keine eigenständige Funktion darstellt, sondern als Folge von Denkakten zu begreifen ist, wobei er wie Wundt unter Denken in erster Linie die Fähigkeit zu schließen versteht. Bewusstsein stellt sich so gesehen als Folge eines Urteilsfindungsprozesses dar, der an ein physiologisches Substrat gebunden bleibt. Nietzsche scheint diese Auffassung zu teilen, wenn er konstatiert: „Denn nochmals gesagt: der Mensch, wie jedes lebende Geschöpf, denkt immerfort, aber weiß es nicht; das bewusst werdende Denken ist nur der kleinste Theil davon, sagen wir: der oberflächlichste, der schlechteste Theil [...]“ (FW 354, KSA 3, S. 592).

Es ist sehr fraglich, ob Nietzsche behaupten wollte, menschliches Dasein wäre ohne Bewusstsein in diesem psycho-physiologischen Sinne möglich. Es ist vielmehr anzunehmen, dass er in dem Aphorismus diese Seite des Bewusstseinsphänomens nicht zu thematisieren gedenkt. Was es bedeutet, dass ein Phänomen in diesem genannten Sinne ins Bewusstsein tritt, untersucht Nietzsche an anderer Stelle, bevorzugt anhand des Traumphänomens[11], und auch die kritischen Überlegungen zum „Ich denke“ im Aph. 17 von *Jenseits von Gut und Böse* stehen genau in diesem Kontext. Als ein Oberflächenphänomen hat ein Ich, das glaubt, das Denken selbst hervorzubringen, für die Konstituierung des Denkprozesses selbst keine primäre Bedeutung und kann demzufolge als Fiktion entlarvt werden. Wenn man vor diesem Hintergrund nach dem Unbewussten bei Nietzsche fragt, wird man auf die psycho-physiologischen Prozesse verwiesen, die dem Bewusstsein als einem Oberflächenphänomen vorausgehen. Bewusstsein ist in dieser Hinsicht ein notwendiges Moment und kann nur überflüssig sein, wenn man von den physiologischen Vorgängen überhaupt abstrahiert. Die Vorstellung des Überflüssigseins von Bewusstsein sollte naheliegenderweise auf einen anderen Reflexionsmodus bezogen werden. Mit dem „Sich-Bewusst-Werden“ würde Nietzsche auf eine traditionelle Herleitung des Bewusstseinsbegriffs zurückgreifen, nämlich auf die Vorstel-

---

11 Vgl. die Traumaphorismen 12 und 13 von MA I sowie die Erklärungsversuche zum „Kanonenschusstraum“, KSA 11, 27[19]; KSA 11, 26[35]; KSA 12, 2[131, 184, 204]; KSA 12, 9[126]; KSA 13, 14[152]; KSA 13, 15[90] und GD Irrthümer 4.

lung der concientia, des Mitwissens bzw. des Mitwissertums, was auch die enge Relation zum Begriff des Gewissens bei Nietzsche erklärt. Mit dem „Sich-Bewusst-Werden" ist die Sozialisierung wie Kulturalisierung des Menschen gemeint, die sich „unter dem Druck des Mittheilungs-Bedürfnisses" (FW 354, KSA 3, S. 591) vollzieht und sich in der Sprache, in einem System von „Mitteilungszeichen" realisiert. Ein solches Bewusstsein im Sinne des Bewusstwerdens in Zeichen deutet Nietzsche als eine Entwicklung, die den Menschen ihren individuellen Charakter raubt, da Kommunikation nur unter der Bedingung allgemeiner Verständlichkeit der Zeichen funktioniert: „Unsre Handlungen sind im Grunde allesammt auf eine unvergleichliche Weise persönlich, einzig, unbegrenzt-individuell, es ist kein Zweifel; aber sobald wir sie in's Bewusstsein übersetzen, scheinen sie es nicht mehr..." (FW 354, KSA 3, S. 592 f.). Nietzsche greift im Aph. 354 auf zwei unterschiedliche Bewusstseinsbegriffe zurück, einen primär psycho-physiologischen und einen sekundären, im weitesten Sinne soziologisch-semiotischen. In welcher Beziehung stehen sie zueinander? Wie werden sie von Nietzsche verknüpft? Auskunft darüber gibt eine Passage, deren Anfang bereits zitiert wurde und wo es heißt, dass nur der oberflächlichste Teil ins Bewusstsein tritt. An diese Passage schließt sich die Bemerkung an: „– denn allein dieses bewusste Denken geschieht in Worten, das heisst in Mittheilungszeichen, womit sich die Herkunft des Bewusstseins selbst aufdeckt" (FW 354, KSA 3, S. 592). Der nochmalige Verweis darauf, dass die Welt, die uns bewusst werden kann, nur eine „Oberflächen- und Zeichenwelt ist", macht deutlich, dass bereits das physiologisch hergeleitete Bewusstsein nur als Oberfläche, nur als Folge von unbewusst stattfindenden Prozessen zu betrachten ist. Das Mitteilungsbedürfnis setzt nicht an einem Nullpunkt an, sondern an bereits vorliegenden Interpretationsprodukten, die unbewusst bleiben, aber, wenn man Nietzsche richtig versteht, für den Vollzug menschlichen Lebens ausreichen würden. Denn den Einwand z. B., den Paneth gegenüber Locke vorbringt, dass wir denken können, ohne uns der Logik des Denkens bewusst zu sein, dürfte auch Nietzsche geteilt haben (vgl. Paneth 2007, S. 122). Wenn wir im Hinblick auf die Ebene der „Mittheilungszeichen" nach einer Philosophie des Unbewussten bei Nietzsche fragen, werden wir auf seine Genealogie der Zeichenbildungsprozesse verwiesen, die, wie beim Schuldbegriff in der *Genealogie der Moral*, genau an dieser Schnittstelle zwischen dem physiologischen und dem semiotischen Bewusstseinsbegriff ansetzt. Wäre Paneth diese Seite des Bewusstseinsbegriffs bei Nietzsche deutlich gewesen und hätte er deren kritischen Impetus erkannt, wäre er vermutlich zu einem positiveren Urteil über den Autor des *Zarathustra* gelangt.

Literaturverzeichnis

Brücke, Ernst Ritter von (1875): *Vorlesungen über Physiologie. Bd. 1: Physiologie des Kreislaufs, der Ernährung, der Absonderung, der Respiration und der Bewegungserscheinungen*. Unter dessen Aufsicht nach stenographischen Aufzeichnungen herausgegeben. 2. vermehrte und verbesserte Aufl. Wien: Braunmüller.

du Bois-Reymond, Emil (1974): „Über die Grenzen des Naturerkennens [1872]". In: Emil du Bois-Reymond: *Vorträge über Philosophie und Gesellschaft*. Eingeleitet und mit erklärenden Anmerkungen herausgegeben von Siegfried Wollgast. Hamburg: Meiner, S. 54–77.

Förster-Nietzsche, Elisabeth (1904): *Das Leben Fr. Nietzsches*. Bd. II/2. Leipzig: Naumann, S. 481–493.

Goltz, Friedrich (1868): *Beiträge zur Lehre von den Functionen der Nervencentren des Frosches*. Berlin: Hirschwald.

Horwicz, Adolf (1872): *Psychologische Analysen auf physiologischer Grundlage. Ein Versuch zur Neubegründung der Seelenlehre. Erster Teil*. Halle: Pfeffer.

Huxley, Thomas Henry (1881): „On Sensation and the Unity of Structure of the Sensiferous Organs". In: Thomas Henry Huxley: *Science and Culture and other Essays*. London: Macmillan, S. 246–273.

Janz, Curt Paul (1981): *Friedrich Nietzsche. Biografie*. 2. Bde. München, Wien: Deutscher Taschenbuch Verlag.

Lange, Friedrich Albert (1974): *Geschichte des Materialismus und Kritik seiner Bedeutung in der Gegenwart. Zweites Buch. Geschichte des Materialismus seit Kant*. Hrsg. und eingeleitet von Alfred Schmidt. Frankfurt am Main: Suhrkamp.

Paneth, Josef (1885): „Beiträge zur Histiologie der Pteropoden und Heteropoden". In: Adolph Freiherr von La Valette-St. George/Heinrich Wilhelm Waldeyer (Hrsg): *Archiv für mikroskopische Anatomie*. 24. Bd. Bonn: Cohen, S. 230–289, Tafeln 14–16

Paneth, Josef (2007): *Vita Nuova. Ein Gelehrtenleben zwischen Nietzsche und Freud. Autobiographie, Essays, Briefe*. Hrsg. und kommentiert von Wilhelm W. Hemecker. Graz: Leykam.

Pflüger, Eduard (1853): *Die sensorischen Functionen des Rückenmarks der Wirbelthiere nebst einer neuen Lehre über die Leitungsgesetze der Reflexionen*. Berlin: Hirschwald.

Venturelli, Aldo (1984): „Nietzsche als Bewohner der Berggasse 19. Über die erste Nietzscherezeption in Wien". In: *Nietzsche-Studien* 13, S. 448–480.

Takahide Imasaki

Die Person zwischen Macht- und Schamgefühl in der Philosophie Friedrich Nietzsches

Einleitung: Die Maske als Innen- und Außenwelt konstituierende Form

Das Gefühl des Menschen benötigt immer die Anwesenheit des Anderen – ob in Realität oder in der Phantasie. Man kann sagen, dass es kein „Privat-Gefühl" gibt, das in keinem Zusammenhang mit der menschlichen Gesellschaft steht: „Der naive Egoismus des Thieres ist durch unsere sociale Einübung ganz alterirt [...] Die socialen Triebe [...] haben uns umgewandelt: wir haben ‚die Gesellschaft' in uns verlegt, verkleinert [...]" (NL 1880, KSA 9, 6[80], S. 215). Diesen Standpunkt verdeutlicht Nietzsche indem er das Entstehung der „Person" etymologisch unter dem Gesichtspunkt der „Maske" erklärt (MA I, KSA 2, S. 51). Die Maske ist sowohl notwendige als auch unentbehrliche Form der Seele des Menschen, die es ihm ermöglicht, überhaupt als Mensch hervorzutreten: „Es giebt keine Form in der Natur, denn es giebt kein Inneres und kein Äußeres." (NL 1872–1873, KSA 7, 19[144], S. 465)

Dieser Aufsatz zielt darauf ab, am Leitfaden der Maske als Form der Seele die Beziehung zwischen dem Machtgefühl, das Nietzsche als Grundgefühl des Menschen konzipiert, und dem Schamgefühl als „Schutztrieb" (NL Frühjahr-Sommer 1883, KSA 10, 7[239], S. 315 f.) anthropologisch zu skizzieren.[1]

1 Das Machtgefühl als ursprüngliches soziale Selbstwertgefühl

Das Machtgefühl in Nietzsches mittlerer Periode, das man als Keim des Willens zur Macht während seiner späteren Periode interpretieren kann (vgl. Kaufmann 1982, S. 208 f.), benötigt die Anwesenheit des Anderen bzw. der Gesellschaft,

1 Zur Philosophie der menschlichen Gefühle, vgl. Demmerling/Landweer (2007). Zu den Gefühlen in der Philosophie Nietzsches, vgl. Ehrenmüller (2008), Müller-Lauter (1995), Planckh (1998) und van Tongeren (2007).

damit die Macht als Macht anerkannt wird. Die Notiz, in der die Formel des Willens zur Macht erstmals in Nietzsches Schriften erscheint, lautet: „Das Hauptelement des Ehrgeizes ist, zum Gefühl seiner Macht zu kommen. [...] Furcht (negativ) und Wille zur Macht (positiv) erklären unsere starke Rücksicht auf die Meinungen der Menschen“ (NL 1876–1877, KSA 8, 23[63], S. 425). Nach Nietzsches Einsicht ging es selbst in der primitiven bzw. ursprünglichen Gemeinschaft vor der Neuzeit für die (stärkeren) Menschen nicht um direkte Gewalt wie Plünderung oder Misshandlung, sondern um die Geltung bzw. die Anerkennung durch Vermehrung der Vorstellung der „Macht“, durch die eine Gemeinschaft ihre (hierarchische) Ordnung erhält.

> er [der starke Einzelne] will für mächtiger gelten, als er ist, und missbraucht deshalb die Gelegenheiten: der Furchtzuwachs, den er erzeugt, ist sein Machtzuwachs. Er merkt zeitig, dass nicht Das, was er ist, sondern Das, was er gilt, ihn trägt oder niederwirft: hier ist der Ursprung der Eitelkeit. Der Mächtige sucht mit allen Mitteln Vermehrung des Glaubens an seine Macht. – Die Unterworfenen, die vor ihm zittern und ihm dienen, wissen wiederum, dass sie genau so viel *werth* sind als sie ihm *gelten*: weshalb sie auf diese *Geltung* hinarbeiten und nicht auf ihre eigene Befriedigung an sich. (WS 181, KSA 2, S. 630 – Hervorhebung: T.I.).

Worum es in diesem Kontext geht, ist nicht nur Nietzsches Beurteilung der Menschen – ob ein Mensch stark oder schwach ist –, sondern vielmehr seine Hypothese der *zwei* Charakteristika des Machtgefühls als eines fundamentalen Gefühls des Menschen, das sich sowohl in seinem Grundcharakter des *Mehr*-Wollens als auch des *Gelten*-Müssens zeigt. Demzufolge ist das Machtgefühl niemals der *nackte* Instinkt, der direkt von der Natur kommt, sondern es setzt schon die *geistige* Fähigkeit des Menschen voraus, sich selbst vom Standpunkt des Anderen bzw. der Gesellschaft reflektieren zu können, um den Glauben an die „Vorstellung“ seiner Macht zu vermehren. Nietzsche konzipiert diese zwei Charakteristika, die der Neuzeit von der alten Gesellschaft vererbt wurden, als den Grundcharakter des Machtgefühls: „Wir kennen die Eitelkeit nur in den abgeschwächtesten Formen, in ihren Sublimirungen und kleinen Dosen, weil wir in einem späten und sehr gemilderten Zustande der Gesellschaft leben“ (WS 181, KSA 2, S. 630).

2 Die Eitelkeit als *Tausch der Täuschung*

In Form der Eitelkeit taucht das Machtgefühl in der Neuzeit auf „sublimierte“ Weise auf: „das Gefühl der Macht [hat sich] in solcher Feinheit entwickelt, dass es jetzt hierin der Mensch mit der delicatesten Goldwage aufnehmen kann. Es ist sein stärkster Hang geworden“ (M 23, KSA 3, S. 34 f.). Dieses sublimierte Phänomen des Geistes diskutiert Nietzsche mit ökonomischen Metaphern wie *Münzen* oder *Tausch.*

> Wie arm wäre der menschliche Geist ohne die Eitelkeit! So aber gleicht er einem wohlgefüllten und immer neu sich füllenden Waarenmagazin, welches Käufer jeder Art anlockt: Alles fast können sie finden, Alles haben, vorausgesetzt, dass sie die gültige Münzsorte (Bewunderung) mit sich bringen. (MA I, KSA 2, S. 84 f.)

Was hier rhetorisch als „Waarenmagazin“ ausgewiesen wird, ist der Ort, an dem die Eitelkeit aktiviert bzw. gefördert wird. Nietzsche bezeichnet „die gültige Münzsorte“ als „Bewunderung“. Eitelkeit ist nicht selbstgenügsam, sondern sie braucht unbedingt die Bewunderung der *Anderen.* Jedoch entsteht dies nur durch die Täuschung des *Anscheines*: „Das Interesse an sich selbst, der Wunsch, sich zu vergnügen, erreicht bei dem Eitelen eine solche Höhe, dass er die Anderen zu einer falschen, allzu hohen Taxation seiner selbst verführt und dann doch sich an die Autorität der Anderen hält“ (MA I, KSA 2, S. 88). Die Eitelkeit kann nur auf „Unkosten der Mitmenschen“ (MA I, KSA 2, S. 88) entstehen: „Der Mensch, sobald er seine Hülflosigkeit als Einzelner und das Maass seiner Kräfte und Besitzthümer wahrnimmt, sinnt auf Austausch mit den Nächsten. Je höher diese seine Kräfte und Besitzthümer taxieren, um so mehr kann er für sich bei diesem Austausche gewinnen“ (NL Winter 1876–1877, KSA 8, 20[8], S. 363). Weiterhin zieht Nietzsche diese Verhältnisse aus folgenden zwei Gründen in Betracht: „Wir sind alle begehrlich nach fremdem Besitz. Einmal weil wir die Schwächen des eigenen Besitzes zu gut kennen und seine Vorzüge uns durch Gewöhnung reizlos geworden sind, sodann weil der Andere seinen Besitz in das günstigste Licht gestellt hat.“ (NL Winter 1876–1877, KSA 8, 20[8], S. 363) Die Begierde nach Täuschung betätigt sich nicht selbstgenügsam, sondern reagiert auch auf Anregung des *Anscheins* des *Anderen.* „Beim Tausch glaubt jeder den Anderen übervortheilt und selber den höheren Gewinn zu haben [...] Der Tauschende meint, er sei der Täuschende, aber der, mit welchem er tauscht, glaubt von sich dasselbe.“ (NL Winter 1876–1877, KSA 8, 20[8], S. 363) Die Eitelkeit entsteht durch den Tausch der Täuschungen sozusagen als *Wechselwirkung der Masken*, die voneinander verschieden sind bzw. sein müssen. Wie eine „private Münze“ keinen Sinn hat, zu der es kein Gegenstück für einen Tausch gibt, ist „private Eitelkeit“ ebenfalls sinnlos. Die Täuschung muss eine Art des *Handels* sein, bei dem man sich in Höhe und Glanz der die eigene Schwäche verbergenden Maske zu überbieten versucht. Der Grund, weshalb Nietzsche den Tausch als betrügerischen Handel darstellt, liegt darin, weil durch die übersteigerte Hochschätzung des eigenen Selbst wechselseitig „Neid“ (NL Winter 1876–1877, KSA 8, 20[8], S. 363) hervorgerufen werden soll.

3 Die Scham und die *Räumlichkeit* der Introspektion

Der Begriff des Machtgefühls als Eitelkeit (sich von außen hoch zu schätzen) verhält sich zum Begriff der Scham wie zwei Seiten derselben Medaille: „Neid und Eifersucht sind die Schamtheile der menschlichen Seele“ (MA I 503, KSA 2, S. 321). Nietzsche bestimmt die Eitelkeit des Menschen als „Haut der Seele“ (MA I 82, KSA 2, S. 86). Insofern die menschliche Seele eine Haut nötig hat – die sich als Maske verstehen lässt –, kann man sagen, dass die Eitelkeit die äußere Seite der Maske ist, und die Scham ihre innere Seite (im folgenden *Maske I*). D.h. während die Eitelkeit ein Selbstwertgefühl ist, das *nach Außen* gerichtet werden muss, ist das Schamgefühl ein Selbstwertgefühl, das sich vielmehr empfindlich *gegen das Innere seiner selbst* wendet. Von daher hat das Schamgefühl eine *introspektive* Funktion. Es bezieht sich auf die Art und Weise, wie man seinen inneren Raum in den eigenen genauso wie in den Augen des Anderen reflektiert bzw. in ihn hineinschaut: „Die Menschen schämen sich nicht, etwas Schmutziges zu denken, aber wohl, wenn sie sich vorstellen, dass man ihnen diese schmutzigen Gedanken zutraue“ (MA I 84, KSA 2, S. 87). Den Ursprung dieses *räumlichen introspektiven* Charakters der Scham sieht Nietzsche im „Mysterium“ der religiös „umgränzte[n] Gebiete“, in die man in vormoderner Zeit nicht ohne Erlaubnis eintreten konnte.

> Die Scham existirt überall, wo es ein „Mysterium“ giebt; diess aber ist ein religiöser Begriff, welcher in der älteren Zeit der menschlichen Cultur einen grossen Umfang hatte. Ueberall gab es umgränzte Gebiete, zu welchen das göttliche Recht den Zutritt versagte, ausser unter bestimmten Bedingungen: zu allererst ganz räumlich, insofern gewisse Stätten vom Fusse der Uneingeweihten nicht zu betreten waren und in deren Nähe Diese Schauder und Angst empfanden. Diess Gefühl wurde vielfach auf andere Verhältnisse übertragen [...] So ist das Königthum als ein Centrum, von wo Macht und Glanz ausstrahlt, dem Unterworfenen ein Mysterium voller Heimlichkeit und Scham. [...] die ganze Welt innerer Zustände, die sogenannte „Seele“ [ist] auch jetzt noch für alle Nicht-Philosophen ein Mysterium [...] sie ist demnach ein Adyton und erweckt Scham. (MA I 100, KSA 2, S. 97)

Die antiken Menschen haben starke Gefühle von „Schauder und Angst“ empfunden, wenn sie die Linie zu übertreten versuchten, die den Raum des „Mysteriums“ von gewöhnlichem Raum trennte (vgl. auch WS 69). Nach Nietzsches Einsicht hat der *räumliche* Charakter der Scham, der auf das Eindringen des Anderen bzw. das Auge des Anderen reagiert und den eigenen Innenraum – wie einen „Privat-Raum“ – abzuschirmen versucht, seinen Ursprung in der „Übertragung“ des physischen Raums in den geistigen Raum. Dieser introspektive Charakter des Schamgefühls kann deshalb als das Gerät der Sitte fungieren, das den Glauben an die Sitte verstärkt, in derselben Weise wie das „Mysterium“ in alter Zeit von der Macht des „Königtums“ im Hintergrund gestützt wurde. Das Schamgefühl hat die Funktion die menschliche Gemeinschaft zur Ordnung zu bringen, indem es die Macht der Sitte zur *Norm* des inneren Raums umprägt, d.h. indem es die Sitte *verinnerlicht*. Diese Seite der Scham als das Gefühl, das die Abweichung von den Konventionen der Außenwelt unterbewusst bremst, ist fast gleichbedeutend mit dem Gefühl der „Furcht“, welches durch die Strafe in der primitiven bzw. ursprünglichen Gemeinschaft bewirkt wird (vgl. NL 1880, KSA 9, 3[119], S. 82–85).

4 Der Stolz und sein *Pathos der Distanz*

Gegenüber der Beziehung der Eitelkeit und der Scham betont Nietzsche die Tugenden des Stolzes und der Scham der Vornehmen: „Die Eitelkeit ist die Furcht, original zu erscheinen, also ein Mangel an Stolz“ (M 365, KSA 3, S. 243). Während das Selbstwertgefühl der Eitelkeit einen *gemeinsamen* Zirkel von Mitgliedern für den gegenseitigen „Tausch“ voraussetzt – sozusagen „die gültige Münzsorte“ (MA I 79, KSA 2, S. 84 f.) –, behauptet Nietzsche den Charakter des Stolzes von dem Menschen-Typ, der von keinem vorhergehenden Maßstab der Gesellschaft mehr abhängt, sondern nur auf der eigenen Einzigartigkeit, „Unabhängigkeit“ (JGB 41, KSA 5, S. 58 f.) und „Souveränität“ (NL 1881, KSA 9, 11[40], S. 455 f.) seiner selbst beruht. Dies ist „der Stolz auf sich selbst“ (JGB 260, KSA 5, S. 210). „Anstatt zu wünschen, daß Andere uns so kennen wie wir sind, wünschen wir, daß sie so gut als möglich von uns denken; wir begehren also, daß die Anderen sich über *uns täuschen*: das heißt wir sind nicht stolz auf unsere Einzigkeit“ (NL 1880, KSA 9, 3[59], S. 63 – Hervorhebung: T.I.). In diesem Sinne benötigt der Stolzes des Einzelnen *Distanz* zu den Mitmenschen, damit Einzigartigkeit als solche möglich wird.

Aber genauso wie das Machtgefühl in Nietzsches mittlerer Periode schon das Wesen der „Rangordnung“ notwendig voraussetzt, damit die eigene Macht als Macht in der Gesellschaft *geltend* gemacht wird, so ist auch Nietzsches Begriff des Stolzes nicht trennbar von der hierarchischen Dimension. Diese harte Seite, die man nicht einfach naiv als *horizontale* Distanz zwischen den Vornehmen (wie vornehme „Freundschaft“ auslegen sollte), sondern als *vertikale* Distanz zwischen den Vornehmen und den „Gemeinen“ (JGB 43, KSA 5, S. 268) verstehen muss, wird besonders deutlich, wenn Nietzsche das „Pathos der Distanz“ mit seinem Ideal der radikalen Aristokratie in Zusammenhang bringt (JGB 257, KSA 5, S. 205 f.). Die Vornehmheit stammt zwar von „d[en] erhobenen stolzen Zustände[n] der Seele“ (JGB 260, KSA 5, S. 209), aber sie kann in der Philosophie Nietzsches nicht von dem Machtgefühl getrennt werden, das den Spalt zwischen dem „Oben“ und „Unten“ kennzeichnet: „das Pathos der Vornehmheit und Distanz [...] das dauernde und dominierende Gesammt- und Grundgefühl einer höheren herrschenden Art im Verhältniss zu einer niederen Art, zu einem ‚Unten‘“ (GM I 2, KSA 5, S. 259). Diese radikale Seite des Stolzgefühls in der Philosophie Nietzsches scheint ihren Hintergrund darin zu haben, dass sein Problembewusstsein hinsichtlich des Stolzes sich nicht allein auf die Themen der Seele des Menschen bzw. der Existenzprobleme des Einzelnen bezieht,sondern vielmehr auf das Thema der *Herrschaftsform* starken Bezug hat. Gegen die „modernen Ideen“ (JGB 260, KSA 5, S. 208 ff.) (wie z. B. die Demokratisierung; JGB 44, KSA 5, S. 60 ff.), die das Potenzial besitzen, die „Angleichung“ der Menschen in der Massengesellschaft herbeizuführen, versucht Nietzsche die Bedeutung des Stolzes zu verteidigen, durch die der menschlichen Gesellschaft erst einiger „Sinn“ verliehen werde (vgl. JGB 258, KSA 5, S. 206 f.).

5 Die vornehme Scham und ihr *Zartgefühl*

Demgegenüber richtet die vornehme Scham sich deutlicher auf die Einzigartigkeit unserer *Innen*welt. Diese geistige Vornehmheit hat ihre Eigenart darin, dass sie dem Eindringen der anderen Seele in das eigene geistige Gebiet streng ausweicht. In seiner Kritik gegen das christliche Mitleid, betont Nietzsche diese geistige Dimension der Vornehmheit: „‚Mitleiden ist zudringlich‘ [...] sei es eines Gottes, sei es der Menschen Mitleiden: Mitleiden geht gegen die Scham“ (Za IV Mensch, KSA 4, S. 330). Während das christliche Mitleid darauf abzielt, den Innenraum der Menschen anzugleichen, indem das Leiden am Dasein als grundlegender Charakter dieser Welt interpretiert wird, lehnt Nietzsche diese Verallgemeinerung des Leidens durch und durch ab, und verteidigt die *geistige Distanz* zwischen den menschlichen Seelen, um die Einzigartigkeit bzw. Souveränität des Innenraums des Individuums zu schützen: „Ich werfe den Mitleidigen vor, dass ihnen die Scham, die Ehrfurcht, das Zartgefühl vor Distanzen leicht abhanden kommt“ (EH weise 4, KSA 6, S. 270). Solche geistige Distanz enthält eine Art von Feinheit und Zartheit, die im Pathos der Distanz nicht zum Ausdruck kam. Diese auf der Scham beruhende Vornehmheit zeigt ein *anderes Gesicht* des Vornehmen als das des Machtmenschen, der die „Rangordnung“ in der Gesellschaft schonungslos durchsetzt, und an den „Unteren“ kein Interesse hat. Aus dieser Scham als „Zartgefühl von der Distanz“, die ihren Ursprung in der „Ehrfurcht“ für die Seele hat, entsteht die Notwendigkeit einer Maske (*Maske II*), die eine ganz andere ist als die des Eitlen (*Maske I*):

> [E]s bestimmt beinahe die Rangordnung, wie tief Menschen leiden können [...] dieser geistige schweigende Hochmuth des Leidenden, dieser Stolz des Auserwählten der Erkenntniss [...] findet alle Formen von Verkleidung nöthig, um sich vor der Berührung mit zudringlichen und mitleidigen Händen [...] zu schützen. [...] Woraus sich ergiebt, dass es zur feineren Menschlichkeit gehört, Ehrfurcht „vor der Maske" zu haben. (JGB 270, KSA 5, S. 225)

Der „Leidende" muss „sich [...] in den Mantel der äußern, der räumlichen Einsamkeit [...] wickeln" (NL Juni-Juli 1885, KSA 11, 38[11], S. 610).[2] Der Grund, warum der stolze Mensch in der Philosophie Nietzsches nicht einfach eine gewalttätige Figur ist, sondern gleichzeitig eine geistige Feinheit besitzt, die durch eine Maske gegen Andere verborgen werden muss, besteht in seiner schamhaften „Ehrfurcht" vor dem Bereich der Seele. „[A]uch der vornehme Mensch hilft dem Unglücklichen, aber nicht oder fast nicht aus Mitleid" (JGB 260, KSA 5, S. 211). Selbst bei einer Wohltat muss er sich *distanziert* halten, um der Gefahr zu entgehen, dass seine Wohltat in den Augen des Empfängers (und vor sich selbst) als Mitleid interpretiert wird. Denn es besteht die Möglichkeit, die Knospe der Vornehmheit zu verderben, die im Anderen ungeöffnet vorhanden ist: „Es giebt Handlungen der Liebe und einer ausschweifenden Grossmuth, hinter denen nichts räthlicher ist, als einen Stock zu nehmen und den Augenzeugen durchzuprügeln [...] die *Feinheit seiner Scham* will es so" (JGB 40, KSA 5, S. 57 f. – Hervorhebung: T.I.). Nietzsche sagt, „die Mächtigen sind es, welche zu *ehren* verstehen" (JGB 260, KSA 5, S. 208 ff. – Hervorhebung: T.I.). Diese Ehrfurcht verweist nicht nur auf die eigene geistige Souveränität, sondern auch auf das Potenzial zur Souveränität im Anderen.[3] Hier spielt das Schamgefühl als Stärke angesichts einer „einzuhaltenden Grenzlinie" (GT 2, KSA 1, S. 32) die Rolle des „Wächter[s]" der Seele (MA I 100, KSA 3, S. 97).

6 Fazit

Die anthropologische Geschichte des Menschen, in der unsere menschlichen (allzu-menschlichen) Räume der „Gefühle" entstanden sind, ist mit den Formen der Maske untrennbar verbunden. Erst mittels der Maske hat der Mensch gegen die Natur seine eigene Innen- und Außenwelt hervorgebracht. Der Unter-

2 Jedenfalls ist die Einsamkeit notwendige Eigenschaft des Stolze (Müller-Lauter 1995, S. 273 f.), aber das bedeutet nicht, dass der Stolz sich gar nicht auf die menschliche Welt bezieht, wie etwa im Fall des Einsiedlers.

3 Deswegen erwidert der hässlichste Mensch auf die Scham Zarathustras für ihn: „Deine Scham, oh Zarathustra, *ehrte* mich!" (Za IV Mensch, KSA 4, 329).

schied zwischen den zwei Typen von Masken (I und II) verweist auf den geistigen Prozess, in dem der Mensch einerseits sein Machtgefühl zur „Vorstellung" der Macht (wie die „Furcht" zum „Anschein" der „Eitelkeit") sublimiert (Maske I), und andererseits die Notwendigkeit der „Scham" als Ehrfurcht vor der geistigen Vornehmheit entwickelt (Maske II). In der Philosophie Nietzsches kann es als ein Prüfstein für geistige Vornehmheit gelten, nicht ob jemand Mitleid für Andere empfindet, sondern ob ihm die geistige Maske eine Lebensnotwendigkeit ist. Die verschiedenen konkreten Gestaltungen der Gefühle – wie „Furcht", „Eitelkeit", „Stolz" und „Scham" – können als Zeichen betrachten werden, dass der Mensch durch die Form der „Maske" seine namenlosen wilden Instinkte zu *Menschlichem* umgebildet hat, oder umbilden soll.

Literaturverzeichnis

Demmerling, Christoph/Landweer, Hilge (2007): *Philosophie der Gefühle. Von Achtung bis Zorn*. Weimar: J. B. Metzler.

Ehrenmüller, Josef (2008): „Nietzsches Psychologie bzw. Physiologie der Philosophie". In: *Nietzscheforschung* 15, S. 221–230.

Kaufmann, Walter (1982): *Nietzsche. Philosoph – Psychologe – Antichrist*. Übers. von Jörg Salaquadra, Jörg. Darmstadt: Wissenschaftliche Buchgesellschaft. [Original: *Nietzsche. Philosopher, Psychologist, Antichrist*. New Jersey: Princeton 1974.]

Müller-Lauter, Wolfgang (1995): „Über Stolz und Eitelkeit bei Kant, Schopenhauer und Nietzsche". In: Thomas Sören Hoffmann/Stefan Majetschak (Hrsg.): *Denken der Individualität. Festschrift für Josef Simon*. Berlin: De Gruyter, S. 253–274.

Planckh, Marcus (1998): „Scham als Thema im Denken Friedrich Nietzsches". In: *Nietzsche-Studien* 27, S. 214–237.

Tongeren, Paul van (2007): „Nietzsches Hermeneutik der Scham". In: *Nietzsche-Studien* 36, S. 131–154.

Manos Perrakis

Nietzsches ‚Scham des guten Rufs' am exemplarischen Fall von Athos, Comte de la Fère

Obwohl die Nietzscheforschung in den letzten Jahren der Bedeutung der Scham in der Philosophie Nietzsches immer mehr Beachtung geschenkt hat, gilt die Scham nicht als zentrales Thema seiner Philosophie. In einem Punkt aber sind sich alle Forscher einig: Die Frage nach der Scham eröffnet einen Zugang zu zentralen Themen seiner Philosophie (vgl. van Tongeren 2007, S. 133). Denn darüber gelangt man zu Themen, die für Nietzsches Anthropologie sehr wichtig sind, vor allem in Hinsicht auf seine praktische Philosophie.

Dieser Aufsatz soll aber weniger einen Überblick über Nietzsches Philosophie der Scham geben als einem Aspekt nachgehen, der sich als ‚Scham des guten Rufs' fassen lässt. Dafür wird hier ein eher ungewöhnlicher Weg gewählt. Dieser Aspekt soll nämlich anhand eines Romans aufzeigt werden. Es handelt sich um einen der beliebtesten Romane aller Zeiten, der in immer neuen Auflagen erscheint und seit Beginn des Kinos immer wieder verfilmt wurde.[1]

Die Rede ist von *Drei Musketiere* von Alexandre Dumas d. Ä.[2] Die *Drei Musketiere* bieten einen besonders passenden Rahmen für die Untersuchung des positiven und idealisierenden Aspekts, den, wie zu zeigen sein wird, die ‚Scham des guten Rufs' birgt. Dieser Roman bewegt sich in der vornehmen Welt des 17. Jahrhunderts – dem mächtigen Kriegsadel mit seinen Intrigen und einem glorreichen Königreich. Obwohl die meisten von uns diesen Roman mit dem jungen und galanten Gascogner D'Artagnan verbinden, werde ich mich vor allem auf den edelsten der Musketiere, Athos, konzentrieren, dem der belgische Schriftsteller Christophe van Rossom (2004) zuletzt einen brillanten Essay gewidmet hat.

Kommen wir aber zur „Scham des guten Rufs", von der im Aphorismus 199 der *Morgenröthe* die Rede ist:

> W i r s i n d v o r n e h m e r. – Treue, Grossmuth, *die Scham des guten Rufs* [Hervorhebung M.P.]: diese Drei in Einer Gesinnung verbunden – das nennen wir a d e l i g, v o r n e h m,

1 Zuletzt verfilmt in 2011 von Paul W.S. Anderson.

2 Die *Drei Musketiere* wurden 1843/44 kapitelweise in der Zeitung *Le siècle* urveröffentlicht. 1845 verfasste Dumas die Fortsetzung *Vingt ans après* [Zwanzig Jahre danach]. 1847 erschien der letzte Teil der Trilogie *Le Vicomte de Bragelonne ou Dix ans plus tard* [Der Vicomte de Bragelonne oder Zehn Jahre später].

> edel, und damit übertreffen wir die Griechen. Wir wollen es ja nicht preisgeben, aus dem Gefühle, dass die alten Gegenstände dieser Tugenden in der Achtung gesunken sind (und mit Recht), sondern behutsam diesem unserem köstlichen Erbtriebe neue Gegenstände unterschieben. (M 199, KSA 3, S. 173)

In diesem Aphorismus wird die ‚Scham des guten Rufs' ein Wesensmerkmal einer vornehmen und edlen Gesinnung. Ein Vorbild für solch eine Haltung findet sich in der Antike, und in dieser Hinsicht ist der Satzteil „und damit übertreffen wir die Griechen" eher rhetorisch zu verstehen. Diese tradierte und letztlich unzeitgemäße Gesinnung soll mit neuen Inhalten belebt und damit für die Gegenwart aktualisiert werden.

Die ‚Scham des guten Rufs', wie im Folgenden zu zeigen wird, enthält viele Komponenten, die für die Schamproblematik Nietzsches wichtig sind. Zuvor aber ist es sinnvoll, kurz den Begriff der Scham in Nietzsches Schriften zu konturieren.

Scham wird in der Philosophiegeschichte sowohl negativ als auch positiv bestimmt, und dies ist auch bei Nietzsche der Fall (vgl. Ruhnau 1992). In seiner Moralkritik attackiert er mit Heftigkeit die falsche Scham und definiert etwas als schlecht, das beschämend wirkt. Seine Attacken richten sich gegen all diejenigen moralischen Instanzen, die Konventionen schaffen, welche Beschämungsmechanismen in Gang setzen. So ist es konsequent, dass Nietzsche die Befreiung von Scham für das „Siegel der erreichten Freiheit" (FW 275, KSA 3, S. 519) hält.

Bei seiner positiven Bestimmung von Scham ist zu betonen, dass er sich in nächster Nähe zum αἰδώς, dem alt-griechischen Begriff für Achtung, Diskretion und Ehrfurcht befindet, in klarer Abgrenzung vom αἰσχύνη, der negativen Scham. Nietzsche thematisiert auch Scham und Erkenntnis in Bezug auf den freien Geist, wobei es um eine Dialektik von Schamlosigkeit und Schamhaftigkeit als zwei unentbehrlichen Momenten im Erkenntnisprozess geht.[3] Im Folgenden werde ich mich auf Nietzsches positive Bestimmung von Scham anhand der „Scham des guten Rufs" konzentrieren.

Den Zugang dazu soll der Begriff der Größe bieten, denn – wie Paul van Tongeren schreibt:

> Die allgemeinste Bestimmung von Scham scheint darin zu bestehen, dass sie eine Beziehung desjenigen, der sich schämt, zu etwas ist, das groß und maßgebend ist oder von ihm als so beschaffen betrachtet wird. Unterschiedliche Formen von Scham haben mit

3 Um in Erkenntnis zu gelangen, muss man eine ‚schamlose' Haltung haben. Wenn man aber dahin kommt, muss man den Bereich, besser ‚Adyton' der Erkenntnis mit Scham entgegennehmen. Dazu siehe Van Tongeren (2007, S. 134–137).

> diesem Unterschied zu tun (zwischen etwas, das groß ist und etwas, das als groß angesehen wird) und mit der Art der Beziehung. (van Tongeren 2007, S. 134)

Größe gilt hier als Grund der Scham. Größe kann sich auf eine Epoche oder eine Person beziehen. Die in dieser Hinsicht unüberbietbare historische Epoche für Größe ist bekanntlich die griechische Antike, auf die Nietzsche in seinem Werk häufig zurückgreift. Es ist aber nicht die einzige Epoche, die für ihn infrage kommt. Wie viele Stellen aus der *Morgenröthe* und der *Fröhlichen Wissenschaft* zum alten französischen Adel belegen, verfügt auch das französische 17. Jahrhundert für Nietzsche über wirkliche Größe und einen vorbildlichen Charakter.[4] Ferner muss man auch in Betracht ziehen, dass in Nietzsches persönlicher Bibliothek viele Werke der großen Dramatiker des Goldenen Zeitalters in Frankreich, wie Pierre Corneille (Größe als ,Ethik des Verzichts im Dienste des Staates') und Jean Racine (Größe in der ,Umkehr von Machtverhältnissen')[5] zu finden sind.[6] Man könnte Größe an diesem Punkt auch über den Begriff des ,Unzeitgemäßen' denken, wobei dessen idealistischer Zug als Korrektiv im Blick gehalten werden muss.

Jeder Rekurs auf die Vergangenheit ist im Grunde unzeitgemäß. Man muss aber immer wieder betonen, dass ,unzeitgemäß' bei Nietzsche in einem dynamischen Sinne als „gegen die Zeit und dadurch auf die Zeit und hoffentlich zugunsten einer kommenden Zeit" (UB II, KSA 1, S. 247) zu verstehen ist. Wenn etwas „unzeitgemäß" ist, hat es bestimmte Elemente, die als Korrektiv auf das Zeitgemäße einwirken können. Das bedeutet auch, dass sich im Unzeitgemäßen etwas finden lässt, was man sich zum Vorbild nehmen kann.

Lassen wir nun den Aspekt der Epoche und richten unsere Aufmerksamkeit auf den Aspekt der Person, wobei man immer im Auge behalten sollte, dass es für Nietzsche vor allem individuelle Leistungen sind, die die Größe von Epochen ausmachen. Athos verfügt über eine wirkliche Größe, die im Roman nie in Zweifel gezogen wird. Schon sein Name verweist auf seinen außerordentlichen Charakter, Athos, Comte De La Fère. Athos ist ein schwerwiegender Name. So heißt nämlich der heilige Berg der griechischen Peninsula im Norden des Landes.[7] Der Adelstitel von Athos ist nicht weniger beeindruckend, Comte

---

4 Diese Favorisierung wirkt umso stärker, wenn man in Betracht nimmt, wie sehr Nietzsche das 18. und 19. Jahrhundert bekämpft.

5 Ich übernehme hier die trefflichen Ausdrücke Jürgen Grimms. Vgl. Grimm (2006, S. 234–238).

6 Ein Katalog der Werke findet sich in: Campioni/D'Iorio/Fornari /Fornerotta/Orsucci (2003). Zu Corneille siehe Campioni/D'Iorio/Fornari /Fornerotta/Orsucci (2003,S. 172–173) und zu Racine: Campioni/D'Iorio/Fornari /Fornerotta/Orsucci (2003, S. 487–488).

7 „,Euer Name?', fragte der Kommissär. ,Athos', antwortete der Musketier. ,Das ist kein Menschenname, sondern der Name eines Berges', rief der arme Untersuchungsrichter, der den Kopf zu verlieren anfing." (Dumas 1975, S. 146)

de La Fère. Auf Deutsch könnte man Comte De La Fère als Graf der Kugel, der Sphäre übersetzen, wobei die Form des Kreises beziehungsweise der Kugel in unserer Kulturgeschichte als Symbol der Vollkommenheit gilt. Athos hat alle positiven Eigenschaften eines Edelmannes seiner Zeit, und zwar ins Maximale gesteigert. In kaum einem Gebiet ist er zu übertreffen, ob es nun um Tapferkeit, seine Geschicklichkeit bei der Falkenjagd (die selbst Ludwig XIII. beeindruckte) (vgl. Dumas 1975, S. 286) oder die Feinheit seiner Manieren, aber vor allem um Redlichkeit geht. Mit den Worten von Dumas:

> Überdies war seine Redlichkeit unantastbar in einem Jahrhundert, wo es die Kriegsmänner mit ihrer Religion und ihrem Gewissen, die Liebenden mit dem strengen Zartgefühl und die Armen mit dem siebenten Gebot des Herrn so leichtnahmen. Athos war also ein sehr ungewöhnlicher Mann. (Dumas 1975, S. 286)

Vor solch einer Gestalt gibt es also wirklich gute Gründe, sich zu schämen. Berücksichtigt man nun das Verhältnis zwischen den vier Freunden, wird man schnell Folgendes feststellen müssen: Es handelt sich um durchaus positiv konnotierte Scham, die von Dankbarkeit begleitet wird.

An diesem Punkt möchte ich zu einer in diesem Kontext sehr wichtigen Unterscheidung kommen. Was die Bewertung von Scham betrifft, unterscheidet Paul van Tongeren zwischen drei Typen: Die Scham, die verurteilt (prohibitive Scham), die, die zum Guten und Edlen motiviert und ansporrnt (adhortative Scham), und die, welche Respekt und Ehrfurcht ausdrückt (venerative Scham) (van Tongeren, 2007, S. 148). Die beiden Typen, die in unserem Roman erkennbar sind, sind die adhortative und die venerative Scham. Athos ist hierfür ein Beispiel, besser noch, ein Vorbild. Und er wird nicht nur von seinen Freunden und Mitgefährten, sondern auch von großen Kriegsherren, Prinzen und Königen bewundert. Für seine außerordentlichen Verdienste mit den größten Ehrungen seiner Epoche ausgezeichnet. Karl I. macht ihn zum Ritter des Hosenbandordens und Anna von Österreich verleiht ihm das Band des Ordens vom Heiligen Geist (vgl. Dumas 1924, S. 79). Athos genießt einen guten Ruf, um nicht zu sagen Ruhm. So ein Privileg ist auch eine Pflicht gegenüber einer symbolischen Ordnung der Welt, deren Kohärenz Gott und König garantieren (vgl. van Rossom 2004, S. 21). Und guter Ruf verpflichtet zu einem gewissen Verhalten, wobei es vor allem um eins geht: Er darf auf gar keinen Fall beschämend wirken für denjenigen, der ihm gegenübersteht. Das heißt, der Träger des guten Rufs muss Scham vor sich selbst haben. Wie äußert sich nun die Scham des guten Rufs im Verhalten? Lesen wir aufmerksam, was Dumas über das Verhalten dieses außergewöhnlichen Menschen schreibt – hier aus der Sicht d'Artagnans:

> Von allen seinen Freunden war Athos der älteste und folglich derjenige, welcher ihm in Geschmack und Sympathien scheinbar am wenigsten nahestand. Er hegte jedoch für die-

sen Edelmann eine sichtbare Vorliebe. Das edle stolze Aussehen von Athos, diese Blitze von *Größe* [Hervorhebung M.P.], welche von Zeit zu Zeit aus den Schatten hervorsprangen, in denen er sich freiwillig eingeschlossen hielt, diese unveränderliche Gleichheit der Gemütsart, die ihn zum angenehmsten Kameraden von der Welt machte, und diese beißende Heiterkeit, dieser Mut, den man hätte blind nennen können, wenn er nicht das Resultat der seltensten Kaltblütigkeit gewesen wäre, alle diese Eigenschaften nötigten d'Artagnan mehr als Achtung, mehr als Freundschaft, sie nötigten ihm volle Bewunderung ab. (Dumas 1975, S. 285)

Die „Scham des guten Rufs" basiert auf Distanz, die sogar sehr angenehm wirkt. Der Träger des guten Rufs ist sich der Grenzen zwischen Distanz und Intimität bewusst. Die Scham des guten Rufs besteht aber vor allem darin, dass deren Träger die anderen nicht zu beschämen „weiß". Wenn er Distanz zeigt, dann bedeutet diese das Gegenteil von Indifferenz, es geht um eine Art der Aufmerksamkeit, die den anderen nicht verpflichten will. Denn Nietzsche stellt „die Scham, die Ehrfurcht und das Zartgefühl vor Distanzen" (EH weise 4, KSA 6, S. 270) nebeneinander.

Nun möchte ich abschließend die „Scham des guten Rufs" mit einer Szene in Verbindung bringen, die sich auf den letzten Seiten des Romans abspielt und die mir sehr einschlägig für unser Thema zu sein scheint.

Die Abenteuer der vier Freunde sind zu einem Ende gekommen, und nun erhält d'Artagnan eine Audienz bei Kardinal Richelieu, gegen dessen Intrigen alle Musketiere gekämpft haben. Richelieu ist voller Bewunderung für d'Artagnan, und hat längst erfasst, dass es besser ist, einen solchen Menschen zum Freund statt zum Feind zu haben. So reicht der Kardinal dem jungen Gascogner eine Urkunde mit der Aufforderung, er solle seinen Namen einsetzen. Es handelt sich um eine Ernennung zum Leutnant der Musketiere. D'Artagnan braucht nur seinen Namen darauf zu schreiben. Hatte er nicht so lange davon geträumt? Ist er nicht deswegen nach Paris gekommen? Und was tut er? Gegen unsere Erwartungen schreibt er seinen Namen nicht. Stattdessen geht er zu seinen Freunden und bietet jedem von ihnen diesen Rang an, denn jeder, so d'Artagnan, habe ihn mehr verdient als er. Natürlich, wie es nun auch der Leser erwartet, lehnen Athos, Aramis und Porthos sein Angebot ab. Doch als sich d'Artagnan am Ende enttäuscht an Athos wendet, ergreift dieser das Leutnantspatent und trägt d'Artagnans Namen ein.

Hat es je eine bessere Szene für die ‚Scham des guten Rufs', und zwar in so schöner zirkulärer Bewegung, als das Ende der *Drei Musketiere* gegeben? Ich glaube nicht. Worin aber liegt die Bedeutung von Athos' Geste, der den Namen d'Artagnans auf die Ernennungsurkunde des Kardinals schreibt? Nicht mehr und nicht weniger darin: Athos erspart d'Artagnan die Scham, seinen eigenen Namen zu schreiben. Diese Anspielung bezieht sich natürlich auf Nietzsches einprägsamsten Satz zum Thema Scham: „Was ist dir das

Menschlichste? – Jemandem Scham ersparen." (FW 274, KSA 3, S. 519) Einen Satz, den man vielleicht folgendermaßen paraphrasieren darf: Was wäre das Sittlich-Feinste? Jemandem die „Scham des guten Rufs" ersparen.

Literaturverzeichnis

Campioni, Giuliano/D'Iorio, Paolo/Fornari, Maria Cristina/Fornerotta, Francesco/Orsucci, Andrea (Hrsg.) (2003): *Nietzsches persönliche Bibliothek*. Unter Mitarbeit von Renate Müller-Buck. Berlin, New York: De Gruyter.

Dumas, Alexandre (1975): *Die drei Musketiere*. Frankfurt am Main, Zürich: Büchergilde Gutenberg.

Dumas, Alexandre (1924): *Zehn Jahre später oder der Vicomte von Bragelonne*. Berlin: Rothgießer und Bossetel.

Grimm, Jürgen (2006): *Französische Klassik. Lehrbuch Romanistik*. Stuttgart, Weimar: Metzler.

Rossom, Christophe van (2004): *Pour saluer le Comte de La Fère (La leçon d'Athos)*, Bordeaux: William Blake Edition.

Ruhnau, J. (1992): „Artikel: Scham, Scheu". In: Joachim Ritter (Hrsg.): *Historisches Wörterbuch der Philosophie*. Bd. 8. Basel u. a.: Schwabe, S. 1208–1215.

Tongeren, Paul van (2007): „Nietzsches Hermeneutik der Scham". In: *Nietzsche Studien* 36, S. 131–154.

Autorinnen und Autoren

Marcus Andreas Born: Studium der Philosophie, Literaturgeschichte des Deutschen und Sozialwissenschaften. Dissertation mit dem Titel *Nihilistisches Geschichtsdenken. Nietzsches perspektivische Genealogie.* Schwerpunkte in der Nietzsche-Forschung, in der Phänomenologie und in den Literaturwissenschaften. Forscht zur Zeit an der Albert-Ludwigs-Universität in Freiburg im Breisgau zu Nietzsches *Jenseits von Gut und Böse.*
Albert-Ludwigs-Universität, Deutsches Seminar, Platz der Universität 3, 79085 Freiburg. Email: m.a.born@gmx.net

Jakob Dellinger: Diverse Vorträge, Aufsätze und Lexikon-Beiträge zu Nietzsche; seit 2010 Mitarbeit beim *Nietzsche-Wörtberbuch* Projekt der Nietzsche Research Group Nijmegen; Dissertationsprojekt zur selbstbezüglichen Dimensionen von Nietzsches Sprach-, Wahrheits- und Erkenntniskritik.
Leopoldstraße 54, 3400 Klosterneuburg, Österreich. Email: j.dellinger@overclockers.at

Knut Ebeling: Professor für Medientheorie an der Kunsthochschule Berlin-Weißensee und Lecturer an der Stanford University Berlin. Zahlreiche Publikationen zu zeitgenössischer Kunst, Theorie und Ästhetik, zuletzt: *Die Aktualität des Archäologischen – in Wissenschaft, Medien und Künsten* (Mithg.), Frankfurt am Main 2004; *Das Archiv brennt* (gemeinsam mit Georges Didi-Huberman), Berlin 2007; Stadien. *Eine künstlerisch-wissenschaftliche Raumforschung* (gemeinsam mit Kai Schiemenz); *Archivologie.* Theorien des Archivs in Philosophie, Medien und Künsten (gemeinsam mit Stephan Günzel), Berlin 2009; *Wilde Archäologien* 1. Theorien der materiellen Kultur, Berlin 2011.
Immanuelkirchstraße 33, 10405 Berlin. Email: knut.ebeling@kh-berlin.de

Martin Endres: Studium der Literaturwissenschaft und Philosophie in Heidelberg. Promotion über Hölderlin. Langjähriger Mitarbeiter der Historisch-Kritischen Franz Kafka-Ausgabe (FKA) sowie der Brandenburger Kleist-Ausgabe (BKA). 2009–2010 Lehrbeauftragter am Institut für Kreatives Schreiben und Kulturjournalismus der Universität Hildesheim, seit 2011 am Institut für Deutsche und Niederländische Philologie der FU Berlin an. Lebt in Berlin.
Prenzlauer Allee 192, 10405 Berlin. Email: martin.endres@email.de

Jutta Georg-Lauer: Lehrbeauftragte der Johannes Gutenberg Universität, Mainz, Vorstandsmitglied der Friedrich-Nietzsche-Gesellschaft, Geschäftsführerin der Friedrich-Nietzsche-Stiftung. Zahlreiche Veröffentlichungen im Bereich der

Nietzscheforschung. Zuletzt erschien: *Dionysos und Parsifal* Eine Studie zu Nietzsche und Wagner, Würzburg 2011.
Nobelring 6, 60598 Frankfurt. Email: jutta.georg@t-online.de

Günter Gödde: Dipl. Psych., Psychologischer Psychotherapeut, Dozent, Supervisor, Lehrtherapeut und Schwerpunktleiter der Ausbildung in tiefenpsychologisch fundierter Psychotherapie an der Berliner Akademie für Psychotherapie (BAP), Arbeitsschwerpunkte: Geschichte der Psychoanalyse, Kulturtheorie, Verbindungen zwischen Psychoanalyse und Philosophie, Therapeutik und Lebenskunst. Zuletzt erschienen sind: *Unbewusstes* (gemeinsam mit Michael B. Buchholz) Gießen 2011, *Takt und Taktlosigkeit* (Mithg. mit Jörg Zirfas) Bielefeld 2011 sowie *Der Besen, mit dem die Hexe fliegt. Wissenschaft und Therapeutik des Unbewussten*, 2 Bände (Mithg. mit Michael B. Buchholz) Gießen 2012.
Kuno-Fischer-Straße 20, 14057 Berlin. Email: g.goedde@t-online.de

Takahide Imasaki: Studierte Philosophie an der Hosei Universität (Tokio) bis 2008. Seit 2009 ist er Doktorand am Institut für Philosophie der Humboldt-Universität zu Berlin. Sein Forschungsschwerpunkt ist Nietzsche, insbesondere Nietzsches Philosophie des Scheins und der Maske.
2-6–32 Kokurakita-ku, Kitakyūshū (Fukuoka), 802–0042 Japan. Email: takahide.imasaki@gmail.com.

Anthony K. Jensen: Assistant Professor of Philosophy at the City University of New York and Gastforscher at the Humboldt University Berlin.
30 Woodside Ave, Elmsford, NY 10523, USA. Email: Anthony_jensen@ymail.com

Henry Kerger: Studierte in Münster Rechtswissenschaften und promovierte 1987 über das Thema *Autorität und Recht im Denken Nietzsches*, Berlin 1988. Seitdem ist er als Jurist tätig – zunächst in Münster, seit 1991 in Dresden im Staatsdienst auf dem Gebiet des Agrar- und Umweltrechts. Veröffentlichungen u. a. in den Nietzsche-Studien und im Nietzsche-Handbuch.
Klarastr. 16, 01099 Dresden. Email: Henry.Kerger@smul.sachsen.de

Martin Liebscher: Honorary Senior Lecturer und Research Fellow am University College London. In seinen Publikationen setzt er sich mit den philosophischen Einflüssen auf die moderne Psychologie und Psychotherapie auseinander. Zuletzt erschienen sind die Monographie *Libido und Wille zur Macht. C.G. Jungs Auseinandersetzung mit Friedrich Nietzsche* (2012) und der Band *Thinking the Unconscious. Nineteen-century German Thought* [ed. with Angus Nicholls] (2010).
University College London, Department of German, School of European Languages, Culture and Society, Gower Street, London WC1E 6BT, United Kingdom. Email: m.liebscher@ucl.ac.uk

Rogério Lopes: Professor für Philosophie an der Universidade Federal de Minas Gerais (UFMG), Belo Horizonte, Brasilien. Gegenwärtig arbeitet er über Nietzsches Verhältnis zur Geschichte der praktischen Philosophie, bzw. der normativen Ethik sowie über seine Rezeption in der zeitgenössischen praktischen Philosophie.
Departamento de Filosofia/Faculdade de Filosofia e Ciências Humanas Universidade Federal de Minas Gerais – UFMG. Av. Antônio Carlos 6627, Sala 4029. Fone: +55 31 3409 5087 31.270.901 – Belo Horizonte/Minas Gerais, Brasilien. Email: rgalopes@yahoo.com

Annamaria Lossi: Studium der Philosophie und Germanistik in Pisa, Tübingen und Freiburg i. B.; Übersetzerin und Autorin u. a. zu Nietzsche, Platon, Fink, Ricœur.
Via Putignano 172, I-56121 Pisa. Email: Gadamer.loss@iol.it

William Mattioli: Bachelor-Studium in Philosophie an der Universität von Minas Gerais (Brasilien) und sein Master-Studium im Rahmen des Programms Master-Mundus EuroPhilosophie an der Bergischen Universität Wuppertal abgeschlossen. Er ist Mitglied der Gruppe Nietzsche-UFMG (Brasilien).
Rua Saturnino de Pádoa 407, Lavras-MG, Brasilien CEP: 37200–000. Email: mattioli_filosofia@yahoo.com.br

Enrico Müller: Gegenwärtig Gastdozent an der Universidade Estadual de Campinas / UNICAMP (Brasilien). Er arbeitet an einer, von der DFG-geförderten Habilitation zum Thema *Platons „Phaidros" und die philosophische Kunst des Dialogs*. Buchveröffentlichungen: *Die Griechen im Denken Nietzsches*. Berlin / New York: De Gruyter, 2005 (Monographien und Texte zur Nietzsche-Forschung 50). *Zur Genealogie des Zivilisationsprozesses. Friedrich Nietzsche und Norbert Elias*. Berlin / New York: De Gruyter, 2010 (zusammen mit Friederike Günther und Angela Holzer).
Mittenwalder Str. 6, 10961 Berlin. Email: EnricoDietrich@gmx.de

Cathrin Nielsen: Studium der Philosophie und Mediävistik, lebt als Autorin, Lektorin und Herausgeberin in Frankfurt am Main. Arbeiten u. a. zu Schopenhauer, Nietzsche, Heidegger, Fink und Ricœur sowie zur zeitgenössischen Kunst.
Rothschildallee 5, 60389 Frankfurt. Email: c.nielsen@lektoratphilosophie.de

Manos Perrakis: Promotion in Philosophie an der Humboldt-Universität zu Berlin. 2011 erschien sein Buch *Nietzsches Musikästhetik der Affekte* bei Karl Alber Verlag.
Leipziger Str. 49, D-10117 Berlin. Email: mperrakis@hotmail.com

Axel Pichler: Studium der Philosophie und Germanistik in Wien und Graz. 2009 Promotion über: *Nietzsche, die Orchestikologie und das dissipative Denken* (Wien, 2010). 2010 Leonardo-da-Vinci-Stipendiat am Zentrum Moderner Orient Berlin. Seit Dezember 2010 freier Mitarbeiter in der wissenschaftlichen Redaktion des *Nietzsche Online* Projekts des De Gruyter Verlages. Februar 2012 bis Januar 2013 Fritz-Thyssen-Stipendiat am Institut für deutsche und niederländische Philologie der FU Berlin mit dem Forschungsprojekt *Philosophie als Text. Bedeutung und Interaktion von Textualität, Ästhetik und Argument im philosophischen Dikurs Nietzsches und Wittgensteins.*
C/o Senft, Zillertalstr. 55, 13187 Berlin. Email: axel.pichler@alumni.uni-graz.at

Martine Prange: Lecturer in Philosophy an der Universität Leiden. Sie hat im Rahmen der Nietzscheforschung einige Publikationen vorgelegt. In den NS 2011 erschien von ihr *Was Nietzsche Ever a True Wagnerian? Nietzsche's Late Turn to and Early Doubt about Richard* Wagner.
Leiden University Witte, Singel Complex Witte, Singel 25/M de Vrieshof 4, 23111BZ Leiden. Email: m.s.prange@umail.leidenuniv.nl

Sören Reuter: Studium der Philosophie, der Neueren Deutschen Literatur sowie der Politischen Wissenschaften in München. Promotion 2006 mit einer Arbeit über Nietzsche.
Kluckstr. 31, 10785 Berlin. Email: soeren.reuter@web.de

Carlotta Santini: Studium der Philosophie an der Università di Pisa studiert. Ab 2009 ist sie Doktorandin für Philosophie an der Università del Salento (Italien) und an der Université Paris IV Sorbonne (Frankreich) und ab 2010 zugeordnete Doktorandin bei Centre Marc Bloch (Berlin).
C/o Müller, Mittenwalderstrasse 6, 10961 Berlin. Email: carlottasantini@hotmail.it

Hans-Gerd von Seggern: Promovierte an der FU Berlin bei Prof. Dr. Hans-Jürgen Schings zum Thema *Nietzsche und die Weimarer Klassik* (Tübingen und Basel: Francke 2005). Von 2002 bis 2007 war er als Bildungsreferent des Jüdischen Museums Berlin tätig. Heute ist er Key Account Manager der tonwelt professional media GmbH, dem führenden deutschen Anbieter multilingualer Audioführungen im Museumsbereich (www.tonwelt.com).
Ansbacher Straße 72, D-10777 Berlin. Email: seggern@versanet.de

Jean Claude Wolf: Professor am Philosophisches Departement Universität Miséricorde CH-1700 Fribourg/ Schweiz. Jean-Claude Wolf studierte Philosophie in Zürich, Bern und Heidelberg; er ist seit 1993 Ordinarius für Ethik und politische Philosophie an der Universität Freiburg in der Schweiz. Forschungsgebiete:

Zeitgenössische Ethik; Philosophie der Neuzeit, insbesondere des 19. Jahrhunderts. Buch in Vorbereitung: Religion und Revolution bei Hegel.
Philosophisches Departement Universität Miséricorde, CH-1700 Fribourg/Schweiz. Email: Jean-claude.wolf@unifr.ch

Jean Yhee: Doktorand an der philosophischen Fakultät III, HU Berlin, studierte Rechtswissenschaft in Korea University (B.A.) und Philosophie (Fach: Ästhetik) in Seoul National University (M.A.) in Südkorea.
Utrechter Str. 8, 13347 Berlin. Email: jean.yhee@googlemail.com

Claus Zittel: , Prof. Dr., lehrt Philosophie und Neuere Deutsche Literaturwissenschaft an den Universitäten Berlin (FU), Frankfurt am Main und Olsztyn.
Institut für Deutsche und Niederländische Philologie, Freie Universität Berlin, Habelschwerdter Allee 45, 14195 Berlin.
Homepage: www.textologie.eu. Email: zittel@zedat.fu-berlin.de

Personenregister

Kolibri 360 GmbH
Ferdinand-Jühlke-Straße 7
99095 Erfurt, Deutschland
produktsicherheit@kolibri360.de